普通高等教育"十三五"学前教育专业系列规划教材

学前儿童家庭教育

XUEQIANERTONGJIATINGJIAOYU

主　编　郑益乐
副主编　姜凤坤　史文秀　孙云霞

西安交通大学出版社
XI'AN JIAOTONG UNIVERSITY PRESS

内 容 提 要

　　本书以六七岁以前的学龄前儿童为研究对象，详尽阐述了学前儿童家庭教育及指导工作。本书体系完整，内容丰富，可读性强。

　　全书分为理论指导与实践指导两大部分。第一章至第四章为理论指导部分，主要阐述了学前儿童家庭教育的内涵与作用，学前儿童家庭教育的制约因素，学前儿童家庭教育的目的、任务和内容，以及学前儿童家庭教育的原则和方法。第五章至第九章为实践指导部分，首先介绍了不同年龄阶段以及不同家庭背景下的学前儿童家庭教育，然后阐述了特殊学前儿童家庭教育以及学前儿童家庭教育指导的任务、内容和途径，最后分析了我国现代社会背景下的学前儿童家庭教育。

　　本书既可作为高等院校学前教育专业的教材，也可作为托幼机构教师继续教育的培训教材，还可作为学前儿童家长和学前教育研究人员的参考用书。

前言
Foreword

2015 年 2 月 17 日,习近平总书记在春节团拜会上说:"家庭是社会的基本细胞,是人生的第一所学校。不论时代发生多大变化,不论生活格局发生多大变化,我们都要重视家庭建设,注重家庭、注重家教、注重家风……使千千万万个家庭成为国家发展、民族进步、社会和谐的重要基点。"诚然,家庭是社会的基本单位,家庭教育的成败关系到每一位家庭成员的幸福,更是事关社会发展、国家稳定和中华民族伟大复兴的大事。

学前儿童家庭教育是一门融理论与实践为一体的课程,强调理论与实践相结合。为了更好地适应高校学前教育专业人才培养的需要,培养应用型技能人才,本教材编写以《教育部关于家庭教育工作的指导意见》和《全国家庭教育指导大纲》为指导思想,以六七岁之前的学龄前儿童为研究对象,以社会转型期的中国家庭为背景,以理论知识阐述为基础,以实践技能提升为价值导向,以学前儿童的"成人"教育和"成才"教育为主线,以培养学生的学前儿童家庭教育指导能力为重点,兼顾学科本身、学生发展以及服务社会三者的有机和谐统一。通过探讨学前儿童家庭教育的现象与问题,重在揭示学前儿童家庭教育的内在本质规律,从而探寻一条适合我国当前家庭教育实际,具备鲜明时代特色的学前儿童家庭教育之路。

本教材在编写过程中,努力体现以下几方面特点:

1. 更加关注家庭教育实践

本教材分为上编理论指导和下编实践指导两大部分,教材秉持理论与实践相结合、重在指导教育实践的编写原则,在把握适度理论深度的基础上,更加注重知识的应用性、实践性和操作性,力求做到深入浅出,理论联系实际,着力分析我国学前儿童家庭教育面临的实际问题,并提出相应的指导对策。

2. 体现内容的传承性与时代性

本教材在承继以往学前儿童家庭教育研究内容的基础上,参阅了大量文献资料和我国近年来的政策文件,力图把握我国最新的家庭教育政策动向,体现和反映我国当前学前儿童家庭教育领域的最新研究成果,把握时代脉络,体现时代精神。如第六章对"全面二孩"背景下的学前儿童家庭教育探讨。

3.注重体例的完整性与创新性

本教材试图打破单纯的知识呈现式编写模式,立足于学习者和阅读者的视角,在每章之前,设计了"要点提示"和"学习目标"等模块,以方便学生迅速地明晰本章的主要内容和学习目标;在每节设计了"案例导入"和"阅读材料"模块,力求将知识学习与应用能力提升相结合;在每章后设有"复习思考题"模块,以便学习者自主检验学习效果。

本书共分为九章,由郑益乐担任主编并负责框架体例设计、审稿与组织协调工作,由姜凤坤、史文秀、孙云霞担任副主编。具体编写分工如下:第一章由宝鸡文理学院史文秀编写;第二章由宝鸡文理学院韩露编写;第三章、第四章由安康学院姜凤坤编写;第五章和第六章第一、二节由宝鸡文理学院郑益乐编写;第七章由河套学院王卓编写;第八章由西华大学曾英编写;第九章以及第六章第三、四、五节由延安大学孙云霞编写。全书由郑益乐和史文秀统稿。

在教材编写过程中,我们借鉴、参考和吸收了大量国内外专家学者的最新研究成果,在此谨向文献的作者表示最诚挚的谢意。同时,还要感谢各位参编院校及参编老师的大力协助和支持。

由于编者学识水平和能力所限,加之时间仓促,书中难免还有许多不尽如人意之处,恳请广大读者批评指正,以便再版时修正完善。

编者

2016 年 9 月

目 录
Contents

上编

理论指导

第一章
学前儿童家庭教育概述

要点提示

家庭是孩子成长的第一所学校,父母是孩子的第一任教师,孩子的教育是从潜移默化的家庭教育开始的。家庭教育对学前儿童未来发展具有重要影响。那么,什么是家庭教育? 学前儿童家庭教育具有什么特点? 对学前儿童发展有什么作用呢? 本章我们将围绕这些问题展开。

第一节介绍了有关家庭的基本知识。分析了家庭的概念与四种基本特征;阐述了家庭从群婚制到个体婚制演进所经历的四种家庭形态;阐述了家庭的自然与社会功能。

第二节介绍了家庭教育的有关知识。首先阐述了家庭教育的内涵与性质,在此基础上,阐述了家庭教育的特点,最后分析了家庭教育的地位和价值。

第三节介绍了学前儿童家庭教育的基本知识。阐述了学前儿童家庭教育的含义;分析了学前儿童家庭教育的优势与局限性;论述了学前儿童家庭教育的作用。

学习目标

知识目标:

1.了解家庭的概念与特征,理解家庭演进过程中所经历的四种形态,领会家庭的自然与社会功能。

2.明确家庭教育的内涵与性质,理解家庭教育的特点及其地位和价值。

3.了解学前儿童家庭教育的概念,理解和掌握学前儿童家庭教育的优势与局限性,领会学前儿童家庭教育的重要作用。

能力目标:

1.培养学生初步学会运用本章所学知识创造性地解决学前儿童家庭教育问题的能力,提升学生对知识的实际运用能力。

2.通过对比家庭的四种不同类型,以及通过对学前儿童家庭教育独特性的深刻理解,培养学生的类比能力以及分析归纳概括能力。

家庭是社会的基本单位,承担着物质资料生产和人口生产的重要任务。家庭是孩子成长的第一所学校,家长是孩子的第一任教师,也是孩子接触到的最为重要的人。实践证明,良好的家庭教育有助于孩子健康个性品质的形成和发展,而不良的家庭教育则会使人贻误终生。因此,良好的教育应从学前儿童家庭教育抓起。

第一节　家庭概述

案例导入

只因3岁孩子不肯认字,父母一气之下失手打死孩子

2005年12月24日晚,河南淮滨人秦某教3岁的儿子郑博认数字"1、2、3、4、5",但儿子读了一遍后,就无论如何不再开口。性急的秦某打了儿子两个耳光,又操起一根木棍,痛打儿子。

这一幕被刚好回家的父亲郑海现看到,他制止了妻子的行为,表示由他来教育。但是,生性倔强的儿子仍不肯多念。脾气暴躁的郑海现顿时火起,也操起木棍朝儿子的脑袋打了两棍。孩子放声大哭,但父亲并没有停手,木棍相继落在了郑博的脸上、手上、屁股上。整个过程持续了将近一个小时。当晚11时,郑博突然大声喘气,脸色也变得难看,父母连忙把儿子送到附近的萧山区第一人民医院。此时,郑博已死亡。经鉴定,郑博是因头部遭打击,颅脑受损后引起呕吐,呕吐物堵塞呼吸道,引起窒息导致死亡。除了头部的致命伤,郑博四肢、臀部等多处部位受伤。

据了解,夫妇二人每天推着车卖水果谋生,"之所以下这样的狠心,为的是不想让孩子过和自己一样的苦日子"。为节省开支,他们一家租住的房子只有10多平方米。据认识郑海现夫妇的邻居反映,二人都是地道、本分的农民,但他们经常用棍棒"教育"孩子,而且下手较重。

"望子成龙""望女成凤"是每一位家长的共同心愿。但由于每一位家长自身素质和教养方式的差异,必然带来不同的教育结果。案例中的父母亲虽说有"不想让孩子过和自己一样的苦日子"的美好愿望,但由于采用的教育方式过于简单粗暴,导致出现孩子失手被打死的人伦悲剧。此案例从反面警示我们,教育孩子必须使用正确的方式!

一、家庭的概念与特征

(一)家庭的内涵

什么是家庭呢? 这个看似简单的问题,由于古今中外学者们所处的历史时期和审视视角不同,因此人们对家庭的含义并没有达到非常一致的看法,可谓仁者见仁、智者见智。

古代中国《说文解字》中对"家"的解释是"家居也,从宀,豭省声"。《易·家人》释文,"人所居称家,是家仅有居住之意。"有关"家"字的甲骨文的考证则说,"家象征房子底下有一只猪,因此,家的本意最初就是养猪的地方,其引申义则为一畜牧点。因为当时生产力还相当低下,畜牧业是人们的主要生活来源,所以一群人喂养一群家畜并住在一所大屋子里便谓之"家"。家的意思就成了养在舍里的猪,意指家庭成员及其牲畜财产共同生活居住的场所单位。

从西方"家庭"的词源来看,家庭(familia)原初来自于拉丁文,出自于罗马,从famulus(拉丁文,意为"仆人")派生出来。恩格斯指出,familia这个词,起初并不表示现代庸人的那种由脉脉温情同家庭龃龉组合起来的理想;在罗马人那里,它起初甚至不是指夫妻及其子女,而只是指奴隶。famulus的意思是一个家庭奴隶,而familia则是指属于一个人的全体奴隶。古罗马人用familia一词表示父权支配着妻子、子女和一定数量的奴隶,并且对他们握有生杀之权。在古罗马时代早期,妻子、儿女、买入的市民、奴隶、牛马和其他财物等统归为家长管辖而称其

为家庭①。

对家庭含义本质的认识是从近代才开始的。马克思和恩格斯认为："每日都在重新生产自己生命的人们开始生产另外一些人，即增殖。这就是夫妻之间的关系，父母和子女之间的关系，也就是家庭。"奥地利心理学家 S.弗洛伊德认为家庭是"肉体生活同社会机体生活之间的联系环节"。美国社会学家 E.W.伯吉斯和 H.J.洛克在《家庭》(1953)一书中提出："家庭是被婚姻、血缘或收养的纽带联合起来的人的群体，各人以其作为父母、夫妻或兄弟姐妹的社会身份相互作用和交往，创造一个共同的文化。"中国社会学家孙本文认为，家庭是夫妇子女等亲属所结合的团体。中国著名心理专家郝滨认为："人类的家庭是由婚姻、血缘或收养等关系所组成的社会生活的基本单位。"中国社会学家费孝通认为家庭是父母子女形成的团体。在 CCTV 公益广告中我们可以看到对英文家庭 family 的解读，family 中的 f 代表 father，a 代表 and，m 代表 mother，i 是我，l 指 love，y 是 you。连起来就是 father and mother I love you，翻译成中文即为：爸爸妈妈我爱你们。可以说，尽管这种解读并没有准确完整地把握家庭的内涵和概念，但至少说明，家庭成员之间具有特殊的情感联结，具有非常紧密的情感关系②。

由上面的分析我们可以看出，家庭的概念其实有广义和狭义之分。广义的家庭泛指人类社会发展不同历史阶段的各种家庭形式，亦泛指在血缘关系基础上形成的各种家庭利益集团即家族；而狭义的家庭则特指一夫一妻制所构成的社会基本单元。从社会设置层面来看，家庭是社会最基本的设置之一，是人类最基本最重要的一种制度和群体形式。从功能上来说，家庭是儿童社会化，供养老人，是满足经济合作的人类亲密关系的基本单位。从关系来说，家庭是由具有婚姻、血缘和收养关系的人们长期居住的共同群体，家庭是幸福生活的一种存在。

根据上述观点，我们尝试给家庭下一个定义：家庭是以婚姻关系为基础，以血缘关系或收养关系为纽带而建立起来的人们长期共同生活的社会群体。家庭是社会最基本的细胞，是最重要、最核心的社会组织，也是最重要、最基本、最核心的经济组织，更是人们最重要、最基本、最核心的精神家园。家庭健康地可持续发展是社会稳定发展、国家稳定发展的基石，"家"破是"国"亡的催化剂。

(二)家庭的特征

家庭是一种特殊的社会群体，与其他社会群体相比较，它具有以下几方面的显著特征③：

一是家庭以婚姻关系为基础。婚姻关系是家庭存续的前提和基础。没有男女两性的结合，没有婚姻关系，就没有家庭。因而基于婚姻关系而构建起来的夫妻关系是组成家庭的第一种基本关系，也是家庭中的首要关系。因此，稳定和谐的夫妻关系是维系家庭稳定的决定因素，也是判断家庭的首要标准，这既是家庭与其他社会组织形式相比最大的区别所在，也是家庭其他功能得以实现的前提。

二是家庭以血缘关系或收养关系为纽带。家庭是以血缘关系或收养关系为基础缔结的社会组织，这是家庭的基本特征之一。同一家庭的成员，一般以一定的亲属关系为前提，只有一定范围内的亲属组成的共同生活单位才能构成家庭。所谓一定范围的亲属是指在法律上有权利义务关系的亲属，如夫妻、父母子女、祖孙、兄弟姐妹等，但并不是全部的亲属。因此，家庭成

① 张红艳.论家庭的本质及其历史演进[J].南华大学学报(社会科学版),2015(10).
② 陈太忠.学前儿童家庭教育[M].南京:南京大学出版社,2014.
③ 周雪艳.学前儿童家庭与社区教育[M].上海:复旦大学出版社,2012.

员一般为亲属,而亲属不一定是家庭成员。因而,在血缘关系和收养关系基础上建立的亲子关系是构成家庭的第二种基本关系,由此而衍生出来的婆媳关系、祖孙关系等则是家庭人际关系的重要内容。

三是家庭具有特殊的情感联结。家庭成员在地理空间上充分接近,他们的接触方式主要是面对面进行;家庭成员人数较少,且相对稳定,他们之间互动的频率很高;家庭成员之间的相互控制和影响主要通过非正式的形式。更为重要的是,家庭是建立在血缘关系和收养关系的基础上,家庭群体关系在时间上最为持久,联系也非常密切。因此,家庭成员之间具有强烈的感情色彩,相互信任,相互支持。家庭是心灵的港湾和避风港。

四是家庭成员共同生活,利益相关。对于家庭成员来说,同一家庭内的所有成员通常一起居住,一起享有财产,一起生活,有共同的经济和社会利益,正所谓休戚与共、荣辱相关。也正因为如此,古今中外的家长们都非常重视孩子的家庭教育,以希望孩子能出人头地,光耀门楣,发展和增强家庭的经济实力和社会影响力。

二、家庭的演进

恩格斯在1884年出版了《家庭、私有制和国家的起源》一书。在"家庭"一章中,恩格斯列举了家庭演进的四种类型,即血缘家庭、"普那路亚"家庭、对偶家庭和一夫一妻制家庭[1]。这四种类型,分别对应于不同的历史阶段,从远古到文明时代。在这一发展过程中,母权制度逐渐解体,男性逐渐掌握了家庭的控制权[2]。

(一)血缘家庭

血缘家庭,是一种建立在血缘婚基础上的家庭形式,是人类第一种家庭形态,也是群婚制家庭的初级形式,存在于人类由原始群向氏族公社过渡的整个时期。

可以说,人类最初处于杂乱性交关系的原始状态,没有父母、夫妻和子女的概念与区别,没有配偶家庭。然而,随着社会生产力的不断发展,人们逐渐意识到了不同年龄的生理差别,出现了按年龄划分的自然分工,也产生了长幼有别的观念。与此同时,由于在生物进化过程中的自然选择作用,人们朦胧地认识到无限制的杂乱性交所生的后代体质不好,影响了种群的繁衍。于是,在自然选择的推动下,人们开始禁止长辈与幼辈之间的性关系,逐步抛弃了没有婚姻规定的杂乱性交关系,于是,血缘家庭出现了。

血缘家庭的特征是在氏族内部通婚,两性关系的结合是按照辈分划分的,即在氏族范围内,同一辈分的一群男女互为夫妻,没有近亲限制,即使同胞兄弟姐妹之间的性关系也被看作是非常自然的事情。每一代都互为兄弟姊妹,也互为夫妻。在亲属称谓上无父系和母系的区别,祖父与外祖父、伯叔父与舅父、姑母与姨母、舅母与母亲等都使用相同的称呼[3]。

由于允许通婚的兄弟姐妹之间本身具有血缘关系,所以该种家庭类型被称为"血缘家庭"。这种家庭形式是家庭发展的低级形式,但与原始的血亲杂交相比,有了一定的进步,它排除了不同辈分之间的婚姻关系,建立了长幼有别的家庭形式。在血缘家庭内部,人们共同生产,共同消费,过着共产主义的集体生活,是一种"共产制公社",因此也称为"血缘家庭公社"或"血缘

① 孙立双.学前儿童家庭与社区教育[M].北京:北京出版社,2014.
② 张红艳.论家庭的本质及其历史演进[J].南华大学学报(社会科学版),2015(10).
③ 姚光红.学前儿童家庭教育指导[M].成都:西南交通大学出版社,2015.

家族公社"。

(二)"普那路亚"家庭

"普那路亚"家庭是人类的第二种家庭形式,产生于蒙昧时代的中级阶段,是群婚制家庭的高级形式。"普那路亚"家庭由美国民族学家 L. H. 摩尔根命名,并把它作为群婚家庭的典型。最早被发现实行这种家庭形式的是夏威夷群岛的土著人,"普那路亚"其实是夏威夷语punalua的音译,意即"亲密的朋友"或"亲密的伙伴"[①]。

随着人们日常交往和活动空间的扩大,同辈婚受到了新的发展观和新的性观念的挑战,即近亲繁殖带来的弊端,新旧观念的冲突,排斥了同辈集团婚,形成了氏族外的集团婚,即摩尔根所谓的"亲密的同伴"。这是家庭演变中的一大突破。这一突破是渐进的,起初是个别场合排除同胞的(即母方的)兄弟姊妹之间的性关系,逐渐发展为惯例,直至禁止旁系兄弟姊妹之间结婚。用现代的称谓来说,就是禁止同胞兄弟姊妹的子女、孙子女以及曾孙子女之间结婚,这是人们在社会实践中对自然选择规律进一步认识的结果。按照自然选择规律,族外婚的发展比血亲婚配发展得更快。恩格斯明确指出,排除兄弟姐妹之间的性交关系是人类婚姻史上第二大进步,"这一进步,由于当事者的年龄比较接近,所以比第一个进步重要得多,但也困难得多。"

这种家庭形式的特点是氏族之间通婚,两性关系建立在两个氏族之间,即某一氏族的所有男子与另一氏族的所有女子,或者某一氏族的所有女子与另一氏族的所有男子通婚。此后这些女子间不再互称姊妹,男子间不再互称兄弟,而改称"普那路亚",即"亲密的伙伴"。由这种婚姻关系产生的家庭形式,称为"普那路亚"家庭。在这种家庭中,由于进行非固定对偶的群婚,必然是男子多妻,女子多夫,子女只知其母不知其父。不过,这种家庭形式与血缘家庭相比,又有了很大的进步。它不仅排除了不同辈分之间的近亲通婚,同时也禁止了兄弟姐妹之间的近亲通婚。美国民族学家摩尔根把这种家庭形式的出现称为"自然选择"的胜利。根据民族学的研究,这种婚姻家庭形式至今还遗留在许多地区的原始部落之中。

(三)对偶家庭

对偶家庭,亦称对偶婚,是原始社会母系氏族公社晚期的一种家庭形式,由"普那路亚"家庭发展而来,是群婚制向单偶婚过渡的形式。

这一时期,人类心智的进一步发展,使人类学会了使用石斧和火等工具,人类也意识到了人种繁殖变异的利弊,逐渐有了血亲婚配的限禁,适婚范围越来越窄。恩格斯就这种演变的趋势写道:"原始历史上家庭的发展,就在于不断缩小最初包括整个部落并在内部盛行两性共同婚姻的那个范围。由于次第排斥亲属通婚,任何群婚形式终于在实际上成为不可能的了。"恩格斯引用摩尔根的话说:"没有血缘亲属关系的氏族之间的婚姻,生育出在体质上和智力上都更强健的人种;两个正在进步的部落混合在一起了,新生代的颅骨和脑髓便自然地扩大到综合了两个部落的才能的程度。"[②]

对偶婚不像多偶婚那样根本无固定的性伙伴,但又不像单偶婚那样有严格而固定的单一性伙伴。其特点是成对配偶在或长或短的时间内出现了相对稳定的同居关系,即一个男子在

① 丁连信.学前儿童家庭教育[M].北京:科学出版社,2011.
② 希淑惠.马克思主义关于家庭起源问题的理论浅述[J].社科纵横,1993(5).

许多妻子中有一个主妻,一个女子在许多丈夫中有一个主夫。虽然对偶婚男、女的多个伴侣中,有相对稳定的一个,但男女双方仍分别属于自己的氏族,双方并没有严格的固定关系,未形成个体所有制的家庭经济,这样的经济条件决定了夫妻间仍无排他性和嫉妒心,这种同居关系也很不牢固,男女双方可以自由离开。

（四）一夫一妻制家庭

一夫一妻制家庭又称为专偶制家庭或单偶婚家庭,是一种两两配对,每个个体都只拥有单一配偶的家庭形式。在人类社会中,一夫一妻是指一名男性与一名女性结为夫妻的婚姻制度,双方互为配偶,而不允许别人介入的一种婚姻和家庭制度。它是现今世界上绝大多数国家奉行的家庭形式。

一夫一妻制家庭是历史进程中以私有制对原始公有制的胜利为基础的第一个家庭形式,是文明时代对野蛮时代的胜利。恩格斯指出:"它的最后胜利乃是文明时代开始的标志之一。"在野蛮时期的中高级阶段,随着金属工具的大量使用,畜牧和农耕技术大大提高,男性凭借其外在劳动所掌握的财产所有权而取代母权,母权制被父权制所代替,父权制要求其妻子生育属于他自己的确凿无疑的子女以继承他的财产,这样父权制大家庭演变为一夫一妻制家庭。其特点是男女以财产为基础,实行独占的同居,夫妻关系比较稳定和持久,双方不能任意解除婚姻关系;男子在家庭中占统治地位,即丈夫在家庭中掌握了经济大权,形成了对妻子的统治权,以及子女按照父系继承财产。

一夫一妻制家庭比对偶婚家庭牢固得多。古时候的通例只有丈夫可以解除婚姻关系,离异他的妻子,破坏夫妻间的忠诚,妻子则没有这种权利。所以,古时候一夫一妻制家庭从产生时起,实际上就只是要求女子实行一夫一妻制,男子则可以公开或秘密地实行多妻的不公平行为。由于现代社会文明的飞速发展、法律和道德的约束,男性已经没有这种独断的权利了。到了社会主义社会,随着生产资料由私有制变为公有制和社会公共劳动的扩大,男子和女子在法律上、经济上都处于平等的地位。

《中华人民共和国婚姻法》第一章"总则"第二条明确规定:我国"实行婚姻自由、一夫一妻、男女平等的婚姻制度"。这就决定了一夫一妻制是我国现阶段主导的婚姻家庭形式,它的特点就是:婚姻自由,一夫一妻,男女平等。

阅读材料

现代社会的婚姻家庭伦理思想

我国正处在社会转型时期,在这一过程中,家庭受到了前所未有的冲击,社会生活中出现了大量的婚姻家庭伦理问题,如婚姻缺乏爱情、离婚率上升、婚外情增多、亲子关系疏离、家庭暴力、家庭不平等、丁克家庭,还有不被道德和法律所认可的"同性婚姻"等。这些都给婚姻家庭伦理带来了巨大的冲击,为此,我们应树立怎么样的婚姻家庭伦理道德观呢?

1. 实行以一夫一妻制为原则的婚姻

一夫一妻制,要求夫妻相互忠实,双方忠诚于婚姻,忠诚于家庭,夫妻的爱具有专一性和排他性,不允许第三者的介入,排他性决定了性爱只能存在于缔结婚姻的夫妻之间。一夫一妻制要求任何人在同一时间只能有一个配偶,不允许一夫多妻或一妻多夫现象的存在。"婚外恋""一夜情""包二奶"与一夫一妻制的要求背道而驰,都应该受到道德的谴责和法律的制裁,是违背婚姻家庭伦理道德的。在现实生活中,"婚外恋""一夜情""包二奶"的实质就是"以往一夫多妻制或一妻多夫制在特定条件下的复活"。这些现象都是以与配偶没有感情为借口,通过第三者满足自身的欲望。

2.建立以爱情为基础的婚姻

夫妻关系是当代婚姻家庭伦理的核心,也是婚姻家庭伦理关系的出发点和落脚点。为此,婚姻家庭伦理关系的精神支柱是建立在"爱"的基础上的,是男女双方因爱而自由的选择,人们组织家庭,不应是经济决定的结果,而应是双方为了得到感情上的交流。爱情将成为婚姻家庭伦理的核心部分。如果过分地看重外貌、门第和财富等外在的因素,将会为今后不幸的生活埋下隐患。因此夫妻双方重视爱情的培养和维护一直是现代家庭生活的焦点,也是现代婚姻家庭伦理道德所倡导的典范。

3.实施以责任为保障的婚姻

婚姻以爱情为基础,但离不开责任,对孩子的责任,对社会的责任。如果双方对婚姻投入少,在没有孩子的情况下,离婚是比较好的选择;但如果有了孩子,巩固婚姻关系是一件非常重要的事,它也是合乎理性和高尚的。夫妻双方要相互信任和相互支持,不能成为对方的警察,不干涉双方的自由,保持双方身体上和精神上最完美的亲密友谊。夫妻双方还要承担起教育子女、赡养老人的责任。一个好的和谐的婚姻需要夫妻双方对家庭都有所投入,担当起为人父母、为人子女的责任,使得家庭和睦,子女得到应有的照顾和培养,老人安享晚年,过着幸福、其乐融融的生活。

4.倡导以平等为依托的婚姻

夫妻之间应建立平等的关系。平等是一种态度,是一种心理状态。夫妻双方具有平等的权利和独立的人格,不能因为经济收入的不平等、社会地位的高低、工作能力的差异使一方受制于另一方,成为另一方的附属品。只有在平等互爱的条件下,夫妻双方才能心平气和地处理夫妻关系、家庭关系,才能保持家庭的稳定,进而维持社会的良好秩序。婚姻自由与离婚自由不再是纯粹的法律规定,而变成了实在的婚姻实践。

5.构建以和谐为主旋律的代际关系

人从出生就与家庭紧密相连,个人的性格、心理和行为习惯都受到家庭其他成员的影响,并在家庭生活中形成。建立和谐的代际关系有利于每一位家庭成员的身心健康。同时,家庭是社会的基本单位,代际关系的和谐直接关系到家庭的和谐,家庭的和谐影响着社会的和谐。另外,建立和谐的代际关系有利于解决矛盾和冲突,进一步推进"孝亲"观点,养成尊老爱幼的品质,在社会中形成人与人之间相互尊重、相互理解、相互帮助的良好风气,这些都是社会主义道德建设的内在要求。

6.创建以精神文明建设为目标的和谐社会

家庭的不和谐,直接影响青少年的身心健康,在青少年犯罪中,很大比例是与家庭不和睦、夫妻关系不正常、家庭不完整相关的。为此,家庭是社会精神文明建设的重要阵地,依赖于婚姻家庭伦理的支撑,精神文明建设离不开家庭的和谐,家庭的冲突必然引起社会的冲突和矛盾,家不齐,何以治国,国不治,何以平天下?只有家庭成员之间和谐,整个社会才能和谐,国家才得以稳定。因此,建立起家庭成员之间的相互帮助、相互关心、相互进步的新型社会关系,形成社会合力,促进社会主义文明建设,将有利于社会的稳定与和谐。

资料来源:高兰天.恩格斯婚姻家庭伦理思想及其现代价值——以《家庭、私有制和国家的起源》文本解读为依据[J].南京医科大学学报(社会科学版),2011,11(1).

三、家庭的功能

家庭功能是指在一定社会条件下,家庭对个人生活和社会发展所发挥的作用和影响。家庭作为社会的基本组织,有着其他社会组织、社会共同体所不能替代的功能。一般来说,家庭功能要受社会政治经济发展水平的影响。在不同历史时期、不同国家和地区,家庭功能的侧重点也会有所不同,它是随着人类的需要和状态的发展而不断变化的。总体来说,家庭有以下几方面的功能:

(一)自然功能

家庭的自然功能是指家庭基于人的自然属性而产生的功能,是人的自然性和生物性的一种反映,但这种自然性也带有明显的社会化烙印。家庭的自然功能主要有两个,即性爱功能和生育功能。

1. 性爱功能

人类是一种高级的社会性动物。大自然的进化,使人类分成男女两性,男女之间进行性生活,既是人类自然本性的体现,也是人类自身繁衍的需要。性生活是家庭中婚姻关系的生物学基础,社会通过一定的法律与道德使之规范化,使家庭成为满足两性生活需求的基本单位。可以说,婚姻是男女两性相爱的保障和保证。在婚姻家庭产生以后,男女之间的两性关系,必须以婚姻的形式出现。只有以婚姻为形式的两性相爱才是合法的。婚姻是男女两性关系的合法形式。婚姻形式以外的男女两性关系,通常不被社会所认可。家庭的性爱职能,其实是以男女两性的性爱需要为基础的。所以,男女之间的性差异是家庭得以产生的生理学基础。这样一来,两性关系就成了维系婚姻家庭不可缺少的润滑剂,婚姻家庭没有了此项职能,也就失去了它存在的生物基础[①]。

2. 生育繁衍功能

生育繁衍职能即人口的再生产职能,是指家庭在人类社会的繁衍发展过程中所起的作用。恩格斯说:"生产本身……有两种。一方面是生活资料即食物、衣服、住房以及为此所必需的工具的生产;另一方面是人类自身的生产,即种的繁衍。"生育繁衍是两性结合的必然产物,是人作为自然界生物的本性体现[②]。

由于人的生育繁衍是通过家庭来实现的,所以,生育职能就构成家庭的一个基本职能,这也是家庭自然属性的表现。但同时我们也必须看到,人又是社会的主体,人口的再生产不可避免地要受到社会物质资料生产和包括生育观在内的其他社会条件的制约。因此,生育问题绝不是一种纯自然过程,人口的生产和再生产是在一定的社会关系中实现的,在不同社会制度下,家庭实现人口再生产的社会职能有其不同的特点。在我国封建社会,统治阶级为了增加更多的劳役和兵役来源,采取立法强制人们早婚早育。但由于战乱不断,医疗水平低下,人口再生产出现生育率高、死亡率也高的特点,人口增长十分缓慢。新中国成立初期,我国在"人多力量大"思想的指引下,人口出现了盲目过快的增长,给国民经济发展和人民生活造成了严重不利影响。20世纪70年代以来,我们开始实行计划生育政策的基本国策,人口生育率明显下

---

① 医学教育网.家庭功能[EB/OL].(2009 - 12 - 30)[2016 - 05 - 24]. http://www.med66.com/new/57a307a2009/20091230lifuqi145118.shtml.

② 吴奇程.家庭教育学[M].广州:广东高等教育出版社,2011.

降。今天,人们的生育观念已经有了很大的转变,结婚和生育年龄推迟,生孩子的数量普遍减少,尤其是随着社会保障体系的不断完善,养儿防老的观念逐渐淡化,也促使家庭的生育功能逐渐退化,2016 年我国又开始放开和推行"全面二孩"政策。但无论如何,在今后相当长的时期内,实行计划生育及优生优育,仍是我国家庭的重要功能之一。

(二)社会功能

家庭的社会功能是指基于家庭的社会属性所产生的功能。家庭的社会功能主要包括经济功能、教育功能、保障功能、情感支持功能等方面[①]。

1.经济功能

家庭的经济功能由两部分构成,即家庭的生产功能和消费功能。家庭的生产功能表现为家庭在一定的社会条件下组织生产和经营的作用;而家庭的消费功能是家庭为了维持个体的生存和发展而对个人物质和文化消费的满足。

家庭的经济功能在不同的历史时期,受不同生产方式的影响,会有不同的表现。当社会处在以小生产为基础的阶段时,家庭是物质生产的基本单位。这在我国长期的封建宗法自然经济社会中表现得非常明显。如黄梅戏《天仙配》中有这样一段唱词"你种田来我织布,你挑水来我浇园"。家庭是人们终身生活的唯一"中心",所以人们的生活理想只能是"夫妻本是鸳鸯鸟,比翼双飞还家园"。这正是传统家庭的物质生产功能的形象反映。到了工业社会,大机器代替了手工作坊,实现了生产社会化,特别是劳动阶层不再占有生产资料,家庭的生产功能逐渐弱化。在我国现代,随着社会向社会化大生产发展,家庭的物质生产功能无疑大大地削弱了。家庭的经济功能更多地表现为消费功能,而且一直占据主导地位。但由于现实的需要和法律制度仍鼓励多种经济形式并存,农业、个体产业、手工业、第三产业仍然相当活跃。因此,我国目前家庭生产功能作为社会经济的一种补充,将会继续发挥作用。

2.教育功能

家庭是一个亲属团体,其成员间有着特殊的、紧密的联系,相互间或有婚姻关系,或有血缘关系。基于这种特殊性,家庭便承担起教育家庭成员、培养下一代的重任。家庭是对人进行教育最早的场所,也是对人进行教育的最基本场所,而父母则是子女最早的"老师"。家庭的这一教育影响,是任何教育组织都不可替代的。尤其是孩子的品行、个性观念以及健康心理观等,同其最初接受的家庭教育都是密不可分的。父母通过言传身教对子女产生教育影响,使孩子在家庭中学习人类社会的规范、权利、义务和责任。

现代社会,越来越多的家庭拥有较少的孩子或只有一个孩子,父母对其子女的期望值越来越高,对子女进行的家庭教育也比过去任何时候都多、都全面。家庭的教育功能不但没有减弱反而不断得到强化。每个家庭都竭尽全力要将子女培养成一个合格或高素质的劳动力,以与社会的需要相适应,同时也期望为家庭带来更多的经济收入,带来荣耀。因此,家庭的教育职能是责任重大而深远的。可以说,家庭教育在社会化教育中占有特殊的地位和作用,但家庭教育不能取代学校和其他各类的职业教育,只有把家庭教育和其他各类的教育结合起来,才能造就现代化建设的高级人才,更大地发挥家庭教育和其他教育的作用。

3.扶助保障功能

家庭的扶助保障功能是指在家庭中,年龄弱小、无劳动能力和无经济来源的家庭成员必须

---

① 常瑞芳.幼儿家庭教育与指导[M].北京:高等教育出版社,2012.

依靠有经济能力的家庭成员的扶助,才能够正常地维持生活的职能。扶助保障功能是家庭的又一个基本功能。养老育幼,扶助缺乏劳动能力和无生活来源的家庭成员,是我国家庭的传统功能,也是我国民众的优良传统。

(1)抚养功能。

抚养功能主要指父母、祖父母、外祖父母等长辈对子女、孙子女、外孙子女等晚辈的抚育、教养。和地球上大多数动物相比,人的成熟期较长。一个婴儿从出生到长大成人,从生活不能自理到独立生活,需要一二十年的时间。其间孩子的衣、食、住、行等基本生活资料都需要家庭尤其是父母亲进行供给。同时,孩子智力的开发、个性的培养、情感的满足也离不开父母亲的精心培育。因此,家庭和父母的保护和教养,在孩子成长过程中的作用是谁也无法替代的。

基于亲子关系的特殊情感联系和家庭共同生活状态,父母对未成年子女的抚养虽是强制义务,但绝大多数情形是父母自觉自愿地履行其义务,法律和社会公力无须过多干预或介入。然而,这并不排除现实生活中少数人自私自利,生而不养,公然背离作为父母应承担的道义责任和法律义务。在此情形下,则必须动用社会公力,强制父母履行抚养义务,禁止溺婴、弃婴和其他残害婴儿的行为。

(2)赡养功能。

每个人都会逐渐衰老。所谓赡养,主要是指子女或晚辈对父母或长辈在经济上提供必需的生活用品和费用的行为,即承担一定的经济责任,提供必要的经济和物质帮助,给予生活上的照顾和精神上的慰藉。

《中华人民共和国宪法》明确规定,成年子女有赡养扶助父母的义务,《中华人民共和国婚姻法》也规定:子女对父母有赡养扶助的义务,子女不履行赡养义务时,无劳动能力或生活困难的父母,有要求子女付给赡养费的权利。因此,对于有经济负担能力的成年子女,不分男女、已婚未婚,在父母需要赡养时,都应依法尽力履行这一义务直至父母死亡。可以说,目前我国人口老龄化问题日趋严重,已引起了党和国家的高度重视。随着社会保障制度和福利事业的发展,老年人的经济状况在逐步改善,家庭养老有淡化趋势,但生活照料和精神安慰依然需要家庭中的儿女来承担。因此在今后相当长的一段时间内,传统的家庭赡养仍然占据重要地位,赡养功能还需强化,家庭养老负担也会越来越重。

(3)健康照顾功能。

促进和维护家庭成员的健康是家庭的基本功能。家庭是个人健康和疾病发生、发展和康复的重要背景,家庭不仅有保护、促进成员健康的医学教育功能,更有在成员患病时提供各种所需照顾和支持的功能。现代家庭对个体健康的重大影响主要表现在当家庭成员生病期间,给予精神、经济、物质的支持和营养及生理上等多方位的照顾。

在我国当前,虽然实行的是社会主义的婚姻家庭制度,有社会的保障作后盾,但由于我国人口众多,每个人的能力千差万别,还存在一些需要经济帮助的家庭成员。因此,我们强调家庭范围内的亲属间具有相互扶养的权利义务,以保障弱势个体的生活,进而保障他们的人身和财产利益,就显得更加重要和突出。

4.情感支持功能

满足家庭成员的情感需要是家庭的基本功能之一。情感是人们对客观事物是否满足自己的需求愿望而产生的主观体验,是人们对行为目标一种较复杂而又稳定的评价,是态度这一整体中的一部分。家庭情感包括夫妻情感、父母与子女情感、上辈与下辈情感、兄弟姐妹情感等,具体表现为爱情感、幸福感、信任感、美感等。

苏联教育家苏霍姆林斯基说:"家庭不仅是舒适的住宿,是工作之余休息的地方,而且首先是丰富多彩的精神生活场所。"家庭建立在亲缘关系的基础上,只有在家庭才能享受到天伦之乐,无论夫妻之间、亲子之间、兄弟姐妹之间都需要情感交流。当一个人遭受病痛折磨时、工作生活遇到挫折失意时,最需要的是家人的抚慰、鼓励和帮助。家庭成员之间通过彼此的相互理解、关心和情感支持,缓解和消除社会生活所带来的烦恼、压力,从而维持均衡、和谐的心理状态,使家庭成员体会到家庭的归属感和安全感,身心获得满足与寄托①。

5.休息与娱乐功能

休息与娱乐是家庭闲暇时间的表现,自古以来,家庭就是人生最好的休息、娱乐场所之一。在家庭中,人们不仅可以进行工作、劳动之后的一般的体力休息和娱乐,还可以享受到在其他场所不能享受到的情感满足。从某种程度上讲,家庭就是人生道路上的避风港。家庭娱乐对于儿童来说尤为重要,儿童在家庭游戏中可以获得新知,发展个性和社会性;而对于成年人来说,家庭娱乐可以调剂生活,增加乐趣。

随着人们生活条件的改善,人们的休息和娱乐逐渐从单一型向多向型发展,也日渐丰富多彩,家庭在这方面的功能也将日益增强。

家庭功能不是固定不变的,也不是脱离社会而独立存在的,决定家庭功能的社会需求和家庭本身的特性这两个因素都在历史地变化着,家庭发展的每一个阶段总是与社会变化和家庭本身功能的变化发展密切相关的。对于家庭功能及其变迁的研究,也是家庭教育学的重要研究内容。

第二节　家庭教育概述

案例导入

打碎的是碗还是心?

有一次,女儿不小心打碎了一个碗,碗里的小料溅了我一身,我不禁大喊一声,女儿看看被惊吓的我,看看被打碎的碗,惊慌失措起来,怯怯地对我说:"妈妈,你打我一下吧!"她的表情与话语告诉我她已经知道错了,我为什么还要再责备她?于是我微笑着对她说:"妈妈原谅你了,下次可要小心哟!"女儿嘴角重又露出了笑容,感激地对我说:"嗯,妈妈,我记住了!"于是又开心地玩了起来。

事后回想她的那句话,我还是颇为吃惊。为什么她让我打她?是不是我平时对她伤害太多了?多少次,我在干家务,女儿无意"添乱",我会不耐烦地呵斥她;多少次,下班回家一身疲惫,女儿找我讲故事,我头也不抬地拒绝她;又有多少次,女儿磨磨蹭蹭,我会一边责备一边"拎"着她下楼……女儿怕自己做不好惹妈妈生气,更害怕妈妈的责备和惩罚。

打碎了碗可以再买一个,但打碎了孩子的心却无法再挽回;作为父母,多一些宽容与耐心,就能帮助孩子建立强大的内心。

---

① 凌飞.我国家庭功能由内而外走向社会[J].社会科学报,2000(10).

打碎碗的刹那,家长控制了自己的情绪,接纳了孩子的"冒失"行为,还给孩子一份安全感;平静的背后,家长的心却波澜起伏,我们看到了她在内心深处对自己的觉察和与孩子的对话。当个好妈妈不容易,就是要经历这样的成长!

家庭教育,是我国大教育体系的重要组成部分之一,是学校教育与社会教育的基础。家庭教育是终身教育,它开始于孩子出生之时(甚至可上溯到胎儿期)。婴幼儿时期的家庭教育是"人之初"的教育,在人的一生中起着奠基的作用。孩子上了小学、中学后,家庭教育既是学校教育的基础,又是学校教育的补充和延伸。其教育目标应是在孩子进入社会接受集体教育之前保证孩子身心健康地发展,为接受幼儿园、学校的教育打好基础。

一、家庭教育的概念

(一)家庭教育的内涵

什么是家庭教育呢? 不同研究者有不同的理解和解释。

《中国大百科全书》对家庭教育的定义是"父母或其他年长者在家庭内自觉地、有意识地对子女进行的教育"。

《辞海》对"家庭教育"的解释是父母或其他年长者在家里对儿童和青少年进行的教育。不同社会有不同性质的家庭教育。社会主义国家的教育任务虽然主要由学校承担,但家庭也是教育下一代的重要阵地。家庭与学校密切配合,统一教育影响,使儿童青少年在德育、智育、体育、美育等方面都获得全面发展。

赵忠心在《家庭教育学》中指出:按照传统的说法,家庭教育是指在家庭生活中,由家长,即由家庭里的长者(其中主要是父母)对其子女及其他年幼者实施的教育和影响。这是狭义的家庭教育。广义的家庭教育,应是家庭成员之间相互实施的一种教育。在家庭里,不论是父母对子女、子女对父母,还是长者对幼者、幼者对长者,一切有目的、有意识施加的影响,都是家庭教育。

邓佐君在《家庭教育学》一书中介绍了郑其龙、赵忠心等家庭教育的观点,并指出,一般认为,家庭教育是在家庭生活中发生的,以亲子关系为中心,以培养社会需要的人为目标的教育活动,是在人的社会化过程中,家庭(主要指父母)对个体(一般指儿童青少年)产生的影响作用。

李天燕在《家庭教育学》中指出,现代家庭教育是指发生在现实家庭生活中,以血亲关系为核心的家庭成员(主要是父母与子女)之间的双向沟通、相互影响的互动教育。家庭教育有直接与间接之分,直接的家庭教育指的是在家庭生活中,父母与子女之间根据一定的社会要求实施的互动教育和训练;间接的家庭教育指的是家庭环境、家庭气氛、父母言行和子女成长产生的潜移默化和熏陶。现代家庭教育应该包括直接和间接两个方面。

学者赵雨林认为,家庭教育从广义上看是全面促进家庭建设与发展的教育活动,是受社会各界共同作用和影响的;从狭义上看是指所有促使对一1~18岁生命品质成长即生命个体增值的教育活动,是通过家庭内部进行交互作用和影响的。

台湾学者林淑玲将家庭教育的定义界定为:为健全个人身心发展,营造幸福家庭,以建立祥和社会,而通过各种教育形式以增进个人家庭生活所需之知识、态度与能力的教育活动,称为家庭教育。

2003 年,我国台湾地区颁布的《家庭教育法》中明确指出,家庭教育系指具有增进家人关系与家庭功能之各种教育活动,家庭教育的内涵包括:亲职教育(增进父母职能)、子职教育(增进子女本分)、两性教育(增进性别知能)、婚姻教育(增进夫妻关系)、伦理教育(增进家族成员相互尊重及关怀之教育活动)、家庭资源与管理教育(增进家庭各类资源运用及管理的教育)以及其他家庭教育事项。

综观世界各国(地区)家庭教育概念的演变过程,参考名家大师对于家庭教育概念的描述,结合我国家庭教育工作的实践经验,我们认为,对家庭教育概念的诠释主要有广义和狭义两种。

广义的家庭教育是指家庭成员之间相互实施的一种教育和影响。既包括父母对子女、长者对幼者所实施的教育,也包括子女对父母、幼者对长者的影响,还包括父母或长辈之间、幼者或子女之间的相互教育与影响。因而,在家庭全部生活之中来自家庭的人和物对家庭成员之间直接、间接、有意、无意、积极、消极的影响,均为家庭教育。家庭教育不是单向的施教,而是一种双向或多边互动的过程。子女或其他年幼者既是教育的客体,也是教育的主体。尤其是随着当今社会网络化、信息化和全球化的迅猛发展,"后喻文化""文化反哺"现象凸显,家庭教育的互动特征也越发明显。

狭义的家庭教育是指在家庭生活中由父母或其他年长者在家庭中自觉有意识地对未成年子女或其他年幼者实施的教育和影响①。这一界定告诉人们:家庭教育的教育者主要是父母,还可能是祖父母等年长者;受教育者主要是未成年的子女,还可能是孙子女等其他年幼者。因此,父母、祖父母等年长者是家庭教育的主要实施主体,而子女、孙子女等未成年儿童则是家庭教育的主要对象。著名心理学家郝滨曾说过:"家庭教育是人生整个教育的基础和起点。"的确,家庭教育是对人的一生影响最深的一种教育,它直接或者间接地影响着一个人人生目标的实现。《中华人民共和国未成年人保护法》中明确规定:"父母或者其他监护人应当学习家庭教育知识,正确履行监护职责,抚养教育未成年人。"

本教材所探讨的学前儿童家庭教育问题,主要涉及的是狭义层面的家庭教育。

(二)家庭教育的性质

家庭教育的性质是指家庭教育区别于其他教育的根本属性。要探讨家庭教育的规律,首先必须了解家庭教育究竟是一种什么样的教育,具有哪些根本属性。家庭教育与学校教育、社会教育相比,具有自己独特的属性②。

1. 家庭教育是一种私人教育

从教育者和受教育者之间的关系来看,教育大体可以分为公共教育和私人教育两大类。公共教育活动中的人际关系仅仅是施教者和受教育者的关系,施教者代表特定的政府、社会的利益去实施教育,以达到其教育目的和要求,而不以个人意志为转移。学校教育和社会教育就属于公共教育。而在家庭中,教育者和受教育者本身具有血缘关系和亲缘关系。家庭是相对封闭的"私人领地",家长打算把子女培养成什么样的人,怎样培养,都更多地取决于家长的主观意志。只要不违反社会的法律准则,政府、社会和他人是无权直接干涉的,更不能强迫命令,只能采取多种方式进行宣传、渗透和引导施加影响,使之适应社会的需要。

---

① 王乃正.学前儿童家庭教育[M].北京:北京师范大学出版社,2013.
② 丁连信.学前儿童家庭教育[M].北京:科学出版社,2011.

当然,家庭教育也不是完全孤立于社会而存在的。家庭是社会的细胞,从来不是孤立的,跟社会生活息息相关。社会的政治、经济、文化的变革都会通过各种渠道渗透到家庭生活中去,影响家庭教育的实施和效果。家庭教育的最终目的是把孩子推向社会,接受社会生活和实践的检验,成为社会的一员。孩子的家庭教育是否成功,不是家长说了算的,也不是以学历、学位为衡量标准,社会实践才是最公正、最权威的衡量标准。我们坚信,家庭教育中的问题,孩子成长中的问题,都可以在社会生活、社会环境中找到原因,找到解决的办法。

2.家庭教育是一种非正规教育

从教育组织形式的维度看,教育可分为正规教育和非正规教育两类。正规教育是指由教育部门认可的教育机构(学校)所提供的有目的、有组织、有计划、由专职人员承担的,以影响学生身心发展为直接目标的全面系统的训练和培养活动,有一定的入学条件和规定的毕业标准,通常在教室(课堂)环境中进行,使用规定的教学大纲、教材,其特点是统一性、连续性、标准化和制度化。非正规教育是指在日常生活、生产劳动和各种教育活动的影响下,个体从家庭、邻居、图书馆、大众传播媒介、工作娱乐场所等方面获取知识、思想、技能、信息和道德修养的过程,也叫做"非正式"教育。非正规教育是直接同生活、工作和劳动相联系的、内容广泛的学习活动,没有严格的教学活动和教学计划,组织相对比较松散。

家庭教育属于非正规教育。父母对子女的教育,虽然是有目的、有意识的,但不像学校和社会团体那样有计划、有系统。家庭是生活环境,家长大多数没有经过专业培训,只要生育孩子,自然而然就荣升为父母,成为了孩子的第一任老师。至于家长要把孩子培养成什么样的人,教给孩子什么内容,用什么方式去培养,主要取决于家长的个人意志。同时,家庭教育没有固定的教育模式、教育场所和教育时间,日常生活中,随时随地都是教育的时机。这种寓教育于生活之中的非规范化教育,具有内容的丰富性、方式的灵活性、训练的实践性等优势,但也缺乏规范性、科学性和完整性。

3.家庭教育是一种终身教育

从教育实施的时间跨度来看,教育可以分为阶段教育和终身教育。系统科学的学校教育,虽然持续时间较长,但相对人的一生来说它只是一个阶段。至于不同阶段的学校教育,一般只有几年。社会教育更是临时性的,时间更为短暂。人们无论接受多少学校教育,总有毕业的一天。

孩子从呱呱落地来到人世间,进入家庭,家庭就成了孩子的教育和生活场所,父母就成了教育者和监护者。子女从小在父母身边长大,对于个体的成长而言,每一个个体都是通过家庭教育不断学会生活自立的;个体的身体发育、最基本的心理发展、个性的形成以及社会生活基本技能的掌握,都有赖于家庭教育不断的锤炼和培养;个人的行为、理想以及职业选择、终身大事,均接受着来自父母的影响。所以说,父母对孩子的影响和教育是连续的、终身的、永久的。这种终身教育突破了正规学校教育的框架,把教育看成是个人一生中连续不断的学习过程,是人们在一生中所受到的各种培养的总和,实现了从学前期甚至胎儿期到老年期的整个教育过程的统一。可以说,家庭教育的终身性有利于增强父母教育子女的责任感,有利于父母同子女的思想沟通和对子女的深入了解,从而随时随地有针对性地给予教育。

二、家庭教育的特点

相对于学校教育、社会教育而言,家庭教育的基本特点是:

(一)教育的天然性

抚养和教育子女是父母的天职。孩子从呱呱落地来到人间,进入家庭,家庭就成了孩子天然的教育场所,父母就成了天然的教育者。由于亲子之间有着不可分割的血缘关系和共同的生活环境,他们既相互归属又相互依恋。父母对子女有强烈的责任感,关怀备至,体贴入微;而子女依赖父母,对来自父母的教育,哪怕尖锐的批评、指责,一般都比较容易接受。这种自然强化效应,是家庭教育的优势所在。但家庭教育的天然性,也伴随着不可控制性。家庭教育的性质、内容和效果,主要取决于家庭的主客观条件尤其是父母自身的素质;有些家庭甚至由于父母关系破裂、道德堕落等而不可能负担起教育的责任。家庭教育的天然性,还可能导致以感情代替理智,或者溺爱娇纵、过度保护,或者简单粗暴、放任自流,给孩子的成长造成不良后果[①]。

(二)教育的全面性

家庭教育的终极目的是培养合格的社会公民。一个合格的社会成员,必须接受全面教育。无论是德育还是智育、体育、美育、劳动,家庭教育都有责任使其向社会所需要的方向发展。这一目的决定了家庭教育的全面性,也决定了家庭教育是全方位培养人才的重要场所。相对学校和社会教育来说,家庭教育具有更加广阔的教育范围和丰富的教育内容。学校和社会教育管的,家庭教育要管;学校和社会教育触及不到的,家庭教育责无旁贷,也要管。因而,家庭教育所涉及的内容比学校教育和社会教育要广泛得多。只要有家庭,只要有孩子,就必须承担起教育子女的责任,注重孩子的全面发展,使他们自幼在德、智、体、美等各方面都得到全面和谐的发展,成为我们社会主义祖国合格的建设者和保卫者,这是家庭教育的出发点和必须始终坚持的一条准则。

(三)教育的长期性

家庭教育的长期性,是相伴人生的。与学校教育相比,家庭教育更具有连续性和持久性,也是一种终身教育。孩子从出生起就开始受家庭教育。虽然不同阶段家庭教育的作用大小不一样,但始终伴随着人生。尤其是一个人成年以后,他所有的行为都可以在他幼年的家庭环境中找到答案,他受到的教育与他的性格、命运是密不可分的。家庭的教育职能是同家庭共始终的。父母对子女既是第一位教育者,也是终身的教育者。子女从小在父母身边长大,个人的行为、理想以至职业选择、终身大事,均听从父母的教诲和正确指导;直至以后生活独立,成家立业,仍旧与父母保持密切联系,在一定程度上接受来自父母的影响。因此,从这个意义上讲,家长对子女的教育是长期的、连续的以至终身的,孩子良好素养的形成既需要父母亲长期坚持不懈地培养和塑造,孩子在成长过程中出现的问题也需要父母亲耐心细致地教育和帮助,家庭教育的成效显现更是一个长期的过程。

(四)教育的个别性

在家庭中,父母面对的是为数不多的子女,采用的教育方式基本上是个别施教。由于长期的共同生活,父母对子女的身体、能力与性格较为了解;由于子女在家庭里较为随便,各种思想行为比较容易如实表现出来;有的孩子出于对父母的依赖、敬佩,还能主动地把自己内心的想法向父母诉说,这些都有利于父母进行个别培养,因材施教。父母既可以及早发现孩子的兴

---

① 胡莹.论家庭教育的功能、特点和基本要求[J].西南农业大学学报(社会科学版),2007(2).

趣、才能并加以培养,使潜能得以充分发挥,还可以针对孩子的问题、弱点,有针对性地进行教育,以收到"长善救失"的效果。但在人才竞争激烈的现代社会里,一些家庭容易无视孩子遗传、环境和早期教育条件等的差异,对孩子的期望水平过高,过早实行定向培养,把孩子束缚在课内课外的学习上。这种违背儿童身心发展规律、忽视个别差异的个别培养,不但难以收到预期效果,而且势必削弱对儿童品德的早期培养和习惯的早期训练,伤害儿童的自尊心、自信心和自主精神,从而阻碍儿童身心的正常发展。

(五)教育的弥散性

父母对子女的教育,虽然是有目的、有意识的,但不像学校和社会团体那样有计划、有系统。它分散于家庭生活的各个方面、各个环节,主要是在一定的家庭环境中,通过日常的生活、学习,通过与子女共同参加的活动,由父母言传身教来实现。家庭教育的目标、内容和方法,都是非规范化的,具有明显的日常生活的性质,教育活动基本上与生活实践紧密结合。父母对子女的言教固然直接影响着孩子,家庭生活的各种因素尤其是父母自身的品德修养,都会通过耳濡目染,渗透到孩子的心灵中去。一个人从出生到成年,接受教育的过程在很大程度上是潜移默化的影响过程。教育的弥散性这一特点,决定了家庭教育一方面是家庭中长者对幼者的教育,另一方面是长者的自我提升教育。

阅读材料

家庭教育应走出四大误区

"父亲如山,母亲如水。真山真水出真人。"每个人都是家庭教育、学校教育和社会教育的共同产物。家庭教育好,才有可能培育出好孩子和人格健全的有用人才。然而我们遗憾地看到,许多家长在家庭教育中陷入误区而不能自拔,使家庭教育丧失了应有的功能。

误区之一:缺少平等

处在开放的全球化时代,家庭教育应当体现出鲜明的时代特征,那就是平等、民主、包容、理解。家庭教育应以孩子为本位,尊重孩子、理解孩子,平等对待孩子,使孩子从小"学会求知、学会做事,学会共处,学会生存"。然而在现实中,许多家长却做不到这一点,认为子女是属于父母的,不尊重孩子的隐私和权利,牵涉到孩子的决定不和孩子商谈。对孩子要么严管重罚,使孩子仅仅变成一个学习工具,丧失了主体性和人生应有的乐趣;要么百依百顺、有求必应,成为"小皇帝"的奴仆,放弃了家长应尽的教育、监护义务,最终使孩子放任自流,成了"问题少年""问题公民"。

误区之二:重身轻心

家庭教育首先应当确保孩子身体健康、心理健康,人格健全。随着生活水平的提高,食品越来越多样化,但如何让孩子吃得营养、吃得健康,依然是许多家庭尚未解决的重大问题。现在的孩子在身体发育方面呈现"两极化":要么太胖,要么偏瘦。许多孩子的身高、体重大大偏离标准。但是,与身体健康相比,许多家庭往往更容易忽视孩子的心理健康,不少孩子不是自卑就是自负,不是大大咧咧就是小里小气,对困难、挫折的承受能力很差。家庭教育应当帮助孩子客观地了解自己,培养和提高自我认识能力;学会缓解压力、控制心态平衡的方法,增强心理承受力;学会尊重他人、理解和支持他人,确保孩子的心理健康。

误区之三:重分轻能

"考得怎么样?为什么不是第一?"这是许多家长经常挂在嘴边的话。激烈的升学竞争,使得多数家长总是把学习成绩看得比什么都重要,反而忽视了能力、活力、毅力、性格、是非、善恶等对人生更为重要的非智力因素和能力培养,"造就"了大量"高分低能"、"有才无德"、心理脆弱、缺少责任感和正义感的不合格"人才"。家庭教育的最终目标是帮助孩子脱离父母走向独立,成功地构筑自己的生活;而做家务就能逐步培养能力、不断增强孩子的成就感和自信心。除了配合学校教育搞好学习外,家长还应帮助孩子学会待人接物、为人处世、竞争与合作,对孩子进行生活、社交、消费、创业等方面的指导,使家庭成为孩子全方位社会化的动力基地。

误区之四:阴盛阳衰

古语云"养不教,父之过",如果缺少父亲的言传身教,孩子的性格、情感、意志、思维方式等都会受到一定影响。母亲的温柔、细致、耐心、体贴,父亲的豁达、豪爽,对孩子都很有好处,家庭教育必须做到阴阳平衡。美国耶鲁大学的一项研究成果表明:由男性带大的孩子智商高,他们在学校里的成绩往往更好,将来走向社会也更容易成功。从教育方式上看,男性教育更倾向于自立、冒险、运动、操作、探索和逻辑思维,对孩子成长十分有利。在孩子的心目中,"母亲是水,父亲是山",山水相依、缺一不可。所以,在家庭教育中,父母都应该承担起自己的责任,尽量做到阴阳平衡。

资料来源:王争社,张平阳.家庭教育应走出四大误区[N].西安日报,2006-03-20(03).

三、家庭教育的地位和价值

(一)家庭教育对人的终身发展起奠基作用[①]

苏联教育家马卡连柯说:"家庭是重要的地方,在于人从这里走向生活。"人一出生首先进入家庭生活,家庭是人最初接触生活和受教育影响的环境,人生第一个社会关系就是家庭。孩子从出生到进入社会,有近三分之二的时间是在家庭中度过的。在家庭环境中,不论父母有无意识,儿童在客观上都接受着教育。同时,有些知识和能力的获得,是和生理过程紧密联系的,错过了生长期就不易掌握。在胎儿期,儿童通过对母体生理变化的感受在母体内接受母亲气质性格的影响。父母通过对新生儿的抚摸、亲热、照顾、情感交流等行为使婴儿大脑皮层不断受到刺激并逐渐接受人类的情感,慢慢学会同父母进行交流。在幼儿期,儿童还没有独立的生存和生活能力,心理和生理上对父母的依赖性很强。儿童身体的健康发育,智慧的萌发和启迪,言语的交流,对周围事物和社会关系的认识,行为习惯的培养,生活能力的获得,一定品格特点的形成等,无一不受到父母自觉不自觉的影响,父母成为他们生活中最直接、最亲切、最可信赖的首位指导者和走向社会的最初引路人。因此,他们把父母当成第一个模仿的对象。由于他们对世态炎凉、人情冷暖的感受首先也是来自家庭,即从家庭人际关系中最初形成的观念,推而广之去认识人类世界,所以父母的要求便成为他们的生活和行为准则。父母对周围的人和事物的态度评价标准便成为他们评价是非善恶的依据。可见,父母对儿童是非、善恶、荣辱观念的建立起着奠基的作用,这些观念一经形成,将对儿童的一生产生深刻的影响。

家庭对儿童社会化有着特殊的价值。家庭是社会的缩影,社会上对儿童积极的或消极的影响,总是通过家庭起作用的。家长特别是父母,是通过用自己的言行,对周围的人和事的评价与态度,把人与人之间的一些初步的道德观念和行为准则传授给子女。可以说每个人的价

---

① 常瑞芳.幼儿家庭教育与指导[M].北京:高等教育出版社,2012.

值观念的雏形也是在家庭中形成的。我国唐代诗人李白五岁就能诵六甲,就是家庭早期教育的结果。如果家长能够运用科学的心理学、生理学、社会学和教育学等知识对儿童实施早期教育,就会大大加速儿童智力发展和儿童的社会化进程,这对人才的开发具有重大的现实意义①。

(二)家庭教育是一切教育的起点和基础

在人的一生中,不论是出生前(胎儿阶段),还是出生后(婴幼儿时期、学生阶段到长大成人),都要接受来自家庭成员、成长环境等潜移默化的熏陶和影响,在这一过程中获取知识、形成情感、养成习惯,这就是家庭教育。

通常来讲,家庭教育可分为三个阶段:一是胎教。胎教可以说是人一生中受到的最早、最初的家庭教育。日本胎教、学前教育专家七田真说:"每个胎儿都是天才,胎教影响人的一生,孩子的教育应从胎儿期开始。"资料记载,我国古代时期就出现过胎教,现代社会,胎教更是成了孕产期妇女的必修课。调查显示,有90%以上的产科医生提倡胎教,80%以上的孕妇接受这一早教方式并身体力行。二是婴幼儿教育。孩子呱呱坠地,开始去接触一个大环境,并且通过反复不断的模仿练习,来构建自己的世界。作为独立的生命个体,婴幼儿接触的对象主要是父母,在这一时期,父母成为他们模仿的主要目标,父母的待人处事态度、道德观念、行为方式等诸多方面都时刻影响着孩子。孩子在潜移默化中学到知识、动作技能以及日常行为习惯,由于婴幼儿判断能力还未真正形成,他们在模仿他人时,不会考虑某种行为是否正确、适当,因此,父母在对婴幼儿教育时,更应小心谨慎,重视细节把握,为孩子树立一个良好的榜样。三是学生教育。这个阶段应该说是人的行为习惯养成的关键时期,也是孩子人生观、价值观、世界观形成的重要阶段,对一个人的未来发展至关重要。研究表明,人接受新知识和技巧的能力在学生时期达到巅峰,这个时候积累知识和能力,可以达到事半功倍的效果。尽管孩子步入校园,开始从学校获得知识,但家庭教育不可或缺。我国古代就有"养不教,父之过"的说法,不允许父母推卸教育责任,可见家庭教育与学校教育相比,具有无法替代的作用。家庭教育是人生中接受的最初、最基本的教育,是一切教育的基础、起点和基石,如果没有家庭教育,人就很难再继续进行学校教育和社会教育,更不可能成为优秀的人才②。家庭教育在整个教育体系中发挥着不可估量的重要作用,是人成长、成才的奠基工程。

(三)家庭教育是推动社会文明进步的重要力量③

家庭教育关系着国民素质、国家的兴衰。孩子既是父母的,但又不只是父母的,他们是祖国的未来,是社会主义建设的人才。中华民族历来重视家庭建设,把家庭建设看成是和谐社会、国家建设的基础性工程。有"求忠臣于孝子之门"的古训,也有齐家、治国、平天下这样的伦理境界。孟子说:"天下之本在国,国之本在家,家之本在身。"中国的封建统治者为了达到"治国"的目的,首先强调"治家",把"治家"作为"治国"的重要前提条件。

习近平总书记在2015年春节团拜会上指出:"家庭是社会的基本细胞,是人生的第一所学校。不论时代发生多大变化,不论生活格局发生多大变化,我们都要重视家庭建设,注重家庭、注重家教、注重家风,紧密结合培育和弘扬社会主义核心价值观,发扬光大中华民族传统家

---

① 文晶.简论家庭教育的地位及作用[J].现代教育科学,2003(6).
② 刘柏清.浅谈家庭教育的重要性[J].才智,2016(2).
③ 李天燕.家庭教育学[M].上海:复旦大学出版社,2014.

美德,促进家庭和睦,促进亲人相亲相爱,促进下一代健康成长,促进老年人老有所养,使千千万万个家庭成为国家发展、民族进步、社会和谐的重要基点。"这与联合国《世界人权宣言》提到的"家庭是天然的和基本的社会单元",以及 2004 年《三亚宣言》提出的家庭是社会稳定延续和发展的源泉,一脉相承。

因此,家庭教育和家庭建设已经不再是一件家庭事务,而是一项社会工程。政府组织、非政府组织、企业、社区以及学界都要发挥各自的作用,参与到家庭建设当中来,不能只把家庭建设的任务留给家庭成员。

第三节　学前儿童家庭教育的特点和作用

案例导入

还给孩子一个快乐的童年

女儿朵朵还没出生,我就开始规划她的未来。7 个月起开始识字,把所有的家具都贴上汉字标签;从《三字经》《千字文》到唐诗,一字一句地教她背诵。朵朵的记忆力非常好,背得又快又准。这令我骄傲不已。可等她 3 岁,问题却来了:她太安静了,同龄孩子都在外面玩,她却一个人在角落里看书。这让我开始反思:我的操之过急会不会毁掉她本该快乐的童年?我小时候和小伙伴快乐无忧地玩耍,和神奇的大自然亲密接触……哪有什么早教?哪认得什么字?现在我不是也很好吗?

我决定改变,不再强迫朵朵额外学太多知识,而朵朵的成绩却一直名列前茅。每天看着朵朵自由、开心的笑脸,我感到无比知足。

童年生活具有独特、不可替代的价值。可孩子的童年却常常背负成人太多的期望,未出生时就提前"规划",7 个月就提前教识字、背唐诗……"不能输在起跑线上"的代价就是牺牲孩子的快乐和自由。可喜的是,妈妈及时反思了自己的问题,果断"放弃",让女儿回归了快乐童年,获得了健康成长。

一、学前儿童家庭教育的含义

学前儿童家庭教育是实施学前教育的重要组成部分。一般来讲,学前儿童家庭教育是指在家庭中,由父母或其他年长者对六七岁以前尤其是三岁至六七岁的学前儿童所实施的一种非正规教育活动。可以说,学前儿童家庭教育一般由儿童的家长如法定监护人、养护人或其他亲属承担。虽称之为"教育",但并不是要"教"什么之类的特定有准备的教育活动,而是父母或家庭里的其他年长者自觉或不自觉地、有意或无意地对学前儿童施行的教育和影响。

与家庭教育概念相对应,学前儿童家庭教育概念也分为广义和狭义两个层面。广义的学前儿童家庭教育,是指家庭成员之间的相互影响和教育;而狭义的学前儿童家庭教育,是指在家庭生活中由家长(或其他长辈)对学前儿童进行的教育和施加的影响[1]。

不论这种教育是有意识的、自觉的,还是无意识的、不自觉的,但都发生在家庭生活中,并

---

① 张家琼.0~3 岁婴幼儿家庭教育与指导[M].北京:科学出版社,2015.

以亲子关系为中心,从体、智、德、美诸方面积极地影响儿童,把儿童培养成为社会所需要的人。

二、学前儿童家庭教育的特点

学前儿童家庭教育特点是家庭教育特有规律的体现。家庭作为一个教育环境与社会和托幼机构既有联系,又有区别。家庭是学前儿童最早接触而又生活时间最长的社会场所。家庭中以血缘关系为基础的天然的情感作用,是任何其他教育所不能替代的。家庭教育对于学前儿童品德、行为习惯以及个性的形成有着重要的影响。

(一)学前儿童家庭教育的优势

1.启蒙性与奠基性

婴幼儿时期是人生发展的基石,是身体和智力迅速发展的时期,也是品德、性格开始形成的重要阶段。家长是孩子的首任老师也是孩子的终身老师,对孩子的成长起着特殊的、不可替代的作用。学前儿童家庭教育发生在家庭的日常生活之中,对出生至入学前的儿童进行的是一种潜移默化的早期教育,是"人之初"的启蒙教育,对学前儿童道德观念的形成、卫生习惯的养成、智力潜能的开发起至关重要的作用[1]。

学前阶段是儿童身心发展最迅速的时期,家庭的早期影响常常对孩子以后的成长产生持久而深刻的影响,给他们终身的发展打下不易改变的印记。我国著名心理学家陈鹤琴指出:"幼稚期(0~7岁)是人生最重要的一个时期,什么习惯、言语、技能、思想、态度、情绪都在此阶段打下一个基础,若基础打不稳固,那么健全的人格就不易建造了。"这一点从"狼孩"的事例中可以得到证实。如印度"狼孩"卡玛拉,从小被狼叼去,8岁时被人发现,其生活习惯几乎与狼一样,四肢爬行,吃生肉,昼伏夜行,后来经过人为的训练,两年后才能站立,六年后可以像人一样行走,四年内学会了6个单词,在他17岁时,智力水平仅达到3岁孩子的水平。因此,任何脱离家庭养育的孩子都会出现不同程度的生理缺陷或个性障碍,家长要教会孩子基本生活技能,教会孩子最初的动脑、用脑,教会孩子如何做人,怎样待人。

2.亲情性与权威性

家庭教育建立在亲子血缘关系之上,这种天然的情感联系是其他任何教育不具备的。家长对孩子的爱是无条件的,为了把孩子培养成人,倾注了自己全部的心血和精力。也因为有了血缘关系,才有了子女对父母的信赖和依恋。而学前儿童家庭教育的权威性是指父母长辈在学前儿童身上所体现出的权力和威力[2]。家庭的存在,确定了父母子女间的血缘关系、抚养关系、情感关系,子女在伦理道德和物质生活的需求方面对父母长辈有很大的依赖性,而家长作为家庭生活中的领导者和组织者,其独特地位和作用决定了家长在孩子心目中享有崇高的威望和威信。幼儿在与其他小朋友们玩耍游戏中,当出现争执情况时,往往引用父母的话来证实自己言语行为是对的,如他们喜欢说:"我爸爸是这样说的"或"我妈妈是那样做的"等。

父母在孩子幼年时代始终扮演着双重角色:既是孩子安全生存的保护者,又是人生启蒙的向导。家长是否能够维护自己的权威,与其是否能严格要求自己,爱岗敬业,时时处处为孩子做表率有关。苏联教育家马卡连柯说:"家长的权威,只能建立在父母的生活和工作上,建立在

---

① 孙立双.学前儿童家庭与社区教育[M].北京:北京出版社,2014.
② 于丹.学前儿童家庭教育的重要性[J].赤子,2014(6).

父母的公民面貌和父母的行为上。"父母权威的树立必须建立在尊重孩子人格的基础上,而不是封建的家长制上,更不是体现在滥用"权威"吓唬、体罚孩子上。明智的家长很懂得权威树立的重要性,更懂得权威的树立不是靠压制、强求、主观臆断,而是采用刚柔相济的方法,在孩子面前树立起一个慈祥而威严的形象,使孩子容易接受父母的教育。

3. 全面性与丰富性

学前儿童家庭教育并不是片面、单一的,其教育内容非常广泛、丰富,是一种全方位的教育活动,从日常生活习惯养成、文明礼貌的学习到人生观、价值观的确立,包罗万象,远远超出幼儿园和社会教育所涉及的范围。相比幼儿园教育,家庭教育尤其更注重对孩子进行思想品德、行为规范方面的教育和训练,以培养孩子的社会适应能力和自立能力。至于科学文化知识方面的教育,家庭教育更多的是配合幼儿园进行学习目的、学习态度、学习习惯的教育,督促和辅导科学文化知识的学习只是幼儿园教育的补充和助手。

为什么学前儿童家庭教育具有全面丰富性的特点呢?从根本上说,这是由教育的内在目的和人自身的规律所决定的。家庭教育和幼儿园教育一样,都是要培养体、智、德、美各方面全面发展的人。但由于学前儿童年龄尚小,缺乏基本的生活自理能力,生活经验欠缺,且缺乏基本的是非判断能力,因此,家庭教育就势必要承担起照顾学前儿童的日常饮食生活起居,并对孩子进行基本的生活习惯培养以及行为规范教育,使孩子初步掌握人类社会的基本生存技能和价值规范。同时也意味着家长要着眼于孩子的全面发展,而不能过早地对孩子进行所谓的定向培养。

4. 自然性与随机性

学前儿童家庭教育大量渗透在家庭日常生活中,一般没有什么固定的教育内容、教育程序和教育模式,常常是家长认为需要什么就教什么,遇到什么事,就教什么内容,没有系统的教育计划和安排。它是由父母自己临时决定的,其中父母的价值观、职业观、文化观、儿童观和教育观等因素起着关键性作用,较为灵活机动,有很大的随意性和随机性。同时,学前儿童家庭教育不受时间和空间的限制,可随时随地对孩子进行教育,通过孩子与父母和家庭成员的交往活动以及言谈举止、待人接物、日常家务劳动等来实施。"遇物而诲""相机而教"就是对我国家庭教育自然随机性的生动写照。

可以说,这种自然随机性得益于父母与孩子之间天然的血缘关系和亲缘关系,家长对孩子的情绪具有强烈的感染作用。孩子对父母的言行举止往往能心领神会,以情通情。在处理发生在周围身边的人与事的关系和问题时,孩子对家长所持的态度很容易引起共鸣。在家长高兴时,孩子也会分享欢乐;在家长表现出烦躁不安和闷闷不乐时,孩子的情绪也容易受影响。如果父母亲缺乏理智而感情用事、脾气暴躁,都会使孩子盲目地吸收其弱点。家长在处理一些突发事件时,表现出惊恐不安、措手不及,对子女的影响也不好;而如果家长处变不惊、沉稳坚定,也会使子女遇事沉着冷静,这样对孩子心理品质的培养起到积极的作用。

5. 持久性与连续性

学前儿童出生后,生活在家庭之中,朝朝暮暮,都在接受着家长的教育。家庭教育与其他教育相比,它是稳定的,无论孩子班级提升、幼儿园更换,但学前儿童的家庭生活条件在一般情况下不会有太大变化,教育者始终是父母,教育过程不会中断,家庭教育的方式方法、风格、家庭生活的环境都不会变,有着特殊的连续性。这种教育是在有意和无意、计划和无计划、自觉和不自觉之中进行的,不管是以什么方式、在什么时间进行教育,都是家长以其自身的言行随时随地地教育影响着子女。家长与孩子朝夕相处,这种持续稳定的教育方式,有利于家长进行全面、细致、系统、深入地对孩子进行教育。

家庭教育的过程是持久连续的,其效果也是长期起作用的。如果学前儿童对某种事物感兴趣,家长可以每天抽出一点时间,和孩子一起进行学习和讨论,家长和他共同成长,这是学校教育所达不到的。如我国著名的天文学家张衡,在幼年时期就喜欢数星星,他的父亲每天晚上都陪着他,从和他一起数星星开始,直至引导他开始学着认识天上的星座及星系,让幼年时的张衡积累了丰富的天文知识,长大后张衡对天文学和地质学产生了浓厚的兴趣,日夜不断钻研,终于发明了地动仪,在中国的历史上留下了光辉灿烂的一页,这不能不说和家庭教育的连续性有着极为密切的关系。因而,学前儿童家庭教育给孩子带来的影响不会随着孩子入学或者离开家庭生活而失效,而是在人的一生中持续地发挥教育作用。

6. 差异性与继承性

学前儿童家庭教育具有明显的差异性。首先,家庭结构、家庭背景的多元化和复杂化使学前儿童家庭教育的差异性越来越明显。在城市,家庭结构日益核心化,不少家长对孩子的成长具有下赌注的感觉,补偿教育、代受教育、过度教育、神童教育等观念影响着学前儿童家庭教育。其次,父母文化素质的差异性带来了学前儿童家庭教育的差异性。父母的文化素质在很大程度上决定着对学前儿童的教育方式和教育水平。文化素质较高的知识分子在家庭教育上有自身的优势,表现在父母文化素质高,家庭氛围好,重视早期教育和智力开发。所以孩子一般身体素质较好,思想活跃,爱好广泛,知识面宽。再次,家长教育观念的差异性带来了学前儿童家庭教育的差异性。有的家长主张应该让孩子过艰苦的日子,培养孩子的独立性;有的家长则认为"再苦不能苦孩子",不愿让孩子受苦,乐于给孩子创造优越的学习和生活环境;有的家长坚信"棍棒出孝子",经常体罚子女;有的家长则倾向于"无为而治",很少干预孩子的生活,让学前儿童自由地发展。

继承性也称为延续性。学前儿童在家庭里接受了父祖辈对自己的教育,在自己长大成家立业后,也用同样的教育内容和方式、方法去教育自己的后代,用从父祖辈那里接受影响和教育所形成的思想观点、行为习惯,去影响教育自己的后代。"家风"就是继承性的一个说明,家风的好坏往往要延续几代人,甚至于十几代、几十代,而且这种家风往往与家庭成员从事的职业有关。如:"杏林世家""梨园之家""教育世家"等。同时家风又反映了一个家庭的学风,学风的好坏也往往延续几代、几十代人。如在中国近代,无锡人严功增补清末《国朝馆选录》,统计自清顺治三年丙戌科至光绪三十年甲辰科,状元共 114 人,其中父子兄弟叔侄累世科第不绝者,如苏州缪、吴、潘三姓,常熟翁、蒋两姓,浙江海宁陈、查两姓。看得出家庭教育的连续性往往对后代具有非常重要的影响。

(二)学前儿童家庭教育的局限性①

1. 家庭教育条件具有不平衡性

由于家庭教育是非制度化、个性化的教育,其教育内容、方法、水平很大程度上取决于家庭的私人领域,而家长的教育素质和教育能力参差不齐,教育效果相差甚远。并不是所有的家长都能胜任家庭教育。有的家长品德好,修养高,重视子女的教育,也有教育的能力,能够自觉地

---

① 丁连信.学前儿童家庭教育[M].北京:科学出版社,2011.

严格要求自己,努力创造良好的条件,对子女施以良好的教育。但有的家长自身素质不高,对孩子不负责任,不管不教,或者没有管理教育子女的能力,子女不能接受正确的家庭教育。总体上看,家长所掌握的知识、经验、技能的深度和广度总是有限的。尤其是家长大多不是从事教育的专业人士,其教育水平与教育能力有着很大的局限性。因此,不是人人都能完全胜任学前儿童的家庭教育工作。

同时,由于学前儿童家庭生活条件差别较大,并非所有的家庭都具有适宜儿童健康成长的良好环境。家庭教育取决于家长自身及家庭环境、家庭生活对儿童潜移默化的影响,不同儿童所处的家庭教育环境、家庭生活条件是不一样的。从我国当前的现实情况来看,部分家庭生活条件仍然较差,不仅影响了对家庭教育的投资,家长为了生计也难以把很多时间和精力放在子女的教育上;而有些家庭虽然生活富足,但家长工作繁忙,也难以抽出较多时间和精力与子女相处。家庭物质生活条件改善了,电视、电脑普及了,但人的精神生活却出现了思想困顿,如果家长不能很好地加以改善和引导,势必会对孩子的身心发展带来一定的负面影响。

2.家庭教育的非理性

随着教育的发展和家长受教育水平的提高,学前儿童家庭教育日益受到重视。应该说,许多家庭成功培育出了优秀幸福的孩子,但由于社会环境、价值观念和家庭结构的变化,孩子在成长的过程中又出现了许多新的复杂的问题,学前儿童家庭教育的盲目性大、随意性强,学前儿童家庭教育出现了许多非理性的因素。

首先,一些家长对孩子抱有太高的期望,把自己或家族的意愿强加到子女身上,对孩子进行过早教育和过度教育,驱使孩子发展并无兴趣的特长与爱好,造成孩子心理压力太大,造成孩子的学习兴趣被扼杀。其次,许多家长以自己的好恶驱使学前儿童,使孩子的个性受到压抑。不少父母借助特有的"家长权威",以自己的好恶为好恶,任意干预孩子的人格,控制孩子的行为,不给孩子一点看电视、电影的时间,甚至有的家长不让孩子与小同伴玩,从而引起孩子的对立与反叛。再次,生活的富裕、家长的偏爱,使得相当一部分家长或不懂得或忘记了营养要讲科学,再加上电视广告的诱惑,于是乎"娃哈哈""醒神液""蜂王浆"等营养品,把孩子们"灌输"成了身高与体重不成比例的肥胖儿,四肢不勤,体质盛弱。最后,家长过分的保护和关心照顾,使孩子们出现了"唯我独尊"的意识倾向,也使孩子们滋长了依附与虚伪的心理和习惯。家长们由于太"爱"孩子,而又太"不会爱"孩子,以"爱"和"教育"的名义却做着"溺爱、宠爱"和"非教育"甚至"反教育"的事,导致孩子身上出现了诸如任性、厌学、自私、缺乏良好习惯等缺点,影响着未来的学习生活。

3.家庭教育的封闭性

现代社会的一夫一妻制家庭,从它产生的那一天起,就是一种较为封闭的社会组织形式。在相当长的历史阶段内,家庭既是一个独立的生产单位,也是一个独立的生活单位,其生产方式和生活方式都是相对封闭的,与外界很少发生直接的联系。"家丑不可外扬""家财不可外露""我们都是自家人""一家人不说两家话"等,这些经常挂在中国人嘴边上的强调内外有别的口头语,充分反映了中国人自我封闭的心态和中国家庭的封闭性①。而家庭教育是在家庭内部进行的一种教育活动,究竟要把孩子培养成什么样的人,怎样培养教育,虽然要受社会生活的影响,但主要取决于家长的意志。只要家长的教育行为不违反法律法规,他人一般是无权干

---

① 赵忠心.家庭教育要由"封闭型"转变为"开放型"[J].家庭教育,1995(6).

涉的,所以说家庭教育基本上是一种封闭式的教育。

　　法国思想家卢梭说过,家庭生活本身就是一种教育。人们从一出生就生活在一个特定的家庭中,长期家庭生活的耳濡目染、潜移默化,会对人的个性品德起着塑造作用,封闭式的家庭教育模式,必然造就思想僵化保守、心理闭锁、性格拘谨和对社会生活适应能力差的人。在过去自给自足的小农经济条件下,子女长大以后,仍旧在自己的家庭里生活和进行生产,封闭的家庭教育培养造就出来的人,尚可以适应当时的社会生活。而在今天,我国实行改革开放,实行社会化的大生产,大力发展开放的市场经济,子女长大以后,都要离开家庭,进入社会生活,参加社会工作。如果不打破学前儿童家庭教育的封闭状态,不实行开放式的学前儿童家庭教育,将来孩子是很难适应开放的社会生活的,更不能有什么作为。因此,学前儿童家庭教育要由"封闭型"转变为"开放型",打破家庭与社会、家长与子女之间的相互封闭、隔绝的状态,实行家庭内外和父母子女之间的交流和沟通,充分调动家庭、社会、子女的主观能动性,生动活泼地开展家庭教育,使学前儿童生动活泼地发展,成为未来社会所需要的人才。

阅读材料

今天,"80后"该怎样当父母

　　"金猪宝宝""奥运宝宝""龙宝宝"……在一波又一波的婴儿潮中,"80后"逐步走上了父母的岗位。为了这些宝宝们的健康成长,让"独一代"更好地培育"独二代",有必要客观审视"80后"父母育儿理念上的不足,帮助他们尽快成熟起来。

　　"80后"是我国第一代独生子女,他们享受着全家人的关注和呵护,缺乏独立生活实践的能力;"80后"与改革开放的中国社会一同成长,市场经济以及全球化冲击着传统家庭观念,新的价值观念正在建立。这些时代的烙印,势必会体现在"80后"的育儿理念和行为中。

"未长大"父母的育儿幼稚病

　　人的心理年龄与生理年龄的发展往往并不同步。很多"80后"父母,由于自身心理发展的局限,在育儿方面,也表现得比较"幼稚":

　　盲目投资的育儿方式。"80后"父母一进入社会,就面临"物竞天择,适者生存"的生存环境,体验到竞争的激烈与残酷。因此,教育意识大大增强,对孩子期望值很高,希望孩子出类拔萃,成为佼佼者。许多"80后"父母很舍得在孩子身上花大价钱投资。然而,由于消费观念不成熟,误认为收益与花钱多少成正比,追求高规格、高档次、高消费;在消费中还存在盲目攀比的情况,忽略了幼儿身心发展的规律。

　　不断疏远的亲子关系。家庭抚养和教育是非常私人化的行为,但许多"80后"父母把应该亲自做的事,交给了别人。例如婴儿期的孩子出生不久,就交给保姆、老人或寄托在别人家。"80后"的年轻母亲,为了保持良好的身材,或因为工作忙顾不上,让孩子吃母乳的越来越少。很多年轻家长懒得伺候孩子拉屎撒尿,给婴幼儿使用传统尿布的家庭大为减少,而改用"尿不湿"的现象非常普遍,孩子与家长亲密接触的机会也越来越少。

　　日渐淡薄的家庭观念。随着中国社会由传统向现代的变迁,中西方文化的不断碰撞,传统的家庭观念日渐淡薄。很多"80后"在处理家庭关系时,把感觉放第一、责任放第二。在结束了浪漫的恋爱、进入婚姻的时候,由于不适应从"以个人为中心"的生活状态到"以家庭为中心"状态的转变,经常爆发争执和冷战。有些"80后"对离婚看得很淡,"闪婚闪离"的现象日益增多。为追求婚姻质量,不凑合,这没错。结束不幸的婚姻,对夫妻双方来说是一件幸事;但对孩子来说，就不能说是一件幸事。

一不小心孩子成"三品"

有些"80后"初为人父母，虽然身份提升了一个"级别"，但对子女的抚养教育表现得还不够成熟。急功近利的育儿理念、日渐薄弱的家庭亲子关系、脆弱的夫妻感情，对孩子的成长有诸多不利：

育儿产品的"试验品"。"80后"父母一般都很重视孩子的教育，但"望子成龙心切，教子成材无方"，缺乏做父母的知识储备，也没有实践经验。面对眼花缭乱的教育商业信息，分辨、筛选、取舍能力较差，有些家长经不住"忽悠"，盲目跟风，让孩子成为各种育儿产品的试验品，家长投入大量的时间、金钱、精力，却把孩子交给了不具有科学育儿理念的商业机构，岂不可悲？

亲子关系疏远的"处理品"。由于传统亲子关系的疏远，孩子对父母亲情的渴望远远得不到满足，有的孩子从小就成为亲子关系的"处理品"。孩子管阿姨叫"妈妈"、管妈妈叫"阿姨"的屡见不鲜；有的甚至把妈妈看成是"狼外婆"而避之不及。孩子享受妈妈身上的气味、跟妈妈亲昵的机会大为减少，患"母婴肌肤接触饥饿症"的孩子越来越多。将来孩子长大了不听话、顶撞父母，父母再说"一把屎一把尿地把你拉扯大"，恐怕就理不直、气不壮了。

婚恋关系不和谐的"牺牲品"。许多"80后"夫妻感情不和谐，年轻的离异夫妻越来越多，北京、上海等大城市的离婚率近几年更是居高不下，而在婚姻不和谐的家庭中，孩子就成了"牺牲品"。家庭这个"保护伞"越来越靠不住，"避风港"遮风挡雨的功能越来越差。有的"家庭战争"连绵不断，孩子在"刀光剑影"中成长，偌大的家庭竟然安放不下一张安静的婴儿床。

年轻的爸爸妈妈请快长大

父母是孩子生活的引路人。子女抚养、教育的使命不允许他们继续"幼稚"下去，"80后"父母要在抚养、教育孩子的实践中尽快成熟起来：

克服急功近利的心态。教育不是神话，不是荒诞不经的天方夜谭，教育是科学，有其独特的规律。"80后"父母要正视、尊重孩子的年龄特征和个性特征，实施适合的教育，该教什么就教什么。不要盲目攀比，每个孩子都是特别的，要从孩子的实际出发。家长要保持清醒头脑，不轻信"忽悠"；要有主见，不要盲目从众。要克服浮躁情绪，坚持独立思考，认真区分、筛选、取舍社会信息。注重教孩子做人，把孩子的道德品质和行为习惯教育放在首位，为孩子将来融入社会、立足社会作准备。

重视传统亲子教育。家庭教育与学校教育、社会教育相比，最大的优势是由于特殊的血缘关系和亲情关系，父母对子女具有强烈的感化作用，子女从感情上也乐于接受父母的教育，把自己的行为满足父母的期望当作幸福快乐的事情。因此"80后"要注重父母子女亲情，强化家长的感化作用，充分发挥家庭教育固有的优势，"80后"父母要多付出，在孩子身上尽可能多地投入感情。

创造和谐家庭环境。家庭是孩子的安全岛、避风港，父母有责任给孩子提供安全、舒适、安宁的生活环境。父母要尽量保持育儿理念的一致性，在生活中如有争执，也要避免把孩子卷入其中。"80后"要精心经营夫妻爱情，谨慎处理夫妻矛盾，不能在一时冲动中牺牲孩子的利益。结束不幸福的婚姻，一定要妥善处理孩子的问题，不能让孩子觉得父母离婚，是孩子造成的；同时还要保证孩子依然可以享受到来自父母双方的关爱；再次选择婚姻的时候，也要照顾好孩子的心理感受，创造健康和谐的家庭氛围。

资料来源：赵忠心.今天，"80后"该怎样当父母[N].中国教育报，2012－04－15(04).

三、学前儿童家庭教育的作用①

（一）家庭教育保证了学前儿童身体的正常生长发育

首先，良好的胎教为孩子的健康出生提供了保障。胎教主要指孕妇自我调控身心的健康与欢愉，并给予胎儿适当的刺激，让胎儿在母亲子宫内享受良好的环境，使孩子生下来后聪明、个性稳定，情商、智商都比较高。要达到这一目的，家庭就必须要创造良好的胎教环境，使孕妇生活在舒适如意的环境中，保持健康的精神及心理状态，避免不良因素的刺激和影响；同时要注意合理地摄取各种营养素，以保证胎儿正常生长；并且要通过音乐胎教、语言胎教、抚摸胎教、光照胎教等适宜的胎教形式，促进胎儿更好地生长发育。

其次，科学的家庭教育为婴幼儿的身体健康成长提供了保障。家庭科学合理的作息制度，有助于学前儿童形成良好的生活习惯，提升学前儿童的学习效率和生活质量；而均衡全面的营养膳食，可以促进学前儿童身体的正常发育；家长率先垂范，鼓励孩子积极参加体育锻炼，可以增强学前儿童的体质，提高儿童对外界不良环境的抵抗和适应能力；家长耐心细致地教授孩子有关健康方面的知识，可以促进学前儿童的生长发育，减少疾病的发生机率；家长对孩子进行安全教育，有助于排除环境中潜在的安全隐患，提高孩子的自我保护意识，防范意外事故发生，使孩子健康快乐地成长。

（二）家庭教育有助于学前儿童的早期智力开发

家庭是学前儿童生命的摇篮，是人出生后接受教育的第一场所，即人生的第一个课堂；家长是学前儿童的第一任教师。一般来说，孩子出生后经过三年的发育，进入幼儿时期，3～6岁是学龄前期，也就是人们常说的早期教育阶段，这是人的身心发展的重要时期。我国古谚有："染于苍则苍，染于黄则黄"。儿童的许多基本能力，如语言表达、基本动作以及某些生活习惯等，基本上都是这个年龄阶段形成的。美国心理学家布鲁姆认为，一个人的智力发展如果把他本人17岁时达到的水平算作100%，那么4岁时就达到了50%；4～8岁又增加了30%，8～17岁又获得了20%。可见5岁以前是学前儿童智力发展最迅速的时期，也是进行早期智力开发的最佳时期，如果家长在这个时期所实施的家庭教育良好，将是孩子早期智力发展的关键。

古往今来，许多仁人志士、卓有成效的名人在幼年时期受到良好的家庭教育是他们日后成才的一个重要原因。如德国大诗人、剧作家歌德的成才，得力于家庭的早期教育。古代以"父子书法家"著称的王羲之、王献之，有过1350多项发明的大发明家爱迪生，一代文学巨星郭沫若、茅盾等名人的成长过程，都说明了家庭教育对早期智力开发是十分重要的。反之，人的幼年时期得不到良好的家庭教育而影响智力正常发展的事例也是不少的，如印度"狼孩"卡玛拉等，所以我们不可忽视学前儿童家庭教育的作用。

（三）家庭教育能促使学前儿童良好个性的形成

家庭教育包括诸多因素，诸如家庭成员的个性、心理素质、思想观念、情感、信仰、风俗习惯等。学前儿童家长的性格、兴趣、才能以及情绪状态等，时刻表现在家庭生活中，对每个家庭成员，特别是学前儿童起着潜移默化的作用。在一定意义上说，有什么样的家庭，就可能塑造出

---

① 李生兰.学前儿童家庭教育与活动指导［M］.上海：华东师范大学出版社，2014.

什么样的个性。很多时候家庭环境对学前儿童的教育影响超过专门的教育本身,这不仅仅因为其无时不在、无处不在的特性,也是因为它直观的影响和所包含的众多潜在富有启发性的因素。如果家长具有良好健康的性格,爽朗、乐观而又活泼,那么这个家庭会较多地充满欢声笑语;如果家长对生活充满热爱,兴趣广泛,勤于学习和钻研,那么这个家庭则会较多地充满学习的气氛。无疑,这些对塑造孩子的个性是有重要作用的。现代教育呼唤所有的父母能给孩子们多一点鼓励与轻松的心理环境,这样他们会做出更多值得赞赏的事情来,这本身超过了任何一种形式的直接教育。

马卡连柯说:"家里整齐、清洁、没有灰尘、没有多余的损坏的、乱扔的东西,这也是非常重要……如果家里有许多妨碍生活的东西……在这样场合就会逐渐养成杂乱无章的习惯,对东西缺乏责任感。在爱和严厉、慈爱和严峻、对待东西和财物的态度上的尺度感,这是我所坚持的主要原则之一……我要着重指出只有这样……才能培养出不诉苦、不流泪、能表现高度的忍耐力,并能立大功的人。"这同时也指出了家庭教育环境对学前儿童个性形成影响的细微性。

(四)家庭教育有助于培养学前儿童高尚的道德情操

良好的家庭教育是形成学前儿童高尚道德情操的重要基础。学前儿童时期,孩子对生活准则和社会规范以及其他知识了解甚少,犹如一张白纸,但是此时学前儿童的可塑性极大,模仿性极强,这种模仿不是通过理性去模仿,而是近乎像绘画中临摹一样,凭感性直观地去模仿,所以,往往是良莠不辨,是非不分。学前儿童首先模仿的就是与他们接触最多,心理上最接近的父母。父母的一言一行,优点、缺点,孩子都会模仿。同时,随着年龄的增长,学前儿童由家庭这个小环境步入社会,接触家庭外的人群、事物。社会中那些真、善、美、假、丑、恶不时地进入学前儿童的视野、思想。学前儿童缺乏理性的辨别是非能力,但有着比成人敏锐的感受能力。他们对身边发生的亲切的、可怕的事物,敏感性强,而这种敏感性正是培养学前儿童道德情操的重要基础。

因此,家长要充分认识家庭教育的重要性,要有正确的教育态度,严格要求自己,随时检点自己的行为举止,以身示范,做好表率,为孩子树立正面形象,要求孩子做到的事,自己首先要做到;答应孩子的事,一定不要落空,自觉地做好孩子的教育工作。并且家长要帮助学前儿童发展对社会生活的辨别能力和心理承受能力,过滤社会信息,优化孩子幼小的心灵,培养学前儿童高尚的道德情操,尽好家长的责任与义务,预防儿童犯错误,甚至于违法违纪。经过日复一日的训练,孩子自然也就养成了高尚的道德情操。

(五)家庭教育为学前儿童的未来发展奠定基础

家庭教育是一项面向未来的事业。孩子以后拥有怎样的人生,都与学前儿童的家庭教育息息相关。美国人泰曼·约翰逊认为,"成功的家教造就成功的孩子,失败的家教造就失败的孩子"。从这个意义上讲,家庭教育是其他一切教育的基础,家庭教育为学前儿童的未来发展奠定基础,父母对学前儿童的成长起着决定性作用。

首先,良好的家庭教育有助于提高孩子的发展水平。作为启蒙老师的父母,如果能对孩子施以科学的学前儿童家庭教育,就会促进孩子的全面发展,提高学前儿童的未来发展水平。中国教育科学研究院通过对家庭教育现状的调查分析表明:正能量的家庭,孩子未来的学习成绩会更优秀,家长对孩子的一些隐性学业支持将对孩子的学业成绩带来积极、正向的影响;善于听取孩子意见的家庭,孩子成绩更优秀,成绩优秀的孩子家庭更多采用协商、民主的亲子互动模式;家庭成员间对情绪的理解和反馈越好的家庭,其子女成绩优秀的比例越高;父母经常读书看报,孩子成绩更优秀;孩子学业水平与家庭组织娱乐活动的频率密切相关,家庭组织娱乐活动的频率越高,孩子成绩优秀的比例也越高;家人共进晚餐,孩子成绩普遍更好。其次,良好的学前儿童家庭教育是孩子职业成功和生活幸福的重要因素。研究表明,学前儿童父母自身素质和学历水平高的,会帮助孩子科学地进行人生和职业生涯规划,孩子未来的经济社会地位较高,生活比较幸福美满。因而,要使学前儿童得到良好的培育和教育,家长们就需要把家庭教育重视起来,把最适合自己孩子的教育方法找到,把握好教育先机,这样才能让雄鹰展翅飞翔,让羚羊纵情奔跑,让鱼儿奋起逐浪!

总之,家庭是学前儿童生命的摇篮,是孩子出生后接受教育的第一个场所,家长是孩子的第一任老师。家长应充分认识到家庭教育在学前儿童教育中起着举足轻重的作用,树立正确的科学的家庭教育观,促进孩子的健康成长和发展。

复习思考题

1.什么是家庭?它有什么特征?

2.家庭的演进经历了哪些阶段?每个阶段有什么特征?

3.什么是家庭教育?家庭教育的性质是什么?家庭教育有何重要地位和价值?

4.联系具体实例,试分析学前儿童家庭教育的优势和局限性。

5.案例分析:

家庭教育对人的不同影响

在美国,有两个家族都已繁衍了八代子孙。一个家族的始祖是200年前康涅狄克州德高望重的著名哲学家嘉纳塞·爱德华。由于他重视子女的教育,并代代相传,在他的八代子孙中共出了1位副总统、1位外交官、13位大学院长、103位大学教授、60位医生、20多个议员……在长达两个世纪中,竟没有一人被捕、被判刑的。另一个家族的始祖是200年前纽约州的马克斯·莱克,他是个臭名昭著的赌棍加酒鬼,开设赌馆,对子女教育不闻不问。在他的八代子孙中有7个杀人犯、65个盗窃犯、324个乞丐,因狂饮夭亡或成为残疾的多达400多人。

你认为此案例给我们什么启示?

第二章
学前儿童家庭教育的制约因素

要点提示

　　提升学前儿童的家庭教育水平,使家庭教育向着科学、健康、和谐的方向发展,是我国学前儿童家庭教育的重要使命。而学前儿童家庭教育的质量到底如何,则取决于多种因素的交互作用。那么,学前儿童家庭教育的制约因素有哪些呢? 它们又是如何影响和制约着家庭教育的科学性呢? 本章我们将围绕这些问题展开。

　　第一节主要介绍了学前儿童家庭所处的时代与社会背景对学前儿童家庭教育的影响。通过纵向及横向两个维度,不仅介绍了历史发展对学前儿童家庭教育的影响,还通过和其他国家以及我国不同地区进行对比来阐述其对家庭教育的深远影响。

　　第二节主要介绍了学前儿童家长自身素养及教养方式对学前儿童家庭教育的影响,在此基础上,提出了提升家长自身素养的途径和方法。

　　第三节主要介绍了学前儿童家庭生活环境和生活方式对学前儿童家庭教育的影响,从家庭结构、家庭关系、家庭经济状况以及家庭饮食习惯、家庭作息方式、家庭消费方式、家庭闲暇生活方式、家庭成员交往方式等方面入手进行了分析。

学习目标

知识目标:

1. 掌握学前儿童家庭教育的制约因素。
2. 理解并掌握学前儿童家长应具备的素质以及正确教养态度与方式。
3. 了解家庭生活环境对学前儿童所具有的重要意义。

能力目标:

1. 能够结合本章所学知识,对学前儿童家庭教育中的常见问题进行原因分析。
2. 能够通过对具体家庭教育案例的分析,提出有针对性的教育建议。

第一节　　学前儿童家庭所处的时代与社会背景

案例导入

一周 5 个兴趣班　孩子直呼"吃不消"

　　"妈妈,能和你商量件事吗?"晚饭后,6 岁的天天像小大人一样,郑重其事地对杨女士说,"妈妈,我感觉自己好辛苦啊! 周一学绘画,周三古筝,周四音乐,周六舞蹈,周日速算,为什么给我安排这么多兴趣班呢?"这个学期开学后,天天的妈妈杨女士为孩子报了 5 个兴趣班。除了周二和周五,天天的其他业余时间都被各种兴趣班填充得满满当当。"妈妈也不想让你累啊,可是妈妈怕你输在起跑线上。"听完妈妈的一番话,天天似懂非懂地点点头。"我就是想让孩子多掌握一门技能,现在社会竞争这么激烈,能多学一门本领就能多一些优势。"在天天妈妈看来,现在社会竞争越来越激烈,将来想要让孩子占得先机,就要把握好机会,让孩子在小时候多攒些"本钱"。当然,"攒本钱"也是要付出代价的。天天妈妈算了一笔账,学古筝一年要4800元,舞蹈一年3600元,加上其他兴趣班,一年下来光学费就要两万多。除了经济上的投入外,上兴趣班也耗费着家人的时间与精力。"我也知道,孩子上太多兴趣班会有压力,也希望他能有一个快乐的童年,但看着别的家长给孩子报各种兴趣班,我就觉得有压力。"杨女士说,"这种压力孩子也能感受到,看到班里其他孩子有特长,他就会觉得自己跟小伙伴差好多,产生自卑心理,我不希望孩子输在起跑线上。"

现如今,这样的现象,不仅存在于小学,幼儿园孩子的业余时间也被这样的"兴趣班"占据,为什么我们的家长在教育孩子方面会有这样的观念和做法?

我国是一个历史悠久、地域广阔的多民族国家,人们的育儿理念、方式、态度有很大差异。从时间跨度来看,随着时代的发展,家庭结构、家庭经济状况、家庭的基本职能、家庭教育内容等诸多因素发生着变化;从世界范围来看,不同国家、社会的政治、经济、地域特征、文化传统、风土人情、生活方式、价值观念等因素也都对家庭教育产生影响。

一、学前儿童家庭所处的时代背景

恩格斯考察了各个历史时代及其不同发展阶段家庭形式的历史变迁,并在《家庭、私有制和国家的起源》一书中指出:"家庭作为经济细胞和社会生活的组织形式之一,不是从来就有的,它的产生、存在和发展受一定的社会经济关系的制约。"[①]家庭是社会发展到一定历史阶段的产物,所以家庭不可能脱离社会而独立存在。几千年来,随着时间的推移,不同时代的生产力、政治经济发展水平不同,致使家庭结构、家庭经济状况、家庭的基本职能、家庭教育内容等各种因素都不尽相同,从而影响学前儿童家庭教育实施的目标、过程和结果。

(一)从家庭结构来看

我国历史悠久,家庭的结构在历史发展中呈现出多种形态。根据社会学的研究结果分析,我国自有家庭这种组织形式以来,主要的家庭结构类型有以下几种:①联合家庭,即三代人或四代人同堂,在这种联合家庭中由曾祖父母、祖父母、伯伯、叔叔及他们家庭中的子女、孙子女,以及未嫁的姑姑所组成。②主干家庭,即由祖父母(外祖父母)、儿子(女儿)和(外)孙子女组成的家庭。③核心家庭,即由父母和他们的子女所组成的家庭。④单亲家庭,即夫妇有一方去世或者双方离异,或者是未婚生子的单亲,孩子由父亲或者母亲一人抚养的家庭形式。⑤重组家庭,由两个单亲家庭各带着自己的孩子或是一方带着自己的孩子和另一单身方组成的家庭。⑥隔代家庭,是只有祖父母或者外祖父母与孙子女或外孙子女组成的家庭。除此之外,还有丁克家庭、独身家庭以及空巢家庭,因我们只探讨以学前儿童为主体的家庭结构,所以这三种类型的家庭暂不属于研究和探讨的范围。

我国封建社会以联合家庭、主干家庭为主,规模大、成员多,一个家庭就相当于一个小社

---

①　恩格斯《家庭、私有制和国家的起源》(节选)学习导读[J]. 求是,2011(15).

会,这样的家庭结构中,祖父母(外祖父母)可以减轻父母在照顾孩子方面的压力;父母或家庭其他成员对祖父母(外祖父母)的照顾可以成为孩子学习的榜样,孩子容易学到尊敬老人、关心照顾老人的好品质,同时复杂的人际关系有利于孩子的社会化发展。但这种家庭结构通常是以家长为中心的封建家长制,家长对子女有绝对的权力,儿童生活的自由度较低,得不到应有的照顾和尊重。

随着生产力水平及经济的快速发展,取而代之的是核心家庭,特别是20世纪70年代末,我国开始实行计划生育政策,随之出现了众多独生子女家庭。核心家庭规模小,成员少,关系简单,凝聚力强,特别是独生子女家庭显示出更高的亲子互动频率、父母有更多的时间与孩子进行交流,这使得男孩女孩受到同等的爱和教育,对促进"男女平等"起到了积极作用,这时,儿童逐渐成为家庭的中心。2015年10月29日,中共十八届五中全会决定:"坚持计划生育的基本国策,完善人口发展战略,全面实施一对夫妇可生育两个孩子政策,积极开展应对人口老龄化行动。""全面二孩"实施后,我国家庭结构并非只是简单回到"计划生育"之前多子女的核心家庭结构,当下可生二孩的主力军多是已经当了父母的第一代独生子女,原本第一个孩子在家中的绝对优势地位将随之发生动摇,同时社会的快速发展所带来的经济压力以及父母对于教育所给予的更多关注和要求,都使得"二孩"的家庭教育问题面临新的挑战。

20世纪70年代末,我国确定将改革开放作为发展的新路线。改革开放在促进经济快速发展的同时也带来了一些变化:一是劳动力转移,农民工涌入城市;二是城镇化进程加快;三是西方更为开放、独立的价值观念逐渐影响着新一代的年轻人。这三个变化也都反映在家庭结构的变化中。首先,劳动力转移,农民工涌入城市,大部分孩子的父母选择进城打工,将孩子留在老家,形成了大量留守家庭和隔代抚养家庭。其次,城镇化进程加快,城市数量由新中国成立前的132个增加到2008年的655个。新城镇的居民摆脱了世代种地的命运,世代相传的大家族观念也在逐渐被遗忘,这些新城镇居民住进了楼房,也很快接受了城市人的观念,与老年人分开居住,所以新城镇家庭也大多是核心家庭,主干家庭的比例明显下降,联合家庭类型已基本消失。最后,西方各种开放而多元的思想深刻影响着年轻一代的价值取向,人们的择偶观和婚姻观都发生了变化,传统的家庭观念遭到猛烈冲击。此外,"男女平等"的基本国策不再只是一句口号,而是从根本上提高了我国妇女的地位,女性就业人数比例大幅度增加,她们的社会地位和经济地位也得到了空前的提高。经济独立使女性不再受婚姻家庭的牵绊,对婚姻的自主选择权更大。受到这些因素的影响,未婚先孕及离婚现象呈连年增多的趋势,致使单亲家庭、重组家庭越来越多。已有研究表明,单亲家庭抚养孩子的一方生活压力增大,另一方通常有逃避养育责任的情况导致单亲家庭的孩子无法获得完整的爱;重组家庭由于家庭成员相处时间较短,各自都有不同的生活习惯,所以重组家庭使孩子面临新的挑战;隔代家庭由于祖辈与父辈之间教养观念的差异,致使孩子在独立性、自主性方面有所欠缺;留守家庭由于父母经常不在身边,致使孩子缺乏安全感。

(二)从家庭经济状况来看

新中国成立后的许多年里,由于经济发展缓慢,处于主导地位的家庭消费观念是主张节衣缩食、克勤克俭。在培养孩子方面,只要孩子吃饱、身体健康足矣。改革开放以来,人们的物质生活水平有了极大的提高,家长对于儿童的关注逐渐从"养"转移到"教"。在保证孩子身体健康的同时,更加关注儿童的心理发展,更加希望为孩子创造一个优越的物质生活环境以及精神环境。特别是随着独生子女的大量出现,人们更加重视对下一代的投资,无论从吃、穿、用、还是教育方面的投资比例都逐渐增加。但家庭经济情况良好满足了儿童不断增长的生活、教育需求的同时,由于一些父母认知不足,使得家庭对儿童的投资陷入误区,于有意无意之中对孩子造成负面影响。许多家庭在对孩子的投资中存在大量的盲目性,"不选对的,只选贵的"、攀比消费等现象日益增多。我们说,儿童处于长知识、长身体、由自然人向社会人过渡的重要时期,他们在生理心理上尚未成熟,吃、穿、用等消费品的选择对他们成长的影响远远超过对成年人的影响。提供符合他们身心发展特点的物质消费品、为他们受到良好教育适当投资,是家庭为孩子创造的必要条件。如何把握投入的"度"与"量",既不因投入不足影响孩子正常生长发育,又不因无止境地满足孩子的消费欲望而投入过多造成负面影响,是作为家长值得思考的问题。

(三)从家庭的基本职能来看

社会学的研究证明,家庭的基本职能主要包括生殖繁育后代的职能、进行经济活动的职能、家庭的抚养赡养职能、家庭的教育职能以及家庭的休闲娱乐职能。在我国,家庭的职能历来比较齐全,前述的五种家庭职能基本上都具备。然而随着我国改革开放以及国家在各个时期法律、法规和条例的颁布,我国各方面发展取得了令全世界瞩目的成就。在这样的宏观背景下,家庭的职能也在悄然地发生变化,这些变化主要表现在家庭的一部分职能呈现出减弱的趋势,而另一些家庭职能则比过去更加凸显。比如,家庭的生育职能、家庭的经济职能以及家庭的赡养职能逐渐减弱;而家庭的教育职能以及休闲娱乐职能都有所增强。这就致使学前儿童家庭教育受到成人以及社会更多的关注,父母都渴望子女成才,对孩子的期望值也越来越高。家长逐渐意识到,过去那种将孩子交给教育机构、交给老师就万事大吉的做法已不适应孩子的成长,越来越多的家庭愿意配合教育机构、教师,共同担负起教育子女的职责,对学前儿童的家庭教育产生了积极的影响。

(四)从家庭教育内容来看

"子能食食,教以右手。能言,男唯女俞,男鞶革,女鞶丝。六年,教之数与方名。七年,男女不同席,不共食。八年,出入门户及即席饮食,必后长者,始教之让。九年,教之数日。十年,出就外傅",出自《礼记·内则》的这段内容,深刻记录了我国古代贵族家庭教育重礼仪规范及道德伦理教育。普通人民则注重对幼儿进行养成俭朴和劳动习惯的教育,所以才有了明代张履祥所主张的"除耕读二事,无一可为者"。朱熹也在为儿童编的读物《小学》中,通过一个宰相让自己后代穿布衣、吃粗饭的故事,讲明"由俭入奢易,由奢入俭难"的道理。养成儿童俭朴生活习惯的教育在中国历史上曾起了很好的作用。今天的家庭教育内容更加广泛、丰富。有的家庭对子女的教育具有一定的计划性,主要从德、智、体、美等方面来进行;还有些家庭教育的内容比学校教育更丰富,小到日常生活中点点滴滴的事情,大到国内国际发生的各种事件,家长都可以视孩子的接受能力进行教育。总体上看,如今的家长更为注重培养孩子自尊、自信、独立、平等的教育。

二、学前儿童家庭所处的社会背景

(一)学前儿童家庭所处的国度

国度是指政治地理意义上的国家。从世界范围来看,不同国度的人们政治制度、经济水平、文化传统、风土人情、生活方式、价值观念等诸多因素不同,因而家庭教育的目的、内容、方式也有所不同,最终导致教育结果必然存在差异。

我国虽然是多民族国家,但在学前家庭教育方面仍显示出一些共同特征就是受到传统文化的影响。我国传统文化是以家庭为本位的价值意识和孝道至上的价值伦理取向,遵循仁爱孝悌的道德原则,会把人放到一定的伦理关系中来考虑,把个人价值的实现与个体道德精神境界的提升,寄托于整体关系的良性互动。因而,在家庭教育中,家长对孩子的教育通常有这样的情形:一种是由于这种文化具有明显的重人伦轻自然或重群体轻个体的倾向,强调个人的义务和道德人格的独立性,不重视个人的自由。在教育孩子的过程中,较少地考虑孩子自身的兴趣、爱好和能力,这一现象在很大程度上抑制了孩子个性的形成和发展。另一种是中国传统文化中比较注重个人的功名荣耀等精神因素。一般情况下,我国的父母"望子成龙、望女成凤",家长很容易用自己的价值观来衡量孩子的行为表现和未来发展,这种行为不仅没有将孩子当作独立的个体,还影响了孩子身心的健康发展。

其他国家与我国相比,显示出了明显的不同。以美国家庭教育为例:家庭教育目标方面,美国家庭教育的目标是培养孩子成为一个"公民",让孩子能够拥有独立处事的能力。这对于孩子来说并不是很高的期望,而是一个很实际的可以达到的要求,因此美国人用一种轻松的心态来教育自己的孩子。美国父母善于发现孩子所表现出的闪光点,使孩子能够在家庭里找到自己的价值[1]。第一,在家庭教育内容方面,美国教育的内容非常广泛。美国父母重视孩子的全面学习,包括身体、认知能力、社交能力、情商等。为了增强孩子的体魄,孩子要做户外运动,比如玩陀螺、远足;在发展认知能力时,父母会训练孩子的感觉器官,扩大他们的文化观和喜好,比如,父母去图书馆学习或者借一些书,他们会让书和孩子待在一起,父母用这种方法激发了孩子对阅读的兴趣;在发展社交能力时,父母会要求孩子与他的朋友一起分享;在发展情商时,父母会让孩子在自己的帮助下,学着享受音乐、绘画或者跳舞等。尽管我们的家庭教育内容也分为德、智、体、美四大方面,但许多家长在孩子进入幼儿园之后会将智育放在首位,一些家长让孩子学习艺术、舞蹈也只是为了满足自己的虚荣心和攀比心。第二,在家庭教育方法方面,美国家庭提倡开放式教育,父母主要用一种平等的方式来教导他们的孩子,他们尊重孩子的个性和权利,孩子被看作是独立的个体。而我们的父母提倡封闭式教育,多采用说教的方式,在生活方面甚至大包大揽。

从历史背景来看,美国是一个移民国家,历史较短,受多元文化与多元价值的影响,它可以更迅速地不受任何限制地接受新的思想和文化,敢于冒险和创新。中国有悠久的历史,尤其在相当长的时期里受封建思想的影响,文化价值保守、谨慎,整体而言,我国缺乏接受新思想的环境。从经济模式来看,美国生产力先进,商品经济蓬勃发展,这就意味着有众多类型的职位供人选择。此外,商品经济每分每秒都在变化,教育专家认为,2016年最迫切需要的十种工作,在2006年时根本不存在。因此美国家长看重的是教导子女走入社会后是否能够投入目前还不存在的工作,这也致使他们从来不认为自己的子女能够过平稳的生活。而中国是发展中国家,生活压力较大,父母都希望子女能够过上稳定的生活,这也是中国"公务员热"的原因之一。从文化的价值取向来看,美国人注重个性,他们的价值取向是个人主义,他们注重自己的利益,提倡个人的改善和找到自己真正的价值。因此,在美国的家庭里,父母往往把自己和子女看作两个单独的个体。而在中国,我们注重个性的同时更倾向于培养共性。其中,最重要的核心就

---

① Lizza Pin. 中美家庭教育比较[J]. 黄磊,译. 中华文化论坛,2008(8).

是集体主义精神,强调集体利益比个人利益更重要,这样的思想也显现在我们的家庭教育当中。由于社会背景及传统文化所造成的差异无所谓优劣,我们也并非要完全否定中国传统文化对学前儿童家庭教育的影响,而是要在"以儿童为中心"、"儿童本位"、尊重儿童发展以及自由选择权利的基础上,改进教育方法,将优秀的传统文化发扬光大。而对于国外教育思想、内容也要辩证对待,在借鉴的同时,还要考虑我国学前教育以及社会发展的实际情况,将其本土化。

(二)学前儿童家庭所处的社会区域

家庭所处的社会区域,是指由家庭居住地所形成的一定范围内的社会环境。不同的社会区域,生活着不同的社会成员。他们因大致相同的社会、家庭文化背景、特殊的地理环境,逐渐显示出共同的处事态度,以及与之相应的行为习惯和生活方式。生活在这一区域,当地的生活习惯、社会风气总是要渗透到家庭生活中去,从而影响家长的教育观念和教育方式。

在20世纪,我国经济发展不平衡,一些文化较落后、交通不便、地域隔绝的边远山村,流行沙袋育儿或木桶育儿的习俗。沙袋育儿主要发生在山东、河北一带。这些地区十分缺水,从而习惯采用"沙浴"。一些地处经常干涸断流的黄河两岸的地方,沙质比较细腻,不会磨伤皮肤,又不会遇尿成泥,于是把婴儿装在沙袋里,不穿衣服,既经济方便又节省照顾孩子的时间。沙子每天换一次,放在太阳下暴晒晾干再用。婴儿从小在沙袋中长至1~2岁,有的孩子甚至直到4岁,才从沙袋中出来。木桶育儿发生在浙江省广大农村地区。6~7个月婴儿被养育在上口小、下口大的木桶里,木桶的下半部用带孔的板隔开,下面放着炭火盆为婴儿取暖,婴儿每天要在桶内放6~8小时,只有孩子喂奶和睡眠时才从桶里抱出来,一般孩子要在木桶里呆到2岁才能解放出来。

我国地域广大,各地区经济、文化、教育发展不平衡,导致家庭教育的观念、方式都存在很大的差异,比如城市与农村父母在教育方式上就存在较大的区别,城市家长受教育水平、工作性质、经济收入相对占优势地位,表现在家庭教育上更自觉、更科学、更全面,对孩子投入的精力和物质更大些;农村父母虽然同样望子成龙,但由于自身文化素质、经济状况等各方面因素的限制,加之现今留守儿童数量增多,其对子女的教育相对来说,还主要处于一种自发的、顺其自然、依赖于教育机构的状态。

阅读材料

跟德国幼儿教师学习如何培养孩子的独立性

因为儿子从小在德国上幼儿园,所以,我有机会对德国的幼儿园做些近距离的观察。从一个中国家长的角度来看,德国幼儿园最突出的一个特点便是重视培养儿童的独立性。而且这种对独立性的培养渗透在日常活动的方方面面。例如,孩子们在活动结束后要在老师的带领下自己把玩具整理好,还不会走的孩子,爬着也要自己把身边的玩具放入筐子。当孩子们刚刚能拿稳勺子时,便要开始自己吃饭,大一点的孩子要和老师一起在饭前摆放餐具,饭后还要自己把餐具放到指定的地方。我有次去接儿子,他刚喝完水,因为走路还不稳,正蹒跚着准备把杯子放到餐具架上,我便顺手拿起杯子想帮他放好,结果幼儿园老师很礼貌地对我说:"他自己可以做到,请让他自己做!"这一提醒或者说批评后来在我帮儿子穿衣服换鞋时又听到了。这些在我们看来的小事儿,德国老师却很在意,因为事儿虽小,但挑战了他们的教育原则。

除了培养孩子吃饭、穿衣等独立生活能力之外,德国幼儿园还重视让儿童独立作决定,从小培养他们独立思考和判断的能力。在每天上午,孩子们会自己决定参加什么活动(如绘画、唱歌、踢球、开小汽车等),也可以自己提出新的、有时听起来甚至有些离谱的建议。我曾亲眼看到一位男老师带着几个大一点的孩子在院子里放火,因为有个孩子在前一天提出了这样的建议,并得到了积极响应。于是,老师便作了相应的准备和安排,放火时带了灭火用具。先放火、再灭火,孩子们兴奋极了。

让儿童独立作决定还包括让孩子们自己解决相互间的冲突(如抢玩具)。老师在遇到冲突的时候并不急着扮演裁判的角色,而是让孩子们自己或者与孩子们一起思考如何解决冲突。另外,幼儿园的老师重视征求并尊重孩子的意见,避免用命令的口吻说话,例如吃午饭前,通常有唱歌的活动,老师总是会问孩子们想唱什么歌,然后让提议者起个头,大家一起唱。下午的活动,也会根据儿童自己的提议来安排。父母们去接孩子时,会在黑板上看到孩子参加的各种活动记录,包括每项活动的倡议者和参加者都是谁。当我第一次看见儿子出现在倡议者那一栏时,心里感到十分欣慰。

对独立性的培养和对孩子们选择的尊重,要求老师对孩子的能力有充分的信任,并敢于冒一点风险。我有一次在幼儿园看到一个三四岁的女孩爬到了一个约四米高的树顶还在上面用力摇晃树枝,当时就被吓到了。老师看出了我的惊讶,对我笑笑说:"别担心,她可以的。"当然,事情并非总是一帆风顺。我儿子就曾多次在玩耍时碰破头,脸上也曾多次被其他小朋友抓得鲜血淋淋。反过来,他也曾把别的小朋友抓得鲜血淋淋,也算是扯平了。因为经常发生,父母们对此也都见怪不怪了。

我一直以为,这就是他们的文化,没有什么好稀奇的。直到有一天,我认真阅读了儿子所在幼儿园的教育方案。这才发现,原来这些看似随意而无章的日常活动背后都有着精心的教育设计和安排。例如,关于就餐,幼儿园在其教育方案中写道:"早餐我们以一种健康的、多样的、自助餐的形式提供,儿童可以而且也应该独自取用……儿童要自己决定,他想吃什么,什么时候吃,和谁一起吃。这样设计的早餐情境有助于让孩子在吃饭的时候在一个小团体的范围内体验到尊重自己的需求,独自作决定,发展交流和沟通的能力。"

关于玩耍中出现的意外和流血事件,幼儿园认为:"在一个强调个人体验和相互鼓励的环境中,儿童在运动时难免磕磕碰碰和掉眼泪。但是如果以此为由限制儿童的活动,所造成的长期后果可能更加糟糕。因为只有通过尝试,儿童才能真正地从中学习。"

由此可见,在德国幼儿园看似随意的、没有章法的日常活动背后,隐藏着精心的教育设计和安排,并服务于明确定义的教育目标和理念。相比而言,我们为了让孩子赢在起跑线上,早早地便开始让孩子学数学、背唐诗、背单词,在小学化的路上越走越远,而德国的幼儿教育却更重视培养孩子的独立性、自主性和在集体中生活的能力,小心地呵护孩子的好奇心、想象力和对学习的兴趣。

因此,与德国相比,高呼着"赢在起跑线上"的我们,会不会已经输在了起跑线上了呢?那些早早传授的知识,孩子长大后自会轻而易举地获取,而已受损害的好奇心、想象力和学习兴趣,日后该从哪里找回来呢?这个问题很值得我们重视。因为这种错误的教育导向最终伤害的,不是幼儿园,也不是被迫充当其共谋的部分患有落后焦虑症的中国父母们,而是中国下一代,准确地说,是中国的未来。

资料来源:德国幼儿园如何培养孩子的独立性[N].中国教育报,2016-02-25(08).

第二节　学前儿童家长的自身素养以及教养方式

案例导入

母亲发脾气将 1 岁半孩子抛入鱼塘

"救人啊!"居民惊呼声刚落下,一个像箭一样的身影挺身而出,纵身入池塘,救起落水的女童。事发于 2016 年 6 月 13 日晚,一名情绪异常的年轻妇女突然将怀中的女童抛进鱼塘里。危急时刻,在不远处加班清扫卫生的任小军勇敢施救,还有两位环卫工同事施以援手,使得女童幸免于难。

6 月 13 日晚 7:30,东区街火村社区上岭经济社的鱼塘边上,一名母亲竟然将自己的孩子抛入水中! 当时,任小军、李全、钟燕鸣三名环卫工正在加班加点清扫社区卫生。天色已晚,他们看见不远处的鱼塘边,一名年轻妇女抱着一名女童,孩子不停地哭闹,妇女怎么哄也无济于事。

"那个妈妈大声骂孩子,孩子不肯听,她一推就把孩子推在地上。孩子哭得更厉害了,她很生气地打孩子屁股。"李全注意到了这一幕,心想孩子真可怜。突然,那名妇女怒气上来,把怀中的女童一把扔进鱼塘,一声不吭扭头就走。李全见状吓到了,附近来往的居民大声尖叫:"救人啊! 救人啊!"

说时迟,那时快,更靠近鱼塘扫地的任小军二话不说,扔掉扫把,蹬着拖鞋飞一样跑向岸边。他边跑边脱掉上衣,跃过鱼塘边 1.5 米高的铁护栏,一头扎进水里,快速游向落水女童。

此时,距离女童落水已有十几秒,孩子不会挣扎,头部朝下,半身全部淹没在水中,只有双脚露在水面上,一浮一沉非常吓人。

八九亩的上岭经济社鱼塘,水面宽阔,加上近日大雨,水深达到 2 米。任小军奋力游去,一把抓住女童的衣服,帮她翻过身子托出水面,靠一只手游回岸边。李全和钟燕鸣两名环卫工翻过栏杆伸以援手,将孩子抱回岸边。

从孩子落水到被救到岸上,前后过程仅十几秒钟。由于救助及时,孩子吐出几口水便"哇"的一声哭了起来。街坊大呼"幸运",有好心人从家里带来了干净的衣服。大家七手八脚帮孩子脱去旧衣,换了一套干净衣服。

为何女童会被掷入水中? 街坊都对事发缘由感到莫名其妙。女童的父亲说,出事的女童大概 1 岁半。近来,孩子的母亲情绪不稳定。当时她又再怀胎十月,临盆在即,经常发脾气。他自己是一名载客的"摩托仔",平时整日离家,忙于生计,疏于看管,导致不幸的事情发生。他说,如果不是好心人出手相救,也许再也见不到女儿了。

这样的悲剧绝对是我们不想看到的,但随着信息能见度越来越高,类似事件却是有增无减,是什么导致这样的事情时有发生呢? 可以说,这在很大程度上与家长的自身素养以及教养方式有关。

资料来源:何瑞琪.暴怒母亲扔孩子进鱼塘 环卫工十几秒钟救人上岸[EB/OL].(2016-06-28).http://news.dayoo.com/guangzhou/201606/28/139995_47460548.htm? from=singlemessage&isappinstalled=1.

近年来,社会上"父母要持证上岗"的呼声很高,细细想来,这个假设并不成立。对父母而言,从孕育孩子的那天起就上岗了,"上岗证"是孩子而不是别人给予的,任何一个父母无论是否合格都进入了为人父、为人母的角色。但这样的现象说明人们对于父母素养的关注,也从另一方面证明父母自身素养对儿童的成长有着重要影响。

一、学前儿童家长的自身素养

在对学前儿童实施家庭教育的过程中,家长承担着实施者的重要角色,起着主导作用,家长的自身素养如何,直接关系到家庭教育的效果和质量。我国教育家陈鹤琴先生早在20世纪三四十年代就抨击了某些家庭教育存在的弊端,指出其根源在于父母,"有许多小孩子教养的不好,这不是小孩子的过失,完全是父母的过失"[①],并从多方面对父母提出了要求。面对新世纪,广大家长只有不断提高自己的身心、道德、文化、教育等方面的素养,才会使孩子将来能适应21世纪国际化、全球化激烈竞争的发展需要。

(一)学前儿童家长的身心素养

1. 学前儿童家长的身体素养

家长的身体素养是影响孩子成长的首要因素。在制约孩子发展的各因素中,遗传是孩子发展的生物前提,为孩子各方面的发展提供了可能性。通过遗传,父母把机体的形态和功能等各种生物基因传递给孩子,为孩子今后的身心发展打下基础。

首先,父母遗传对孩子身体的影响要大于对于孩子心理的影响。国外学者牛曼通过把孪生子放在相同的家庭环境里或放在不同的家庭环境里进行养育的比较研究发现,无论是处在同一家庭还是分离的家庭中成长的孩子,在"身高"方面的相似性均高于"智能"和"学习成绩"。这说明身高等身体指标受遗传的影响较大。

其次,父母身体的健康状况制约着孩子的健康水平。父母如果体魄健壮,无疾病,就可能为孩子身体的健康生长提供良好的条件;反之,父母如果身体不佳,体弱多病,就可能对孩子身体的正常生长发育留下隐患。

阅读材料

美国研究人员玛格丽特·卡泽尔布兰特等人在对135对同性双胞胎和5组同性三胞胎进行两年多的研究以后,得出了"幼儿耳疾与遗传有关"的结论。他们发现:在幼儿中耳耳液容易积聚的病例中,有73%是由遗传造成的;在同卵双胞胎和同卵三胞胎幼儿中,如果一个孩子患上耳疾,其他孩子患上耳疾的可能性高达60%,而在非同卵双胞胎或三胞胎幼儿中,这一可能性仅为30%。可见,父母不良的遗传基因对孩子的健康成长产生了消极作用。

阅读材料

《国际妇产科杂志》(BJOG)2012年6月20日发布的5篇研究报告中,研究人员分析了1600多名丹麦妇女和她们的孩子数据,将滴酒不沾的妇女所生的孩子与饮酒程度重、轻、适度以及酗酒的妇女所生的孩子作比较。轻度饮酒的妇女每周一至四杯;适度饮酒的妇女一周五到八杯;严重者则一周九杯或者更多;单次至少喝五杯的则定义为酗酒。这项研究包括了

---

① 陈鹤琴.家庭教育——怎样教小孩[M].北京:教育科学出版社,1994.

1997 年至 2003 年间将近三分之一的丹麦怀孕妇女。

在 5 篇论文中,作者指出怀孕妇女轻度、适度饮酒甚至酗酒作为整体样本时发现并没有对孩子 5 岁时的自制力、组织及计划行为能力和注意力等产生任何影响。

然而,与滴酒不沾的妇女所生的孩子相比,一周喝九杯或更多者所生的孩子不仅注意力降低了,而且是低智商的可能性要高将近 5 倍。

怀孕期间偶尔喝点啤酒或者一杯葡萄酒似乎越来越不可能造成伤害,但专家仍然建议戒酒是最安全的选择,这样的最新研究成果只是让过去怀孕期间已经有喝过一两次酒的妇女,放开一个内疚源,而不是鼓励母亲孕期喝酒。要记住的是胎儿酒精谱系障碍仍然是已知的导致儿童智力残疾的罪魁祸首。

资料来源:怀孕期间喝点酒,不用那么内疚了[EB/OL].(2012 - 06 - 26).http://www.guokr.com/article/249558.

2.学前儿童家长的心理素养

在当今竞争格外激烈的社会中,每个人都需要具有健康的心理素养,从某种意义上讲,这些品质比高智商更重要。高智商的人不一定就能够获得幸福,但每个获得幸福的人都拥有着健康的心理。

家长的心理素养是影响孩子成长的重要因素。家长的心理修养水平、所掌握的心理学知识都会通过各种渠道,有意识或无意识地对孩子的心理产生极大的效应,制约着孩子的心理倾向和情感态度。现如今,快节奏的生活方式使得成人每天都在强压力下工作、生活,这就导致许多家长心理压力过大,这也直接影响到家庭关系,影响到家长对孩子的态度和耐心,进而影响家庭教育的质量,甚至带来负面影响。因此,家长保持健康的心理至关重要。个体的心理素养包含多方面内容,一个具有健康心理素养的家长应具备以下五个方面的特征:

(1)要有健康的情感和良好的心境。

家长的情感特征影响孩子的发展,一个好家长,应保持稳定的、含蓄的、深沉的情感,尽量避免情绪上的大起大落、喜怒无常。在情绪情感方面,家长容易产生两个极端现象。一是一些家长不能用理智控制情感,碰到不顺心的事情就拿孩子出气,让孩子成为自己的"出气筒",使孩子无缘无故地受到伤害。还有些家长认为"棍棒出孝子",打骂是教育孩子的一种方式,这样的极端方式可能在当时情景下有效,孩子会因惧怕而遵循家长的标准,但研究证明这样的教育方式会给孩子造成长远的伤害,这些行为会伤害孩子的自尊心,造成孩子心灵的创伤,甚至造成无法弥补的悲剧。二是家长对孩子的溺爱,无休止地赞扬孩子,甚至夸大其词,这样的家长往往将孩子作为精神寄托,长此以往会使孩子产生骄傲情绪,面对挫折时甚至一蹶不振。

(2)要有顽强的意志品质、持久的恒心和耐心。

意志是指个体按照预定目的,有意识地调节自己的行动,克服困难的心理过程。作为成年人做任何有益的事都应该有决心、持之以恒、不怕困难,作为家长更应如此。一方面,具有顽强意志的家长作为孩子模仿的对象,能够在意志行动方面为孩子树立良好的榜样。另一方面,家长的顽强意志会提升家长的各方面素养,会对孩子产生多方面的积极影响。

俗话说:"十年树木,百年树人。"孩子的成长不是一朝一夕,对家长来说,教育子女是一项长期而又艰苦的工作。孩子年龄小、自制力差,家长在教育过程中要有耐心,多表扬。同时还要对孩子出现的失误进行耐心的引导,在保持积极情绪的情况下指出孩子所出现的具体问题,教导孩子及时改正。由于孩子心智发展的不成熟,许多问题容易出现反复,家长要了解孩子的这一心理特征,不要责骂孩子,更不要因此而放弃,要以更大的耐心和毅力去教导。

(3)要善于观察和了解孩子。

家长应掌握一些与孩子年龄相关的教育学、心理学、生理学知识,应该按照儿童身心发展规律去教育孩子,而不是以成人的意愿去看待和要求孩子。

首先,父母的专业知识影响孩子的智力发展。心理学知识表明,学前儿童好奇多问,思维具体形象,意义识记的效果要好于机械记忆,熟知这些观点的家长,就会对孩子提出的"为什么打雷?它的力量有多大?""小鸟为什么会飞?飞机为什么比小鸟飞得还高,还要快?"等诸多问题,深入浅出地加以说明,而不是嘲讽训斥。在培养孩子记忆力的时候,就会选择孩子喜欢的感兴趣的方式,而不是采取死记硬背的手段。

其次,父母的专业知识影响孩子的情商提升。处在学前期的孩子,手眼协调能力不强,注意分配能力较弱,坚持性较差,十分好动,可塑性强,期盼成人的表扬。家长如能清醒地认识到这些特点,就会给孩子提供多种活动的机会,让孩子在挫折中成长,培养孩子不屈不挠的精神以及做事的兴趣。而不是害怕孩子在吃饭时弄脏衣服就选择给孩子喂饭;害怕孩子打碎杯子而拒绝孩子想要自己端杯子的请求。

(4)要有健康广泛的兴趣爱好。

兴趣是指一个人积极探究某种事物及爱好某种活动的心理倾向。爱好是指喜爱、喜好,具有浓厚兴趣并积极参加,时间长了可能成为生活的习惯和行为方式。健康而广泛的兴趣使人能体会到生活的丰富和乐趣,可以使人的智力得到开发、知识得以丰富、眼界得到开阔,从而善于适应环境,对生活充满热情。家长健康的兴趣爱好会影响孩子对某一事物的热情,不仅能够培养孩子的兴趣爱好,还能培养挖掘孩子的好奇心以及培养其专注力。但需要注意两方面情况:一方面,家长不能强迫孩子发展兴趣爱好,而应因势利导,促进发展;另一方面,由于孩子天生对许多事物都表现出好奇和兴趣,有些家长心里出现困惑,"孩子今天喜欢绘画、明天喜欢舞蹈、后天喜欢钢琴",家长不得不今天给孩子报绘画班、明天报舞蹈班,后天再去花大价钱买架钢琴,在这一过程中孩子又可能会突然失去兴趣,"三天打鱼,两天晒网",家长又觉得自己已经花了钱,会强迫孩子进行学习。其实,培养孩子的艺术素养并不等同于简单的技能训练,家长应尽可能为孩子提供适当的氛围和条件,激发孩子的兴趣以及对艺术的感受力。比如,孩子喜欢绘画,家长可以在家里提供一定的空间和绘画材料供孩子涂鸦;而培养音乐的感受力不一定非要通过学习钢琴这一种方式,家长可以先提高自己的音乐素养,再让孩子多听听优秀的音乐作品,还可以引导孩子通过肢体语言来表达对音乐以及节奏的感受。

(5)要端正教育动机、减轻心理压力。

心理学所指的动机,就是人们活动的内部原因,即一种推动人们去活动的内部动力。父母教育子女的动机,主要取决于想把孩子培养成为什么样的人。

现在大部分家长要在职场打拼、挣钱养家、赡养老人及教育子女,特别是20世纪八九十年代出生的独生子女,要承担着赡养四位老人以及教育一到两个子女的责任,这必然会给家长带来一定的心理压力。这种压力通常会导致两种结果:如果压力适度,会促进家长重视家庭教育,使孩子健康成长;如果压力过重,反而会影响家庭教育的效果。例如,许多家长对孩子给予很高的期望,如果孩子受到他人的批评和指责,又在攀比心和虚荣心的驱使下,家长会觉得自己的孩子不如别人的孩子,在心理上会产生很大的压力,一旦压力没有被疏导,就很可能产生"恨铁不成钢"的情绪,最终导致教育方法简单、粗暴,家庭气氛紧张。因此,家长应学会调节情绪、自觉减压，丢掉虚荣心和攀比心等不健康心态，保持平常心，从孩子的实际出发，对孩子有一个合理的期望值，善于发现孩子的进步和优势，学会"赏识"教育。

（二）学前儿童家长的道德素养

家长的道德素养是影响孩子成长的关键因素。家庭教育实践证明，家长的思想道德是孩子道德品质形成的基础，制约着孩子道德认识的提高、道德情感的陶冶、道德意志的锻炼和道德行为的养成，关系到是否能教会孩子做人、要把孩子培养成什么样的人的根本问题。我国学者冯晓霞认为："社会领域的学习与发展是一个复杂的过程，儿童往往通过自觉或不自觉重复榜样的行为（模仿）、受他人行为和情感态度的感染与熏陶（同化）、强化以及体验等方式进行着学习。"[①]道德是学前儿童社会学习中的重要部分，家庭作为孩子第一个，也是孩子接触最多的环境，父母的言行举止、品德习惯潜移默化地影响着孩子的行为。孩子心智还不成熟，使得孩子没有像成人一样明辨是非的能力，加之孩子在生活上对于父母的依赖、心理上对父母的信任，使得孩子的行为以及对一个事物正确与否的判断往往来自于家长的标准以及对家长的模仿。所以，要求提高孩子的道德品质，家长首先必须具备良好的道德素养，以此来影响、教育孩子。家长良好的道德素养会对孩子产生以下五个方面的影：

1. 家长的政治素养影响孩子的价值观念

习近平总书记在中国共产党第十八次全国代表大会上提出"中国梦"的指导思想，指出："'中国梦'就是'实现中华民族伟大复兴，就是中华民族近代以来最伟大梦想'。"习近平总书记还强调，"'中国梦'归根到底是人民的梦，必须紧紧依靠人民来实现，必须不断为人民造福。"作为新时代的父母，要自觉担负起为国家培养下一代的义务，只有下一代强大了，才能实现我们的"中国梦"。作为父母，要注意孩子的全面发展，要培养孩子成为有理想、有道德、有文化、有纪律的"四有"新人，要立志为祖国、为人民作贡献，培养他们从小具有崇高的品德。

作为家长，要坚定政治信念、坚定社会主义核心价值观，要努力提高自身的思想品德修养，给孩子树立良好的榜样。

2. 家长的婚姻道德影响孩子的心灵健康

随着改革开放和市场经济的发展，个人生活资料的获得主要依靠市场的交换，个人对社会组织的依赖也大为减弱，宽松的环境使人们的婚恋观发生了很大改变。受社会多元文化的影响，现代社会的夫妻双方更强调感情的融合、志趣的相投、生活的幸福，人们已不再满足于高稳定、低质量的婚姻。现代年轻人对婚姻质量的期望值远远高于上一辈，一旦婚后的现实与婚前的期望产生矛盾且不可调和，离婚就是必然的选择。离婚已经成为改变家庭结构的比例日益上升的因素。已有研究证明，父母离婚对孩子可能产生短期或长期的影响。在父母正离婚或已经离婚的学前儿童身上，可以观察到各种退行性行为，例如排便训练的暂时缺失、攻击性增多、烦躁不安、发牢骚或损毁玩具等为了引人注意的消极行为。小学阶段的学龄儿童则可能表现出被离家的父母抛弃或拒绝的情感，在学校的成绩下降，以不良的方式和同伴交往，或者在父母离婚期间及之后与母亲的界限发生变化。但也有研究提出，与父母离异的青少年相比，父母貌合神离的青少年无论是幸福感还是亲子关系的质量都更差。这说明，对于孩子来说，成长在温馨有爱的完整家庭对其发展有积极的影响，但处在家庭关系破裂、暴力家庭甚至犯罪家庭

---

① 李季湄，冯晓霞.《3—6岁儿童学习与发展指南》解读[M].北京:人民教育出版社,2013.

这样的不良环境中时,艰难维持家庭结构形式上的完整可能会对孩子产生更为不利的影响。

阅读材料

对家庭暴力说不!

2015年12月27日第十二届全国人民代表大会常务委员会第十八次会议通过《中华人民共和国反家庭暴力法》,并于2016年3月1日起实施。《中华人民共和国反家庭暴力法》是为了预防和制止家庭暴力、保护家庭成员的合法权益,维护平等、和睦、文明的家庭关系,促进家庭和谐以及社会稳定。

在法律实施前,由于许多错误观念导致家庭暴力未被重视,这里将列举几条有关家庭暴力的误区。

▶ 误区:"两口子打架是家务事,不需别人插手""家丑不可外扬"。

事实:①家庭暴力不是家务事,而是违反人权的社会问题。②家庭暴力是违法行为,受害人有权提出请求,居(村)民委员会、所在单位领导应予以劝阻、调节,公安机关应予以制止。③以隐私为借口而拒绝介入家庭暴力,只会纵容暴力,加重对受害人的伤害。

▶ 误区:"只有没文化的人才会打老婆""家庭暴力在农村比较普遍"。

事实:①家庭暴力的发生不分城市与农村。②社会上各种层次的男人都有虐妻的可能,包括那些有学识、有地位、在公共场合彬彬有礼、做事干练的人。

▶ 误区:"家庭暴力不会常常发生""两口子忍一忍就过去了"。

事实:①有太多的家庭暴力很少公开,实际发生的案件远多于报案的数字。②如果一味忍受,只会促成丈夫形成打人的习惯,甚至得寸进尺、越演越烈。③受暴者应该清楚而坚决地表示:绝不接受任何形式的暴力,必要时积极寻求外界帮助。

▶ 误区:"一个愿打一个愿挨""受虐妇女大可以一走了之"。

事实:①没有人不在乎被打。妇女忍受家暴是因为种种限制,如就业、经济、住房、孩子上学等问题,使她们暂时无法摆脱受虐环境。②离开可能带来更大的困难和风险,施暴者扬言对其不利的情况常有发生。③别人谈论和耻笑、亲友劝和不劝分、没有相关部门的保护,使得受暴妇女求助无门,宁愿保密。

▶ 误区:"大多数受暴者自己也有过错""受暴妇女文化程度必然很低"。

事实:①使用暴力是施暴者的选择方式,人们处理家庭矛盾有不同的方法,暴力并不能解决问题。②受暴妇女的教育程度从小学到博士都有。③坚持男女平等,消除对妇女的歧视和偏见。

▶ 误区:"男人施暴一般发生在情绪失控时(如喝酒、赌博等)"。

事实:①男人只在家里打老婆,是因为他们以为在家里发泄不满情绪是相对安全的。②很多男性施暴时,不仅是在可以控制的状态下行动,而且是有意识、有计划的行动。

▶ 误区:"为了给孩子一个完整的家,即使不堪虐待也要继续忍下去""不应破坏家庭关系"。

事实:①以维护家庭和谐为由,强求受害人忍耐原谅,实质上是对暴力的姑息,最终可能给家庭带来更大的不幸。②一个完整而不健全的家,孩子通常只是另一个受害者。

数据显示,不仅是妻子,丈夫也同样会遭到家暴危害,在暴力并且有子女的家庭中,孩子往往更是家暴受害者。

资料来源:人民日报官方微博.2016-07-11.

3. 家长的育儿道德影响孩子的言谈举止

在孩子成长的过程中,父母是否用道德行径去教养孩子,让孩子学好变好,越来越受到社会各界的关注。2016年《华西都市报》报道,攀枝花市民王某带2岁儿子去朋友家做客喝酒,3名朋友逗孩子喝酒,喝了约二两白酒后,孩子急性酒精中毒抢救无效死亡,王某的3名朋友涉嫌过失致人死亡被捕。虽然王某没有直接导致儿子死亡,但王某自身的行为以及对孩子的监护不力都是造成悲剧发生的原因。这样的事情并不是偶然的,我们在网络上经常可以看到父母让孩子喝酒、抽烟,并以此作为乐趣在网络进行传播,这样的行为不仅涉及道德问题,更是威胁孩子的生命安全,作为家长一定要以身作则,杜绝此类事件发生。

4. 家长的传统美德影响孩子的行为习惯

少儿题材的情景喜剧《家有儿女》的主演尤浩然在2000年就因一则广告被大众所熟知,尤浩然的一句"妈妈,洗脚"曾感动无数人。这则公益广告用最直接的方式表达了一个核心:"父母是孩子最好的老师",也表明孝心这一中华民族传统美德的传承很大程度依赖于父母对于孩子的榜样作用。除此之外,文明礼貌、尊老爱幼、团结友爱、勤劳勇敢、诚实守信等都是中华民族的传统美德。在日常生活中,父母如果能对孩子言传身教,树立榜样,就会使这些美德在孩子身上有所体现。

5. 家长的社会道德影响孩子的文明意识

父母与邻居友好相处,讲究社会规范,遵守交通规则,爱护环境,就会形成对孩子成长的有利因素。否则,孩子的成长会受到不利因素的影响。例如,父母利用假期带领孩子外出游玩时,不乱扔废弃物,把垃圾装进随身携带的清洁袋里或直接扔进垃圾箱,有助于培养孩子"保护环境"的意识,提高孩子的公德水平。

(三)学前儿童家长的文化素养

家长的文化素养是影响孩子成长的精神因素。父母掌握知识的深度与广度、父母的文化水平,直接关系到孩子各方面的发展程度。国外学者贝莱的研究表明,孩子的智能与父母的学历有一定的关系,随着孩子年龄的增长,这种关系越来越密切。还有研究表明,父母的文化程度与教养方式之间存在联系,父母文化水平越高,采取民主型教养方式的比例越高。也就是说,当父母受教育程度越高时,往往更能尊重孩子,采取更为科学的教育方式。

1. 家长文化素养好有利于孩子的发展

首先,家长文化素养好,就会不断进取,主动追求新知识,重视文化知识的学习,这样就能为孩子树立模仿的榜样,对孩子产生示范作用。其次,父母重视学习,就能为孩子营造浓郁的文化气息,激发孩子的学习兴趣。最后,父母善于学习,就能为孩子安排丰富多彩的活动,提高孩子的学习效率。2016年7月12日,中国童书博览会联合中国出版传媒商报及部分出版机构开展了儿童阅读调查,调查对象为3~14岁儿童,覆盖7个重点城市,抽取有效样本2257份。研究成果显示,在阅读影响上,父母、老师、同伴是对孩子阅读习惯养成最重要的三类人,其中父母居于首位。父母越重视亲子阅读、亲子阅读开展得越频繁,学龄前孩子就越喜欢阅读;父母自身阅读量越大,他们也就越倾向于为孩子购买、储藏更多书籍,孩子也就读得越多。

2. 家长文化素养差有碍于孩子的发展

家长文化素养差,受教育程度较低,知识有限、贫乏,容易对孩子产生消极影响。例如,有些父母不崇尚科学,就可能对孩子造成不必要的伤害,甚至让孩子陷入死亡的境地。2012年厦门某地一男婴出生时Apgar(新生儿评分)打分10分,家人私自给新生儿喂了一些白开水、奶粉和一汤匙泡了高丽参的水,当晚 8 点左右,男婴啼哭不止,医生从孩子口腔吸出夹带鲜红色血丝的分泌物,由此判断孩子可能出现了喂养不当引起的急性胃粘膜出血,马上给孩子实施了洗胃,从男婴胃里洗出了大量黑色絮状物,这时医生才知道孩子被家人喂过高丽参水,可惜的是,洗胃后,孩子病情未见好转,最终离世①。喂高丽参水是当地的习俗,不仅是高丽参,全国各地都有各种各样的习俗,还有喂麝香的、喂珍珠粉的。已有研究表明,给新生儿喂高丽参水确实会出现中毒性脑病、呼吸衰竭、药物性肝损害甚至死亡等风险。事实是,母乳是最好的营养品,已能满足新生儿的全部生理需求。这样的一些习俗,家长应该通过提升自己的科学文化素养来进行鉴别,避免酿成悲剧。

(四)学前儿童家长的教育素养

家长的教育素养是影响孩子成长的直接因素。儿童的健康成长关系到祖国的前途和命运,近十年来,我国政府出台了一系列教育法规,强调通过法制的渠道,提高家长的教育素养。1986 年第六届全国人大第四次会议通过了《中华人民共和国义务教育法》,规定"父母或者其他监护人应当依法履行对未成年人的监护责任和抚养义务","应当尊重未成年人接受教育的权利","应当以健康的思想、品性和适当的方法教育未成年人,引导未成年人进行有益于身心健康的活动";1992 年国务院颁布的《九十年代中国儿童发展规划纲要》,提出"九五"期间家庭教育工作的总目标,是到 2000 年"使 90％儿童(14 岁以下)的家长不同程度地掌握保育、教育儿童的知识";1997 年原国家教委、全国妇联颁发了《家长教育行为规范》,要求家长"树立为国教子思想,自觉履行教育子女的职责","学习和掌握教育子女的科学知识及方法,针对子女的年龄特征、个性特点实施教育"等;2015 年教育部印发了《教育部关于加强家庭教育工作的指导意见》中强调,"家长要不断提升家庭教育水平。广大家长要全面学习家庭教育知识、系统掌握家庭教育科学理念和方法,增强家庭教育本领,用正确思想、正确方法、正确行动教育引导孩子;不断更新家庭教育观念、坚持立德树人导向,以端正的育儿观、成才观、成人观引导孩子逐渐形成正确的世界观、人生观、价值观。"所以,学前儿童家长教育素养的提升主要从以下两个方面入手。

1. 学前儿童家长的教育观念

从理论上说,家长的教育观念包括对社会教育、学校教育、家庭教育、职业教育、继续教育、终身教育等方面的各种看法。但是,如果从家长与孩子、家庭与社会的关系来说,家长教育观念中的主要部分应该是家庭教育观,具体来说,主要就是家长的儿童教育观,其中,家长的儿童观是最基本的观念。

儿童观就是社会看待儿童和对待儿童的观念的总和。具体地说,是指社会和个人对儿童的看法和对儿童的社会定位。儿童观是儿童教育观与组织观的基础,对儿童教育与儿童组织工作具有决定的主导作用。可以说,有什么样的儿童观就有什么样的教育观。从家庭方面说,家长的儿童观是如何实施家庭教育的基础,它主导着家庭教育的定位和方向。

中国传统的儿童观,主要是把儿童当作弱小的保护对象,当作国家和家庭的财富,是传宗接代、光宗耀祖的工具,是国家未来兵力和劳动力的来源,是一种家本位、国本位的儿童观。这种带有强烈工具主义烙印的儿童观,很少把儿童当作具有积极、主动权利的行为主体,这种观

---

① 陈洋钦.新生儿服高丽参水后死亡[EB/OL].(2012 - 10 - 18)[2016 - 05 - 10]. http://www. chinanews. com/jk/2012/10 - 18/4256799.

点损害了儿童的正当权益。

随着社会经济文化的发展，人们慢慢意识到国本位的儿童观并不符合现代社会的发展，但由于文化潜移默化的影响以及缺乏科学儿童观知识的普及，许多家长仍持有一些不正确的认识，比如认为孩子是幼稚的、是"小大人"、是私有财产或达到自身目的的工具、孩子不打不成器。这些错误观念直接导致的结果就是儿童应有的权利被忽视被剥夺，不仅是我国存在这种情况，其他国家儿童的权利问题也面临严峻挑战。为此，联合国于 1989 年通过了《儿童权利公约》，这是为保护儿童及其权益，为世界各国儿童创建良好的成长环境而制定的一套全面的国际法律准则。《儿童权利公约》涵盖的基本精神体现了四项基本原则：

第一，无歧视原则。不论来自任何社会文化背景、出身高低、种族、肤色、贫富、性别、正常与残障，都要受到公平对待。

第二，儿童利益最大化原则。任何事情凡是涉及儿童，必须以儿童利益为重。

第三，保障儿童生命、生存和发展的原则。尊重儿童的人格和尊严，保证儿童生存与发展的质量。

第四，尊重儿童的观点与意见的原则。任何事情如果涉及儿童本人，必须认真听取儿童自己的观点和意见。

《儿童权利公约》通过后，获得了世界范围内的认可。我国也于 1990 年签署该公约，并通过全国人大常委会批准，于 1992 年 4 月 1 日起生效。受到国际影响以及结合我国实际情况，我国于 1991 年 9 月经第七届全国人民代表大会常务委员会第二十一次会议通过了有关儿童的第一部专门法律《中华人民共和国未成年人保护法》，并于 1992 年 1 月 1 日起施行。为全面履行保护儿童权利的责任，我国从 1992 年开始每十年颁布一个《中国儿童发展纲要》作为儿童工作纲领。《中国儿童发展纲要（2011—2020 年）》明确提出"保障儿童生存、发展、受保护和参与的权利"，从健康、教育、福利及社会环境等方面详细规定了未来十年促进中国儿童发展、保障儿童合法权益的目标和策略措施。

除了上述专门保障儿童权利的法律外，我国在 2012 年发布的《国家人权行动计划（2012—2015 年）》中，也专门阐述了儿童权利保护措施，提出推进家庭教育立法进程，根据儿童最大利益原则，切实保障儿童的生存、发展、受保护和参与的权利。具体实施内容包括：保障儿童健康权、加强校车和校园安全管理、保障儿童享有闲暇和娱乐的权利、保护儿童参与权利、消除对女童的歧视、逐步扩大儿童福利惠及面、保护儿童人身权利、禁止使用童工和对儿童的经济剥削、完善未成年人刑事案件诉讼程序等。还有 2016 年 3 月 1 日起施行的《中华人民共和国反家庭暴力法》，保证了家庭中儿童的身心健康权利受到保护，这是对"孩子是父母的私有财产""教训自己子女是家务事旁人不得插手"这种错误儿童观的有力反击。

我国不仅从法律层面对儿童进行保护，保障儿童的权利，还有许多专家学者对科学儿童观的内涵作了进一步的明确。南京师范大学虞永平教授认为，科学的儿童观至少应包含以下几个主要的观点：

（1）儿童是稚嫩的个体，身心各方面尚不完善，需要科学的、合理的照顾和保护；

（2）儿童是独立的个体，应有主动活动、自由活动和充分活动的机会和权利；

（3）儿童是完整的个体，必须高度重视其在身体、认知、品德、情感、个体等方面的全面发展；

（4）儿童是正在发展中的个体，除了有充分的发展潜能，还存在发展的个体差异，应遵循其

身心发展规律,尊重个体差异,充分发掘其潜能;

(5)儿童是成长在一定的自然、社会、文化环境中的个体,应注重给他们提供指向环境的体验、交往、操作、思考的机会[①]。

除此之外,家长的发展观、人才观也要有所改变和创新,以适应社会转型与发展的需要。

2.家长的教育能力

有个3岁的小女孩,每到吃饭时,总磨磨蹭蹭,不肯吃,父母就引导她说:"多吃饭才能长得高,多吃菜才能长得漂亮。"但孩子碗里的饭菜没什么动静。数日之后,父母又想出一招,对孩子进行忆苦思甜的教育:"我们像你现在这么大的时候,爸爸、妈妈根本没钱给我们买肉吃,我们都很嘴馋,想吃肉,不像你,让你吃肉,你还不肯吃。"孩子仍然如故。过了几日,父母又有了主意,让孩子和自己一起买菜、洗菜、饭前帮助摆桌子、拿碗筷、端饭菜,结果奇迹出现了,孩子吃饭时再不用大人说教,自己吃得又香又多,厌食、挑食的毛病终于改正过来了。

当家长意识到孩子的教育出现问题时,总是想通过看书、网络、请教他人等手段找出解决问题的方法。但在具体操作过程中会发现他人介绍的方法并不一定管用,一些方法甚至是对立的观点,这都会给家长造成困惑。这就说明,在具体的操作实践过程中并不能一味地照搬,没有具备较好的教育能力,不能从孩子的实际情况出发创造性地运用教育策略,是家庭教育没有取得预想效果的原因之一。

所谓教育能力,就是指家长在一定的教育观念指导下,运用一定的教育方式和教育知识,在家庭教育的实践中有效处理亲子关系、分析和解决家庭教育问题的能力。学前儿童家长的教育能力主要包括学习家庭教育知识的能力、了解和认识学前儿童的能力、分析和处理家庭教育问题的能力、指导和发展学前儿童的能力以及客观评价孩子的能力。不少年轻家长认为通过学习知识就能解决教育实践中所遇到的种种问题,但事实上,个体教育实践的有效性是建立在掌握科学知识的基础上,在自身的教育实践中不断尝试、大胆探索,逐步形成的,教育能力的提高是日积月累的过程。

家长可以通过自学以及参加各地妇联、社区、幼儿园或一些早教机构组织的各种形式的家长讲座来掌握学前儿童家庭教育的规律,只有了解孩子,才能对孩子进行更为科学及针对性的教育。但要注意的是,如今是个信息爆炸的时代,家长对于各类"育儿专家"所传授的"育儿知识"要有筛选和鉴别的能力。除此之外,家长还可以通过积极参加社会教育活动,与他人交流家庭教育经验的方式,探索教育艺术,取长补短,共同提高。当然,这一切都必须依赖于在实践过程中不断地反思、积累经验、总结教训,最终探索出适合自己孩子的教育方法。

二、学前儿童家长的教养态度与方式

(一)学前儿童家长教养态度的类型及影响

家长的教养态度是家长教育观念、情感的反映,并会在家庭生活中转化为教育行为方式,对孩子产生直接影响。教养态度是教养行为的基础,而教育行为则是教养态度的外在表现。

中外学者从不同的角度对家长的教养态度进行了研究,划分出了不同的类型,剖析了对孩子全面发展的不同作用及对孩子某一方面的发展可能产生的正面及负面效应,比较典型的研

---

① 虞永平.论儿童观[J].学前教育研究,1995(3).

究有以下几个：

1.对孩子性格特征的影响

日本学者奥平洋子通过对201名4～5岁幼儿及其中的129名母亲进行研究，把母亲的"育儿态度"分为"细微干预""垂直亲爱""情动""水平亲和"四种类型，并指出了各种类型的特点及对孩子性格发展的作用。

（1）细微干预的母亲。

这类母亲在养育孩子时，通常表现出郁郁寡欢、悲观失望、罪恶感强、情绪不稳、惊慌失措、反思自省、对孩子刨根问底等特点。由她们培养出来的孩子，一般来讲，情绪比较安定，喜欢冥思苦想，反省自己、分析别人等。但这种教养态度过于强烈时，就会使孩子丧失孩子气，变得少年老成。

（2）垂直亲爱的母亲。

这种母亲在抚养孩子时，往往表现出不善交际、不拘小节、开朗爽快、无忧无虑、对孩子温和慈祥、采纳孩子意见等特征。经她们培养出来的孩子，大体来讲，容易与别人和睦相处，能适应社会生活等。但这种教养态度走向极端时，就会溺爱孩子，对孩子百依百顺，助长孩子的依赖性，导致孩子的自卑感。

（3）情动的母亲。

这类母亲在抚养孩子时，一般呈现出多愁善感、自卑忧郁、主观武断、马马虎虎、感情用事、打骂训斥孩子等特点。由她们培育出来的孩子，大致而言，喜欢抛头露面，与人交往，胆大妄为，不信任别人，合作性较差等。当这种教养态度过于强硬时，孩子虽然不一定会成为问题儿童，但却极有可能沦为棘手的孩子，浮躁冲动，攻击性强，难于适应社会生活。

（4）水平亲和的母亲。

这种母亲在教育孩子时，大都具有民主平等、尊重孩子、热爱孩子、与孩子和睦相处、成为孩子游戏伙伴的特征。经她们培养出来的孩子，基本上讲，都充满了自信，好幻想，有较强的主动性和适应能力，能正确地评价自己等。但当这种教养态度过于偏激时，可能会使孩子变得好高骛远，拥有不切实际的想法，也可能会使孩子受到溺爱。

2.对孩子劳动品质的影响

美国学者帕特丽夏·斯普林科等人通过对数十位祖辈、父辈家长的调查研究，指出家长的教养态度有"完美型""仆人型""圣人型""殉道型""补偿型""庇护型""旺盛型""退却型""懒惰型""特权型"等类型，对孩子自我服务能力的提高、自食其力精神的培养、责任感的形成会产生不同的影响。

（1）完美型家长。

这些家长知道什么时候该去做家务事，做什么家务事，如何把家务事做好，他们做事时有条不紊，干净利落，恰到好处。由于他们对做事的条理性、完美性有很高的要求，所以他们总是担心孩子做不好事，对孩子所做的事又感到不满意，往往在孩子做了以后，自己再重做一遍，觉得自己做比让孩子帮忙容易得多。他们苛求孩子，不让孩子劳动，使孩子的劳动技能得不到应有的锻炼。

（2）仆人型家长。

这类家长承担了家庭中的全部家务劳动，觉得根本没必要训练孩子的做事技能，让孩子帮助大人做事，他们没有意识到让孩子学会做家务也是家庭教育的重要组成部分，因而失去了通过家务劳动来培养孩子的机会。

（3）圣人型家长。

这种家长认为童年十分短暂，应让孩子过着幸福美好、无忧无虑的生活，而不应让他们在劳动中度过，这会使他们变得早熟，过早地面对生活的压力，因而不让孩子做家务，使孩子缺少必要的训练，没有责任感和义务感。

（4）殉道型家长。

这些家长拒绝请求孩子等家庭成员的帮助，他们虽然在思想上也希望孩子去做一些家务事，但从不用语言表达出来，向孩子提出具体的要求，因而孩子不可能意识到自己是家庭的一员，应当承担一定的义务。

（5）补偿型家长。

这类家长由于某种原因而觉得自己愧疚于孩子，并试图通过不让孩子做家务这种方式来弥补孩子生活中的缺憾，使孩子的生活变得完美起来，尽管自己精疲力竭也在所不惜，所以，孩子没有时机学会自己照顾自己，安全感、责任感也就难以形成。

（6）庇护型家长。

这种家长从童年起就对做家务耿耿于怀，他们害怕做事、怨恨劳动，至今仍然用孩子的眼光看待自己过去的生活，认为父母让幼小的孩子劳动是极不公平的，而没有认识到自己今天的幸福生活是建立在昔日艰苦劳作的基础上的。因此，他们把孩子全面地保护起来，不让孩子面对任何困难，使孩子不会产生和自己相同的感受。

（7）旺盛型家长。

这些家长做事迅速高效，井井有条，他们并不认为孩子需要学会如何劳动，也不认为全家人一起劳动能提高工作效率。教孩子做家务要花费更多的时间，所以，他们不愿意让孩子承担任何家务劳动。

（8）退却型家长。

这种家长自认为是一个失败者，不能持之以恒地做好每件事，虽然有过教会孩子做家务的打算，但尝试几次以后，却又很快放弃了；他们喜欢自责，缺少勇气和始终如一的精神，没有教会孩子什么时候该去做什么事，他们希望孩子在成长的过程中，能够自己克服困难。

（9）懒惰型家长。

这类家长十分懒惰，宁愿看书读报、看电视、睡觉，而不愿做家务，他们认为教孩子去做事，会遇到很多麻烦，因而没有耐心和热情帮助孩子掌握劳动技能。

（10）特权型家长。

这些家长认为日常生活中没有什么事情需要孩子去做，与其让孩子花时间做家务，不如让孩子学习一些技能，如钢琴、舞蹈、绘画，达到培养孩子各方面能力的目的。

3. 对孩子行为方式的影响

美国学者查尔斯·F.博伊德等人通过长期研究，指出：父母教养态度可以分为"指挥型""交往型""支持型""纠错型"，不同类型具有不同的特征，对孩子的行为方式也产生不同的影响。

（1）指挥型父母。

这类父母往往具有自信、勇敢、坦率、冒险、竞争、创新、责任心、上进心、发号施令等特点。他们希望把孩子培养成一个领袖式的人物，为此制定了严格的家规，不向孩子作出任何解释，却要求孩子无条件地服从,否则就予以惩罚;他们要求孩子听话,承担一定的家庭职责,否则就严加处理;他们通过让孩子承担必要的责任,鼓励孩子努力工作,来表达自己对孩子的关爱;他们为孩子树立了一个无比强大的形象,使孩子对父母的成就感到自豪;他们善于指导孩子,帮助孩子完成任务。这类父母由于担心被孩子利用,失去控制权,而容易演变成专制型的父母。

(2)交往型父母。

这种父母一般具有善解人意、乐观热情、外露好动、风趣健谈、喜欢赞赏等特征。他们很容易和孩子打成一片,一起讲故事、做游戏、谈话、进行娱乐活动;他们通过和孩子一起度过美好的时光,来表达自己对孩子的热爱;他们在任何场合下都不愿意以严肃的面庞出现在孩子面前,对孩子进行惩罚;他们希望自己能成为孩子的朋友,因而不拒绝孩子提出的各种要求,以使家庭成为一个温暖而又有趣的地方。这种父母由于担心孩子不喜欢自己,而可能变成放任型的父母。

(3)支持型父母。

这些父母主要具有为人忠诚、谦逊可靠、脚踏实地、坚定不移、乐于助人、易于合作、循规蹈矩等特点。他们关心孩子,真诚地对待孩子,重视为孩子营造温暖、舒适、相互支持的家庭气氛;他们对孩子充满了爱心,细致入微地照顾孩子;他们为了满足孩子的需要,而不惜牺牲自己的利益,以帮助孩子建立强烈的安全感。这些父母因为害怕失去密切的亲子关系,而极易形成迁就型的父母。

(4)纠错型父母。

这类父母大致具有小心谨慎、自我约束、注意细节、善于分析、独立可靠、持之以恒、严格要求、正确行事等特征。他们认为自己的任务就是确保孩子行为的正确,要求孩子充分发挥出潜能,竭尽全力地做好事情;他们鼓励孩子好奇好问,发展兴趣爱好;他们和孩子一起讨论问题,启发孩子三思而后行;他们试图用讲道理的方式帮助孩子纠正不良行为,在平静的气氛中履行教养职责,而不是大发脾气,与孩子形成对立;他们喜欢运用让孩子暂停活动、限制孩子权利等方法,引导孩子对自己的行为进行反思。这类父母因为害怕荒唐行为和犯错误,而可能发展为尽善尽美型的父母。

(二)学前儿童家长教养方式的类型及影响

家庭教养方式是全面的育儿行为的集合。家庭教养方式针对的是教养行为的总体而非特定的个体。行为和社会科学家通过对亲子互动的研究,概括出一组家庭教养方式的基本类型,即专制型、权威型和放任型。

1.专制型

专制型方式以传统的养育方式为坚实基础。一般来说,这种教养方式涉及控制儿童各个方面的行为。父母通过许多方法让儿童顺从,常常使用体罚和其他强硬的方式来使孩子的行为达到预期的目标。儿童质疑规则时,一个最为典型的回应就是"因为我说了算"。一般这种教养方式会根据制定好的、期望孩子遵从的绝对标准来评估、判断和塑造孩子的行为。父母的话对孩子来说就是法律,并让孩子相信他们的所作所为是为了孩子的利益着想。这种抚养标准,不鼓励儿童为自己思考,只需要向父母寻求认可,或向父母寻求解决问题的方法就可以了。

研究人员认为专制型方式特别不利于儿童情绪的健康发展,因为父母的这种方式是威胁孩子而不是促进孩子对自我价值的肯定。专制型父母养育的孩子总是吸收父母对他们的消极评价,自尊心严重受挫,而父母却认为他们是为自己的孩子提供帮助。有研究表明这样的教养方式促发了原本只在成年期才会显露的神经症,并抑制了孩子正常的情感发展,多年后孩子会出现自我憎恨。

2.放任型

放任型的父母表现为允许儿童尽可能地管理自己的活动,避免使用控制,同时也不鼓励儿童遵守外部定义的标准。使用这种方式的父母认为他们应该将孩子作为独立的个体,并鼓励孩子变得自主。放任型父母并不希望自己的孩子视自己为权威或者完美的榜样。实施放任型教养方式的父母允许孩子自由地做自己想做的事。然而,鲍姆林德发现,在这种教养方式下成长的孩子依赖性强,不具有好奇心,并缺乏自我管理和控制。

3.权威型

权威型方式结合了专制型和放任型教养的优点。权威型方式强调子女在合理界限内的自主性发展。当权威型父母使用控制来达到他们的预期目标时,他们尽可能地采取多种策略,比如通过说理、温和的体罚来显示自己的权威,又或是心理强化。使用这种控制的父母主要是为了鼓励孩子与自己进行语言的交流,与孩子分享自己制定规则背后的原因,当孩子拒绝遵从时,允许孩子说出拒绝的理由。鲍姆林德的研究显示在这种方式下养育的孩子通常比较独立、拥有良好的自我控制、容易知足、充满求知欲和探索精神。

阅读材料

可不可以殴打孩子?

思考这些来自研究结果和研究问题中关于殴打孩子后果的报告。得出你自己的结论,使用殴打作为训导教育的一种方法是否明智呢?

▶ 在童年期经历压力暴虐的身体惩罚与成年期在亲密关系中的暴力犯罪有很强的关联(Swinford 等,2000)。

▶ 以殴打作为训导教育的一种方法似乎在某些种族和文化群体中是根深蒂固的(Dodge 等,2005;Hall,2005;McLoyd,Kaplan,Hardaway & Wood,2007)。

▶ 殴打似乎是虐待儿童的一种普遍方式,父母常常以此作为让儿童顺从其意愿的最后方法(Buriel. Mercado,Rodriguez & Chavez,1991)。

▶ 多数的殴打行为发生在成人对儿童愤怒时(Bensley 等,2004;Graziano & Namaste,1990)。

▶ 父母在与儿童交流他们的行为和想法时,经常使用殴打,而非积极交流和强化(Flora,2004;Larzelere,Kelein,Schumm & Alibrando,1989)。

▶ 男孩比女孩更易受到父母殴打(Day,Peterson & McCrachen,1998;Lytton & Romney,1991;Simons 等,1991)。

▶ 与没有受到过殴打的儿童相比,受到过殴打的儿童表现出更多的攻击行为(Aggarwal & Verma,1987)。

▶ 殴打与儿童对自尊和个人价值的负面感觉相关(Larzelere 等,1989;Straus,1994)。

▶ 男性比女性更有可能赞成殴打儿童(Kelder,McNamara,Carlson & Lynn,1991)。

▶ 殴打可能在当时情景下能够使儿童遵从父母的意愿,但其远期影响包括异常行为可能性的增加、青少年期的不良行为以及成年期的暴力犯罪(Straus,1991a,1991b)。

▶ 有情绪困扰的儿童(以及受到身体虐待和性虐待的儿童)比没有情绪困扰的儿童更有

可能接受(赞成)体罚(Strassberg,Dodge,Petit & Bates,1994)。

▶ 殴打儿童的成年人很可能曾经受到他们父母的殴打,以此作为控制他们不当行为的主要方法(Simons 等,1991)。

▶ 那些被认为是欺负者的人在儿童期曾经受到体罚/虐待,并认为使用武力是解决与他们之间冲突的一种适当的方法(Floyd,1985)。

资料来源:杰里·比格纳.亲子关系——家庭教育地导论(第 8 版)[M].郑福明,冯夏婷,译.北京:高等教育出版社,2012.

第三节　学前儿童家庭的生活环境与生活方式

案例导入

贵州 4 名留守兄妹在家服毒自杀

2015 年 6 月 10 日,贵州毕节市七星关区政府官方网站发布消息称,9 日晚 11 点半,该区田坎乡 4 名儿童在家中疑似农药中毒,经抢救无效死亡。

10 日下午,田坎乡知情村民向澎湃新闻称,中毒身亡的 4 名儿童,1 男 3 女,是留守在家无大人照顾的四兄妹,9 日晚一起喝农药自杀,最大的哥哥 13 岁,最小的妹妹才 5 岁。

4 名儿童是否如村民所说是喝农药自杀? 警方在调查中发现一份遗书,大概内容为:"谢谢你们的好意,我知道你们对我的好,但是我该走了。我曾经发誓活不过 15 岁,死亡是我多年的梦想,今天清零了!"经过严格的笔迹鉴定等调查工作,确定遗书为 4 名儿童中的兄长小刚(化名)留下。多名村民告诉澎湃新闻,4 个孩子是一家的,父亲叫张方其,2015 年正月外出打工,母亲在 3 年前"被人拐跑",爷爷奶奶已经过世,外公外婆虽然在世,但年纪大了,无法照顾孩子,因此 4 个孩子独自留守在家中。

新华网记者于 2015 年 6 月 13 日联系到孩子母亲任希芬,任希芬已于 12 日上午从广东回到了贵州省毕节市七星关区。她说:"打死我都要回来看看娃娃。"2001 年,18 岁的任希芬与七星关区田坎乡茨竹村村民张方其结婚。当年,他们的大儿子小刚(化名)出生,随后几年,夫妻俩的 3 个女儿相继出生。婚后几年,任希芬和张方其的感情出现裂痕,经常会为家庭纠纷产生激烈的争执,对此,任希芬强调是"被打"而不是"打架"。为此,任希芬离家出走。"害怕被打",是任希芬对自己不与家人联系的解释。她说,很长一段时间"一睡觉就梦见张方其拿木棍来打我,眼前随时有这样的影子",自己很想回去看看孩子,但是害怕被打就从没敢去。同样,她眼前也经常会出现 4 个孩子的样子,担心孩子在家没吃没喝,"经常想着想着就哭,在外面没有过过一天踏实的生活"。事发后,当地政府千方百计联系到任希芬,并在她坐大巴回贵州的中途将她接住,快马加鞭送她回到毕节。她说:"孩子生前我没有尽到责任,这次无论怎样,冒着生命危险我都要回家来看一眼。"任希芬说,如果能再有一次机会,拼了命也要把孩子安顿好,"愿我家的悲剧不要再发生,父母如果在身边照顾娃娃,好好开导他们,就不会出现这样的问题"。

毋庸置疑,父母对孩子疏于照顾,成为这次悲剧的主要原因,除此之外,家庭关系破裂、家庭暴力、家庭经济状况低下、教育发展不均衡等因素都是导致悲剧发生的原因,这些因素交织在一起时,孩子往往成为最大的受害者。

家庭是社会的细胞，是孩子出生后的"第一场所"。家庭生活环境和生活方式与孩子的成长有着密不可分的关系。古代"孟母三迁"的故事就证明了古人对家庭环境的重视程度；"性相近，习相远"，体现了家庭生活方式对儿童发展的重要影响。在物质条件不断丰富的今天，注重家庭环境建设，提高生活质量，对于学前儿童来说有着极其重要的现实意义。

一、学前儿童的家庭生活环境

(一)家庭结构

家庭是通过血缘、姻缘或收养关系组合成的社会生活的基本单位。家庭结构就是家庭诸分子(即家庭成员)不同的层次和序列的结合。家庭结构包括家庭有哪些成员、成员有多少、成员的辈分、成员是否齐全和家庭的规模大小等①。在我国现阶段，主干家庭和核心家庭占大多数，单亲家庭、重组家庭数量有所增加，某些地区留守家庭占比较大，因此本书涉及的家庭结构主要是以上五种。

1. 主干家庭

主干家庭，即由祖父母(外祖父母)、父母和子女三代人构成的家庭。主干家庭的特点是人口数量较多，家庭成员的层次较多，家庭规模较大，成员之间的关系较为复杂(至少包括夫妻关系、亲子关系、婆媳关系或翁婿关系)。

主干家庭中，祖父母(外祖父母)有更多的时间和精力照顾孩子，加上其自身的育儿经验，他们可以减轻父母在照顾孩子方面的压力；由于家庭关系复杂，家庭内部的每个人在扮演多种角色的同时，还要随时处理各种关系，孩子处在这样的家庭中有更多的机会锻炼处理各种关系的能力，促进孩子的社会化发展；孩子还能以父母为榜样，从父母身上学到尊敬老人、孝敬长辈的传统美德。

但主干家庭复杂的人际关系，也会给子女的教育带来一些不利影响。比如，由于成长经历的不同，家庭成员的教育观念可能不一致，这就使得家庭内部易出现矛盾，还会使孩子面对不同的要求无所适从。同时，主干家庭中祖辈对孩子的溺爱也是常见的现象。解决主干家庭中祖辈教育的问题，很重要一点就是要为祖辈发挥有利作用创造条件，遇到问题要学会倾听、善于沟通，就如中共中央总书记习近平在政治局学习中强调的，"要着力发挥老年人积极作用。要发挥老年人优良品行在家庭教育中的潜移默化作用和对社会成员的言传身教作用，发挥老年人在化解社会矛盾、维护社会稳定中的经验优势和威望优势，发挥老年人对年轻人的传帮带作用。"

2. 核心家庭

核心家庭，即由父母和未婚子女两代人组成的家庭。核心家庭的特点是人口数量少，家庭成员的辈分数少，家庭成员之间的关系密切，家庭的凝聚力比较强。

核心家庭中，父母与孩子之间的关系密切，直接交往的机会也较多，父母容易与孩子沟通、交流；由于家庭成员较少，也较容易形成一致的教育理念、实行一致的教育行为，这是非常有利于孩子的教育和成长的。

但是，随着生活节奏不断加快，核心家庭中的父母生活压力逐渐增大，许多父母忙于工作

---

① 赵忠心.家庭教育学[M].北京:人民教育出版社,2001.

而疏忽对孩子的照顾,这都是现阶段较为明显的问题。

3. 单亲家庭

单亲家庭又称为缺损家庭,是指夫妻双方因离婚、丧偶而仅有一方同未婚子女生活在一起的家庭。

丧偶家庭中,一个生命的逝去必然会给家庭带来沉重的打击。对于学前儿童来说,"死亡"是难以理解的,但生活中没有了爸爸或妈妈,少了一个关心、照顾它们的人,对他们的来说影响都是巨大的。所以,对于这样的家庭,第一,丧偶的父母要尽快调整自己的情绪;第二,父母要多引导孩子进行正常的生活学习及社交活动,让各种有益的活动、热情的同伴充斥着孩子的生活,使孩子没有时间想念过世的父(母)亲,也就容易从悲痛中走出来,逐渐形成开朗的性格。其实,并不是所有丧偶的家庭都对孩子的发展不利,如果家长能尽快地调整好自己的情绪,使家庭生活尽量回归正常,有意识地对孩子进行适当的教育,那么丧偶家庭的孩子就有可能在独立性、责任感、生活自理能力等方面发展得更好。

离异家庭中,夫妻婚姻破裂,很难用"对"与"错"来判定,或许分开对于已经维持不下去的夫妻来说是一种更好的选择。从已有的研究来看,无论是怎样的离婚,都会对儿童特别是对学前儿童造成伤害。但美国社会学教授威廉·A.科萨罗(William A. Corsaro)认为,离婚对儿童的社会和心理影响很难预测,已有研究结果受限于所选取的研究对象以及所采用的研究方法[①]。只有父母双方给孩子充分的爱、满足孩子的心理需求才能尽可能地减少对孩子的伤害,使负面影响降低到最低程度。不能因为夫妻关系的解除,父母就割舍掉与孩子之间的这份亲子情。从经济层面来看,与中国情况相类似的是,美国父母特别是离婚爸爸给孩子很少的抚养费,有的甚至不给,这样的情况导致许多单身母亲承担着巨大的经济压力,对孩子的成长极其不利。而在西欧国家,情况完全不一样,在那里,儿童支持法律得到更加严格的执行,政府对拒不依法支付给孩子以抚养费的人会进行严厉惩处。我们在个体层面保证孩子获得足够爱的同时,也应该从法律层面特别是在执行过程中保障单亲家庭的经济利益。

4. 重组家庭

单亲家庭可能只是某些家庭短期内的生活状态,有部分单亲家庭出于多重考虑会重组家庭。

组成新家庭之初,由于家庭成员相处时间较短,相互间的了解不够,以及各自在生活习惯、处事方式等方面的不同,重组家庭的每一个成员都难以摆脱以前生活的痕迹,需要较长时间的磨合。对于重组家庭来说,无论是亲生父母还是继父母,都必须认识到学前儿童家庭教育的重要性,应懂得家庭教育的连续性、统一性对学前儿童成长的重要影响。因此,继父母不仅要在生活上关心和照顾好孩子,而且要特别重视对孩子的教育,尤其是对孩子心理的疏导和安慰,要想办法尽快让孩子接受自己,或者是使孩子尽快地融入新的家庭,只有这样,孩子才能较快地适应新家庭、新生活,他们的发展才不会受到过大的影响。

5. 留守家庭

留守家庭特指我国农村、山区、牧区等家庭,父母双方或一方到外地打工,将孩子留在老家的一种家庭结构形式。

留守家庭是在我国社会转型时期,在许多农村、山区、牧区出现的一种独特家庭结构类型。

---

① 威廉·A.科萨罗.童年社会学[M].程福财,等,译.上海:上海社会科学院出版社,2014.

据全国妇联发布的《全国农村留守儿童研究报告》显示,目前全国农村留守儿童的总数约为5800万人,其中14周岁以下的农村留守儿童约为4000多万。

目前,关于留守儿童的研究都显示出留守儿童在生理上、心理上产生许多问题。但我国上海市教育科学研究院职业教育和成人教育研究所课程和信息技术研究室主任董奇认为,夸大留守的消极作用和留守儿童身上的问题容易导致其被"污名化",从而给留守学生及其家庭带来沉重压力。他从积极心理学视角出发,对留守儿童进行心理健康调查,结果发现,父母外出打工并非一定造成留守孩子心理问题。相比于父母外出打工,富裕家庭关爱缺失导致孩子心理问题更多。研究发现,留守家庭儿童"亲社会行为"相对弱势,他们需要社会的同情、帮助与关爱。董奇建议政府、学校、社会形成合力,共同关心农村留守儿童:培育留守学生的主观幸福感,促进他们社会融合;加强对留守家庭的帮助指导,补偿家庭教育缺失;消除对特殊群体的习俗偏见,创建公平和谐环境[1]。董奇的研究并没有以学前儿童为样本,但他为我们对待留守儿童问题提供了方向,即不能将留守儿童等同于问题儿童,为他们成长创造一个积极而宽松的舆论环境,促进其社会融合。这不仅是保障留守儿童健康成长和社会融合的需要,也是维护社会公平正义的需要,更是构建和谐社会的重要举措。

(二)家庭关系

所谓家庭关系,是家庭成员之间依自身的角色在共同生活中的人际互动或联系,是家庭的本质要素在家庭人际交往中的表现形式,是家庭成员之间一切社会关系的总和。在法制国家中,家庭关系不仅仅意味着生活在一起、相互认识和了解,而且为了保障每个人的权利和义务,家庭关系也被赋予了法律性。家庭关系在法律上被定义为基于婚姻、血缘或法律拟制而形成的一定范围的亲属之间的权利和义务关系。根据主体不同,家庭关系可以分为夫妻关系、亲子关系和其他家庭成员(祖孙及兄弟姐妹)之间的关系。

家庭关系如何,直接反映出家庭成员之间相互联系的紧密程度、影响程度、家庭的稳固程度、各项家庭职能的履行程度,以及家庭生活质量等诸多方面,并以不同的方式对家庭教育产生影响。

1. 良好的夫妻关系是学前儿童健康成长的基石

夫妻关系是男女双方基于合法婚姻所结成的配偶关系,是一切家庭关系的起点和基础。家庭中的其他关系都是在夫妻关系的基础上产生的。

在有子女的家庭中,夫妻关系不仅仅是夫妻双方的互动,也成为子女成长的重要氛围,良好的夫妻关系是对孩子进行教育时形成合力的必要前提,也是孩子健康成长的基石。对此,日本学者森重敏在《孩子和家庭环境》一书中指出:"即使是通过幸福的结婚生活而获得了孩子的家庭,一旦夫妻之间缺乏爱情或者感情冷淡,这种家庭气氛不仅会影响孩子,也会使母亲自身的育儿态度发生变化。"

首先,夫妻与孩子三者之间应该是一个稳定的关系。社会学家费孝通先生的《生育制度》中有一段经典论述:"在过去的历史中,人们似乎找到了一个比较最有效的抚育方式,那就是双亲抚育。"他把夫妻和子女称作"社会结构中的基本三角",父母与孩子分别是三角形的三个顶点。也就是说,三者之间的情感距离应该是相等的,这样的关系,才会平衡,才有利于孩子的身

① 董奇.农村留守学生不能被"污名化"[J].中国教育学刊,2016(4).

心健康成长。而目前常见的一种家庭关系是,丈夫忙于工作应酬,居家时间太少,夫妻关系冷淡,这种家庭模式已经受到社会、父母以及教育专家的重视,呼吁父亲"回归家庭"、"父母共亲职"。特别是湖南卫视《爸爸去哪儿》节目的播出,引起了社会对父亲教育的广泛关注。爸爸去哪儿第三季第一期节目中,栏目组特意设置了一个情节让父亲与自己的孩子在一个房间里单独相处,观察亲子互动。结果除了夏克立与自己的女儿在一起有说有笑甚至到最后都不舍得离开,其余的父亲与孩子之间不是"大眼瞪小眼"就是表现出烦躁不安的情绪。这样一个有趣的设计不仅反映出这些父亲普遍在育儿过程中参与度不高,还能观察到由文化差异导致育儿行为的差异。当然,强调父亲作用不能建立在贬低母亲在家庭生活中对孩子的价值以及否定母亲在家庭中付出的基础之上。

其次,夫妻关系教会孩子待人接物的方式。家庭就是孩子的小社会,父母之间的相处,就是孩子的一门潜移默化的"修养课"。在和睦家庭成长起来的孩子,多有稳定的安全感、归属感;性格多乐观、自信、诚实,遇到困难多采用积极应对的方式。如果夫妻关系紧张,家庭矛盾多,一方或双方有不良的生活习惯,或品行不端,这种不良的榜样也会对孩子产生影响。

2. 良好的亲子关系是学前儿童健康成长的直接动力

亲子关系是以血缘关系和共同生活为基础,以抚养、教养和赡养为基本内容的自然关系和社会关系的统一。许多父母认为照顾好孩子的衣食住行就是建立良好的亲子关系,而往往忽视了孩子的心理发展。所以在处理亲子关系时要注意以下五点:

第一,营造良好的家庭气氛。安全、稳定的家庭环境是保证幼儿健康成长的第一步。在和睦的家庭中成长的子女,比较开朗乐观、积极自信,适应能力比较强;相反,在冷漠、压抑的家庭中长大的子女,往往缺乏安全感,容易退缩,处理不好人际关系。

第二,身教重于言传。学前儿童的观察和模仿能力很强,父母于孩子来说,是权威,是榜样,孩子很容易通过观察将父母的行为内化,并以同样的方式表现出来。父母爱大吼大叫,孩子也会变得躁动不安。因此,父母要时刻注意自己的言行,这会对孩子起到积极向上的作用。

第三,父母双方都要重视亲子关系。一提到亲子关系的处理,更多人想到的是母亲的责任。虽然母亲十月怀胎,经历千辛万苦生下孩子,母性和传统观念让母亲同子女更亲近,但是父子(女)关系在儿童成长中也是不可或缺的。

第四,尊重孩子的人格。儿童是独立的、发展的、有个性的个体,父母要尊重其人格,不是将其作为自己的附属品,处处支配他们的活动,压抑他们的需求。也不能抱着"树大自然直"的态度,在孩子需要帮助、指导的时候置之不理。

第五,正确地给以强化。儿童的行为需要不断强化才能得到发展,强化的手段和方法有很多,如果父母为了省事、见效快,而多采用物质强化甚至不恰当的手段,只能达到事倍功半的效果。

3. 良好的祖孙关系是学前儿童健康成长的保障

祖孙关系,即祖父母或外祖父母与孙子女或外孙子女的关系。在中国社会,祖孙之情胜过亲子之情,是一个普遍的社会现象。《红楼梦》中的贾母对儿子贾政常常是大光其火,而对孙子宝玉则春风满面、百般溺爱,便是一个真实的写照。

祖孙关系的类型不同,对学前儿童家庭教育的影响也不同。关于祖孙关系的类型,早在20世纪60年代,美国的纽嘉顿和威因斯坦就对此作过研究,并将它划为五种类型:正式型、寻乐型、智慧型、代替父母型、保持距离型。所谓正式型,指祖父母对孙子女十分关心和爱护,但一般不干涉孙子女的生活;寻乐型指祖父母将孙子女看作取乐对象,在这种交往中,他们都获得快乐;智慧型指祖父母注重对孙子女的知识传授;代替父母型指祖父母对待孙子女生活和学习全面参与;保持距离型指祖父母与孙子女一般不接触,只有在家庭成员必须聚在一起时才偶尔相见。祖孙关系类型不同,说明了祖孙之间的交往类型不同,也反映了祖父母对孩子教育的态度和看法不同。尤其是智慧型的祖孙关系,属于这类型的祖父母一般比较关注孩子的知识获取。正式型祖孙关系的祖父母对孩子十分关心,但不过于干涉孩子的生活,这既有利于孩子身心健康良好的成长,也有助于孩子独立性的发展。替代父母型的祖父母对孩子的生活与学习参与度都很高,对孩子的影响最大。

4. 良好的兄弟姐妹关系可为学前儿童健康成长创造条件

兄弟姐妹关系是在多子女家庭中一个子女同其他子女之间由于亲情血缘而形成的一种关系。作为同代人,他们之间的感情比他们同同学、朋友的感情更深厚。我国实行计划生育政策后,独生子女越来越多,80后、90后有兄弟姐妹的家庭相对减少。但随着"全面二胎"政策的实行,这一局面又会产生变化。

在已有的研究中表明,兄弟姐妹对儿童的成长有积极的影响,主要表现在以下方面:

第一,有助于孩子发展社会生活能力。一般来说,在家庭中,年龄稍大的哥哥姐姐,总有协助父母照料、教导弟弟妹妹的机会和责任。尤其是兄姐对年龄小的弟妹很容易在人格导向方面发生作用,是父母对孩子照料和教育的必要补充。在与弟妹互动的过程中,兄姐自身的社会生活能力也得以提升,乃至增强了领导、组织才能。弟妹往往也能在无意之中从兄姐那学到与社会生活有关的知识与技能。

第二,有利于孩子更广泛的社会交往。兄弟姐妹之间的伙伴关系,是在共同生活的基础上建立起来的。他们彼此在交往中学习忠诚合作、帮助别人、关心他人、保护弱小等行为模式,同时也学习了解决冲突的方法、支配和竞争的行为模式。这些行为模式很容易推广到其他社会关系中去,成为更广泛的社会交往的基础。

第三,使孩子具有更多的安全感和归属感。兄弟姐妹在一起相处时彼此依靠,比与父母以外其他人接触有更多的安全感。而且他们有共同的语言、兴趣和爱好,在一起可以得到精神上的满足和无限的乐趣。

第四,有利于孩子正确的自我认知和人格发展。孩子在与兄弟姐妹的相互作用中,更容易了解社会评价标准和自身的角色定位。

兄弟姐妹在儿童成长中有积极的作用毋庸置疑,但面临的问题也不容小觑。随着二胎政策的全面开放,社会上有关于一孩强迫母亲写保证书甚至堕胎的新闻越来越多。一孩认为弟妹的到来会威胁自己在家庭中的地位,这样的情况逐渐成为家长在家庭教育中的棘手问题。

(三)家庭经济状况

家庭经济状况是指家庭的经济收入、生活水平、经济来源和支配状况等诸因素的总和。一般情况下,家庭经济的整体状况对整个家庭生活都会有一定影响,它与家长的职业、受教育程度、家庭人口多少、家庭结构等有着直接联系。尽管家庭经济状况不是家庭教育能否成功的绝对因素,但也是重要影响因素。这样的影响既有正面的影响,也有负面的影响。经济状况对家庭教育的影响主要取决于家长如何对待、支配家庭经济收入。具体来说,家庭经济状况会在以下两个方面影响学前儿童的家庭教育。

第一,家庭经济状况影响学前儿童家庭生活的物质环境和精神环境。经济状况较好的家庭,在孩子未出生时就已经做好了良好的物质准备。例如,孕妇能得到合理的营养膳食,能在正规的、设备良好的医院生孩子,孩子出生后能得到父母或专业人员的照顾等,这些都会对母婴健康产生积极的影响。另有调查显示,经济收入较高的家庭一般比较注重给孩子提供更为合理的营养,注意饮食的搭配和平衡;同时还会给孩子提供足够的图书、玩具、儿童音像资料、绘画和手工材料等,使得孩子拥有更为丰富的文化资源。家庭经济收入水平还会影响家庭成员之间因经济问题而发生的矛盾,家庭经济状况良好,这类矛盾冲突相对较少,家庭成员关系融洽,孩子能生活在和谐、温馨的家庭氛围中。

第二,家庭经济状况对学前儿童的认知发展有较大影响,主要表现在家长对待学前儿童认知发展的态度及指导方式上。调查发现,在城市中经济收入较好的家庭,一般除了重视孩子的知识学习、智力开发以外,还普遍关注孩子的情感与态度等方面的培养,会购买能够引起孩子兴趣的图书和开发孩子智力的玩具;关注孩子与同伴交往的情况、在幼儿园的学习态度及表现、性格是否活泼开朗等。相对来说,经济收入较低的家庭更关注孩子知识的掌握,对孩子识字或算术等方面的技能尤为重视,而较少关注孩子其他方面能力、情感与态度的培养。对于认知态度的差异同时也体现在指导方式上。关注孩子综合素质发展的家长更多会采用科学的教育方法,如给孩子讲故事、陪孩子做游戏、经常与孩子进行交流等。而收入低的家长往往只有较少的时间陪伴孩子,教育方法也常是要求死记硬背。

关于家庭经济状况对学前儿童影响的讨论并不是要否定公平平等,更不是要用金钱作为衡量孩子是否优秀的标准,而是为我们敲响了一个警钟。贫富差距导致的不仅仅是现阶段的社会问题,很有可能对我们的下一代有难以想象的影响。我们要做的是,在家庭内部,收入较低的家庭尽可能转变自己的育儿理念及方法,同时我们还要呼吁国家、社会,更多地关注低收入家庭,特别是弱势家庭的医疗与教育问题。

二、学前儿童的家庭生活方式

赵忠心在所著的《家庭教育学》一书中指出,家庭生活方式是指人们在家庭中的各种生活活动的典型形式。它是一个社会学概念,指的是人们在一定的物质生产基础上,在一定的社会意识影响下在家庭生活方面的行为方式,如劳动方式、消费方式、交往方式、文化娱乐方式、家务劳动方式等[①]。孩子生活在一定的生活方式中,会受到潜移默化的影响。具体的影响主要包括以下五个方面:

(一)家庭的饮食习惯对学前儿童的影响

由于长期的共同生活,每个家庭成员在饮食结构的需求上,形成了较为一致的习惯。例如,有的家庭崇尚肉类食物,饮食中往往多油多肉;有的家庭则注意饮食搭配,注重鱼肉与蔬菜、水果相结合。不同的饮食习惯对孩子的身体健康影响较大。随着我国居民生活水平的日益提高,越来越多的孩子受到肥胖问题的困扰,我们应极力主张科学合理的饮食搭配以及良好的饮食习惯。

(二)家庭的作息方式对学前儿童的影响

家庭的作息方式就是家庭成员在日常生活中逐渐养成的"什么时间做什么"的生活习惯。

---

① 赵忠心.家庭教育学[M].北京:人民教育出版社,2001.

在日常生活中,父母作息时间规律,孩子同样也会有规律地生活,这有利于孩子的身体健康。同时有规律的作息方式还会让孩子逐渐学会做事有计划、有规则、有秩序。如果父母由于工作等客观原因导致无法实行有规律且一致的作息时间,也应该同孩子说明情况,有计划地安排孩子的作息时间。

(三)家庭的消费方式对学前儿童的影响

家庭的消费方式主要是指家庭经济收入如何安排和分配使用。在家庭消费方式方面,家长首先要合理地规划、合理分配家庭经济收入。需要考虑解决基本生存和生活消费、提高家庭生活水平的物质生活和精神生活方面的开支以及发展特长、更新知识、开发智力等方面的消费支出。其次还有责任教育孩子从小学会如何花钱,也就是许多家长所说的"理财教育"。

随着人们物质生活水平的不断提高以及消费结构、消费观念的改变,一些家长在对待孩子的消费需求时出现了一些不合理的现象。比如,有的家庭消费追求名贵奢华,不重视实用价值;重物质消费、轻精神消费;家长一味满足孩子的物质需求。这些不健康的消费方式都会使孩子形成不正确的金钱观。树立孩子正确的金钱观,家长不仅要以身作则,还要对孩子进行"理财教育"。近年来,理财教育在儿童教育研究中使用频率越来越高,理财教育作为一个新的教育内容,应受到更多关注。对家庭教育而言,需要注意两个关键点:一是从认知层面来说,不仅要让孩子了解基本的有关金钱的概念,还要引导孩子认识金钱与劳动的关系、懂得诚实守信的品质等;二是从行为层面来说,培养孩子良好的理财习惯,家长应尊重孩子,给孩子提供独立处理与钱有关事务的机会,在真实生活和具体活动中让孩子反复尝试、历练和实践。比如,让孩子自己把零花钱、压岁钱存起来,让孩子用自己积攒的零花钱去买自己认为最实用的物品等。

(四)家庭闲暇生活方式对学前儿童的影响

闲暇生活方式是指人们在闲暇时间怎样生活,如何利用闲暇时间。儿童在闲暇时间从事有益于身心健康的娱乐活动,是他们的权利,受到法律保护。联合国《儿童权利公约》第三十一条明确规定:"缔约国确认儿童有权享有休息和闲暇,从事与儿童年龄相宜的游戏和娱乐活动,以及自由参加文化生活和艺术活动。"《中华人民共和国未成年人保护法》第二十条规定:"学校应当与未成年学生的父母或者其他监护人互相配合,保证未成年学生的睡眠、娱乐和体育锻炼时间,不得加重其学习负担。"[①]可见,孩子闲暇时间的利用与成人有莫大的联系。成人除了要在闲暇时间从事健康的娱乐文化活动,给孩子以良好的影响外,还要保证孩子享有与其年龄相适宜的闲暇活动。现如今,许多父母牺牲自己的闲暇时间带孩子进入各种兴趣班,这样的现象应该引起父母的反思以及社会的关注。

(五)家庭成员的交往方式对学前儿童的影响

一家人在一起生活,时间久了就形成了家庭成员之间一定的交往方式。家长跟孩子加强积极交往,孩子会有安全感和幸福感,会心情舒畅、精神愉快、积极向上。

亲子之间的交往,一般有两种方式:一是非语言交流,如拥抱、亲吻、抚摸、目光接触和手势等;另一种是语言交流,包括口头语言和书面语言。这两种方式往往可以同时使用。无论是非

① 郭翔.我国对儿童权利的法律保护——兼析联合国《儿童权利公约》与我国《未成年人保护法》等法律的相关性[J].政法论坛(中国政法大学学报),1997(6).

语言交流还是语言交流，都能对孩子的情绪情感、语言表达能力等方面产生影响。

但由于科技的发展，有种现象值得引起家长的注意。一位小学老师给班里的孩子布置了一项作业，题目是"我家的沙发"，让孩子用绘画表达自己家的沙发是什么样子的，关于沙发每天都在发生什么事情。结果孩子交上来的绘画作品都有一个共同的特点，就是画面中的爸爸妈妈坐在沙发上低头玩手机，孩子坐在地上玩玩具，有些孩子甚至还配上文字"手机真有那么好玩吗？"这种现象并不是个例，只要稍作观察就可以发现许多父母与手机交流的时间比孩子长，甚至觉得跟孩子交流麻烦，直接把手机或 iPad 给孩子让他们玩游戏、看动画。这些电子产品不仅会给孩子的视力造成不利影响，还会让孩子因缺乏与父母、他人沟通交流的机会导致亲子关系质量的下滑以及影响孩子的社会性发展。

阅读材料

幼儿需要怎样的理财教育

▶ **在生活中认识金钱（豆豆爸）**

理财似乎是成人的行为，对于孩子来说，至少要小学之后才有能力管理自己的金钱。最近看了些书，很受启发。其实对孩子的理财教育可以从学龄前开始，于是我和儿子豆豆一同踏上了学习理财的道路。

两三岁的孩子，或多或少会接触到钱。小到花一元钱坐摇摇车，大到和爸爸妈妈一起去买衣服、玩具等。这个时候的孩子对钱已经有了一定的概念：钱是用来花的，可以买到很多东西。

豆豆也在两三岁的时候开始爱上钱，知道钱的好处多，钱像圣诞老人一样，可以变出很多好东西。那个时候的豆豆真是见钱眼开，最有趣的是过年大人给的压岁钱，紧紧攥在手里，不愿意给妈妈。

家里有一本介绍中外货币的书，我们就有意无意地教豆豆认识这些钱，从硬币到纸币，从小到大，从人民币到外币。豆豆对这些也挺感兴趣，经常翻开，不知不觉中就认识了市面上流通的人民币，懂得区分面值大小，对美元、欧元、港币也有兴趣。从认识金钱开始，到学会储蓄、花钱、找零，豆豆的理财之路，就在生活中潜移默化地开始了。

带着豆豆购物的时候，我们在选择时，会把心里计划的过程说出来，让孩子知道我们为什么买这个、这个多少钱、为什么不买那个。虽然孩子年龄尚小，不能完全明白，但我们的行为是想告诉他：他是家庭的一员，要和父母一起，为生活作决定。

▶ **延迟满足中学会储蓄和节约（钟乐江）**

延迟满足是一种心理成熟的表现，是一种甘愿为更有价值的长远结果而放弃即时满足的决策取向，以及在期待中展示的自我控制能力。延迟满足能力反映的是个体在面临种种诱惑时能否控制自己的即时冲动，而专注于更有价值的长远目标的能力。发展心理学的大量研究表明：延迟满足能力不仅是幼儿自我控制的核心成分和最重要的技能，也是社会化和情绪调节的重要成分，更是伴随人一生的一种基本的积极人格变量。研究发现，延迟满足能力明显的个体差异在儿童 4 岁时出现，并可预知他们儿童期、青春期、大学时期的认知和社交能力。

储蓄也是一种延迟满足。儿子小时候，每逢过年过节或他过生日等特殊日子，亲朋好友都会给他零花钱、压岁钱、红包等。于是，我就给他买来一个存钱罐，让他自己把所得的钱保存到里面。在爷爷奶奶、爸爸妈妈和他自己过生日的时候，我让他用这些钱给家中过生日的人买一件小礼物，如生日卡片、小发夹、小玩具、童话书等，让儿子从小明白节约用钱，把钱积累起来买更值得的东西。

儿子上幼儿园后,我经常和幼儿园老师配合,培养孩子的健康消费意识和习惯,懂得储蓄和节约。如老师给儿子推荐幼儿画册、童话书、智力游戏玩具,我就利用休息日带孩子去买;按照老师安排,请儿子用自己的零花钱帮家长买某种小日用品。儿子生日的时候,我给他买了一张贺卡,让老师在上面记录孩子的成长目标,并每年进行对比。通过储蓄和合理消费,我们一同来见证儿子的成长。

▶ **逐渐懂得如何创造和使用财富（邵茹波）**

现在的独生子女,家长舍得为他们一掷千金。生活上是"衣来伸手,饭来张口",因此不知道赚钱养家的艰辛,不知道靠双手创造财富的人生道理。

我们教育孩子,需要用心,从孩子的生活中,发现真实、朴素的教育素材。我们要相信孩子,相信他们愿意去了解生活、参与生活、创造生活。

我爱人因为工作需要,每周都要外出三天。她离开家时,我告诉女儿妈妈是要上班挣钱,并告诉她为什么爸爸妈妈要辛苦挣钱。为了讲得更直观、形象一点,我把她上幼儿园以及参加各种活动的缴费单据、家里水电气的缴费单据拿给她,让她念念,然后告诉她:"这些都需要交钱,要想交钱先要挣钱;等你长大了,也要挣钱养家。"

为了让女儿学习使用金钱,我们逐渐地让她参与购物、与售货员交流等日常生活,带着女儿买东西时,我会把钱给她,让她去结账,我在旁边监护。比如买袋面包需要两元五角,如果有零钱,会让她认识两个一元,还有一个五角;如果没有零钱,会让她认识这张整钱是多大面额,需要找回多少零钱。这种做法也带来了一些积极变化:女儿对计算产生了兴趣,她与陌生人的交流水平也提高了。

女儿的理财教育就是在与周围人和环境的积极互动中,潜移默化地进行着。

▶ **"家务赚钱"需谨慎（张杨）**

儿子懒于帮助做家务活,我便试着拿奖金作"杠杆"去调动他的积极性。一次两次还灵验,可往后麻烦就来了:不给奖赏根本就不干;给少了不愿干。这使我重新审视孩子"家务挣钱"的问题。

心理学家雷珀做过一个实验:他挑出一些喜欢绘画的孩子分成两组,一组许诺"画得好就给奖赏",另一组告知"想看看你们的画"。结果三个星期后,前组的孩子们大多不情愿主动绘画,兴趣明显地降低了,而后组的孩子们却一如既往地积极绘画。

心理学家告诫我们,奖赏固然可以强化某种良性行为,但它又有使人只对其奖赏感兴趣、而对被奖行为失去兴趣的危险。孩子还小,没有形成一个稳定正确的人生观和价值观,没有辨别是非的能力。用奖赏作为激励手段,一是容易使孩子的行为降低到只能以获得奖赏为目的,客观上阻碍了孩子潜能的发展;二是靠奖赏激发起来的行为不可能持久。

我这才恍然大悟:让孩子认识到钱的作用固然重要,但如果什么事情都与钱挂起钩来,反而会适得其反,让孩子小小年纪就失去享受生活本真的乐趣,陷入"单纯赚钱"的功利状态中。

正如一位专家所言:"关系到孩子在家庭、社会中应该承担的责任,是不能用金钱交换的,必须让孩子知道有些钱可以赚,有些钱不能赚,该承担的责任必须要承担。"

意识到这一点,我及时地调整了自己的心态:孩子的某种良好行为与某项成绩的取得,应得到家长及时的肯定和鼓励。但是,奖励孩子必须掌握正确的方法,应多以精神上的鼓励为主,适时对孩子作积极的肯定,以巩固孩子的行为。我应该让儿子做力所能及的家务,但更多是让他体会到劳动的快乐、成功的喜悦、帮助父母的幸福感受。

在实践中,我还尽量做到:孩子在花钱时,不能只满足个人需求。我鼓励儿子拿出其中一部分去满足家庭其他成员的需要,购置全家需要的日用品、给祖辈买一些小礼物等,以此培养儿子的责任感。

资料来源:幼儿需要怎样的理财教育[N].中国教育报,2013-11-03(04).

复习思考题

1.回顾你自己的成长过程,谈谈哪些家庭因素对你的成长产生了重大影响?

2.你认为,作为学前儿童的家长应当具备哪些教育能力?这些教育能力是怎样获得的?

3.阅读下面材料,结合这一章的内容进行分析,谈谈你对这个案例的看法以及提出解决问题的对策。

又到吃饭时间,东东一家人正在吃饭。这时,家里养的小狗从门缝里钻了进来。东东见了就要把它赶出去。妈妈说:"你快吃,不要管它。"东东一下就赌气了,说:"你不把它赶走,我就不吃饭。"妈妈听了很生气,训了东东几句。东东不但没听妈妈的,反而哭着跑了出去。姥姥这时见了就把小狗赶跑了,并把东东连哄带诱拉了回来,还当着东东的面训斥了妈妈。东东这才不哭继续吃饭。

4.在公共场合,当父母使用体罚惩戒孩子的不当行为时,别人是否有权干涉?针对一位陌生家长的这种行为,你会对他/她说什么?

5.家庭结构与学前儿童的成长有什么样的关系?结合自己的经历,谈谈不同的家庭结构类型对学前儿童的成长的影响。

第三章
学前儿童家庭教育的目的、任务与内容

要点提示

家庭教育目的制约着家庭教育的任务和内容,影响着家庭教育的成效。学前儿童家长必须要根据孩子的实际情况和社会发展的要求确立科学的家庭教育目的,选择恰当的教育内容,为学前儿童的身心和谐发展打下坚实的基础。

第一节主要阐述了学前儿童家庭教育的目的。阐述了家庭教育目的的含义以及国内外对学前儿童家庭教育目的的基本认识;从成人和成才两个角度阐述了家庭教育的目标体系。

第二节主要从学前儿童家庭健康、社会、认知、语言、艺术五个方面阐述了学前儿童家庭教育的任务与内容,同时阐述了实施这些教育的相应要求。

学习目标

知识目标:

1.了解国内外近年来关于学前儿童家庭教育目的的基本认识;掌握科学的学前儿童家庭教育目的必须涵盖的基本内容。

2.掌握学前儿童家庭教育的主要任务和内容,以及其实施的具体要求。

能力目标:

1.通过学习,能够比较理性地树立学前儿童家庭教育目的。

2.培养学生遵循学前儿童家庭健康、认知、社会、语言、艺术教育的基本要求,科学开展和指导有关学前儿童家庭教育方面的工作。

第一节　学前儿童家庭教育的目的

案例导入

谁把天才推向叛逆的极端?

辽宁盘锦市的一对父母舍去所有娱乐应酬在家陪孩子读书的结果是:儿子张炘炀创造出全国三个"年龄第一小"——第一个全国年龄最小的大学生(10岁,天津工程师范学院);第一个全国年龄最小的硕士研究生(13岁,北京工业大学);第一个全国年龄最小的博士生(16岁,北京航空航天大学)。单从学业层面来看,炘炀的父母是成功的,但近日炘炀在接受央视采访时却爆料称,他以参加硕士论文答辩和参加博士生考试为交换条件,要求父母在北京全款买房,他认为"不买房还在北京工作,就属'北漂'",而他不会选择自己以后挣钱买房,因为他是理科生,工作后收入低,买不起房。炘炀的父亲是普通公务员,母亲是普通老师,根本没有能力在

北京买房,为了"应急",他们在炘炀学校硕士论文答辩的最后一天,在北京租下房子,对儿子谎称是买的。炘炀硕士顺利毕业并考上博士后,发现了房子的"骗局",并了解到父母无力在北京买房的现实,但仍然认定父母该为"在北京买房"负责,因为"最希望我留在北京的就是你们,你们应该为此努力"。同时还称"我的梦想基本上继承了我父母的梦想"。炘炀解释他之所以小小年纪就考虑功利问题,原因"是为了让我今后不用考虑它,可以放开手脚实现我自己的理想——做数学"。

学习成绩好是教育的唯一目的吗,我们应该培养什么样的人才?

一、家庭教育目的概述

教育目的是指教育活动要达到的预期结果,是人们对受教育者达成状态的期望。学前儿童家庭教育的目的就是人们希望通过家庭教育,让学前儿童在身心诸方面发生些什么样的变化,或者产生怎样的结果。

学前儿童家庭教育的目的是学前儿童家庭教育活动的出发点和归宿点。有了明确的教育目的,学前儿童的家庭教育就有了前进的方向,就能朝着既定的目标努力。学前儿童家庭教育的目的制约着家庭教育的任务和内容、途径和方法,指导着家庭教育的过程和活动,影响着家庭教育的方向和评价,决定着家庭教育的效果和成败。

影响学前儿童家庭教育目的确定的因素是多方面的,但主要是由社会发展的需要和人发展的需要两方面决定的。家庭是社会的细胞,任何家庭都是一定社会、一定阶级的家庭。任何时代家庭的教育目的都会不约而同地反映社会、时代、阶级的要求,受到社会生活的制约。如我国魏晋南北朝时期北齐颜之推的家庭教育目的是培养"朝廷之臣""文史之臣"。英国资产阶级教育家洛克主张资产阶级家庭的子弟教育是为了培养绅士,即资产阶级实业家。另外,与学校教育相比,家庭教育是一种私人性质的教育,家庭教育的发展虽然受社会发展的影响,但它主要是由家长在家庭内部独立实施的,家长要采取什么样的方式教育,要把子女培养成什么样的人,主要由家长自己决定。因此,学前儿童家庭教育的目的还要受到家长的文化素养、职业、兴趣、社会阅历等诸多因素的影响;同时,每个家庭的教育目的还要依据这个家庭子女的个性特点和具体情况而定。

二、树立科学的学前儿童家庭教育目的

学前儿童家庭教育的目的,是家庭教育中的核心问题,已引起了国际社会的广泛关注。国际 21 世纪教育委员会提出新世纪教育的宗旨是使儿童"学会认知",善于学习;"学会做事",具有较强的动手能力、解决问题能力、人际交往能力和冒险精神;"学会共同生活",能够了解别人,尊重别人,参与别人的活动,与别人进行合作;"学会生存",发展体力、记忆力、判断推理能力,增强自主性和责任感,提高审美能力,充分展现自己的人格特征。第 44 届联合国大会第 25 号决议通过的《儿童权利公约》第 29 条提出:"教育儿童的目的应是:(A)最充分地发展儿童的个性、才智和身心能力;(B)培养对人权和基本自由以及《联合国宪章》所载各项原则的尊重;(C)培养对儿童的父母、儿童自身的文化认同、语言和价值观、儿童所居住国家的民族价值观、其原国籍以及不同于其本国的文明的尊重;(D)培养儿童本着各国人民、族裔、民族和宗教群体以及原为土著居民的人之间谅解、和平、宽容、男女平等和友好的精神,在自由社会里过有责任感的生活;(E)培养儿童对自然环境的尊重。"

我国政府也格外重视学前儿童家庭教育的目的这一根本性问题,在不同的历史时期提出了不同的要求。1996年9月,全国妇联、原国家教委还制定了《全国家庭教育工作"九五"计划》,指出"家庭教育是社会主义教育的组成部分",家长要"面向新的世纪","促进儿童身心健康发展,培养有理想、有道德、有文化、有纪律的社会主义事业的建设者和接班人"。1997年3月,原国家教委、全国妇联在颁发了《家长教育行为规范》,指出家庭教育要"重在教子做人,提高子女思想道德水平,培养子女遵守社会公德习惯,增强子女法律意识和社会责任感""关心子女的智力开发和科学文化学习,培养良好的学习习惯,要求要适当,方法要正确""培养和训练子女的良好生活习惯,鼓励子女参加文娱体育和社会交往活动,促进子女身心的健康发展""培养子女参加力所能及的家务活动,支持子女参加社会公益劳动,培养子女的自理能力及劳动习惯"。2010年2月8日,全国妇联等七部门联合颁发的《全国家庭教育指导大纲》提出:"坚持儿童为本原则。家庭教育指导应尊重儿童身心发展规律,尊重儿童合理需要与个性,创设适合儿童成长的必要条件和生活情景,保护儿童的合法权益,特别关注女孩的合法权益,促进儿童自然发展、全面发展、充分发展。"2011年,《中国儿童发展纲要(2011—2020年)》正式颁布。它针对儿童发展中的健康、教育、福利、社会环境、法律保护5个领域,设置了未来10年的52项主要目标,提出了67项策略措施。其中明确提出要降低儿童心理行为问题发生率和儿童精神疾病患病率,提高适龄儿童性与生殖健康知识普及率,减少环境污染对儿童的伤害等。2012年3月,全国妇联等七部委联合颁发的《关于指导推进家庭教育的五年规划(2011—2015年)》,明确指出我国家庭教育工作的总体目标是:构建基本覆盖城乡的家庭教育指导服务体系,推进完善基本的家庭教育公共服务,提升家庭教育科学研究和指导服务水平,建立与社会管理创新相适应的家庭教育工作机制,制定完善家庭教育相关法律政策制度,推进家庭教育工作进一步科学化、法制化、社会化。2015年10月,教育部颁发的《教育部关于加强家庭教育工作的指导意见》中指出:"家庭是孩子的第一个课堂,父母是孩子的第一任老师。家庭教育工作开展的如何,关系到孩子的终身发展,关系到千家万户的切身利益,关系到国家和民族的未来……一些家庭出现了重智轻德、重知轻能、过分宠爱、过高要求等现象,影响了孩子的健康成长和全面发展……严格遵循孩子成长规律。学龄前儿童家长要为孩子提供健康、丰富的生活和活动环境,培养孩子健康体魄、良好生活习惯和品德行为,让他们在快乐的童年生活中获得有益于身心发展的经验。"

家庭教育的目的到底是什么呢?家庭教育作为整个教育体系的一部分,培养人是其本质特征,在家庭教育中以成人和成才为根本任务。通过分类和细化,根据其重要性的顺序可以构成为一个目标体系,如图3-1所示[①]。

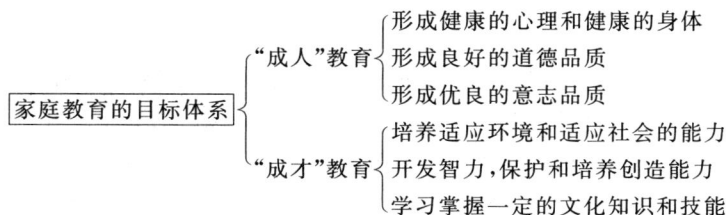

图3-1　家庭教育的目标体系

---

①　曹长德.试论家庭教育的目的[J].教育科学,1998(2).

学前儿童家庭教育是我国家庭教育事业的有机组成部分,它的目的也必然涵盖"成人"和"成才"这两部分的内容。首先,必须使学前儿童在身体、心理、品德意志等方面健康发展,为孩子将来成为一个身体健康、人格健全的人打下良好的基础。我们必须先"成人"后"成才",也就是说,你可以不成才,但不能不成人,你可以对社会不作贡献,但不能危害社会。其次,在人格健全发展的基础上,知识、技能和创造力方面应得到良好的培养和发展,为将来能成为有益于国家和社会的合格人才打下良好的基础。

第二节　学前儿童家庭教育的任务和内容

案例导入

令大学生汗颜的幼儿园小朋友简历

2013 年 3 月 3 日,网上出现一份隐去了名字等个人信息的"幼儿园升小学的简历",让不少网友感叹,"逆天了"。纵观该孩子简历大致分为:教育经历、课外学习、体育运动、阅读、个人特长、参赛及获奖六大方面。其中,教育经历相对简单:2009 年至今就读于北京某胡同幼儿园。而该小朋友课外学习内容让不少人惊叹:2010 年开始学习瑞思课程,已完成 Pre-K、K、Pre-Rise 三阶段学习,进入 S1 课程。除此之外,还聘请了中央音乐学院专业老师一对一教授钢琴。更厉害的还有体育运动,这位小朋友学习了轮滑、冰球、武术等。个人特长中,包含热爱体育、喜欢钢琴、喜欢思考、喜欢舞蹈,会写 300 多个汉字,能进行日常英语对话等。这位小小年纪便多才多艺的孩子,还获得过如"协会杯"北京市青少年冰球超级联赛单场最佳运动员称号等……

家庭教育不是单一片面的教育,而是一种全方位的教育,它融教育于日常生活之中,内容极其广泛和丰富,从生活技能、文明习惯到伦理规范,无所不包,无所不管。但原则上讲,家庭教育和幼儿园教育目标是一致的,教育内容和教育任务上是相互配合、相互促进、共同发展的。《幼儿园教育指导纲要(试行)》指出:幼儿园的教育内容是全面的、启蒙的,可以相对划分为健康、社会、科学、语言和艺术五个领域。参照此划分标准,我们可以把学前儿童家庭教育的任务和内容划分为:学前儿童家庭健康教育、学前儿童家庭社会教育、学前儿童家庭认知教育、学前儿童家庭语言教育、学前儿童家庭艺术教育。

一、学前儿童家庭健康教育

(一)学前儿童家庭健康教育的内涵

1.健康及学前儿童健康

1947 年世界卫生组织在其宪章中明确提出,健康是"身体、心理和社会适应的健全状态,而不只是没有疾病或虚弱现象"。这三方面的健康状态是相互影响、相互制约的。一个身体健康、心理健康和社会适应良好的人,才能称得上是一个健康的人。因此,学前儿童健康理应也包括以下几个方面的含义:一是学前儿童身体各个器官、各个组织的正常生长发育,没有身体缺陷;二是具有开朗、乐观等健康的心理品质;三是对环境的较快适应能力。其中,学前儿童心理健康的标志有:①动作发展正常;②认知发展正常;③情绪积极向上;④人际关系融洽;⑤性格特征良好;⑥没有严重的心理卫生问题。

2.学前儿童健康教育与学前儿童家庭健康教育

学前儿童健康教育是根据学前儿童身心发展的特点,提高健康认识、改善健康态度、培养健康行为、保持和促进学前儿童健康的教育活动。学前儿童家庭健康教育是指家庭成员对学前儿童实施的以身心健康为主要内容的教育活动。对于学前儿童而言,家庭健康教育尤为重要。学前儿童基本生理需要的满足是与家庭饮食、衣着、居住等活动紧密地联系在一起的,儿童对安全、爱、尊重、成就感等需要的满足,也是与家庭成员的价值观和态度、家庭成员之间的关系以及他们对儿童的教育方式紧密地联系在一起的。家庭健康教育是教育机构和社会健康教育的基础,家庭健康教育往往能实施教育机构和社会健康教育难以实施的教育任务。保护学前儿童身心健康是进行其他一切教育活动的前提,尤其是进行早期智力开发的前提。成人应有意识地为学前儿童提供适宜的健康教育,提高他们的健康水平,为学前儿童个体一生的发展打下坚实的基础。

(二)学前儿童家庭健康教育的任务和内容

1.培养学前儿童良好的生活习惯,促进其生活自理能力的形成

良好的生活习惯包括饮食习惯、睡眠习惯、卫生习惯、劳动习惯、学习习惯等。饮食习惯包括:正确使用餐具,独立进餐;文明进餐(细嚼慢咽、不咂嘴等);不挑食、不偏食、不剩饭、不乱吃零食和过多饮用冷饮;按时定量饮水,口渴随时喝水等。同时,让学前儿童初步认识人体所需的各种营养素,让他们粗略地知道应从哪些食物中去获得这些营养素,特别是要让儿童知道在饮食中要多吃富有粗纤维的蔬菜等食物。睡眠习惯包括:按时睡眠、起床、独立安静睡眠、掌握正确的睡姿,养成有规律的生活作息习惯。卫生习惯主要包括:饭前便后正确洗手,早晚刷牙,饭后漱口,勤洗澡和勤换衣、勤剪指甲、勤理发等清洁卫生习惯,学会使用自己专用的手帕、面巾和浴巾,或一次性使用的卫生纸巾,特别是在咳嗽、打喷嚏时,会用手帕或纸巾捂住口鼻。要教育儿童不要用手挖耳、抠鼻、揉眼,也不要将手指、蜡笔、铅笔等放入口中。劳动习惯主要包括:自己的事情自己做;爱惜劳动成果;帮父母做力所能及的家务劳动等。学习习惯主要包括:正确的坐姿、站姿、握笔、书写、注意用眼卫生,并保持书籍、文具和玩具的清洁,认真倾听、勤于思考提问等。

科学家培根曾说过:"习惯是一种顽强的力量,可以主宰一生。"陈鹤琴先生说过:"人类的动作十之八九是习惯,而这种习惯又大部分是在幼年养成的,所以,幼年时代,应当特别注重习惯的养成……习惯养得好终生受其福,习惯养得不好则终身受其害。"这些话都道出了培养良好行为习惯的重要性。学前期是儿童生理和心理发展的重要时期,也是生活习惯养成的关键期。"少成若天性,习惯如自然。"作为家长要特别注意结合日常生活养成学前儿童良好的生活习惯,逐渐培养孩子的生活自理能力,使孩子早日成为一个有独立生活能力的人。

2.帮助学前儿童掌握生活中最基本的安全知识和技能,具有初步的自我保护能力

对学前儿童进行安全教育,大致包括以下几个方面:

(1)交通安全教育。主要包括:①了解基本的交通规则,如"红灯停、绿灯行",行人走人行道,上街走路靠右行,不在马路上踢球、玩滑板车、奔跑、做游戏,不横穿马路等。②认识交通标记,如红绿灯、人行横道线等,并且知道这些交通标记的意义和作用;养成遵守交通规则的良好习惯。

(2)消防安全教育。主要包括要让学前儿童懂得玩火的危险性;让学前儿童掌握简单的自救技能。如教育学前儿童一旦发生火灾要马上逃离火灾现场，并及时告诉附近的成人拨打119 电话。当发生火灾，自己被烟雾包围时，要用防烟口罩或湿毛巾捂住口鼻，并立即趴在地上，在烟雾下面匍匐前进。

（3）食品卫生安全教育。主要包括：①不随便捡食和饮用不明物质。另外，目前孩子服用的药大多外观漂亮，口感好，有的孩子甚至把药品当零食吃，因此，要教育孩子不能随便吃药，一旦要服药，一定要按医生的吩咐在成人的指导下服用。若有紧急情况拨打 120 寻求帮助。②饮食安全教育。教育孩子在进食热汤或喝开水前必须先吹一吹，以免烫伤；吃鱼时，要把鱼刺挑干净，以免鱼刺卡在喉咙里；进餐时不嬉笑打闹，以免食物进入气管等。

（4）防触电、防溺水教育。①告诉学前儿童不能随便玩电器，不拉电线，不用剪刀剪电线，不用小刀刻划电线，不将铁丝等插到电源插座里等。一旦发生触电事故，不能用手去拉触电的孩子，而应及时切断电源，或者用干燥的竹竿等不导电的东西挑开电线。②要告诉孩子不能私自到河边玩耍；不能将脸闷入水中；不能私自到河里游泳。

（5）玩具安全教育。玩大型玩具滑梯时，要教育孩子不拥挤，前面的孩子还没滑到底及离开时，后面的孩子不能往下滑；玩秋千架时，要注意坐稳，双手拉紧两边的秋千绳；玩跷跷板时，除了要坐稳，还要双手抓紧扶手等；玩中型玩具游戏棍时，不得用棍去打其他孩子的身体，特别是头部；玩小型玩具玻璃球时，不能将它放入口、耳、鼻中，以免造成伤害等。

（6）生活安全教育。要告诉学前儿童不爬树、爬墙、爬窗台；不从楼梯扶手往下滑；推门时要推门框，不推玻璃，手不能放在门缝里；乘车时不在车上来回走动，手和头不伸出窗外；上下楼梯要靠右边走，不推挤；教育孩子牢记父母姓名、电话、家庭住址，不轻信陌生人的话，不跟陌生人走；一旦走失，不到处乱跑，要站在原地等爸爸妈妈；当孩子独自在家，有陌生人叫门时，不随便开门；不随意开启家中电器，特别是电熨斗、电取暖器等；不逗弄蛇、蜈蚣、蝎子、黄蜂、毛毛虫、狗等动物；打雷闪电时不站在大树底下等。

除了让学前儿童了解一些生活中的安全常识外，还要帮助学前儿童养成良好的安全行为。家长可以通过讲故事的方式，通俗易懂地让孩子了解一些安全常识，然后通过角色扮演或是情境演练的方式帮助孩子形成一些安全行为。也可适当使用自然后果法，即让孩子从行为的自然后果中获得经验和教训，帮助孩子从自己的经验中学习，从而调整自己的行为方式。例如孩子的手指被热水烫了一下，就知道被烫了会疼，以后就会注意，再不会随便接近热水了。总而言之，学前儿童的安全教育要渗透于学前儿童的一日生活之中，家长要经常提醒，不断强化，逐步形成学前儿童的自觉行为，养成孩子良好的常规习惯，形成学前儿童初步的自我保护能力。

3.激发学前儿童对体育活动的兴趣，引导孩子参加锻炼和户外活动，增强体质

体育锻炼对学前儿童的身心健康有着重要的意义。运动使学前儿童骨质变得坚硬且富于弹性，关节灵活，肌肉发达，运动能力大大提高。多进行户外运动，接受日光、空气和水的沐浴，能逐步经受外界环境变化的刺激，减少学前儿童心血管疾病的发生，增强孩子的抵抗力和免疫力。运动可使孩子胃肠蠕动增加，胃肠消化能力增强，食欲增加，营养吸收完全，使孩子发育更好。体育锻炼中的各种动作直接受神经系统的支配和调节。人在活动时，肌肉中的神经可将各种刺激冲动传到大脑，从而促进大脑的发育，使大脑对动作反应更加灵敏。联邦德国的一份报告说：学习游泳的婴儿长大后，其智力、独立能力和自信心都要比其他儿童强。运动有助于缓解孩子精神上的压抑，使他们放松自己，让他们变得热情开朗。在运动和锻炼的过程中，还可以培养学前儿童的社会交往能力，帮助学前儿童克服自卑感，增强自信心，提高学前儿童的意志力,养成孩子坚强、勇敢的性格。

开展体育锻炼要注意:第一,家长应充分认识体育锻炼对学前儿童身心健康的重要意义,不要把孩子一天到晚关在屋子里,像囚犯一样,那样只会使孩子变得身体赢弱,知识贫乏。要摒弃过度保护的倾向,提供学前儿童体育活动尤其是户外活动的机会,从小培养他们从小热爱运动、珍视健康的好习惯。第二,家长要通过多种方式激发学前儿童对体育活动的兴趣。父母亲要有良好的健身习惯,并积极带领孩子参加和学习,比如,定期安排全家人一起登山、跑步,夏季带孩子一起去游泳。还可以让孩子观看轮滑、跆拳道、足球等专业体育项目的训练和表演,激发他们对体育活动的兴趣。如果孩子喜欢的话,还可以让孩子进行专业训练。还要注意结合孩子的年龄段,提供多样的体育运动材料,比如各种球类、跳绳、沙包、小车、滑板车等。第三,家长要注意给学前儿童寻找合适的玩伴。学前儿童天生是爱合群的,孩子喜欢和其他小朋友一起玩,大人替代不了同龄的玩伴。另外,很多的体育游戏都是需要多人参与的,小孩多了自然就会产生游戏的意愿,游戏角色的分配,游戏规则的要求等,也会极大地增加游戏的乐趣,也非常有利于孩子社会性的发展。第四,体育锻炼要注意持之以恒。家长要注意把家里的体育锻炼经常化、科学化。因为机体必须经过多次反复刺激,才能增强适应能力。家长要注意选择适合孩子身体和年龄特点的运动项目,制定切实可行的小目标,切不可急于求成,贵在坚持,多给孩子勇气和鼓励,以便形成良好的健身习惯和坚强的意志。

4. 重视学前儿童心理健康,创设和谐的家庭环境,培养孩子活泼开朗的性格

健康不仅包括身体的健康还包括心理的健康和良好的社会适应能力。其中,家庭生活环境是影响子女心理健康的重要因素之一。研究表明:在民主和睦的文明家庭中抚养成长起来的孩子,表现出情绪稳定,情感丰富、细腻,性格开朗,团结友爱,有自信心等特征。生活在不和谐而气氛紧张家庭中的孩子,容易出现各种不良的情绪和行为。诸如,喜怒无常,闷闷不乐,胆小怕事,固执己见,不听劝说,不能自制,不爱交际,自卑、孤僻、冷漠和撒谎欺骗等心理障碍或不良的心理品质,还可能形成反社会人格。托尔斯泰的话更明确地说明了这个问题:"夫妻之间的和睦是成功地教育儿童的首要条件。"作为父母要为子女创造一个和谐的家庭环境。

第一,夫妻双方要互相爱护、互相尊重、互相信任、互相帮助。当妻子为辛苦劳动的丈夫擦汗时,孩子也学会了为你们擦汗;当丈夫向自己心爱的妻子献花时,孩子也学会了爱护自己的母亲。家庭教育从来都是蕴含在无声的爱之中。第二,要避免在孩子面前争吵或长期冷战。不要在孩子面前吵架。万一被孩子撞见了,要尽快和解,不要把孩子拉入吵架中,也不要让孩子当你们的"法官",更不要让孩子支持或选择任何一方。对于孩子来说,父亲和母亲都是自己最亲、最值得信任和爱戴的人,支持或选择任何一方都让他面临巨大的心理失衡,从而产生焦虑、恐惧、怀疑、不安等情绪。长期处于这种消极情绪中的孩子,往往心灵闭塞,不喜欢学习。第三,家庭教育要民主化。父母要主动与孩子沟通,让孩子有发言权。孩子的意见若能得到家长的采纳、重视,无疑能增强孩子的自信心、自尊心。只有在民主的环境中,孩子的自立、自主意识才会诞生。第四,鼓励孩子多参加一些同伴游戏和户外活动。要鼓励孩子多参加一些群体性的游戏活动,游戏过程中,没有压制、没有束缚,非常有利于孩子形成活泼开朗的个性。还要多跟孩子进行一些户外活动,如旅游、健身等。在此过程中,孩子的身体素质、探究欲望和良好个性都会获得浑然天成的发展。

(三)学前儿童家庭健康教育的实施要求

1.科学育儿，减少不良养育方式对学前儿童身心健康的影响

形成学前儿童不良身心状况的主要因素在于父母亲不良的养育方式。所以，父母亲必须不断更新自己的育儿知识，减少不良养育方式对学前儿童的影响。

首先，减少零食、饮料及其他垃圾食品的摄入，营养均衡，饮食结构合理，饮食习惯良好。学前儿童如果身体健康，首先必须要吃得好，但是现在很多孩子，厌食、挑食、偏食的现象非常普遍。很重要的一个原因就是有些孩子平时零食过多。很多小食品、饮料中都含有化学添加剂，如染色剂、防腐剂、甜味剂等。有些膨化食品经铅容器加工制作(如爆米花)，其重金属盐超标可达数倍至数十倍，对儿童的肝、肾功能影响较大，而且过量食用加入防腐剂、色素、甜味剂的食品，还会对儿童的中枢神经系统造成伤害。另外，不定时食用零食，儿童不仅不能及时地补充所需的营养，还打乱了正常的饮食规律，造成学前儿童厌食。有的孩子爱喝饮料，研究显示，多喝甜饮料会导致肥胖和龋齿。据报道，武汉的一名5岁的男孩，每天只喝可乐不喝水，14颗牙齿齐根烂掉。还有的家庭饮食结构不合理，大量摄入高蛋白食品或经常给孩子吃洋快餐，或者给孩子经常进补一些营养品，导致儿童出现肥胖和性早熟，如江苏省人民医院二院普外科曾接诊一位4岁多的小患者东东，其身高108厘米，体重已经达到了50千克，也就是100斤(正常5周岁儿童的体重应该在16.6～21.1千克)，是正常儿童的2倍多。肥胖导致东东不仅患有脂肪肝，还患上了呼吸暂停综合征，经常晚上睡觉出现呼吸暂停。所以，家长一定要注重培养学前儿童良好的饮食习惯。

其次，家长在育儿时，不可过分"讲究"。比如要求特别干净，不仅家里十分整洁，有的家庭甚至如医院般经常消毒，害怕脏，不准孩子玩泥巴、沙子、不准用粉笔画画等；还有的家庭对孩子照顾特别细致，害怕孩子着凉，刮风下雨更是禁止孩子出门；其实在瑞典，每个下雨天，都会看见孩子们穿着雨鞋披着雨衣在院子里拼命地踩水、玩耍。雨小的时候，老师还会带着他们成群结队地到外面去玩。而至于饮料，都是直接从冰箱拿出来的冰牛奶，不管孩子是一岁还是三岁。更为夸张的是，捡完垃圾的孩子，竟然可以不用洗手，老师就直接把饼干一堆堆地放在椅子上，由孩子自取。有些医生竟然也不主张经常给孩子洗手，因为在瑞典这样的环境中，不干不净的东西吃了孩子反而更加健康，不会容易对各种食物出现过敏现象。其实，政府还是提倡给孩子经常洗手，并用洗手液的，但是现在越来越多的瑞典人都不主张在这方面太过小心和精细。"不干不净，吃了没病"虽然不完全正确，但是，凡事过犹不及，太过精细的养育方式，反而容易养成一个身体羸弱、抵抗力差的孩子。有的家庭饮食上吃的特别精细，都是精加工的、昂贵的甚至进口食品，严禁小孩吃路边摊。这种经过特别多加工程序的东西，口感越好，营养成分散失越多，而且通常讲，口感越好，添加剂越多，所以常常吃过于精细饮食的孩子，反而会营养不良。还有的家庭对学前儿童的穿着打扮特别讲究，山西一位90后自办T台秀为2岁女儿庆生，仅购衣款前后花费就接近百万元人民币。给女儿所购买童装，皆为国际顶尖大牌，香奈儿、迪奥、LV、巴宝莉、阿玛尼、普拉达，其中一套貂皮大衣加上迪奥小皮包的价格就超过了十万元。殊不知，这样很容易养成孩子爱攀比、爱慕虚荣的性格以及不良的消费习惯。

再次，家长正确的教养态度和方式有利于学前儿童良好个性的形成。家长如果过分专制，经常批评，责骂甚至体罚，孩子就会变得胆小、自卑、没有主见，奴性十足；另一方面，也容易使孩子变得暴力，攻击性强。家长如果过分娇宠、溺爱，子女容易变得自私自利、懒惰、任性、好发脾气、生活自理能力差。如果家长对孩子缺乏应有的关注，漠不关心，放任自流，孩子就会变得缺乏安全感,不容易相信别人,孤僻冷漠。所以家长一定要有一个正确的教养态度和教养方式,切不可朝令夕改,喜怒无常。一般来讲,民主型的家庭,父母与子女平等相处,相互尊重,倾听和接纳孩子的意见和想法,经常鼓励和赞赏,并恰如其分地指出孩子的缺点,在这种家庭成长的孩子,容易养成自尊、自立、大方、热情的良好品格,较少出现心理健康和个性偏差等方面的问题。

2. 重视父亲在学前儿童身心健康教育中的积极作用

在中国传统的家庭里,抚育孩子一直是母亲的主要任务,家庭教育对于很多家庭来说就是家庭母亲教育。但是事实上,父亲的角色对于学前儿童的身心健康发展有着不可替代的作用。

首先,父亲的角色有助于学前儿童性别角色的形成。父亲独特的教养方式、性别特征、气质类型、思维方式、社会角色,能够更好地帮助学前儿童确定自己的性别角色。对于男孩来说,没有一个固定的父亲形象,孩子会缺乏角色认同感和男性特征,变得软弱,缺乏独立性和自主性以及目标的持久性,容易造成男孩女性化的不良倾向,适应环境的应变能力差,不能适应男性的独立生活,更难为人夫、为人父。对女孩的研究则表明:5岁前失去父亲的女孩,难以了解男性如何生活及其与女性的区别,并且在青春期与男性交往时,常常会表现出焦虑、羞怯、无所适从。其次,父亲性格、能力方面的独特特点,对儿童的思维、认知能力的发展有一定影响。美国耶鲁大学连续进行了一项长达12年的跟踪研究,研究结果表明,从小由父亲带大的孩子智商更高、更聪明,他们在学校容易取得好成绩,在社会上更容易成功。心理学家麦克·闵尼的研究也表明,一天中与父亲接触不少于2小时的孩子,比那些一星期之内接触不到6小时的孩子智商更高。再次,父亲角色有利于形成学前儿童勇敢、独立、开朗、乐观的良好个性品质。一般来说,父亲比较宽容大度、随和开朗,再加上父亲精力充沛,比较喜欢运动,而且还喜欢变花样,所以特别适合学前儿童的年龄特点。在处理问题的态度上,父亲和母亲也不一样,父亲倾向于以积极的姿态去处理问题,考虑学前儿童行动动机时往往比较容易从好的方面去想,在解决问题时又容易用一些比较轻松、幽默的语言去教育孩子,这种情况下培养出的孩子做事积极、活跃、乐观,且勇敢自信。美国专家用30项社会行为指标对生活在没有父亲的家庭儿童进行调查,他们发现这类儿童抑郁、孤独、任性与依赖的行为较为普遍,被称之为"缺乏父爱综合征"。由此可见,儿童常与父亲接触,不仅有利于孩子良好人格的发展,而且有助于儿童心理的健康成长。所以,父爱如同母爱一样伟大,正如著名心理学家格尔说:"父亲的出现是一种独特的存在,对培养孩子有一种特别的力量。"德国哲学家 E. 弗罗姆在《爱的艺术》中也同样指出了父亲在教育中的重要作用。他说:"父亲虽不能代表自然界,却代表人类存在的另一极,那就是思想的世界,科学技术的世界,法律和秩序的世界,风纪的世界,阅历和冒险的世界。父亲是孩子的导师之一,他指给孩子通向世界之路。"由此可见,父亲的存在和父爱是孩子成长的助推器。孩子需要父亲的关爱,父亲需要孩子的依恋。在家庭教育中,父亲应尽可能抽出时间,在儿童成长的道路上科学指导,细心教育,与孩子真诚相待。

3. 减少学前儿童收看电视和玩电子产品的时间

电视是目前普及率最高,对儿童影响最大的媒体。电视是声像艺术,它有活动的画面、艳丽的色彩、美妙的声音、生动的形象,对儿童有极大的吸引力,学前儿童普遍喜欢看电视。电视丰富了儿童的生活,扩大了儿童的视野,提高了儿童的语言表达能力,促进了儿童的发展。但事实证明,看电视对儿童的身心健康发展会产生很多不利的影响。第一,长时间看电视会容易导致孩子近视、斜视,有的孩子还喜欢一边看电视一边吃饭,很容易导致肥胖或者消化不良。

第二,看电视还减少了学前儿童游戏和活动的时间,不利于孩子身体健康发展。第三,看电视和电子产品也极大地减少了学前儿童与父母、同伴交往的时间,使孩子缺少人类的积极情感体验,使孩子变得感觉迟钝,性格自闭,不善与人沟通。第四,看电视是一种单项的信息传输,时间长了,会使孩子变得懒于思考和探索,使孩子的思维模式化,影响孩子的想象力和创造力。第五,现在的电视节目质量参差不齐,还有些充满色情和暴力,会增加孩子模仿不良行为的机会,也容易使孩子过早地进入成人世界,变得"幼年老成"。第六,研究发现,经常看电视会造成多巴胺持续上升,导致大脑敏感性降低,当日后需要将注意力集中到其他不具有强刺激作用的事物(书本或老师等)的时候,这些孩子就很难集中精力。

除此以外,智能手机、iPad及平板电脑也日益普及,这些数码产品也已成为家长哄孩子和摆脱孩子纠缠的利器。事实上,这些电子产品和电视一样对孩子的危害极大。电子产品虽然信息的存放是海量的,孩子们都不需要背,手指一点就什么都有了,不需要思考和特殊记忆,但时间长了学前儿童记忆能力很难得到提高;屏幕学习无法替代父母引导孩子学习,因为父母引导和讲述多了一层情感的交流。另外,再变化多端的游戏软件和学习软件,比起无穷变化的现实世界也是模式化的、单一的。对于孩子来说,认识世界需要用眼睛去看,用耳朵去听,用小手去触摸,用一个神奇的屏幕通过炫动的影像吸引孩子,帮助其打发时间,则缺少了人与人的互动,孩子探索的欲望、敏锐的观察力可能被消磨掉。另外,长时间低头看屏幕,除影响学前儿童视力外,还对孩子骨骼生长、颈椎健康都有很大的负面影响。

虽然电视和电子产品对学前儿童身心健康有很大的危害,但是随着信息技术的发展,完全禁止孩子接触电子产品也是不现实的。但是,作为家长要尽量做到以下几点:首先,要慎重选择儿童观看的电视内容。当确实需要收看电视时,仔细研究并选择节目,再陪伴孩子一起收看,看完接着分析、讨论其内容。其次,限制学前儿童看电视和电子产品的时间。学龄前儿童每天看电视电脑的时间,要控制在40分钟以内。再次,还要养成学前儿童良好的看电视和电子产品的习惯。比如,坐姿要端正,不躺着,不趴着看电视、手机。距离不能太近。一般来说,看电视时,把孩子的座位安放在距离电视机2.5～4米处为宜。不能边吃东西边看电视。英国顶尖心理学家埃里克·西格曼在英国《每日邮报》上撰文呼吁,孩子3岁之前应该禁止看电视,否则会给孩子健康造成不可逆转的危害。研究发现,"由于3岁之前,大脑发育完成大约80%,因此,3岁前看电视对大脑的损害最严重"。英国教育专家马丁·洛森说:"如果你能让孩子在12岁之前不看电视,他们终生都将获益。"所以,如果家长有条件陪伴孩子看电视,不如把时间和精力用于帮助孩子把生活放在更加丰富多彩和有意义的事情上。如一起读书看报、运动、做手工、开展亲子游戏,参观博物馆、展览馆,一起去自然界观察和探索。与其让孩子从电视中了解亚马逊河流域的生态环境,不如让他亲手养一个小动物,亲身去体会动物的饮食、习性是怎么回事。与其让孩子从电视中体会日月和星空,不如让他在大自然中感受身边的美好世界。

二、学前儿童家庭社会教育

(一)学前儿童家庭社会教育的内涵

1.社会化、社会性、社会性行为

当人出生时,由于他的身上还没有任何人类社会的烙印,他只是一个自然的客观存在,即

人们通常所说的"自然人"。但是,由于自然人生活在人类社会环境中,与人进行某种形式的交往,学习该社会所认可的行为方式、价值取向等,并把这种行为方式、价值取向等内化,变为自己的行为准则,使自己逐渐适应周围的社会生活。这个过程叫做社会化。而社会性是社会化的内容和结果,是指个体在发展的过程中为了适应社会所表现出来的心理和行为特征。正是由于这种心理特征的发生和发展,儿童由"自然人"逐渐变为能适应生活环境、能与周围人交往,并以自己独特个性对他人施加影响的"社会人"。社会性行为是指人们在交往活动中,对他人和某一事件所表现出来的态度、言语和行为反应。

2.学前儿童社会教育与学前儿童家庭社会教育

学前儿童社会教育以儿童的社会生活事务及其相关的人文社会知识为基本内容,以社会及人类文明的积极价值为引导,在尊重儿童生活、遵循儿童社会性发展的规律与特点的基础上,由教育者通过多种途经,创设有教育意义的环境和活动,陶冶儿童性情,培育有着良好社会理解力、社会情感、品德与行动能力的完整、健康的儿童。学前儿童家庭社会教育是指家长进行的以发展学前儿童的社会性为目标,增进学前儿童的社会认知、激发学前儿童的社会情感、引导学前儿童的社会行为为主要内容的教育。通过学前儿童社会教育可以帮助孩子习得良好的社会行为规范,树立正确的价值观,建立融洽的人际关系,更好地适应社会,形成健全的人格,为孩子为人处世、求学做事打下一个良好的基础。

(二)学前儿童家庭社会教育的任务和内容

1.帮助学前儿童理解并遵守日常生活中的基本社会行为规则

学前期是人一生的启蒙时期,从小帮助学前儿童了解基本的社会行为准则,并养成良好的行为习惯,会使学前儿童终生受益。首先,家长培养学前儿童良好的卫生习惯和生活习惯。要教育学前儿童从小讲卫生,爱整齐,勤洗头发、勤洗澡,不咬手指和指甲;流汗或流鼻涕时,不用手和衣服擦,要用手帕或用手纸揩干净;咳嗽或打喷嚏时,要用手帕或手纸遮住自己的口鼻,低头或侧脸避开他人,如果在饭桌上,则应背过身去避开饭菜;不用手指挖耳朵和鼻子,不把脏东西放在嘴里,或把小东西塞进耳、鼻内,不捡地上东西吃;外出时,爱护花草树木,不乱踩、乱折,不用手去摇晃小树;公开场合,要穿戴整齐,举止文明,不大声喧哗,不随地吐痰、擤鼻涕,不乱扔果皮、纸屑,不爬踩桌椅,不在墙上乱涂,保持公共场所卫生;要爱护玩具和生活用品,要轻拿轻放,不乱丢和损坏玩具,用后整理好放回原处;父母在忙时,不打扰他们,应自己看图书、画画、做游戏;帮助父母做一些力所能及的事,如传递一些用具。其次,家长要教育孩子有礼貌。文明礼仪规范是一个人基本素质的体现,一个讲礼貌的人总是受人尊重受人欢迎,所以,家长要教育学前儿童从小讲礼貌。要学会基本的礼貌用语,如请、谢谢、对不起、再见等。当向别人寻求帮助如借东西或问路时,语气要柔和,并用"请"字当头;外出时,见到老师阿姨等长辈问早、问好;离家时,要向父母及家人道别,并说明自己要上哪去,回家时,要向家里人说"我回来了";客人来了,要向客人问好,给客人让座,客人走了,要与客人道别;自己做错了事或伤害或影响了别人,会说"对不起",当别人道歉后,会说"没关系";同别人交谈时,要认真听,眼睛看着对方,要等对方把话说完,自己才接话,不随便插嘴打断别人的话,别人问话时,要答应一声并礼貌回答,不可不理不睬;要分清自己和他人的东西,是别人的东西,未经主人同意,决不能随便拿,不乱翻别人尤其是客人的东西等;到别人家做客,也不能拉开别人家的抽屉。最后,家长要帮助学前儿童习得一些良好的道德品质。比如,要有爱心和同情心,不讥笑别人的缺点和错误,更不能讥笑别人的生理缺陷。要诚实,自己做错事,要勇敢承认,不推诿,不强找理由,不撒谎。

2. 帮助学前儿童正确地评价自己和他人，乐于参加各项活动，并有自信心

自我评价过高,会导致学前儿童骄傲自满;自我评价过低,会导致孩子自卑、怯懦,这两种情况都不利于学前儿童的长远发展。知人者智,自知者明,家长可以通过讲类似《老鼠娶新娘》的故事帮助孩子理解每个人都有自己的优点和缺点,金无足赤,人无完人,引导孩子客观地、实事求是地认识自己、评价自己,不仅接受自己的优点,也能够正确对待和接纳自己的缺点。对于能够改正的缺点,家长要引导孩子积极改正提高;对于没法修正的,比如外貌或某些生理缺陷等,家长首先要自己客观、平静地接纳,并引导孩子乐观地接受。家长要引导学前儿童扬长避短,鼓励孩子"扬长",根据学前儿童的能力,给孩子不断获取成功的机会,然后把自己的优势扩大,协助孩子先在某一方面建立比较稳定的自信,随后用类比的方法,鼓励孩子尝试在其他领域也有所变化或者是突破。"小步走,不停步",孩子逐渐就能在不断前进的主旋律中找到自己的价值和努力的方向。在整个过程中,家长要采取信任、赏识、鼓励的态度,用正面眼光看待孩子,多看孩子的优点,少挑孩子的缺点,经常称赞夸奖他们,多给孩子积极的暗示,常常对孩子说,"你能行""你可以",帮助孩子树立强大的自信心。

3. 帮助学前儿童学会并乐于与人交往,在交往中学会互助、合作和分享等良好品质

培养学前儿童具有一定的人际交往能力,建立融洽的人际关系、学会与他人合作共处,已成为当今教育的重要目标之一。然而,现在不少独生子女长期生活在家庭这个狭小的圈子里,没有兄弟姐妹,少有朋友一起玩耍,很容易不喜欢甚至害怕与人交往,孤独、不合群、自闭,这些都不利于学前儿童良好性格特征的养成。作为家长,要从小引导学前儿童乐于与人交往,并在交往中形成必要的社会交往技能,使孩子乐于与人交往。

首先,要给学前儿童创设交往的条件与机会,让孩子多与小朋友交往,在交往过程中还要帮助孩子选择对自己有良好影响的小朋友,交往尽量广泛一些,但要注意不要频繁更换小朋友。要鼓励孩子既把小朋友请进家里来,又要自己大胆走出去,去小朋友家里、楼前屋后、公共活动场所玩耍。其次,还要教给孩子一些必要的知识和技能。例如:要有礼貌,主动微笑地和别人打招呼,目光要注视对方,邀请或参与某项活动时要靠近小伙伴,用微笑、语言、动作做出明确的邀请或参与的意思,积极邀请、参与交往。同时,态度要平和,少有攻击性的态度、语言、动作。比如教给孩子说:"请把你的玩具(图画书)借给我玩(看)一下好吗?"这样比直接去拿更容易让人接受。孩子要衣着大方、整齐、干净,这样孩子才更容易接纳和认可。最后,家长还要培养学前儿童乐于助人、愿意合作分享的好品质。对交往过程中同伴提出的请求要给予语言、精神、物质方面的帮助,养成乐于助人的习惯,帮助同伴解决困难,以赢得同伴们的信任和喜爱,获得更多的朋友。在这一点上家长要给学前儿童树立良好的榜样,如在公交车上给老人和小孩让座、经常献爱心、捐款捐物等。同时,还可以给孩子讲一些分享助人的小故事,比如"大狮子与小老鼠""小熊让路"等,让学前儿童欣赏故事、讨论故事,激发学前儿童乐于分享助人的情感。此外,还要多创造机会与人交往合作,让学前儿童与小伙伴之间一起做游戏、玩玩具、一起吃东西等,孩子自己的东西不能吝啬,应互相分享着吃,让孩子体会到分享合作的快乐。对于学前儿童在日常生活中表现良好的积极助人行为,家长要给予积极鼓励、表扬,予以强化,以使学前儿童的偶然行为逐渐养成为良好习惯。

4. 使学前儿童爱父母、老师和同伴等周围的人和环境,培养孩子一颗感恩的心

感恩,即对别人所给的帮助表示感激。感恩是一种生活态度,是一种美德。感恩应该是社会上每个人应该有的基本道德准则,是做人的起码修养,也是人之常情。但是,现在很多家庭的孩子,从小习惯被爱,被施予,心中只有自己,没有他人,变得自私自利,冷漠无情,这样的教育无疑是失败的。所以,要从小教育孩子知道感恩,学会感恩,理解父母的养育之恩、师长的教诲之恩、朋友的帮助之恩。

第一,要让孩子知恩。父母应该适当让孩子理解父母的艰辛。现在的大部分孩子,衣来伸手,饭来张口,根本不知道钱财的来之不易,所以,也不知珍惜。父母亲可以适当地向孩子吐吐苦水,或者直接把孩子带到农田或者工厂。如果条件允许的话,还可以让孩子参加一些力所能及的劳动,让孩子体会到父母的辛苦,赚钱的不易。有一则新闻说:来自张家口的67岁的赵老先生在北京某大学东门口拉小提琴,为在内蒙古读书的女儿筹集学费。老父亲在街头卖艺三年,他21岁的女儿竟毫不知情。赵老先生这种"默默的爱"虽然珍贵,但不足取;爱要让孩子知道,才能激发起他们的爱心,引起他们发自内心更深刻的感恩情怀。第二,父母亲还要学会"示弱",让孩子有给父母亲做事情的机会。在日常生活中,常常父母亲事无巨细地把孩子的每件事都做得妥妥当当,孩子根本没有做事情的必要和机会。所以,在家里父母亲不能太能干,孩子能自己做的事情要让他自己做,还要创造机会让孩子帮父母做些事,比如假装拿不动衣服,让孩子帮忙拿一两件;假装累了,请孩子倒杯水给爸妈喝……这样不仅能够培养孩子良好的自理能力,还能让孩子在劳动中,学会感恩,理解生活的不易。第三,父母要充分利用各种节日作为教育的载体。父亲节、母亲节,父母亲都可以领着孩子给另一方准备一份简单的礼物,表达几句感激的话。教师节,可以让孩子亲手制作贺卡送给老师,表达对老师的美好祝愿。第四,家长应将感恩习惯的养成教育渗透于日常生活之中。父母亲要从自身做起,做好示范,利用一切可以利用的契机对孩子进行教育,如妈妈帮爸爸做事时,爸爸也要大声地对妈妈说"谢谢";还要常常告诉他这件衣服是爸爸给你买的,要感谢爸爸;这本书是哥哥姐姐送你的,你要谢谢哥哥姐姐;这楼梯是邻居张阿姨打扫的,你要谢谢张阿姨。在这种氛围中,孩子耳濡目染,渐渐接受这种最基本的礼仪,感恩就会变成一种习惯内化于人格之中。第五,父母可以带孩子到孤儿院或伤残医院参观,可鼓励或组织孩子与贫困地区的孩子结对交友等,提供给孩子一些实践的机会,帮助那些更需要帮助的人,让孩子在对比中体会过去不懂也不珍惜的东西,改变孩子的冷漠,从而引发其慈悲心、惜福心、感恩心。第六,家庭教育中的感恩教育,绝不能仅限于让孩子对父母的养育辛劳感恩,既要有对家庭的小爱,也要推己及人,让孩子爱同伴、老师,感激生命中一切给予自己帮助的人。同时,对整个自然和社会也要怀着大爱,引导学前儿童关注周围环境,初步了解人与环境的相互依存关系,养成学前儿童的环保意识;了解自己家乡及祖国的历史文化和名胜古迹,培养学前儿童对家乡和祖国文化的认同感,为学前儿童以后真正成为一个有责任心并充满爱心的人打下良好的基础。

(三)学前儿童家庭社会教育的实施要求

1.遵从德育的基本规律,实施学前儿童道德教育

人的每一种品德都由道德认识、道德情感、道德意志、道德行为四要素构成。在学前儿童的品德形成过程中,四要素的发展不是同步的,学前儿童的道德认识、道德意志等方面发展较差,因此,学前儿童德育必须从情感入手,重点放在道德行为的形成上。具体应注意:①由近到远,由具体到抽象。比如,对学前儿童进行爱祖国的教育,祖国这一概念对孩子是很抽象的,因此,必须从培养孩子对周围的人和事物、对周围生活的爱入手,由近及远,逐步扩大范围。可以从爱家庭、爱幼儿园、爱家乡的情感开始培养,从对父母、家庭成员、老师和同伴的爱,引导到对家乡、对生活以及对当前所处的社会之爱,然后对祖国的爱才会成为可能。②直观、形象,切忌说教,切忌空谈。由于学前儿童思维能力的局限,德育必须直观、形象、具体,才容易为学前儿童所理解和接受。比如用"拔萝卜"的故事教育学前儿童团结友爱,就远比讲道理有效得多。要让孩子知道劳动的意义,家长就要让孩子切切实实地看到劳动的成果。如当孩子参加打扫卫生,家长就可以说"你把地板擦得好干净,待会儿在地板上玩游戏就不会弄脏衣服了",就为孩子描述了一个可理解的具体景象,让其看到自己劳动的价值。因此,德育中要坚决反对形式主义,空洞的说教除了让学前儿童鹦鹉学舌似地学会一些道德词语之外,是不可能有真正的效果的。

2.提供学前儿童与同伴交往和参与集体活动的机会

社会交往对学前儿童心理健康发展以及人格的塑造都具有重要作用。但是,随着城市化进程的加快,越来越多的家庭走向了独门独户,家庭与家庭之间的交往日益减少。面对越来越复杂的社会生活和社会环境,有的家长为了预防一些不安全因素,有的家长担心孩子在与别的孩子交往过程中吃亏,还有的家长不喜欢孩子吵闹、把居室搞脏弄乱,便限制孩子与同伴的交往。这无疑会缩小孩子的社交圈,使孩子变得自闭、内向,阻碍孩子的社会化进程。事实上,学前儿童正是在与形形色色的人打交道的过程中,逐步形成了待人处事应有的态度,习得与人交往的基本规则,获得社会交往的能力,家长应积极为孩子创设交往的环境,使他们在与人接触交往的过程中,逐渐掌握符合社会要求的行为方式,并能初步地根据社会规范来调节自己的行为,发展交往能力。家长在让孩子感受家庭温馨气氛的同时,还应让孩子走出家庭,多接触外部的社会。比如邀请小伙伴来家里做客玩耍,也可以让自己的孩子到小伙伴家中去玩耍;让孩子独立去购物,或者把自己家里不用的物品拿到小区里卖掉或是与其他小朋友交换;鼓励学前儿童参加集体游戏和幼儿园的集体活动等。让孩子在与同伴游戏交往的过程中,逐步学会尊重、分享、同情、谦让等社会交往能力。

3.减少横向比较,培养学前儿童的自信心

当今社会,很多家长总是喜欢拿自己的孩子和别的孩子作横向比较,希望通过这种方式,纠正孩子的不良行为,激励孩子前进。我们经常会听到有些家长这样的话语:"你真不听话,才做了两道题就喊累。你看看隔壁的莹莹每天都能弹两个小时的钢琴,我就没听人家喊过累!""你们班的××小朋友画的画可漂亮了,看看你,你都画的什么呀?""东东,小宇已经能把《三字经》完整地背下来了。你背了这么久,怎么连这么简单的歌谣还都记不住?"……由于文化传统的原因,有的家长特别的谦虚,不仅自己舍不得夸奖孩子,就是别人进行赞赏,也要表示谦虚,说自己的孩子有多么不好,像这样的教育方式相当普遍。殊不知,这种教育方式会给孩子心理带来很多不利的影响。有一位母亲,见到别人就奉承说:"你家的孩子长得真好看",别人回应说:"你儿子也挺好看",她会故意谦虚地说"我儿子不好看,是个塌鼻梁"。她一次又一次这样说,从未意识到这样说有什么不妥,直到有一天,她儿子幼儿园的老师对她说:"你儿子学东西挺快,很快到六一了,要选出几个小朋友表演个节目,还要去市里汇演,选出了你儿子,可怎么说他也不参加。别的孩子都争着要参加呢!"当母亲问孩子为什么时,孩子说:"我长得太丑。""谁说你丑了?""妈妈说的,妈妈总说我不好看,是个塌鼻梁。"母亲很随意的一句话,竟然对孩子产生了这么消极的影响。所以作为家长要尽量管好自己的嘴巴,少说有负面暗示作用的话。另外,由于每个孩子的先天遗传和后天环境有很大的差异,作为家长也应该承认和接受孩子之间的个体差异,避免用统一的标准来评价孩子。大量的横向比较,只会让孩子变得越来越自卑,缺乏前进的动力;而纵向的比较更容易激发孩子的自尊心和自信心,形成孩子的成就感,增强孩子前进的力量。在这一点上,美国的家长就很少进行横向比较。有这样一件事,一个中国人到美国去,一次与两家美国人一同进餐,两家的孩子都是女儿,其中一个长得很美,他便当众夸这个女孩是他见过的最美丽最漂亮的女孩。饭后,避开孩子,另外一家的家长毫不客气地指出他犯了一个错误,他不该当着自己孩子的面拼命夸另外一个孩子,这对他孩子的自尊心会造成伤害。他们经常采取鼓励、表扬的方法,常常会对孩子说"我为你而骄傲""棒极了",以强化孩子的行为。

阅读材料

改变孩子一生的三次家长会

第一次参加家长会,幼儿园的老师说:"你的儿子有多动症,在板凳上连三分钟都坐不了,你最好带他去医院看一看。"回家的路上,儿子问妈妈,老师都说了些什么,她鼻子一酸,差点流下泪来。因为全班30位小朋友,只有她的儿子表现最差;唯有对他,老师表现出不屑。然而她还是告诉她的儿子:"老师表扬你了,说宝宝原来在板凳上坐不了一分钟,现在能坐三分钟了。其他的妈妈都非常羡慕你的妈妈,因为全班只有宝宝你进步了。"那天晚上,她儿子破天荒地吃了两碗米饭,并且没让她喂。

儿子上小学了。家长会上,老师说:"全班50名同学,这次数学考试,你儿子排在第40名,我们怀疑他智力上有些障碍,你最好能带他去医院查一查。"走出教室,她流下了泪。然而,当她回到家里,却对坐在桌前的儿子说:"老师对你充满了信心。他说了,你并不是个笨孩子,只要能细心些,会超过你的同桌,这次你的同桌排在第21名。"说这话时,她发现,儿子黯淡的眼神一下子充满了光亮,沮丧的脸也一下子舒展开来。她甚至发现,从这以后,儿子温顺得让她吃惊,好像长大了许多。第二天上学时,去得比平时都要早。

孩子上了初中,又一次家长会。她坐在儿子的座位上,等着老师点她儿子的名字,因为每次家长会,她儿子的名字总是在差生的行列中被点到。然而,这次却出乎她的预料,直到家长会结束,都没听到他儿子的名字。她有些不习惯,临别去问老师,老师告诉她:"按你儿子现在的成绩,考重点高中有点危险。"听了这话,她惊喜地走出校门,此时,她发现儿子在等她。走在路上,她扶着儿子的肩膀,心里有一种说不出的甜蜜,她告诉儿子:"班主任对你非常满意,他说了,只要你努力,很有希望考上重点高中。"

高中毕业了。第一批大学录取通知书下达时,学校打电话让她儿子到学校去一趟。她有一种预感,她儿子被第一批重点大学录取了,因为在报考时,她对儿子说过,相信他能考取重点大学。儿子从学校回来,把一封印有清华大学招生办公室的特快专递交到她的手里,突然,儿子转身跑到自己的房间里大哭起来,儿子边哭边说:"妈妈,我知道我不是个聪明的孩子,可是,这个世界上只有你能欣赏我……尽管那是骗我的话。"听了这话,妈妈悲喜交加,再也按捺不住十几年来凝聚在心中的泪水,任它流下,打在手中的信上……

资料来源:冷颖.影响家长的101个经典家教案例[M].长春:北方妇女儿童出版社,2007.

4.给学前儿童反复实践练习的机会,保持教育要求的一致性和连贯性

儿童社会知识和生活技能的获得、自我价值观的形成以及社会态度和情感培养不是通过简单的说教所能达成的,而是一个漫长的积累过程。儿童心理学研究表明:儿童的意志力差,行为易反复。所以,家长在日常生活中,要提供给学前儿童实践的机会,使学前儿童的偶发性行为变成一种习惯。比如,要培养学前儿童感恩的心理,就要给孩子为父母服务、给别人帮助的机会;要培养孩子的自信心,就要提供给孩子表现自己、获得成功的机会;要让孩子善于交往、乐于合作,就要给孩子提供和别人合作交往的机会。在这个过程中,家长之间要保持教育要求的一致性。同时,要坚持连贯性,持之以恒地长期坚持。比如,家长要求孩子要爱护公物,不随地乱扔垃圾,那么在每次外出时,家长就要常常注意,时刻提醒自己和孩子这样去做,久而久之,这种行为才会内化成为孩子的一种修养、一种品德。

三、学前儿童家庭认知教育

(一)学前儿童家庭认知教育的内涵

1.认知与认知发展

认知也可以称为认识,是指人认识外界事物的过程,或者说是对作用于人的感觉器官的外界事物进行信息加工的过程。认知不仅包括感知觉、记忆,而且包括智力、思维、想象、言语等。认知是人类最基本也是最重要的心理过程。有时候人们也用"认知活动"这个词,它实质上和"认知"这个词是同义的,不过把活动这个方面加以强调罢了。我们还常常遇到"认知能力"这个词,那是从认知水平这个角度来说的。认知发展是指个体认知结构和认知能力的形成,以及其随着年龄和经验增长而发生变化的过程。学前儿童认知发展就是指学前儿童在感知觉、记忆、思维、想象、语言和智力等方面的成长与进步。个体对自然、社会、人等客观事物的特征、性质、事物之间关系、规律等方面的认识都是依靠认知活动来完成的,它是心理发展的开端,在整个心理发展过程中占据十分重要的地位。

2.学前儿童认知教育与学前儿童家庭认知教育

学前儿童认知教育就是根据学前儿童的身心发展特点,采用科学的方法,提高其认知能力的一种培养和训练活动。学前儿童家庭认知教育就是家庭成员运用多种方式,丰富学前儿童的知识经验,培养学前儿童的动手、动口和动脑能力,促进其认知能力发展的一种教育活动。学前期是人智力发展、智能开发的黄金时期。美国著名心理学家布鲁姆认为:如果把一个人17岁时所达到的智力水平看作是100%的话,那么,从出生到4岁就获得了50%,4～8岁就获得了30%,余下的20%则是在8～17岁获得的。所以,这一时期,采取科学的方法对学前儿童的记忆力、想象力进行教育培养,对于开发儿童智力,有着事半功倍的效果。另外,全面发展教育中的各育是统一、协调起作用的,缺一不可。智育是整个教育的组成部分,为人的全面发展提供智力基础。通过提高学前儿童认知水平,发展孩子智力,也可以为其他各育的顺利实施创造良好的条件。

(二)学前儿童家庭认知教育的任务和内容

1.培养学前儿童的学习兴趣和求知欲

马卡连柯说:"发自内心的兴趣,会使人沉浸其中,时间再长都不会感觉疲惫,于不自觉中达到成就的高峰。"爱因斯坦说:"兴趣是最好的老师。"的确,兴趣是推动学前儿童探索、认知的原动力。家长在日常生活中要特别关注儿童的兴趣,并激发儿童的学习兴趣和求知欲。

第一,家长要注意把学习变成一件快乐的事。家长在教育儿童的时候,要注意学前儿童的身心发展特点,以直观的、游戏的方式,让孩子在玩中学,并且常常让孩子有成功的体验,这样容易使孩子建立起学习的自信心,激发孩子的学习兴趣。毕竟,年龄越小的孩子,学习越是以直接兴趣为主。另外,还要注意多表扬,少批评。不能老是说:"怎么这么笨,这么简单都学不会。"而是家长要改变教育的方式和时机。如果常常批评孩子,就会打击孩子的自信心,使孩子慢慢丧失对学习的兴趣。第二,要注意培养学前儿童的间接兴趣。学前晚期的孩子,应该通过生动形象、富有感染力的事例,采用多种多样的形式,把学习目的与生活目的联系起来,并且常常把学到的知识应用到生活中,让孩子明白学习的意义和价值。比如,认识更多的字就可以自己独立看更多好看的故事;学好了舞蹈就可以参加文艺表演,给爸爸妈妈和更多的人观看。第三,带孩子到大自然、社会中去,开阔眼界,提高学习兴趣。家长可以经常有意识地引导孩子到大自然中观察日月星辰、山川河流。比如,春天可带孩子去公园,让孩子观察小树以及其他植物的生长情况,夏天带孩子去游泳、爬山,秋天带孩子去观察树叶的变化,冬天又可引导他们去观察人们的衣着变化,看雪花纷飞的景象。孩子通过各种活动开阔了眼界,丰富了感性认识,提高了学习兴趣。家长最好还能指导他们参加一些实践,如让孩子自己收集各种种子,搞发芽的试验,栽种盆花,也可饲养些小动物。随着孩子年龄的增长,可以启发他们把看到的、听到的画出来,并鼓励他们阅读有关图书,学会提出问题,学会从书中找答案。这样,孩子的兴趣得以发展,知识面也扩大了,学习能力也在不知不觉中提高了。第四,家长要以身作则,热爱学习,并注意正确对待孩子的提问。如果父母亲能够经常阅读,喜欢探索,经常带领孩子观察各种动植物和做些科学小实验,家里就会形成一个良好的认知氛围,很容易引发孩子强烈的好奇心和求知欲。另外,家长要注意正确对待孩子的提问。提问是孩子思维的开始,也是孩子求知的表现。古人云:"学起于思,思源于疑",家长要积极对待学前儿童提问,保护孩子提问的积极性,也就是保护孩子的好奇心和求知欲。

2.培养学前儿童良好的感知能力和动手操作能力

感知觉是人脑对当前作用于感觉器官的客观事物的反应。感知能力是人们认识客观事物的基本能力,是儿童认识世界、掌握知识的基本条件。根据引起感觉的器官种类,可以把人们的感知能力分为观察力、听取力和触觉力。其中,观察力不仅影响学前儿童以后的学习成绩,也是人们从事科学研究、创造发明不可缺少的条件。达尔文曾经说过:"我既没有突出的理解力,也没有过人的机智。只是在觉察那些稍纵即逝的事物并对其进行精细观察的能力上,我可能在普通人之上。"家长要利用各种机会培养孩子的观察力。年龄较小的孩子对周围世界有着强烈的好奇心,这种好奇心容易使他对周围事物产生兴趣,家长要根据孩子的这一特点,经常向孩子提出一些问题,激发孩子观察事物的兴趣,并形成喜欢观察、勤于观察的良好习惯。平时,当孩子被任何事物或物体吸引的时候,家长应因势利导,引导孩子仔细观察其被吸引的物体或事物,无论孩子在观察什么,切忌粗暴打断,应避免不作任何解释,引诱孩子离开被吸引物。在观察前,要帮助孩子明确观察的目的任务。任务越具体,观察效果越好。比如,让孩子观察鱼,就要明确让孩子看看,鱼的身上覆盖的是什么,眼睛什么样子,尾巴什么样子等。观察时,还要帮助孩子掌握观察的方法,抓住对象的特点,注意容易忽视的细节。指导孩子有顺序地进行观察:观察时先中心后四周,由近及远或从远到近,由上而下或由下而上,先局部后整体或先整体后局部。例如,观察一棵柳树,可以先让孩子看柳树有树干、树枝、树叶,告诉他地里还有树根,使孩子对柳树有一个完整的认识;然后再分别观察树干、树叶等部分的特征。还要引导孩子一边观察一边思考,如观察鱼的时候,就可以引导孩子思考:鱼长了很多鳞片有什么作用,鱼儿老是睁着眼睛,那么它到底有没有睡觉呢。所以,平时家长可以在家里养一些动植物,让孩子观察其生长变化的过程,也可以玩一些"找不同"的小游戏,培养孩子的观察力,提高孩子的观察水平。观察结束后,家长要帮助孩子把观察的内容和结果表达出来或简单地记录下来,养成做观察记录的良好习惯。

另一方面,儿童的动手操作能力对儿童的发展具有重要意义。苏联教育家苏霍姆林斯基曾经说:"儿童的智慧在他的手指尖上。"生理科学研究也告诉我们:"人脑中与手指相联系的神经所占面积较大,经常刺激这部分神经细胞就能促进孩子智力发展。"手的动作与人脑的发育有着极为密切的重要关系,对视觉、听觉、触觉、语言等的发展也有极大的助益。对于婴幼儿来说,手指的活动,是大脑的体操。活动的是手,得到锻炼的是大脑。在家中,家长要注意给孩子提供动作操作的机会和条件。两三岁的孩子大多表现出较强的独立性,此时父母要抓住时机,因势利导地给予适当的帮助。要及时教孩子扣纽扣、系鞋带、洗手帕、使用筷子等,让孩子尽早学会自我服务。还可以让他给爸爸、妈妈拿拖鞋,吃饭时摆摆碗筷,做一些力所能及的事情。学前儿童阶段,孩子感觉器官功能正在快速发展,家长应尽量给孩子提供亲身体验的机会,并从中培养他们的动手能力。如刚买回的橘子、豆子、花生等,不仅要让他们亲自看、闻,还要让他们摸一摸、剥一剥、尝一尝。在包饺子或搓元宵时让孩子感受面粉、糖、盐的区别。当孩子吃着自己亲手包的饺子时,会感到格外高兴。所有这些不仅能促进孩子手部小肌肉的发展及动作的灵敏性、准确性,还可以培养孩子的耐心、自信心,同时也能使孩子体验劳动的艰辛与快乐。随着孩子年龄的增长,还可以让孩子学乐器、学科技小制作、做些亲子小手工等。在材料方面可以为孩子准备一些废旧材料,如各种包装盒、纸筒、旧挂历、旧乒乓球等,再准备一些橡皮泥、剪刀、糨糊、彩笔等。在活动场所方面,可以在家中为孩子安排一个角落,鼓励孩子在此自己动手,同时活动中家长的参与也非常重要。如用纸条和孩子一起做毽子,做好后同孩子一起玩踢毽游戏。这样就能使孩子在轻松愉快的亲子游戏中获得相关知识和动手经验。俗话说:"熟能生巧",只要孩子认真做事,并愿意尝试,喜欢尝试,家长就应给予表扬。家长的积极支持与恰当引导对孩子动手能力的培养至关重要。

3. 结合日常生活使学前儿童获得粗浅的知识和概念

知识是人们在改造世界的实践中所获得的认识和经验的总和。从获得知识的途径看,知识又分为直接经验与间接经验。直接经验是受教育者在直接接触外界或在改变外界的活动中通过亲身感受获得的知识;间接经验是通过他人传授或阅读等方式获得的知识。知识、技能是智力发展的基础。领会知识、掌握技能,就是存储信息,为智力活动提供基础和中介。知识是思维的依据和源泉,思维活动是在一定的知识基础上进行的,知识丰富的人容易产生联想和想象,可以举一反三,触类旁通。一般来说,在学前期,主要是向孩子传授周围生活中简单的自然知识和社会知识,让孩子获得一些感性的认识,并以孩子的直接经验为基础。家长要注意结合日常生活,以孩子能够接受的方式,创造一切机会扩大孩子眼界,丰富孩子知识。

学前儿童学习的粗浅知识和概念主要包括:第一,有关社会常识的知识。如认识自己和他人,知道自己的姓名、年龄、性别,知道自己和别人的关系;了解衣食住行等方面的知识;知道国家的名称、国旗、国徽、国歌等及重要的节日,知道我国是个多民族国家等;认识周围的环境和成人的劳动。第二,有关自然界的常识。如认识天气和季节的变化;认识常见的动物和植物;了解安全卫生常识;认识交通工具和常用的交通规则;认识水的三态变化以及声、光、电、磁等基本的物理现象。第三,有关数的初步知识。如认识物体的大小、多少、长短、高低、轻重等;认识各种几何形状和形体、时间和空间;学习 10 以内的数字及 10 以内加减法等。家长的知识教育应渗透于孩子的日常生活之中,让孩子在不知不觉中自然而然地习得知识。比如,利用就餐活动,通过发放碗筷来发展孩子的数概念和计算能力;利用散步引导孩子观察了解季节变化和动植物生长的关系;带领孩子逛超市认识各种各样的蔬菜和水果;在孩子吃东西时,引导孩子认识包装盒上的各种标记等。遇物则诲,相机而教,只要家长有心,生活中的任何时间、任何地点,都是实施教育的机会,这种教育的随机性和灵活性是学校教育所无法比拟的。

4. 养成学前儿童良好的学习习惯和学习品质

目前,有些家长只关心孩子学多少知识,而不注重激发孩子浓厚的学习兴趣和培养孩子良好的学习习惯。等到上了小学以后,孩子很聪明,可是成绩就是一直不好,主要是因为孩子缺乏良好的学习习惯,比如上课不注意听讲,写作业马虎、不认真等。良好的习惯是孩子成功的必要条件,也是他们一生的财富。因此,要想使孩子学习更优秀,必须要从培养孩子的学习习惯入手。

第一,要注意培养孩子认真倾听、做事专心致志的好习惯。家长平时在家里要注意提醒孩子,等别人说完了,自己再说,不可以随意打断别人的讲话,孩子在向父母表达时,父母也须及时关注,认真倾听;在与孩子交流时,可以有意提出问题让孩子回答,如故意问孩子"我刚才问你什么了?""你把我问的话说一遍再回答我。"这种方法可以训练孩子认真"听话",听清楚别人的话后再回答。也可以通过讲故事提前布置任务的方式,要求孩子在听完故事后,给父母复述,也可以在讲述的同时,边讲边问,这样都可以让孩子集中注意力认真倾听,同时也可以培养孩子的表达能力。另外,要给孩子一个安静的学习环境,当孩子专心做一件事尤其是阅读或学习时家长不要轻易打断他或问这问那,以免分散孩子的注意力。第二,要养成学前儿童爱阅读的良好习惯。家长可以为孩子购买、订阅适合的图书报刊,创设一个良好的阅读环境,但书不宜订购得太多,要少而精。为防止"走马观花",家长可以与孩子们一起阅读,共同讨论书中的问题,培养孩子阅读的习惯,并且家长应为孩子树立一个良好的榜样,养成爱看书的习惯。第三,培养学前儿童的时间观念。让他们懂得什么时候该做什么事情并一定做好,什么时候不能做什么事情并控制自己的愿望和行为。第四,培养孩子正确的书写姿势。在学前期,我们没必要要求孩子会写多少字,但是在学前后期,孩子学会写字的正确姿势是非常重要的,特别是握笔和坐姿。孩子在家里书写数字或者是画画的时候,家长要在旁边细心地观察,并提醒孩子的坐姿和握笔姿势要做到"三个一":身体离桌子一拳,眼睛离书本一尺,手指离笔尖一寸。第五,要注意培养学前儿童与学习有关的其他良好生活习惯。比如爱护图书和文具,不撕毁,不折叠,不乱扔,能珍惜;能够简单地整理学习用品,摆放整齐有序,会分类。

5. 发展学前儿童的智力和创造力

智力是指认识、理解客观事物并运用知识、经验等解决问题的能力,包括记忆、观察、想象、思考、判断等。其中,思维能力是智力的核心。而创造力是根据一定的目的,在已有知识经验的基础上,用新颖、独特的方法产生具有独特个人价值产品的心理品质。智力偏向先天性因素,可以通过开发不断提高。而创造力与后天的教育有关,可以通过不断地培养来提高。创造力和智力有一定相关性,但不是绝对有关。一般而言,高智商的人,不一定有高的创造力;有高创造力的人,却要有中等以上的智力水平。

在学前儿童时期,如果家长要培养学前儿童的智力和创造力,首先要提供给学前儿童丰富的感官刺激环境。可以说,营养建立了大脑功能的物质基础,而脑细胞与脑细胞之间的交流与链接,则源自孩子在生命初期所接受的感官刺激。在生命的早期接受到的来自听觉、视觉、嗅觉、味觉、触觉的恰当刺激,奠定了孩子日后的智商基础。大脑就像一个容器一样,在营养充分的基础上,感官刺激越充分的孩子,大脑得到开发的程度就会越高,如同拥有一个更加大的容器一般。其次,3岁前的语言发展是智能发展的基础。父母要有意识地培养孩子的语言能力。从孩子一出生起,父母就要给孩子讲故事,阅读优美的文章,不断地对孩子说话。对1岁前的孩子进行言语刺激有利于孩子语言的发展。等到孩子会说话时,父母可以采取与孩子谈心的方式训练孩子的语言能力。父母在给孩子看书时,为孩子配备优美的配乐诗(散文、故事)磁带,让孩子在娱乐中学习语言,增长智力。父母还要与孩子一起阅读,去培养孩子的语言能力,这既有助于丰富孩子的知识,也有利于密切亲子之间的关系。再次,皮亚杰认为智力的发展源于主客体的相互作用,所以家长要给学前儿童体验和动手操作的机会。而游戏又是学前期儿童最喜欢的活动,家长应有意识地通过各种游戏活动开发孩子的智力和创造力。比如家长和孩子可以一起开展结构游戏,用不同的材料进行平铺、堆叠、架空、围合等,以组成不同的物体。结构材料除了可以购买市场上的各种积木、积塑材料、磁力片等之外,各种牛奶盒、饮料罐、纸壳箱、果冻盒等都可以成为建构的材料。家长还可以教孩子玩一些有趣的智力游戏。比如,各种棋类、猜谜语、故事创编和续编等。最后,家长还要注意培养学前儿童的创造性思维。创造力的核心是创造性思维,而创造性思维主要是由发散思维构成的。家长在平时要鼓励孩子对同一个问题想出多种答案,用不同的方法去解决同一个问题。比如,天空下起了小雨,母女俩外出又没有带伞,母亲就可以问女儿:"该怎么办?"引导女儿说出不同的办法,如"到超市买一把伞""先在外面避一下雨""用刚买的报纸遮雨"等不同的办法。平时还可以跟孩子一起畅想一下未来,或者问一些开放性的问题,培养孩子的想象力和创造力。

(三)学前儿童家庭认知教育的实施要求

1.认知教育要依据学前儿童的心理发展特点,莫操之过急,拔苗助长

学前儿童的身心发展特点是家长实施认知教育的前提和基础,也是认知教育获得成功的保证,如果我们违背了学前儿童身心发展的特点和规律,那么不仅达不到预想的效果,还有可能得不偿失。从心理发展过程来讲,学前儿童的注意力以无意注意为主逐步过渡到有意注意。学前儿童的记忆以无意记忆占优势,有意记忆逐渐发展;形象记忆占优势,语词记忆逐渐发展。记忆方法上是以机械记忆为主,理解记忆开始发展,而且理解记忆要比机械记忆的效果好。学前儿童的思维发展趋势是从直觉行动思维过渡到具体形象思维,再发展到抽象逻辑思维。从整个心理发展特点来讲,学前儿童的注意和记忆都带有很大的无意性。所以,家长给学前儿童提供的学习内容必须是符合学前儿童兴趣需要且能激起强烈情绪体验的事物。并且由于学前儿童思维的特点,直观、具体、生动、形象和鲜明的事物,便于孩子记忆和理解;在直觉行动思维中,儿童的思维是在行动中进行的,孩子一边动作一边思考,所以事物除了让孩子看和听,还能让孩子动手摸摸、玩玩,这样更便于孩子的学习等。另外,学前儿童注意力时间短,意志差,这就决定了他们不可能像小学生一样,去长时间的认真学习。所以,对于学前儿童的认知教育最好能够体现生活化和游戏化的原则,即让孩子在生活中,在游戏中,自然而然愉快地习得一些知识和经验。比如,对小男孩而言,他们喜欢手枪或者小车,家长就可以拿出十几辆形状、颜色各异的小车,让孩子进行数数,做简单的加减法,并进行颜色辨认。这样的教学肯定要比孩子们对着枯燥的书本来得生动。如有一位家长,很会教育女儿,有一次,女儿对池塘里的鹅产生了兴趣(之前她没见过),她就问女儿:"你猜它的脚是什么颜色的?"女儿想了想说:"一定也是白色的。"家长接着说:"上次你背过一首古诗,叫《咏鹅》。"孩子点点头,依然注视着水里的鹅。家长继续:"里面有一句话,叫'白掌拨清波'是吧?"女儿立刻大笑起来,马上纠正说:"是红色的。"然后又指着鹅,朗诵起了《咏鹅》。教女儿汉字"子"她提议来个组词比赛:她说"儿子",女儿就说"孙子",她说"橘子",女儿就说"梨子、桃子",她又说"帽子",女儿说出了"裤子、鞋子、袜子"……尽管最后出现了"香蕉子""衣服子"等笑话,但最后,女儿还是满怀喜悦地"赢"得了这场比赛,并要求继续学下一个字。这样不仅教会了孩子知识,还培养了孩子学习的兴趣。另一方面,家长也可以在孩子玩的时候,适当地引导孩子玩一些知识性的内容。比如,当他们在无意义地乱跑、乱叫时,可以建议他们来个数数游戏、唱歌比赛等,孩子往往同样玩得很快乐。这么一来,学和玩便有机地结合起来,孩子就可以在快乐中不断地学习知识。

目前,有些家长生怕孩子输在起跑线上,早早地就让孩子背古诗、认汉字、学数学,在没上小学之前,恨不能把小学的内容通通学完。2005年12月24日,年仅3岁、身高不足一米的郑博,因不肯识数认字,死在了亲生父母的棍棒之下。2011年9月10日,4岁男孩徐某某因不会写数字"5"和"8",被父亲徐谷传用手抽打面部,后又从室外扫帚上折下一根竹枝抽打,后又用拖鞋和手抽打。期间,徐谷传用手击打徐某某的后脑部时,造成徐某某的面部和前额分别撞到餐桌,后经医院抢救无效死亡。这些案例触目惊心,在这种情况下,孩子即便获得了某些零碎、表面的知识,也不利于孩子的长远发展。这种做法无异于拔苗助长,毁掉了孩子学习的热情和积极性,毁掉了孩子学习的长远动力。家长应该遵循学前儿童的身心发展规律,科学育儿,量力而行,循序渐进。

2.正确对待学前儿童提问,保护孩子的好奇心和求知欲

学前儿童在成长的过程中,会逐渐接触到复杂的社会生活和自然世界,处处感到新鲜、好奇、疑惑,他们头脑中藏着数不尽的"为什么",并有着一种打破砂锅问到底的精神,这是智慧的火花,也是创造力的萌芽,父母要学会正确对待孩子提问,激发孩子探究问题的意愿,把握好教育时机,培养孩子主动的学习意愿。

首先,对于学前儿童的提问,家长要耐心倾听,并积极接纳和回应。家长要意识到提问对于学前儿童成长的重要性,提问多是孩子思维活跃的表现,"小疑则小进,大疑则大进",每事问必会每事进。提问也是成长进步的阶梯。所以无论孩子提出什么样的问题,无论他们的问题在成人看来是多么幼稚可笑,家长们都应耐心倾听,如果打断孩子的问题或者对他们的问题不置可否更或是流露出厌烦的情绪,孩子就会逐渐失去思考的兴趣。耐心地倾听对于孩子来说会感到被尊重、被重视,使他们获得认同感。其次,要谨慎回答学前儿童提问。回答孩子的提问,正确是首要原则,对于一些没有正确答案的问题,家长可以告诉孩子你的观点,试着让孩子发表一下他的见解,切不可敷衍了事,胡乱作答。由于学前儿童心智不健全,缺少独立思考的能力,往往会对成人的说法深信不疑,胡乱作答容易给孩子一个不正确的认知。对于不会回答的问题,家长要实事求是地告诉他们自己回答不上来。并可以引导孩子,和孩子一同向书本求教,向他人求教。长期坚持下去,可以使孩子养成严谨的求学态度。有时孩子的提问并不需要一个多么准确的答案,他们的快乐在于提问的过程。因此,父母对孩子的提问要有个交代,让孩子在心理上获得被接纳、被重视的满足感。他的好奇心及对父母的信任感就会慢慢发展起来。而对于能回答的问题,家长也要根据学前儿童的心理发展特点,采取直观式、拟人式、简洁有效的回答,切不可盲目地按照科学原理,长篇大论。比如孩子问:"太阳为什么会落下去?"这个问题,如从太阳与地球的关系上回答,或是用动力学说来回答,孩子不能理解。但如果采用拟人化的方法给予间接回答:"一到晚上,动物们回家睡觉了,太阳公公也到山的那边去啦。"又如,晚上在外面散步,孩子问:"妈妈,月亮为什么跟着我们走?"你可以这样回答:"因为月亮喜欢我们。"这样的回答虽然不符合相关科学原理,但却能使孩子的好奇心得到满足。另外,家长在回答孩子提问时,可以以问代答,不时地进一步反问,促进孩子进一步思考。比如孩子问:"爸爸,这朵花漂亮不漂亮?"爸爸可以直接反问:"你认为怎么样?"如果孩子回答:"不美。"你又可以这样问:"为什么不美?"……经常用反问,能促使孩子主动积极地思考问题,并渐渐地形成对周围事物特有的、属于自身的认识。最后,家长要树立终身学习的观念,经常读书看报,提高自己的科学文化水平,一方面可以给孩子树立一个良好的学习榜样,提高家庭的文化氛围,另一方面也可以满足孩子成长过程中不断上升的好奇心和求知欲。

3.家长要避免智育第一,过分强调知识技能的学习倾向

在中国几千年漫长的历史发展过程中,劳动人民无权去学校读书接受学校教育,只能接受家庭教育;即使是许多书香家庭中,其子弟的全部教育,甚至也都是在家庭中进行的。家庭教育积累了丰富的经验,形成了很多优良的传统,比如重视早教、反对溺爱等。但是也留下了很多消极、陈腐的东西,比如传统文化中"万般皆下品,唯有读书高"的思想,至今依然影响着众多的家长,导致现在很多家庭教育中,存在重智轻德的倾向。而在重视智育的同时,一些家长非常强调知识技能的学习,而不重视学习能力的培养和情感的熏陶。家庭教育内容极度片面化,结果导致很多孩子看上去很聪明,但却明显滋长着自私、狭隘、懦弱等不良的个性品质;看上去见多识广,却不会与人交往,无独立生活的能力。即使入学时成绩优异,但因缺少良好的学习态度和学习习惯,也很快趋于平庸。

人的各方面的素质不是孤立的,而是相互联系、相互制约、相辅相成的。各方面的素质只有和谐发展才能获得长足的发展,不和谐的发展,就是畸形发展,不可能得到充分的发展。高考状元曾世杰杀害同学,复旦大学研究生林森浩投毒杀害室友……这些触目惊心的案例,都充分说明了良好的性格和品行对人发展的重要性。所以,在学前儿童时期,家长一定要在开发孩子智力的同时,让孩子拥有一个健康的身体、良好的性格、高尚的品德,为孩子成人后的健全人格养成打下良好的基础。

四、学前儿童家庭语言教育

(一)学前儿童家庭语言教育的内涵

语言是人类的思维工具,是人类智慧的载体和架构知识大厦的"建构材料",学会语言、学好语言对学前儿童来讲具有非常重大的现实意义。狭义的学前儿童语言教育是指3~6岁儿童掌握母语的过程,并对这一阶段的儿童加强听说训练;而广义的学前儿童语言教育是将六七岁以前孩子的所有语言学习和发展作为研究对象,并对儿童进行听说读写的训练。学前儿童家庭语言教育是家庭成员以提高学前儿童语言听说读写能力为主要内容的教育活动,其中不仅包括母语的学习,也包括外语的学习。

儿童语言的学习和发展对学前儿童来讲具有重大的意义。首先,语言的教育和学习可以加速学前儿童行为的社会化进程。儿童获得语言以后,就能用语言与周围人交换信息,儿童在言语交流中经常互换角色,获得更多对方的体验和感受,这种交流有助于学前儿童克服自我中心的言行,使自己的情感、态度、行为等与社会规范逐渐靠近。其次,学前儿童语言学习还能促进学前儿童的体、智、德、美各方面的全面发展,尤其是对儿童的记忆、思维和想象能力的发展具有积极的作用。最后,学前儿童语言学习还可以为儿童今后学习书面语言打下良好的基础。

所以,成人要采取多种方式促进学前儿童语言的发展,使学前儿童在入小学前形成良好的语言能力和语言习惯。

(二)学前儿童家庭语言教育的任务和内容

1.培养学前儿童的倾听习惯,发展孩子的理解能力

倾听是儿童感知和理解语言的基础。只有懂得倾听、乐于并善于倾听的人,才能真正理解语言的内容和形式,掌握与人进行语言交流的技巧。因而,学前儿童倾听行为的培养是非常重要的。这个阶段培养的重点应放在语音、语调和对语义内容的理解上。让儿童能够逐步学会有意识地集中注意力倾听,最终理解倾听表达的主要内容和思想感情。在培养学前儿童倾听能力时要注意:第一,告诉孩子,当家长或者是别人在陈述事情的时候,自己要放下手中的事情,用积极的表情和简短的话语给予回应和反馈,以表示对陈述者的尊重。第二,家长在给孩子讲话或者朗读的时候,语速不要太快或者太慢,以便于儿童接受和理解。第三,创造孩子倾听的机会。经常给儿童讲故事、念儿歌,或者让孩子听声音辨别动物、乐器甚至相似的拼音和字词等。

2.乐于表达,讲话礼貌,发展孩子的口语表达能力

培养学前儿童的口语表达能力是开展学前儿童语言教育的重要目标之一。儿童只有懂得表达,并愿意向别人表达自己的见解,并且具备良好表达能力的人,才能真正地与他人进行语言交际,达到交流的目的。这个时期儿童语言表达能力的重点应放在学习恰当的口语表达上,由简到繁、由短到长地逐步提高学前儿童的语言表达水平。家长在培养学前儿童语言表达能力时要注意:第一,要积极鼓励和肯定孩子的表达。孩子在最开始说话时,表达的连贯性、逻辑性和准确性都比较差。在这时,家长要耐心倾听,并用简短的话语给孩子回应,或是给孩子补足未表达充分的地方。同时,通过表情、动作、语言给孩子以鼓励和表扬。第二,多提供孩子与同伴交往的机会。孩子在与同伴交往尤其是在游戏活动过程中,必然会产生交流的意愿和需要,同伴之间也有他们固有的一套语言交流方式,这种交流自然、轻松、平等,非常有利于学前儿童的语言表达能力培养。

3.激发学前儿童阅读的兴趣,养成良好的阅读习惯

随着信息社会的快速发展,加强早期阅读教育,培养学前儿童的早期阅读能力,已经成为学前儿童语言教育的重要趋势之一。事实也证明,学前阶段对儿童进行早期阅读教育是必要的,也是可行的。早期阅读行为的培养重点在于激发学前儿童的阅读兴趣,养成良好的阅读习惯,掌握早期阅读的有关技能。

家长在培养学前儿童早期阅读能力时要注意:第一,创设良好的阅读环境。阅读环境包括精神环境也包括物质环境。精神环境主要是指家长对学前儿童阅读行为的关注、支持和赞赏,儿童一旦表现出阅读的兴趣,成人要给予及时的关注和引导,帮助学前儿童维持持久的兴趣。家长也可以通过和学前儿童复述故事、推测假设结果、分享人物观点或者开展亲子类的角色扮演游戏,来培养学前儿童的阅读行为。而物质环境是指提供给学前儿童一定的阅读时间、空间和材料。家长要尽量每天给学前儿童安排一定的阅读时间,比如睡前故事等。另外,还要提供给学前儿童适合其年龄段的阅读书籍。3岁左右最好选用单页单幅图书,且色彩鲜艳,人物形象逼真,贴近儿童生活经验;4岁以上可以选用单页多幅图书,且情节有一定起伏变化的;5岁以上还可以选用那些常用字和独体字较多的单页图书。第二,父母要为学前儿童树立良好的榜样,营造良好的家庭阅读氛围。家长要尽可能主动学习,经常读书看报,潜移默化地影响孩子。还可以经常领孩子逛书店、图书馆等这些地方,激发孩子的阅读愿望。第三,教给学前儿童阅读的方法,培养良好的阅读习惯。家长要教孩子正确拿书,从前往后一页一页地翻书,从上到下、从左到右有顺序地进行观察图画。坐姿要正确,眼睛与书本要保持一定距离,不可经常躺着、歪着或是在光线很暗的地方看书。第四,正确对待学前儿童识字和书写。首先,家长要明确早期阅读并不等于识字,识字只是早期阅读的一部分。另外,学前儿童由于生理发展水平的限制,不可能做到规范有效的书写,所以,学前期识字和书写的主要任务就是给孩子以后上小学进行正式的识字和书写打下良好的基础。其次,教给学前儿童识字,一定要注意方法和形式的灵活性,切不可像教小学生那样,机械认读,反复练习。家长可以结合日常生活对学前儿童进行识字教育。比如,外出时,告诉孩子店面、路牌和建筑物上的汉字,把家里的家具和家用电器贴上相应的汉字或者给孩子一边讲故事一边适当认读,这些都可以增强孩子识字的兴趣和成就感。

4. 帮助学前儿童学说普通话,并适当学习外语

普通话是现代汉民族的共同语言,是我国各民族通用的语言。学前儿童学说普通话,既是为入学后的学习考虑,也是为今后从事各项工作打下良好的基础。作为父母,应深知孩子学说普通话的重要性,自从孩子出生后,父母就要坚持培养孩子学说普通话。

培养孩子学说普通话要注意:首先,提供给学前儿童正确的普通话交流环境。学前儿童的语言学习大部分都是环境渗透的结果,对于学前儿童来讲,有什么样的语言环境,就会有相应的语言表达。所以,如果从出生开始父母就只给孩子讲方言,那么孩子就只会说方言,家长如果想让孩子学会说普通话,在给孩子讲方言的同时,最好能时常也给孩子讲些普通话,或者父母亲一人讲普通话,一人讲方言,这样在孩子入园前,虽然说的不多,但起码能听得懂,也为孩子以后正式学习普通话打下良好的基础。其次,父母要给予孩子正确的示范,给孩子练习说普通话的机会。长期的教育实践证明,婴幼儿时期是人的一生中掌握语言最迅速的时期,也是口语发展的最佳期。这一时期孩子好模仿,爱表达、学习快。父母亲在讲普通话的时候,要确保自己发音规范,以便给孩子正确的示范。另外,孩子受年龄的限制,对字、词发音的准确度较差,特别是受一些方言的干扰,前后鼻音容易发错。为此,父母可以采用绕口令、词语接龙、以字连词的方法,帮助孩子发音。

未来的社会,一个高素质的人才不仅会讲标准的普通话,还应会讲一口流利的外语。关键期的理论,不仅适用于母语的学习,同样也适用于外语的学习,也就是说,母语学习有关键期,外语学习一样存在关键期。1990 年 Long 通过实验发现 6 岁以后开始学习外语的被试者,难以获得纯正的语音;15 岁以后开始学习外语的,词法和句法均无法达到与本民族学生一样的水平。所以,在学前期应积极为儿童创造一定的外语学习条件和机会,从而使儿童轻松高效地掌握外语。在进行外语学习时要注意:首先,一定要注意给学前儿童选择资质好、师资力量强的学校,保证孩子一开始接触到的都是正确的发音。其次,在学前期,外语学习要重点强调外语语音和语调的学习,培养孩子的听说能力和对英语学习的兴趣。切记给孩子死记硬背,机械诵读一些单词,这样很容易损伤学前儿童外语学习的积极性。最后,家长要积极参与到孩子的外语学习当中,在日常生活中锻炼孩子的学习内容,巩固孩子的学习效果。如果学前儿童只在外语课上,在班上学说一点,在日常生活中,从不练习使用,那样很难收到良好的效果。

(三)学前儿童家庭语言教育的实施要求

1.提供丰富的语言感知环境,经常和学前儿童对话

根据学前儿童的生理心理发展特点,儿童的语言发展规律是:先学会听,后学会说,语言的理解先于语言的产生。在丰富的语言环境中成长的儿童,其语言能力更出色,而且后来的学业成绩也更优秀。所以成人要努力为学前儿童提供一个丰富的语言感知环境。比如家庭成员之间经常地、亲切地进行语言交流;父母亲经常对婴幼儿说话,逗引孩子表达,如果父母经常和孩子说话,就会刺激婴儿调动各种感官感知父母的语言,促使婴儿进行积极的模仿,提前婴儿理解语言和表达语言的时间;父母还可以经常给孩子播放些好听的儿歌和小故事等,这些都可以提高孩子的语言表达水平。切不可让孩子生活在一个交流很少甚至无声的环境里,这容易导致学前儿童语言发育迟缓。

2.父母亲及其他家庭成员要注意提供正确的言语示范

学前儿童学习语言的主要方法就是模仿,从发音到用词到语法掌握无不如此。因此,成人的言语质量在一定程度上决定着学前儿童的言语发展水平。而家长就是孩子早期言语学习的直接榜样。所以,成人在学前教育早期一定要提供正确的言语示范。比如,发音正确、口齿清晰,用词准确丰富;讲话礼貌,不说脏话,不乱学别人不良的表达习惯,如口吃、大舌头等;讲话音量适当,不经常对孩子大呼小叫;语速合适,孩子能听清并及时理解。在成人的言语表达里,要特别注意大人不可模仿孩子的"儿语",也就是小孩常说的单音重叠词,如吃饭饭、喝奶奶、玩球球等。孩子这样说是因为他们的发音机制不成熟,大人再跟着这样叫就不合适了,成人的责任是不断地扩充孩子的新词,告诉他们事物的正确名称,如果成人总是跟着孩子这样说,反而会延缓孩子的语言发育水平,所以,家长必须要做好正确的言语示范,以使儿童有正确的模仿对象。

3.拓展学前儿童的视野,积累丰富的语言表达素材

大自然是思维和语言的源头,儿童在与大自然的互动中,获得智慧、思想,在思维和表达的过程中发展语言。所以,作为家长要注意创造条件,让学前儿童多接触社会生活和大自然。当孩子看得多了,听得多了,自然也就觉得有话想说,有话可说。如果孩子生活范围狭窄,知识经验贫乏,也就无话可说。事实证明,当孩子面对丰富多彩、轻松愉快的环境时,必然思想活跃、性格开朗,愿意与同伴交往,并且谈论他们的感受和见闻。因此,成人要重视学前儿童的生活内容,使他们的生活尽量丰富多彩。寒暑假可以适当带孩子出去旅游、爬山、看海、体验各民族和各地区不同的地理环境和生活习惯。农村地区的孩子方便的话,也可以适当到城市里住些天,城市的孩子也可以适当到农村去,体验一下真实的农村生活。平时家长也可以带孩子去野外郊游、参观动物园和博物馆等。总而言之,就是要积极创造条件以拓展学前儿童的视野,为学前儿童的语言表达积累素材,使儿童在表达的时候有话可说。

4.提供学前儿童语言交流的机会和条件,并适时进行指导

学前儿童的语言学习是一个不断积累的,从量变到质变的过程。所以,作为家长要注意结合日常生活随时随地对孩子进行指导。孩子在日常生活中要接触各种各样的物品,如洗漱用品、食物、床上用品、餐具、家具等。家长可以通过与孩子交谈,向他们介绍有关各种物品的知识,如外观、大小、形状、颜色、内部结构和功能用途等。在介绍这些生活常识的过程中,家长也向孩子展示了相关的词汇和句式。在带领孩子外出时,各种看到的、听到的东西,都可以成为家长向孩子介绍和学习的内容。在这个过程中,婴幼儿接触到的词句都是与具体的事物和动作同时出现的,容易被孩子所感知,也便于学前儿童建立音义之间的联系,更好地理解和掌握。同时,在日常生活中,要及时发现学前儿童说话中的问题,如发音不准、用词不当、口吃等,成人都要通过示范给予及时纠正,否则一旦养成不良习惯再予以纠正就非常困难。另外,语言的学习和掌握是需要通过不断的练习和运用才会被个体所掌握,所以,家长在平时一定要提供给学前儿童表达和交谈的机会。如让孩子复述一个故事或者一个事件给父母听;家里来了客人,让孩子给客人表演一个儿歌或童谣;出去玩了,让孩子把见到的、听到的好玩的事情说给好朋友听等。这样都可以极大地锻炼学前儿童的口语表达水平,并可以培养孩子自信大方的性格。

阅读材料

父母应正确对待孩子的口吃

口吃是一种常见的语言障碍,虽然不太严重,但是也影响孩子和外界的沟通,其实,矫正口吃首先要找到引起口吃的原因。

(1)模仿。儿童时期模仿性很强,看见什么都觉得新鲜,认为这样说话好玩,学久了就形成了习惯,再想改就困难了。口吃的"传染性"很强,1～3岁幼儿语言模仿能力最强,因此最易患口吃病。

(2)惊吓。由于突然或持续惊吓,父母教育孩子不当,引起口吃并不少见。

(3)生病。小儿癫痫、麻疹、鼻炎、扁桃体炎或肥大、鼻窦炎及喉科疾病使幼儿在病中或病后易患口吃。

(4)抑郁。孩子情感抑郁,没有说话的欲望,导致口吃。

(5)紧张。孩子在陌生的环境,或者压力比较大的时候,会发生"失语症",导致口吃。

由上可见,孩子的口吃主要是由心理因素造成的,那么矫正的重点就应该放在解除孩子说话的心理障碍上,这就需要父母的耐心教育和引导。

(1)当家长发现孩子模仿口吃的人说话时,一定要及时纠正孩子的模仿,告诉孩子那是不好的行为,那样说话不受爸爸妈妈和其他小朋友的欢迎。一定要在孩子刚开始模仿时便进行纠正,否则形成习惯再改就困难了。大人也不能模仿他们说话,那样会使他们认为是对他口吃现象的肯定,应该耐心地教育幼儿。

(2)家长千万不要因为孩子平时说话时出现一些口吃的症状便严厉批评、大声训斥孩子,并急于矫正,要求孩子立刻"再大声说一遍!说清楚一点!"这样做反而会适得其反。任何加重孩子紧张心理的做法都是不可取的,哪怕是无意识地要求孩子也是错误的。

(3)当孩子出现口吃时,不要嘲笑他们,以免其出现自卑心理而缄口不语;发现他们点滴的进步,要及时给予鼓励,给予积极的正面强化,这是非常重要的。

(4)家长还要给孩子创造一个轻松、自由和信任的说话环境。在讲话方面不能给孩子压力。鼓励孩子在讲话时放慢速度,随心所欲地讲。注意孩子讲话的节奏和语调,增加其语音的韵律性和轻松感。必要时,爸爸妈妈可以用一句完整的话重复孩子表达的意思,这样做既表示理解,也是在教给孩子怎样正确表达。千万不要让孩子像改错似地自己重复,这样会造成孩子在张口时内心紧张而加重口吃。

(5)根据孩子言语表达的情况,可以教他朗诵歌谣,念"顺口溜",给孩子讲笑话、讲故事。孩子在玩耍时是最放松的,可以边玩边说,注意力放在动作上时(注意分散),也能有效地缓解口吃现象。同时,还要注意培养孩子乐观开朗的性格,自卑内向的性格不利于口吃的矫正。

这是语言专家针对孩子在 3 岁左右以内出现口吃现象提出的建议和看法,可以作为家庭矫正幼儿口吃的参考。孩子 3 岁左右的口吃一般都不会是病理性的口吃,而是发展中出现的问题,一般可随孩子年龄的增长逐渐自然地消失。但如果您的孩子到 5 岁左右时仍然口吃,而且时间超过一年,那就有可能属于病理性口吃,需要请医生或语言学专家来帮助和纠正了。

五、学前儿童家庭艺术教育

(一)学前儿童家庭艺术教育的内涵

1.美育与艺术教育

美育过程是教师依据人类的审美经验和美的规律,引导孩子通过审美活动,影响孩子的感官和心理,培养审美意识,发展审美能力的过程。美育的核心是艺术教育。人的审美教育可以通过多种途径实现,但是艺术是对孩子施加审美影响的基本手段。

2.学前儿童艺术教育与学前儿童家庭艺术教育

学前儿童艺术教育是指教育者遵循学前教育的总体要求,根据学前儿童身心发展的规律,有目的、有计划地通过艺术欣赏和艺术表现活动感染学前儿童,并培养学前儿童的审美能力和艺术表现能力,最终促使学前儿童人格和谐发展的一种审美教育。学前儿童家庭艺术教育是指家庭成员对学前儿童进行的以感受美、表现美、创造美、追求美为主要内容的教育。

艺术教育是对人进行情感教育的重要途径。情感是人对客观事物的主观态度。人在面对危机时引起的恐惧感,看到丑恶事物时引起的憎恶感,欣赏完美艺术时所产生的愉悦感,对美好事物产生的爱慕感等都是人对客观事物的态度,即情感。情感不仅反映着人类文明的进步,而且也是人类行为的推动力。蔡元培认为,"人人都有感情,而并非都有伟大而高尚的行为,这由于感情推动力的薄弱,要转弱而为强,转薄而为厚,有待于陶养。陶养的工具,为美的对象;陶养的作用,叫作美育。"而美育的重要途径就是艺术教育,通过艺术鉴赏活动,人们受到真、善、美的熏陶和感染,思想上受到启迪、实践上找到榜样、认识上得到提高,在潜移默化的作用下引起人们思想、情感、理想、追求发生深刻的变化,引导人们正确地理解和认识生活,树立起正确的人生观和世界观。艺术教育是陶冶人的情操,使人的道德、人格趋于完美的素质教育。学前儿童艺术教育同样有助于学前儿童情感的良好发展。另外,学前儿童艺术教育对于提高学前儿童的审美能力,促进学前儿童想象力、创造力的发展同样有着不可低估的重要意义。

(二)学前儿童家庭艺术教育的任务和内容

1.引导学前儿童欣赏各种形式的美,建立初步的审美意识

美的存在无处不在,法国雕塑家罗丹有这样一句名言:"生活中不缺少美,缺少的是发现美的眼睛。"而学前期的孩子,审美观正在确立,审美能力刚刚发展。所以,作为家长要善于发现美并引导孩子欣赏生活中各种各样的美,建立初步的审美意识。

第一,要感知欣赏日常生活的美。家庭居室清洁,色彩协调,整洁大方,墙壁、装饰、摆件富有艺术性,小儿生活环境整齐、舒适、美观,都会潜移默化地提高孩子对美好事物的感受力。此外,还要引导孩子保持服饰、发型的干净整齐,通过感知各种颜色和款式服装的搭配,都可以培养孩子初步的审美意识。第二,感知欣赏大自然的美。大自然是对学前儿童进行美育的极好现成教材。成人要把孩子领出家庭,到广阔的大自然中去,启发和引导小儿欣赏丰富多彩的自然景色,从他们的色彩、形态、声响的变化中领略大自然的美。千姿百态的花草树木,各种各样

的鸟兽虫鱼,奔腾的江河,咆哮的大海,辽阔的草原,神秘的原始森林对学前儿童都有无比的吸引力。成人可以用小儿能理解的艺术语言充分表达其中的美,并教给孩子用艺术语言描绘自然景色。这些表象和经验的积累不仅可以成为以后学前儿童进行艺术活动灵感的源泉,还可以熏陶孩子开阔豁达的心胸。第三,感知欣赏艺术美。在平时生活中,可以播放一些清新明快的、充满希望的精湛名曲,使孩子从极其自然的气氛中接受。另外,还可以拿出孩子感兴趣的乐曲,由他们自发地欣赏,成人给予指导。在愉快欣赏的过程中,孩子会逐渐体会出音乐要表达的感情。这时可以让他们谈谈自己的感想。对于音乐不只是听一听,还要促使孩子用心灵的耳朵去领会。家里切忌老是播放那些快餐式的流行"神曲",以防孩子模仿,受到不良的熏陶。美术作品形象生动优美,色彩鲜明,造型具体,对孩子有强烈的感染力。可以给孩子看美丽的画册,有条件的地方和家庭,还可以领孩子经常去参观书画展,欣赏一些名家名作,也会提高孩子对艺术作品的分析力和判断力。第四,感知体会人性的美。给孩子讲一些好人好事和经典的童话故事,并观看一些优秀的影视作品,同时分析其中人物形象的优良品质,让孩子初步感知人的美不仅在于外表,更在于人的心灵、人性本身散发出的光辉,使孩子从小趋向真善美,摒弃假恶丑。

2.开展多种形式的艺术活动,激发学前儿童对艺术活动的兴趣

学前儿童艺术活动的内容主要包括:音乐活动和美术活动,这两个部分又分别包括欣赏和表现两大部分。在表现的部分,家长要尽可能多地带领孩子开展多种形式的艺术活动。孩子好奇、好动、好模仿,如果能经常有不同形式的表现方式,会极大地吸引孩子的注意力,激发孩子对艺术活动的兴趣。比如,在美术活动中包括绘画和手工两大部分。绘画的部分除了传统的油画棒、水彩笔绘画形式,家长还可以根据孩子的年龄特点,开展手指画、剪贴画、弹珠画、吹画、水墨画等美术活动。在手工活动中,除了泥工和纸工,还可以寻找更多样化的材料,尤其是和孩子一起收集废旧物品,各种废旧的瓶瓶罐罐,一次性的杯子、盘子、碗、各种吸管、光盘、贝壳、石头、蛋壳、各种豆子、毛线、旧衣服等,只要家长有兴趣有创意,生活中所有的材料都可以用作手工作品的素材。在整个过程中,家长不仅可以锻炼学前儿童的动手能力,激发孩子对手工活动的兴趣,还可以发展孩子的想象力和创造力。在音乐活动中,家长平时可以播放或者带领孩子亲自观看各种形式的音乐表演,歌唱、舞蹈、各种体操、乐器表演等,都可以激发孩子对音乐活动的兴趣。另外,在艺术活动过程中,家长要尽量采用积极鼓励的态度,肯定孩子的点滴进步,因为学前儿童的兴趣具有不稳定性的特点,如果家长在学习过程中能经常肯定孩子,对于培养和维持学前儿童的艺术兴趣具有很大的推动作用。总而言之,"知之者不如好之者,好之者不如乐之者。"兴趣是学习的源泉和动力,家长要注意采取多样化的方式,激发学前儿童对于艺术活动的兴趣。

3.教给学前儿童初步的艺术知识和技能,并形成孩子良好的卫生和学习习惯

对于形态各异的美,单纯的认识自然还不够,孩子接受新事物的能力是快速而积极的,家长在支持、鼓励学前儿童积极参加各种艺术活动并大胆表现的同时,需要给孩子传授必要的知识技能,让其真正学会审美并能够表现美。比如绘画活动中,基本线条的形态变化,几何形状的组合,基本的色彩运用、装饰和情感表现;手工活动中,手工工具的使用和注意事项,如最基本的剪刀和胶水等,手工的基本技法,如折叠、手撕、盘绕、编织、泥塑、插接等。在活动的过程中,还要注意养成学前儿童良好的卫生习惯。比如爱护美工材料、摆放有序、不随意涂抹;画画结束了,要让孩子自己收拾画笔,整理物品,把东西放回原处,擦桌子,最后洗手。另外,学前儿童注意力集中时间短,且容易转移,在此过程中,要注意培养孩子做事认真,并坚持到底的好习惯。比如,有的孩子画画很慢,且容易半途而废,家长可以给孩子适当延长时间,等一等他们,并督促他们认真地把画完成。

4. 陶养学前儿童的情感,培养完美的人格

爱因斯坦认为:"光用专业知识教育人是不够的。通过专业教育,他可以成为一种有用的机器,但是不能成为一个和谐发展的人。要使学生对价值有所理解并且产生热烈的感情,那是最基本的。他必须获得对美和道德上的善有鲜明的辨别力。否则,他——连同他的专业知识——就更像一只受过很好训练的狗,而不像一个和谐发展的人。"要想培养一个和谐发展的人,美育无疑起着十分重要的作用。历来的思想家、艺术家们,都十分重视艺术对于人的情感陶冶和净化作用,强调通过艺术教育来培养人们美好、和谐的情感和心灵,从而实现完美人格的建构。而现在的很多家庭,都过于重视知识的学习、智力的开发,却忽视了学前儿童与人相处、人格完善方面的教育。席勒认为:"道德的人只能从审美的人中发展出来,而不能够由自然状态中发展出来。在艺术教育活动中,音乐是人类情感最直接的表达方式,作为家长,要为孩子选择那些欢快、活泼、优美抒情、安静柔美的作品,这些歌曲或者乐曲,都能唤起儿童良好的情绪,从而使学前儿童心情愉悦,身心健康。音乐作品中很多有意义、有价值的作品反映的艺术形象,还可以激发孩子积极模仿,使孩子形成积极向上的道德感和美感。如歌曲《我的好妈妈》,孩子通过反复吟唱歌词"……劳动了一天多么辛苦呀,妈妈妈妈快坐下,请喝一杯茶,让我亲亲你吧,让我亲亲你吧,我的好妈妈",很容易模仿歌曲中的积极行为,主动为妈妈端茶倒水,帮助妈妈做力所能及的事[①]。

(三)学前儿童家庭艺术教育的实施要求

1. 家长要创设良好的家庭艺术氛围

家庭氛围是指家庭中长期积累的精神状态和情意倾向,是一种潜移默化熏陶感化的潜在教育因素。它存在于人们相互的言谈行为、表情、要求之中,虽然不能明确指定,但确实能使人感受到其价值和作用。家庭氛围、父母的艺术品位和艺术修养直接影响着孩子的成长。在家庭中形成一个良好的艺术氛围以激发孩子的艺术兴趣,对孩子的综合艺术素质的培养是非常重要的。没有一个人从小在艺术细胞方面就有缺陷,只是他们受着受教育程度以及文化艺术氛围的制约。

首先,如果条件允许的话,可以将家庭布置成一个相对比较艺术化的空间。在装饰的纹样、器物的造型、饰品的表达以及色彩的搭配方面,既要简单实用,又要体现出一定的审美情趣和主人的个性特点,使学前儿童从小在环境中得到良好的艺术熏陶。另一方面,家长要给孩子提供丰富的艺术活动材料。如各种绘画材料、手工书籍等,稍微大一点的孩子,在家长的引导下,可以按照书上的提示,做些简单的绘画和手工作品。其次,家长要营造良好的精神氛围。在这方面,父母的以身作则,无疑会给孩子带来很大的影响,很多人走上艺术道路,都跟家庭环境有关,跟父母亲的职业有关。如莫扎特生于奥地利的萨尔茨堡一位宫廷乐师的家庭,他的父亲列奥波尔得·莫扎特是城中宫廷天主教乐团的小提琴手,也是一位作曲家;母亲安娜·玛丽亚·莫扎特也热衷于音乐并会拉大提琴和小提琴。受父亲的影响,4岁的莫扎特就开始跟父

---

① 席勒. 美育书简[M]. 北京:中国文联出版公司,1984.

亲学习钢琴并开始作曲。6 岁的莫扎特在父亲的带领下到慕尼黑、维也纳、普雷斯堡作了一次试验性的巡回演出。在德国,著名的巴赫家族,在前后三百多年的时间里,一共出了六十多位音乐家,其中,二十多位是著名音乐家。所以,父母的职业兴趣和实践活动,每时每刻都在感染、熏陶、影响着子孙后代。家长不能一味地沉湎于成人自己的吃喝玩乐,忽视为孩子创设良好的家庭文化艺术氛围,不注意家庭文化生活的质量和生活的优劣。家长要培养自己比较高尚的精神情趣,每年和孩子定期听几场音乐会、看几次画展;共同探讨对电影、电视、广告等艺术形式的不同见解等。这样不但可以培养孩子的艺术修养,提高其审美能力,同时父母在培养孩子过程中,也能体会到艺术的魅力。另外,家长还要注意营造一个比较宽松的艺术创作氛围。能够让孩子在一个比较愉快的状态下,大胆想象,自由探索,鼓励孩子艺术创造过程中的首创性和多样性,使学前儿童能够充分发挥自己的艺术潜能。

2. 把握学前儿童艺术学习的关键期

关键期是指对特定技能或行为模式的发展最敏感的时期或者作准备的时期。在这一时期,对孩子进行科学合理的教育和训练可以获得最佳的效果,并能充分发挥孩子在这一方面的潜力。一旦错过了关键期或最佳年龄,教育和训练的效果都会降低,甚至永远无法发展。《学记》中指出"当其可之谓时",要掌握学习的最佳时机,适时而学,适时而教,否则"时过然后学,则勤苦而难成"。所以,作为家长一定要注意把握艺术学习的关键期,对儿童施以积极的教育。从绘画角度说,学龄前是孩子的"涂鸦期",2.5～9 岁是儿童画画的学习阶段,孩子进入自由作画的时期。10～12 岁是孩子绘画的过渡期,许多孩子发生绘画兴趣转移,将接受正规的成人画法训练。一般来说,孩子在 2～3 岁时,开始进入象征涂鸦期,这个时期的孩子已经能以单线画出直线、曲线、三角形等,儿童还有可能画出偶发的图形(令人想不到的形状),尤其喜欢用线条表示。虽然画出的图形形状不一定清晰,但已经有所寓意。如果画人,经常是人头画得特别大,人体极不对称,四肢长短不齐,粗细不匀。但是如果对 4～5 岁的孩子给以 1 年的绘画训练,即可达到可观的绘画水平。5～6 岁的孩子画的画,形象还有许多地方不协调,线条粗率。但是他们的想象能力有了很大发展,他们可以借助自己的想象画出许多大人们想象不到的图画,这阶段父母要及时发现孩子的创造契机,培养他们观察事物,表现生活的能力。这个时期家长应多给孩子涂涂画画的机会,爸爸妈妈与孩子一齐玩、一齐画、一起涂鸦讲故事,共同参与享受这个过程。画画并没有对与错之分,家长也不要随意批评孩子是否画得好,家长要尽量让孩子小手放开,站着画、坐着画、爬着画、墙上画(可专设一面墙)都可,这样孩子受益很大。而对于乐器的学习来讲,从孩子的音乐启蒙、生理特征和认知特点的角度而言,应优先选择键盘乐器,比如钢琴、电钢琴、电子琴等。5 岁左右可以开始学钢琴、电子琴、手风琴等键盘乐器;而学习弦乐器,如小提琴、二胡等,应该在 6 岁以后;架子鼓在 5 岁左右;吉他要在 7 岁以后了。学前儿童学习乐器要综合考虑各种因素,比如孩子的兴趣、家庭经济条件、孩子本身的身体素质等,切不可盲目跟风,随波逐流。对于舞蹈来说,4 岁一般是开始学习舞蹈的最佳时期,但学习课时一般为 1 小时左右,不宜超过 1.5 个小时,如果孩子天赋条件突出,很喜爱舞蹈,有意愿进行专业的舞蹈学习,建议等到 10 岁以上为最佳。因为专业舞蹈训练强度大、时间长,对于10 岁以下孩子的生长发育是十分不利的。

3. 重视学前儿童在艺术活动中的情感态度体验

传统的艺术教育,更多的是强调技能、技巧的学习,还有结果的完成,忽视学前儿童在活动过程中的情感体验,对孩子的身心发展过程是很不利的。家长应激发孩子感受美、表现美的情趣,支持孩子富有个性和创造性的表达,丰富他们的审美经验,使之体验自由表达和创造的快乐,获得一定的满足感和成功感。在绘画的初始阶段,家长要防止代替或变相代替孩子画,切忌让过小的孩子进入成人绘画法的训练。避免以"像不像"作为评判好坏的标准。而应关注孩子在整个活动过程中,注意力、意志力、想象力等方面的发展。在学前阶段,学前儿童非智力因素的发展,远远要比智力因素发展重要得多,要注意维护孩子的兴趣和好奇心,培养孩子的想象力和创造力,塑造孩子良好的心理品质,比如观察力、注意力、思维能力、意志力等,养成孩子良好的学习习惯,这些远比学习一些简单的知识和技能,对孩子的长远发展影响更大,也更有价值。

4.尊重学前儿童的兴趣选择和个性化、创造性的表达

兴趣是艺术学习的源泉和动力,也是艺术学习的前提和基础。学前儿童在艺术活动中,一方面要注意培养学前儿童的兴趣,另一方面要注意尊重孩子的兴趣。如有个小女孩6岁时曾经按照父母的要求学习书法,在父母的督促下,她每天练习,虽然在书法上有一点进步,可是在学习时总是打不起精神。她父母察觉到了这一点,便找她谈话,结果才知道了她的真实想法,她最大的兴趣是学拉小提琴。父母尊重了她的选择。结果她学拉小提琴非常自觉,并且在练琴的过程中融入了自己的感情,把每首曲子都表现得淋漓尽致。所以,对于学前儿童的学习内容,家长不能主观决断,随意行事,要采取民主的方式,和孩子沟通并尊重孩子的兴趣选择。另外,学前儿童的世界和成人的世界有很大的区别,对于外在的世界他们有自己的理解,也有着自己独特的表达方式,家长应尊重和支持孩子富有个性和创造性的表达,克服过分强调技能技巧和标准化要求的偏向,更不能以成人的眼光和角度来评价孩子作品。孩子的美术作品只要能表现出孩子内心的真实感受,宣泄出个人的真实情感,并且有一定的想象力和自我个性表达,对于学前儿童来讲都是有意义的。

阅读材料

河流也可以是粉色的

圆圆上幼儿园时,有一学期幼儿园要开设几个特长班,每周上两次课,一学期300元,谁想上谁上。班里的小朋友都跃跃欲试地要报名,这个报舞蹈班,那个报唱歌班。圆圆从小爱画画,她说想报画画班,我们就给她报了名。

特长班开课后,圆圆每周从幼儿园里带回两张她上课画的画,都是些铅笔画,各种小动物。这些都是按照老师给的范例临摹出来的,老师在上面给打分。从她这里我知道,老师的打分是以像不像为标准的。画得越像,打的分越高。这以后,圆圆画画开始力求"像"了。她很聪慧,在老师的要求下,画得确实是越来越像,得分也越来越高。可是我也同时有点遗憾地发现,她画中的线条越来越胆怯。为了画得像,她要不断地用橡皮擦,一次次地修改。与她以前拿一支铅笔无所顾忌、挥洒自如地画出来的那些画相比,有一种说不出来的小气与拘谨。有一天,绘画班老师给孩子们布置了一个作业,要求每人画一幅表示到野外玩耍的画,说要挑一些好的挂到幼儿园大厅里展览。

圆圆从幼儿园一回来,就迫不及待地拿出她的彩笔,找了张大纸画起来。她画得非常投入,拿起这根笔放下那根笔,连我们叫她吃饭都有点不愿意。她胡乱吃了几口,就又去画。到我洗完碗后,她也画完了,得意洋洋地拿来给我看。

我的第一感觉是她画得很用心,颜色也配得很好。一朵红红的太阳放着五颜六色的光,像

一朵花一样。以纸的白色作天空,上面浮着几片淡蓝色的云。下面是绿草地,草地上有几个小女孩手拉着手玩。小女孩们旁边有一条小河,河流是粉色的,这是女儿喜欢的颜色。她为了让人能明白这是河流,特意在河流里画上了波纹和小鱼。

看着这样一张出自 5 岁小女孩之手,线条笨拙稚嫩,用色大胆夸张的画,我心里为孩子这份天真愉快,为天真所带来的艺术创作中的无所羁绊而微微感动着。我真诚地夸奖圆圆,"画得真好!"她受到夸奖,很高兴……

第二天下午,我去接圆圆,看见她像往常一样高兴地和小朋友一起玩,她高兴地跑过来。我拉着她的小手走到大厅时,她忽然想起什么,扯扯我的手,抬起头看着我,脸上浮起一片委屈。我问怎么了,她说:"妈妈,我的画没选上。"眼泪一下子就出来了。

我赶快给她擦擦眼泪,问为什么。她小嘴噘一噘,停顿了一会儿,才低低地说:"因为我把小河画成粉色的了。"我问:"画成粉色的不好吗?"

"老师说小河是蓝色的,不能画成粉色的。还有,白云也不能画成蓝色的。我画错了。"女儿说得神色黯然。

我心里忽然被什么钝钝地击了一下,一张画不能被选上倒无所谓,但因为这样的原因不能被选上,并且导致孩子说她"画错了",这样一种认识被灌输到她小小的心中,却深深地让我有一种受伤感……

资料来源:尹建莉.好妈妈胜过好老师[M].北京:作家出版社,2009.

复习思考题

1.结合本章所学知识,谈谈你对学前儿童家庭教育目的的理解。

2.学前儿童家庭教育主要涵盖哪些方面?这几个方面有哪些主要的任务和内容?

3.结合实际,谈谈在实施学前儿童家庭健康、社会、语言、认知、艺术教育中,家长应注意的问题。

4.有学者指出中国的家庭教育可能是世界上最糟糕的家庭教育,这和以传授知识为主的教育体系有关,一味注重知识的累积,而不教孩子道德方面的东西。尤其是精英阶层,家庭教育更差,没有教养孩子的意识,只是用物欲淹没孩子。请你结合所学知识,谈谈你对此的理解和看法。

第四章
学前儿童家庭教育的原则与方法

要点提示

学前儿童家庭教育的原则是指学前儿童家庭教育必须遵循的基本要求；而学前儿童家庭教育方法是指学前儿童家庭教育在实施教育时所采用的具体方式和手段。家长能否遵循学前儿童家庭教育的基本原则，采取正确的教育方法，关系到家庭教育的成败。

第一节介绍了独立人格原则、理性施爱原则、一致性原则、因材施教原则、循序渐进原则、言传身教原则等六大原则的含义，以及坚持这些原则的基本要求。

第二节介绍了环境熏陶法、榜样示范法、暗示提醒法、说理教育法、奖惩激励法、兴趣诱导法这些学前儿童家庭教育常用的方法及其实施的基本要求。

学习目标

知识目标：

1. 理解并掌握学前儿童家庭教育基本原则的含义及其实施的基本要求。

2. 理解学前儿童家庭教育常用几种方法的含义，掌握其实施的基本要求。

能力目标：

能够运用这些原则和方法科学有效地指导学前儿童家庭教育。

第一节　学前儿童家庭教育的原则

案例导入

勤快女儿懒妈妈

星期五下午，当妈妈去接女儿燕子时，燕子高兴地说："妈妈，告诉你一个好消息，星期一，我们大(1)班的小朋友要表演节目，老师要我穿这双红色的长筒袜子"，一边指着自己脚上的袜子。到家以后，妈妈对女儿说："你把这双袜子脱下来洗一洗，星期一就能穿上干净的袜子了。"燕子请求妈妈代她洗一洗，妈妈说："不行，我们俩一人洗一只。"燕子哀求道："我不会洗。"妈妈说："你照着我的样子洗，我怎么做，你也怎么做。"正当母女俩开心地洗袜子时，爸爸下班回来了，他惊喜地说道："哟，我们的女儿真能干，会自己洗袜子了。"这时，外婆买菜也回来了，她生气地说道："这么点大的孩子，就叫她洗那么长的袜子，真是懒妈养了个勤快女儿。"

学前儿童家庭教育的原则，是指根据学前儿童家庭教育的目的与任务，遵循学前儿童的身心发展规律，在总结成功家庭教育经验的基础上，而提出的学前儿童家庭教育必须遵循的基本要求和基本准则。学前儿童家庭教育原则一方面具有很强的实践性，另一方面，它又具有坚实的理论依据。它在一定程度上决定着家庭教育内容的安排以及家庭教育方法的选择,是家庭教育顺利实施并取得理想效果的重要保证。我国现代学前儿童家庭教育应遵循的基本原则主要包括:独立人格原则、理性施爱原则、一贯性原则、因材施教原则、循序渐进原则、言传身教原则。

一、独立人格原则

(一)含义

独立人格原则是指在学前儿童家庭教育中,家长要树立正确的儿童观,把儿童看成是一个独立的个体。儿童有自己独立的人格、尊严和价值,有自己的想法和意见,因此,家长要尊重孩子,使孩子成为发展的主体。

(二)要求

1.树立科学的儿童观

儿童观是人们对于儿童的根本看法和态度,主要涉及儿童的地位和权利、儿童期的意义、儿童的特点和能力、儿童成长发展的特点和原因等问题。树立科学的儿童观是改善人们教育行为的前提条件。在日常生活中,经常出现各种不正确的儿童观:把儿童当容器,把自己认为重要的知识,一股脑地教给孩子;把孩子当成上帝,全家人围着转,要什么便给什么;把孩子当成宠物,高兴的时候又亲又抱,不高兴的时候,冷落疏远甚至打骂;把孩子当成私有财产,以为孩子是自己生的、养的,想怎么对待就怎么做,或者直接替孩子决定一切事情;把孩子当成炫耀的资本,一定要让孩子学这学那,出人头地,以博取别人羡慕的眼光。为此,我们必须要摒弃这些不正确的儿童观,用正确的理念来指导我们的教育行为。第一,学前儿童是具有完整人格和独立存在的人,我们要摒弃"儿童是弱小的,是一张白纸"的旧观念。第二,学前儿童是在成长过程中不断发展的人。在他们成长的每一个阶段,都有其独特的规律。不能把他们当成大人那样去对待,去要求,否则就是不切实际,必然事与愿违。第三,学前儿童终究要成长为大人,他们终将独立地生活,我们的全部教育都应当着眼于儿童的未来发展。

2.尊重儿童

(1)尊重学前儿童的人格。

第一,不居高临下地控制孩子的一切。父母要清除头脑中的封建余毒,放弃孩子必须服从父母、孩子是我的私有财产等落后的思想观念。在日常生活中不随意把自己的主观意愿强加给小孩,不以父母的身份强制要求小孩服从。当我们真正把孩子当成一个独立的个体看待时,孩子才有可能成长为一个独立的人。第二,家长要蹲下来,与孩子平等对话。这是每个父母与孩子交流应该遵循的姿势。蹲下来,不只是指在生理的高度上尽量地和孩子保持相同的高度,而更重要的是在心理上的高度要平等,要以平等的态度和眼光,用认真而亲切的态度,把孩子看成是一个需要尊重的独立的个体,同孩子脸对脸、目光对视着谈话,体现家长对孩子的尊重,体现成人对孩子事情或问题认真又亲切的态度。同时,家长可以轻声细语地进行耐心说服教育,而不是自上而下的,更用不着大声呵斥。第三,父母要尊重孩子的尊严,不能随意侮辱孩子人格。在日常生活中,家长常常要求小孩尊重父母,对父母或对客人有礼貌,却很少注意父母对小孩是否做到了礼貌周到。如果父母真的尊重孩子,想让孩子成为一个有礼貌的人,请首先对孩子要有礼貌。另外,在批评教育孩子时,不可随意谩骂侮辱,这些都对孩子人格有害。

（2）尊重学前儿童的兴趣和意愿。

每个孩子都有自己的兴趣和理想，但孩子的兴趣和理想可能和父母的期望并不一样，甚至相去甚远。此时，父母要懂得尊重孩子的兴趣和理想，不将自己的期望强加给孩子。比如小孩说："爸爸，我长大了想当警察。""当警察多没出息，咱们以后出国留学。"成人对小孩的理想不屑一顾，都是不尊重孩子的表现，成人应根据孩子的兴趣和理想进行培养和教育，鼓励孩子坚持他自己的兴趣和理想。另外，对于生活中的某些事情，由于父母和孩子不同的生活经验和经历，孩子可能会产生不同于父母的意愿和想法，比如，吃饭、穿衣打扮、发型配饰等。对此，父母不能用自己的标准和角度去评判孩子，把自己的意愿和想法强加给孩子，而应该根据实际情况给予有益的引导。

（3）尊重学前儿童的隐私和秘密。

孩子的秘密和隐私是其人格尊严的重要组成部分，是不容他人侵犯的，即使是父母。父母亲要尊重孩子成长的私密空间，包括物理空间和心理空间。要尊重孩子的隐私，父母要注意做到以下几点：第一，不用非常规手段侵犯孩子的隐私。如果父母在生活中，随意侵犯孩子的空间，比如不敲门就进入孩子房间，在门口偷偷观察，或是偷听孩子电话，偷翻孩子信件和日记，秘密跟踪孩子，这些都会使孩子丧失对父母的信任，甚至是心生厌恶和憎恨，造成亲子关系的紧张和对立，使教育无法进行。第二，和孩子交心，引导孩子主动说出秘密。父母亲可以通过讲述自己过往的一些"小秘密"，来和孩子交心，在融洽的亲子关系中，孩子会逐步消除戒备，向父母敞开心扉。第三，为孩子保守秘密。如果学前儿童在生活中偶尔向父母袒露了一些"小秘密"，父母应该懂得替孩子保守秘密。另外，学前儿童在生活中的一些偶发性的过失行为，父母也不要在其他小朋友和亲朋好友面前当作谈资，这些都是尊重孩子的表现。

阅读材料

应该保守的秘密

我清楚地记得，在桐桐不到 3 岁的时候，有一次，她趴在我耳边悄悄地对我说："爸爸，我跟你说件事情，你一定要为我保密，不要告诉妈妈啊。"我点头答应了。"今天，我把妈妈养的金鱼种在花盆里了，过段时间就会长出更多的金鱼。"桐桐骄傲地对我说。听了桐桐的话，我既吃惊又好笑，耐心地给她解释说："金鱼是不能种在土里的，它只能活在水里。"桐桐知道自己做错了事情，有些不好意思。跟桐桐说完那些话，我却将她对我的嘱咐忘到了脑后。晚上妻子回来后，我笑着将这件事的经过告诉了她。自然，妻子为此批评了桐桐几句。那一刻桐桐一直拿眼睛瞪着我，接下来好几天，她一直都不怎么理睬我，我意识到，自己也做了一件错事，辜负了女儿对我的信任，没有为她保守秘密。

资料来源：成墨初.不打不骂教孩子60招[M].北京：朝华出版社,2008.

（4）尊重学前儿童的天性。

陈鹤琴先生在《家庭教育》一书中写道，"小孩子是好游戏的、好模仿的、好奇的……喜欢野外生活的、喜欢合群的"。卢梭在《爱弥儿》中也谈到，"大自然希望儿童在成人以前就要像儿童的样子。如果我们打乱了这个次序，我们就会造成一些早熟的果实，它们长得既不丰满也不甜美，而且很快就会腐烂，我们将造成一些年纪轻轻的博士和老态龙钟的儿童。"所以，我们要尊重学前儿童的心理发展特点，把儿童真正当作儿童来看待，而不是把儿童当作成人，按成人的标准去要求孩子。比如我们不能要求一个学前儿童长时间的安静、规规矩矩地坐着。因此，从学前儿童心理发展特点出发,家长应尽量做到以下几点:第一,提供给孩子足够的游戏空间和材料。第二,提供给孩子和同龄小朋友沟通交流的机会。第三,提供给孩子户外活动和野外活动的机会,享受新鲜的空气和阳光,观察野生动植物。第四,常常鼓励表扬学前儿童。

(5)尊重学前儿童的创造和想象。

学前儿童的世界和成人的世界有很大的差异,学前儿童对外在世界有自己的理解,也有自己不同的表达。家长要尊重学前儿童的个性,尊重孩子的奇思妙想,不可盲目地以对错作为评判的标准,以保护和发展学前儿童的想象力和创造力。比如,一个小朋友在幼儿园画画,老师教孩子们把茄子画成紫色。他却画成黑乎乎一团。老师问他为什么,他说,这是一盘烧焦的茄子。老师笑了。当他回来讲述给家人听时,全家都笑了。就在这笑声中,小朋友的独创性受到了鼓励。

二、理性施爱原则

(一)含义

理性施爱原则是指家长在教育学前儿童时,要把对孩子感性的关心和热爱与理性的严格要求结合起来,以更好地促进孩子的健康发展。高尔基曾经说过:"爱孩子,这是母鸡也会做的事情。"但如何去爱子女,却是有讲究、有学问的,因为并不是所有的爱都会起到积极的促进作用。必须要做到爱而不娇,严而有度,严慈相济,才能促进孩子个性的健康发展。

(二)要求

1.爱而有度,爱得科学

战国时期思想家韩非子说:"人之情性莫爱于父母,皆见爱而未必治也。"意思是说父母对孩子的爱是任何其他人都无法比拟的,但是并不是人人在爱的同时都能教育好子女。这其中最重要的一条就是要爱得适度,凡事过犹不及,对子女的爱亦然。现在有些父母几乎把全部的精力都投入到孩子身上,牺牲了大量的时间、精力、金钱,甚至工作和梦想,把孩子当成自己的全部,从生活起居到学习规范,照顾得无微不至;从文明礼仪到为人处世,指导得事无巨细。但换来的却是什么呢,孩子只知道享受爱,不知爱人,自我中心,自私自利,父母亲辛苦付出,到最后竟变成了理所当然,孩子不知道感恩,不知道为父母为他人着想。所以,作为父母亲,爱孩子固然是天性,但在爱的同时,要把握好尺度,要让孩子有替父母考虑的机会。在适当的时候,要让孩子知道父母亲的辛苦包括家里的真实情况,从小培养孩子一颗感恩的心。另外,没有爱的教育是无法进行的,但是过度的爱,就犹如给花施了太多的肥料,一样会把花给烧死。马卡连柯曾经说过:"一切都让给孩子,为了他牺牲一切,甚至牺牲自己的幸福。这是父母送给孩子最可怕的礼物了。"作为父母还要明白孩子不是生活的全部,相信孩子也不愿意父母亲把自己当成生活的全部,因为孩子是独立的人,终有一天他会有自己的生活。父母亲除了孩子一定还要有自己的其他生活,其实父母亲本身在工作上的优异和成功,对孩子来讲就是一种很好的教育。以孩子为托辞,放弃自己的工作和梦想,是值得商榷的。等到有一天孩子长大,父母和孩子都有各自的生活,彼此之间既相互融合,又彼此独立,这样才能形成一种健康和谐的亲子关系。

作为父母亲还要明白,爱不仅仅是物质上的满足,更重要的是精神上的陪伴。现在随着人民生活水平的不断提高,很多家庭的经济条件非常优越。但同时,有很多的父母亲平时忙于工作没有更多的时间陪伴孩子，于是就把这种愧疚转化为物质上的满足，给孩子大量的零用钱，给孩子买很多高档的玩具、衣物甚至奢侈品作为补偿。殊不知，孩子的物质需求其实非常有限，孩子在很小的时候，对于名牌、奢侈品也没什么概念，过度的物质满足，会养成孩子不知珍惜、浪费、虚荣甚至拜金的心理。其实，孩子最喜欢的活动是游戏，他们不仅需要玩具，也需要玩伴。所以，作为父母亲一定要平衡好工作和生活，在紧张工作的同时，抽出时间照顾陪伴孩子，这不仅有利于学前儿童对家长形成健康的依恋，也有利于孩子健康个性的养成。

2. 严格要求，持之以恒

家长在爱孩子的同时要做到爱中有严，爱而有度，在爱护孩子的同时给孩子一定的规矩和道理，把感性热爱和理性要求结合起来，这样才能收到理想的效果。孩子在年幼时，缺乏独立的生活自理能力和生存技能，会有各种各样物质和精神上的要求，对孩子平时的需要和要求，家长一定要进行科学的分析和判断，合理的、正确的，要予以满足；过分的、不合理的，哪怕是要求再强烈、再迫切，也不能予以满足。家长决不能感情用事，一味地姑息迁就。卢梭曾告诫父母亲说："你们知道造成你们儿童不幸的最可靠的方法是什么吗？那就是他要什么便给他什么。"网上也有这样一则故事，三岁孩子让一家三口全部遇难，起因是在高速路上，后排座位的孩子非要摸方向盘，哭闹不止后，母亲见路上没什么车就让孩子去摸，摸完了孩子还不过瘾还想转方向盘，继续哭闹，母亲又妥协，让他在父亲的帮助下，转动方向盘，结果车子过桥，一不小心撞破围栏，车子掉进了河里，一家三口全部遇难，警察后来在孩子妈妈的手机里找到了这段视频，父母亲的纵容直接导致了惨剧的发生。所以，父母亲对孩子不合理的要求，千万不能盲目迁就和一味纵容。否则，受害的将是孩子自己。卢梭也告诫父母："惯见一切事物屈从于自己的儿童，一旦投身社会，到处碰到的都是违逆自己的事情，从前以为世界上的事可以随心所欲，现在这个世界竟沉重地压倒了自己。"在百依百顺的环境中长大的孩子，走入社会，不可能想得到什么就会得到什么，欲望得不到满足，又从小不懂得克制和放弃，很容易走上铤而走险的道路。

3. 爱而不娇，爱而不溺

现在很多家庭都是独生子女，几个大人围着一个孩子转，生活中像伺候小祖宗一样伺候着孩子，生怕孩子吃一点苦，受一点累。平时怕风吹着，怕雨淋着，怕太阳晒着，殊不知温室里养不出参天大树，马厩里养不出千里战马。家长要摒弃那种过度保护的倾向。"若要小儿安，就要三分饥与寒。"《孟子·告子下》中言："……故天将降大任于斯人也，必先苦其心志，劳其筋骨，饿其体肤，空乏其身，行拂乱其所为，所以动心忍性，曾益其所不能。"家长在孩子小的时候，可以适当让孩子吃一点苦，多进行一些户外活动和体育锻炼，这不仅可以增强孩子的体质，还可以磨炼孩子坚强的意志。除此之外，家长还要注意培养孩子的生活自理能力，避免包办代替。过度的包办代替只会使孩子变得懒惰自私，依赖性强。作为父母应尊重孩子生存和发展的权利，使孩子成为生存发展的主体。凡是学前儿童能够自己做的，就应该让他自己做；凡是学前儿童不能自己做的，我们应该教会他们如何去做，而不是代替他们去做。因为孩子最终将成为一个独立的人，父母亲或是其他任何人都不可能帮他替他做一辈子。总之，父母亲要懂得适时放手，让孩子独立地去做一些事情，或者经历一些风雨和挫折，让孩子从中得到锻炼，这样孩子才会成长为一个独立而坚强的人。

阅读材料

李嘉诚教子

香港巨富李嘉诚有两个儿子李泽钜和李泽楷。他们小的时候,李嘉诚很少让他们坐私家车,常常带他们坐电车、巴士。李嘉诚自己在日常生活中,也是克勤克俭、不求奢华。直到今天,他戴的只是廉价的只值二十六美元的日本手表,穿的仍旧是十年前的西装,居住的是三十年前的房子。有一次,李嘉诚看到在路边摆报摊的小女孩边卖报纸边捧着课本学习,还特意带两个儿子经过这个报摊,让他们学习小女孩认真学习的态度。

李嘉诚很少给他们零花钱,常常鼓励李泽钜和李泽楷勤工俭学,自己挣零用钱。所以李泽钜和李泽楷在很小的时候就开始做杂工、侍应生。李泽楷每个星期日都到高尔夫球场做球童,看着小小的儿子背着大大的皮袋跑来跑去,李嘉诚甚是开心。而当李泽楷告诉他,把挣来的钱拿去资助有困难的孩子时,他更是笑逐颜开。

当李泽钜和李泽楷到八九岁时,李嘉诚召开董事会,就让儿子坐在专门设置的小椅子上列席会议。开始兄弟俩觉得新奇好玩,瞪大眼睛,认真听父亲和各位董事讨论工作,有时大家争得面红耳赤,吹胡子瞪眼睛,兄弟俩吓得哇哇直哭,李嘉诚说:"孩子别怕,我们争吵是为了工作,正常现象,木不钻不透,理不辩不明嘛!"

在李家兄弟的童年时期,每天晚上,辛苦了一天的李嘉诚都会坐在书桌前阅读、自学外语。每逢星期日,李嘉诚就会带兄弟俩一起出海游泳,而游完泳后,必定要给他们上一堂严肃的国学大课。他会拿出随身带着的《老子》《庄子》等书,一句一句地读,然后再一个字一个字解释给儿子听。时间一长,李泽钜和李泽楷记住了那些传统的做人准则,比如诚实,比如信义。

一次,香港刮台风,李嘉诚家门前的大树被刮倒了,李嘉诚看到两个菲律宾工人在风雨中锯树,马上把儿子从床上喊了起来,指着窗外的工人说:"他们背井离乡从菲律宾来到香港工作,多辛苦,你们去帮帮他们吧。"李泽钜和李泽楷马上穿上衣服走进了风雨,而这时的李嘉诚在他们身后绽开了笑容。

儿子们一天天长大,李嘉诚决定送他们出国上学,让他们独立生活。这个决定对于十五岁的李泽钜和十三岁的李泽楷来说,未免过于严酷,除了学习,他们要面对的第一件事情就是做饭,在照顾好自己的生活后,小哥俩利用学习之余积极寻找打工的机会。交通工具就是一人一辆单车。后来,李泽钜和李泽楷都以优异的成绩从美国斯坦福大学毕业。然而当他们想进入父亲的公司施展才华时,父亲却对儿子们说:"我的公司不需要你们!但是,我希望你们先去打自己的江山,让实践证明你们有资格到我公司来任职。"兄弟俩再次离开了香港,来到加拿大,白手起家,一切从零做起。磕磕绊绊之后,终于有所成就,李泽钜成功经营了一家地产开发公司,李泽楷则成了多伦多投资银行最年轻的合伙人。在他们创业过程中,李嘉诚冷酷得不近人情,什么都不管不问,任凭哥儿俩在商海里挣扎拼搏。如今,李泽钜和李泽楷皆已成为举足轻重的商界大腕,李泽钜加入父亲的公司,父子合力打造李家更辉煌的未来,而李泽楷则以九十亿的身价成为世人瞩目的商界明星。

三、一致性原则

(一)含义

一致性原则是指学前儿童家庭教育应当有目的、有计划地把对孩子的各方面教育要求加以统一,使其相互配合,协调一致,前后连贯地进行,以促进孩子的全面发展。

(二)要求

1. 家庭成员之间要保持一致

(1)核心家庭中,夫妻之间要保持一致。

核心家庭是指父母双全、有一个或多个孩子所构成的家庭。这种类型的家庭在我国现阶段数量最多、占比例最大。在这种家庭里对子女有什么样的要求,进行什么样内容的教育,采取什么样的方式方法,夫妻之间都要有一个统一的认识。战国思想家韩非子说过:"一家二贵,事乃无功;夫妻持政,子无适从。"也就是说,对子女进行管教,一个人一个主意,子女不知道听从谁的教导,最后子女谁的教导也都不听。中国传统家庭教育里认为夫妻之间"一个唱红脸,一个唱白脸",这样一严一慈,一软一硬,相得益彰。而事实上这种做法从长远上看有很多弊端:首先,这种做法打击了软弱一方家长的教育权威,长此以往,软弱家长会被孩子不放在眼里,不被尊重;其次,这种做法实际上也离间了严厉家长和孩子之间的关系,使孩子对本来就害怕的家长越发畏惧;最后,这种做法还会使学前儿童养成不良的个性。当着这个家长的面一套,当着另外一个家长的面又是一套,见风使舵,阴奉阳违。所以,在对待孩子的态度上,夫妻之间要保持一致,该宽都宽,该严则都严。只有步调一致,才能使儿童朝着统一的、正确的方向发展。

(2)主干家庭中,祖父母与父母两代人要保持一致。

主干家庭是由祖父母、父母和孩子三代人构成的家庭。这种类型的家庭在我国家庭结构形式中仍然占有相当大的比重。在这种家庭里,年轻人有现代的教育观念,老年人有丰富的实践经验,在教育子女上有一定的优势。但同时由于两代人生活年代的不同,在教育子女的观念上有很大差异。并且由于隔代教养容易出现"隔代亲,亲不够"的问题,所以在这样的家庭里,经常会出现爸爸妈妈严厉管教,爷爷奶奶包庇护短的情况。这样不仅影响了家庭和睦,有时还会演变成家庭矛盾;孩子也有可能养成任性、是非不分、无理取闹等不良的品德和行为。所以,年轻父母和祖父母之间一定要相互沟通,取长补短,协调一致,以保证孩子个性品质的健康发展。

总之,不管在哪种类型的家庭里,教育者之间必须要做到信息互通,提前协调好教育孩子的方法,建立起牢固的统一战线,心往一处想,劲往一处使,形成教育合力,以提高教育成效。如果在教育孩子时发生矛盾,且不可盲目地各持己见,相互争吵,把矛盾暴露在孩子面前。这时,最好是一方先作出让步,收回自己的意见,事后再统一认识。如果双方相互坚持,互不认输,结果是双方在子女心目中的威信都会降低,孩子也许谁的教导也不听。

2. 家园之间要保持一致

著名教育学家陈鹤琴曾经说过:"幼儿教育是一种复杂的事情,不是家庭一方面可以单独胜任的,也不是幼儿园一方面能单独胜任的,必定要两方面共同努力才能收到充分的功效。"所以学前儿童教育需要幼儿园和家庭两方面的通力合作,才能共同促进孩子的身心健康发展。2001年教育部颁布的《幼儿园教育指导纲要(试行)》指出:家庭是幼儿园重要的合作伙伴,应本着尊重、平等、合作的原则,与家庭密切合作,综合利用各种教育资源,共同为幼儿的发展创造有利条件。所以,家园要经常联系,保持沟通,在教育目标上要保持一致。有的家长希望孩子多识一些字,多学一些知识,而幼儿园则注重在游戏中促进孩子的全面发展;幼儿园教育小朋友之间要团结友爱、互相帮助,而有的家长却教育孩子不能吃亏,"别人打你一下,你就狠狠打他两下";幼儿园引导孩子自己能做的事尽量学着自己做,而家长则往往包办代替。如果家庭和幼儿园在教育目标上不能取得共识,就无法共同促进孩子的身心全面发展,在这一点上,幼儿园要经常通过家长会、专题讲座、家长开放日、家校通信息平台等提高家长的教育观念,提高家长的教育素质,使家长愿意并积极配合幼儿园的教育工作。

3. 对所有子女要一视同仁

在多子女家庭里,有的孩子因为是男孩或女孩,或因聪明乖巧,或者是因为身有残疾、体弱多病,又或是相貌英俊等,往往成为父母偏疼偏爱的对象。父母对子女不能一视同仁,表面上看被偏爱的子女得到了更多的机会和好处,事实上这种做法有百害而无一利。被偏宠者为所欲为,任性骄横,不服管教,容易养成坏毛病;而被歧视者容易产生自卑和对立情绪,同胞兄弟姐妹之间会造成隔阂和矛盾,孩子之间关系不和睦。《史记·刘表传》记载,刘表有两个儿子,一个叫刘琦,一个叫刘琮。刘琦的相貌酷似刘表,刘表就偏疼偏爱刘琦,这样刘琦和刘琮之间就产生了尖锐的矛盾。刘琮依靠母族的势力,污蔑陷害刘琦,刘琦被排挤到外地做官。刘琦是长子,本应立他为嗣,结果反立刘琮为嗣,内部争斗不休,兄弟不和,曹操趁机发动进攻,刘琦逃走,刘琮投降,造成刘表倾宗覆族的惨剧。

4. 对学前儿童的要求要一以贯之

对学前儿童的教育是一个长期连续的过程,作为家长始终要保持积极负责的态度,不能朝令夕改,变化无常。如果家长教育孩子没有固定的态度和规矩,此一时,彼一时,学前儿童的良好行为习惯就很难确立。比如,要求孩子要自己吃饭,不能光脚在地上乱跑,就要一直这样要求,不能因为各种原因随意放弃要求。有些家长有时对孩子的要求比较严格,有时就对孩子的表现听之任之,这样不仅使学前儿童良好的生活习惯难以建立,原来的努力也会付之东流。时间长了,还会打击家长的教育权威,孩子会变得越发顽劣,不服管教。在教育领域,幼儿期也被称为"潮湿的水泥"时期,意思就是说这个时期的小孩就像潮湿的水泥一样具有很强的可塑性,这一阶段过后"水泥"会慢慢凝固,孩子的基本性格、生活习惯会慢慢固定下来。所以,学前儿童时期对孩子进行严格要求,使其养成良好的行为习惯,就显得尤为重要。好的习惯会使人终身受益,而学前儿童时期是孩子良好习惯的养成时期,家长要持之以恒,一以贯之,才能使教育取得应有的成效。

四、循序渐进原则

(一)含义

循序渐进原则是指在进行学前儿童家庭教育时,要遵守学前儿童身心发展规律和科学知识本身的发展顺序,由浅入深,由易到难,逐步进行教育。

(二)要求

1. 遵循学前儿童的身心发展规律,切不可揠苗助长

很多家长都希望自己的孩子早日成才,望子成龙,望女成凤,但却不考虑孩子的实际理解能力和接受能力,任意提前进行智力开发。在学前阶段,最典型的莫过于幼儿学习小学的内容,背古诗、学外语、学算术,恨不得把小学一年级甚至二年级的课程都提前到幼儿园学了,殊不知这种做法严重违背了学前儿童的身心发展规律。处在学龄前阶段的孩子,其大脑以及身体各个器官和组织的发育还不完善,决定了他们还不能像小学生那样坐下来进行正规的学习。

孩子在这种小学化的教育过程中,得不到快乐,自然会认为学习是一件痛苦的事情,于是,孩子就产生了对学习的恐惧和厌恶心理,孩子表面上习得了一些死板僵化的知识,但实际上却是以孩子失去学习兴趣为代价的。同时,这样还扼杀了孩子活泼好动的天性,失去了很多童年应有的快乐时光。这种情况下即使孩子上了小学,也会表现出对知识不感兴趣、注意力不集中等不良的学习态度。

美国心理学家格塞尔曾经做过一个著名的实验:让一对同卵双胞胎练习爬楼梯。其中一个为实验对象(代号为 T),在他出生后的第 46 周开始练习,每天练习 10 分钟。另外一个(代号为 C)在他出生后的第 53 周开始接受同样的训练。两个孩子都练习到他们满 54 周的时候,T 练了 8 周,C 只练了 2 周。实验结果出人意料:那位练了两周的孩子 C,其爬楼梯的水平比练了 8 周的 T 孩子好,C 在 10 秒钟内爬上了特制的五级楼梯的最高层,而 T 则需要 20 秒钟才能完成。这个实验说明生理成熟是教育的重要条件,教育要尊重孩子的实际水平,在孩子尚未成熟之前,要耐心地等待,不能违背孩子身心发展的内在"时间表",而人为地通过训练加速孩子的发展。揠苗助长的结果表面上是苗长高了,但最后苗却因为受到伤害而枯萎了。学前期的孩子正处在"游戏期",这个时期的教育应以游戏为主,在游戏中发展孩子的感官,激发孩子的心智,培养孩子的社会能力。

2.从实际出发,量力而行

现代社会的科学知识更新日新月异,生活节奏越来越快,职业的变更越来越频繁,对人的素质要求也越来越高。面对未来社会的压力,很多家长都害怕自己的孩子输在起跑线上,希望可以很小的时候培养孩子的多方面知识与技能。另外,关键期的理论也给这一做法提供了一定的理论支撑。关键期是指个体身心某一方面机能和技能最适宜形成的时期。在这一时期,对个体相应的方面进行科学合理的教育和训练,可以获得最佳的效果。很多学习的关键期都在学前阶段,所以很多家长盲目地让孩子学习"特长",绘画、弹琴、跳舞、外语等,五花八门,数不胜数,使孩子每周每日,没有一点休息和游戏的时间,整天疲于奔命。要知道种树养花都需要浇水,但过度的浇水却很容易把树木花草淹死。培养儿童也是一样,凡事过犹不及,我们必须要考虑孩子的实际接受能力和他们自己的兴趣意愿,如果孩子喜欢并能够接受,我们就顺应他的发展,学更多的知识;如果孩子敷衍了事,或者非常反感,我们就不能强迫他去接受,这样不仅浪费了家长和孩子大量的时间和精力,也收不到应有的教育效果。十年树木,百年树人。"欲速则不达",我们不可能一下子培养出一个神童或者全才,所以,教育要量力而行,循序渐进,不能操之过急。

五、因材施教原则

(一)含义

因材施教原则,是指家长对学前儿童进行教育时,要根据学前儿童的年龄特征和个性差异进行教育,采用适当的教育形式和方法。由于学前儿童的先天遗传素质、后天环境和教育影响不同,每个孩子在身心发展的可能性、方向和水平上都存在着差异。所以,家长要从学前儿童的实际情况出发,因材施教。

（二）要求

1.根据学前儿童的年龄特点和个性特征因材施教

首先，作为家长，如果能够学习一些学前心理学、学前教育学的知识，就会了解这一时期学前儿童的身心发展特点，从而掌握教育的主动权。学龄前的儿童思维大都处于直觉行动思维和具体形象思维阶段，所以，对于学前儿童的教育，要提供给儿童大量操作的机会，提供给他们具体形象的材料，以帮助他们理解。美国华盛顿儿童博物馆的墙上挂着这样一幅格言："我听见了，我忘记了；我看见了，我忘记了；我操作了，我理解了。"这就说明了直观和操作对儿童的重要性。另外，游戏是学前儿童的基本活动，所以，在开展学前儿童教育活动时，最好采取寓教于乐的方式，使家庭教育活动游戏化。

其次，同一年龄段的儿童，在不同的人身上，还表现出不同的个性。个性这个词的含义非常广泛，但主要集中地表现在兴趣、气质、性格和能力等方面。个性的这些具体表现形式是家长在教育时必须考虑的，也是教育工作的依据。有一个故事讲动物王国开办了一所学校，学校开设了四门课程：跑步课、爬行课、游泳课和飞行课。在这个学校里的所有动物都必须学会这四门课程。结果，兔子在跑步课上总是遥遥领先，但在游泳课上兔子第一次下水就差一点被淹死；鸭子是游泳课上的佼佼者，可跑步成绩却是惨不忍睹；蛇的爬行成绩在班上名列前茅，跑步课和飞行课却令它很没有面子；老鹰飞行课的成绩名列前茅，却拒绝上跑步课、游泳课和爬行课。老鹰专心致志地练习飞行，结果当上了世界上飞得最快、飞得最高的鹰。这个故事看似简单，但留给教育者的启迪是深远的，那就是不能让鸭子去跑步，让兔子去游泳。其结果是鸭子还是跑不快，甚至忘了怎么去游泳；兔子还是不会游，而且还丢了跑步。成功的教育应该是根据孩子的天性，最大限度地发展孩子的特长，而不是违背天性任意为之。

2.要兼顾学前儿童的特长培养和全面发展

目前，有的家长为了让孩子早日成为有一技之长的人才，在孩子很小的时候就给孩子确定了发展方向，让孩子专攻某一方面的技艺，如音乐、绘画、书法等。其他方面的知识和能力发展则弃之不顾。还有的家长，一味地只追求孩子的知识学习，对于孩子行为习惯和生活自理能力、道德品质发展等通通疏于管教。殊不知，要发展孩子的专门知识和技能，造就专门人才，必须要以全面发展为基础。人才的培养和发展犹如建高楼大厦一样，房子盖得越高，地基就要打得越宽、越牢。家长要明白，各门知识之间是有内在联系的，它们相互影响，相互制约。普通科学文化知识学好了，也有利于专业知识的学习。另外，木桶原理也告诉我们一只水桶能装多少水取决于它最短的那块木板。所以，作为家长一定要注意孩子的全面发展，不能让孩子在某个方面出现明显的短板，影响孩子的长远发展。

六、言传身教原则

（一）含义

言传身教原则是指在学前儿童家庭教育中，不仅要善于说理，同时也要以自己的行为给孩子做出榜样，既要注重言传，更要注重身教，将二者有机地结合起来。

（二）要求

1.重视身教

在日常生活中，家长常常以教育者自居，看到儿童身上这样那样的缺点和毛病，然后进行长篇大论，喋喋不休地说理，而常常忽视了自身行为对孩子的影响。父母是孩子的镜子，孩子是父母的影子。学前儿童天性是好模仿的，所以，要想有一个聪明可爱的孩子，最重要的是要先把自己修炼成合格的父母，以身导行，而不是空谈说教。父母要求孩子做到的，父母首先自己要做到。父母要从一言一行、一举一动严格要求自己，比如很多家庭都希望孩子少玩手机和电脑，那么作为家长自己也应减少玩手机的时间；想要孩子爱看书，爱学习，家长自己最好也要有良好的阅读习惯；要想子女从小待人接物彬彬有礼，自己也要待人热情周到。如果平时只是单向地要求孩子，大人小孩双重标准，那么说理教育就会大打折扣，小孩会不以为然。"其身正，不令而行；其身不正，虽令不从。"学前儿童在某种程度上就是父母的翻版，所以做父母首先要以身作则，给孩子做好榜样。

2.身教和言教相结合

在家庭教育中，重视身教的同时，家长也要根据学前儿童的年龄特点和接受程度，将身教和言教结合起来，循循善诱，从而使学前儿童从无意识的模仿过渡到有意识的模仿。从某种程度上讲，无身教的言教是没有力度的，不具体的；无言教的身教也是不充分的。对于学前儿童而言，家长要注意言教的方式和方法。学前儿童大都处于具体形象思维阶段，给他们讲道理最好结合具体事例，采取打比方、讲故事的方式，寓教于喻，深入浅出，这样才便于学前儿童接受和理解，切忌盲目的命令和禁止。比如小孩不爱洗澡，不讲卫生，可以给他讲《不爱洗澡的小猪》；不爱分享，可以给他讲《小铃铛儿》《金色的房子》等。

第二节 学前儿童家庭教育的方法

案例导入

雪雪的奖励

妈妈第一次奖励雪雪，是在小班时。那次雪雪在幼儿园得到了5朵小红花，是班上最多的，妈妈特地带雪雪吃了一顿肯德基，并跟雪雪约定，今后只要表现好，就奖励一样东西。中班时雪雪的小红花越得越多，妈妈也每次都履行诺言，奖品的档次也随之水涨船高。

雪雪就要进入小学了，并且在全市歌唱比赛中获奖。随后，雪雪提出要去香港迪斯尼乐园作为奖励，这大大超出了妈妈的预期。妈妈担心，如果这次答应了，下一次又该拿什么奖励雪雪呢？

学前儿童家庭教育的方法，是指家长在对学前儿童实施家庭教育时所选择和运用的具体方式和手段。学前儿童家庭教育方法关系到家庭教育能否顺利进行，影响着教育的效果，决定着学前儿童家庭教育目的和任务的实现。法国教育家爱尔维修认为："即使是普通的孩子，只要教育得法，也会成为不平凡的人。"因此，家长要理解和掌握多种教育孩子的有效方法，并学会正确地选择和运用这些方法。本节我们主要介绍环境熏陶法、榜样示范法、兴趣诱导法、说理教育法、暗示提醒法、奖惩激励法等几种方法。

一、环境熏陶法

（一）含义

环境熏陶法是指家长有意识地创设一个和谐、优美、良好的家庭生活环境，使学前儿童置身其中,在耳濡目染中陶冶其良好的生活习惯和思想品德的方法。这种方法寓教育于情境之中,虽然从表面上看,家长没有具体明确地进行有意识的教育,然而却能收到潜移默化的效果,给孩子的品德发展以深远的影响。中国自古就有"孟母三迁"的故事,所以父母要特别注意环境对学前儿童发展的潜在影响。

(二)要求

1. 精神环境的创设

(1)父母的人格感化。

这是父母以自身的情感为教育情境对子女进行陶冶。在这种情况下,父母亲是以自己高尚的品德、人格以及对孩子深切的期望和真诚之爱来触动、感化孩子,使孩子奋发向上,积极进取。所以,在家庭中父母亲要尽可能修养出良好的个性品质,诚实守信、勤奋好学、正直勇敢、乐善好施、礼貌待人、坚忍不拔、开朗热情、自信乐观、宽容自制等。这样就会给学前儿童树立一个良好的榜样,子女在潜移默化中就会习得做人做事的优秀品质。莫言在诺贝尔奖颁奖仪式上,以讲故事的奇特方式发表获奖感言,其中关于母亲的故事尤其令人动容:一个中秋节的中午,我们家难得地包了一顿饺子,每人只有一碗。正当我们吃饺子时,一个乞讨的老人,来到我们家门口,我端起半碗红薯干打发他,他却愤愤不平地说:"我是一个老人,你们吃饺子,却让我吃红薯干,你们的心是怎么长的?"我气急败坏地说:"我们一年也吃不了几次饺子,一人一小碗,连半饱也吃不了!给你红薯干就不错了,你要就要,不要就滚!"母亲训斥了我,然后端起她那半碗饺子,倒进老人碗里。我最后悔的一件事,就是跟着母亲去卖白菜,有意无意地多算了一位买白菜的老人一毛钱。算完钱我就去了学校。当我放学回家时,看到很少流泪的母亲泪流满面。母亲并没有骂我,只是轻轻地说:"儿子,你让娘丢了脸"。莫言在后来的散文《母亲》中深情地写道:"……因为我的父母、祖父母和许多像他们一样的人,为我树立了光辉的榜样。这些普通人身上的宝贵品质,是一个民族能够在苦难中不堕落的根本保障。"

阅读材料

习近平主席的拜寿信

在2015年春节团拜会上,习近平主席指出,不论时代发生多大变化,不论生活格局发生多大变化,我们都要重视家庭建设,注重家庭、注重家教、注重家风。习主席不仅是这样说的,也是这样做的。通过这封习主席写给父亲习仲勋八十八周岁生日的贺信,我们可以了解到革命家庭特别是父亲对习近平的影响,原文如下:

敬爱的爸爸:

今天是您的88周岁生日,中国人将之称为米寿。若按旧历虚两岁的话,又是您90岁大寿。这是一个值得庆祝的大喜日子,昨晚我辗转反侧,夜不能寐,既为庆祝您的生日而激动,又因未能前往祝寿而感到遗憾和自责。

自我呱呱落地以来,已随父母相伴48年,对父母的认知也和对父母的感情一样,久而弥深。我从您身上要继承和学习的高尚品质很多,最主要的有如下几点:

一是学您做人。爸爸年高德劭,深受广大人民群众和我党同志、党外人士的尊敬。这主要是您为人坦诚忠厚、谦虚谨慎、光明磊落、宽宏大度。您一辈子没有整过人,坚持真理不说假话,并且要求我也这样做。我已把你的教诲牢记在心,身体力行。

二是学您做事。爸爸自少年就投身革命,几十年来勤勤恳恳、艰苦奋斗,为党和人民建功立业,我辈与您相比,实觉汗颜。特别是您对自己的革命业绩视如过眼烟云,从不居功,从不张扬,更值得我辈学习和效仿。

三是学习您对共产主义信仰的执著追求。无论是白色恐怖的年代,还是极"左"路线时期;无论是受人诬陷,还是身处逆境,爸爸对共产主义的信念仍坚定不移,相信我们的党是伟大的、正确的、光荣的。您的言行为我们指明了正确的前进方向。

四是学您的赤子情怀。爸爸是一个农民的儿子,热爱中国人民,热爱革命战友,热爱家乡父老,热爱您的父母、妻子、儿女。您自己博大的爱,影响着周围的人们。您像一头老黄牛,为中国人民默默地耕耘着。这也激励着我将毕生精力投入到为人民服务的事业中去。

五是学您的俭朴生活。爸爸平生一贯崇尚节俭,有时几近苛刻。家教的严格,是众所周知的。我们从小就是在您的这种教育下,养成勤俭持家习惯的。这样的好家风我辈将世代相传。

此时此刻,百感交集,书不尽言,上述几点,不能表达我的心情于万一。我衷心遥祝尊敬的爸爸健康长寿,幸福愉快!

儿近平叩首

二〇〇一年十月十五日

资料来源:《习仲勋革命生涯》编辑组.习仲勋革命生涯[M].北京:中国文史出版社,2002.

(2)和谐的家庭氛围。

家庭生活中,父母要相互尊重、互相信任、平等待人、和睦相处、共同关注孩子的成长。在一个民主宽松的家庭中,成人之间感情融洽,关系和谐,使孩子感到轻松愉悦,没有任何精神压力。这种环境会使孩子自发地陶醉于各种创造性活动中,这对孩子良好个性的形成、创新意识的萌芽将起到一定的促进作用。相反,如果父母亲经常冷战、争吵、谩骂,久而久之,孩子就会变得神经紧张敏感,性情忧郁脾气暴躁,还会影响孩子的消化睡眠,导致孩子身体不健康。哲学家弗洛姆说:"当一个不幸的婚姻面临解体时,父母之间陈腐的论据是,他们不能分离,以免剥夺一个完整的家庭给孩子所带来的幸福。然而,任何深入的研究都表明,对孩子来说,家庭中紧张和不愉快的气氛,比公开的决裂更有害,因为后者至少教育孩子,人能够靠勇敢地决断,结束一种不可容忍的生活状况。"①婚姻是最深刻的一种人际关系,人性的真实、文化素养、价值观、爱的能力等都在这样一种关系中表现得淋漓尽致。它是两个成年人合写的生命自传,是让他们亲爱的孩子感受生活的幸福,体会生命的美丽,认识人与人之间关系的启蒙教材。给孩子一个幸福的家,让孩子在生理和心理两方面都健康地成长,成为一个身心和谐的人,这才是父母所能给孩子最丰厚的、一生用不完的财富。

(3)健康的生活方式。

家长要有健康的兴趣爱好,多参加一些提高自身素质的活动,以丰富家庭生活内容,提高家庭的文化氛围,如读书、健身、下棋、集邮、养花、养鱼、写字作画等,从而引导孩子从小参加健康的文化体育活动,培养孩子的兴趣爱好,塑造孩子美的心灵。不要让孩子从小满足于吃穿用这样的简单愉悦之中。家长也切忌染上不良的生活恶习如赌博、酗酒,这样不仅害了自己,也害了家庭和孩子。国外目前流行的 FUN 生活方式,F 是指健身,就是指家庭成员之间每天都有一定时间的健身,如跑步、跳绳、打球、健美操等。U 是指和谐,家庭成员之间要定期聚会交

---

① 弗洛姆.为自己的人[M].孙依依,译.北京:生活·读书·新知三联书店,1988.

流、外出旅游、准备晚餐、进行家庭游戏等。而 N 是指营养,家庭饮食要有科学的结构,多吃鸡、鱼、豆等动植物蛋白,多吃新鲜水果和蔬菜,少吃油炸等高脂肪及加工类食品,每日食盐应有所控制,不能吃太咸的食物。

2.物质环境的创设

在家庭的物质生活环境方面,房间的陈设布置要清洁卫生、井井有条、美观大方、舒适宜人。父母亲还可以在家摆放一些艺术品,这样不仅可以帮助学前儿童养成良好的生活习惯,还可以使孩子得到艺术上的熏陶。有条件的家庭,最好给学前儿童单独准备一间房间,房间的布置,应该让孩子发表意见和看法,也可以让孩子动手。父母亲要给孩子准备好小书桌、小书柜、玩具柜、大地图、地球仪、科学实验仪器等。孩子的生活环境可以布置一些色彩鲜艳的图案、美丽的风景画和优美的书法作品。现在很多孩子都在学习美工、绘画、书法等,可以选些合适的艺术作品挂在墙上,这样不仅可以美化环境,还可以增强孩子的自信心。在儿童房间的装修布置上,切忌按照大人的意愿进行布置,盲目地铺张浪费,追求富丽堂皇[①]。

二、榜样示范法

(一)含义

榜样示范法是指学前儿童家长以自身和他人的好思想、好品质、好行为来教育和影响孩子,使其形成优良品德的方法。学前儿童天生好模仿,思维又具有具体形象性,具体的形象对孩子具有巨大的吸引力、感染力和说服力。榜样示范是家长对学前儿童进行教育的最有效方法之一。

(二)要求

1.家长要为学前儿童树立良好的榜样

托尔斯泰有句名言:"全部教育,或者说千分之九百九十九的教育都归结到榜样上,归结到父母自身的端正和完善上。"马卡连柯也曾说过:"一个家长对自己的要求,一个家长对自己家庭的尊重,一个家长对自己每一个举止的注意,这是首要的、最重要的方法。"对于孩子而言,家长不仅是权威,而且是幼小孩子言行举止标准的提供者,家长的言行举止、情感态度、性格特征、思维方式、生活习惯以及处事方式在很多情况下都成为孩子的参照,对学前儿童的身心发展产生重大的影响。事实上,言行相悖比放任自流效果可能更坏。因此,家长要注意自身的形象,给子女做好表率。

据台湾媒体"今日新闻网"报道,中国台湾高雄赵慕鹤老人为鼓励孙子好好念书,自己于96 岁那年考入南华大学哲学研究所。经过三年努力还取得了硕士学位。据报道,赵爷爷每天看书看到两三点,不吸烟,也不喝酒,有空就写书法修身养性。2012 年 101 岁时,他还在香港办书法展,并且成为畅销书作者,真正践行了活到老、学到老。他的行为不仅给同辈人也给子孙后代树立了光辉的示范。

2.借助历史杰出人物、正面文学作品形象和卡通形象影响学前儿童

首先,家长平时可以通过讲故事的方式,把历史上的一些英雄模范人物的事迹告诉学前儿童。如程门立雪、黄香孝父、孔融让梨等。优秀的文学作品中也塑造了很多经典的形象,家长

---

① 尹建莉.好妈妈胜过好老师[M].北京:作家出版社,2009.

可以引导学前儿童向这些优秀人物学习。如安徒生童话中的丑小鸭、海的女儿等。动画片是学前儿童最喜欢也是孩子最常看的电视节目,动画片中塑造了很多经典的卡通形象。比如《疯狂动物城》中的史上第一任兔子警官朱迪,家长可以引导孩子学习朱迪身上自信、机智、勇敢、乐观的精神。

3. 引导学前儿童学习同伴的优秀品质

同伴可为学前儿童自我意识的发展和自我评价提供参照。同伴对孩子来说非常熟悉,他们的良好品德和行为更易为学前儿童所接受,更能激起孩子的学习热情。所以,家长应适时地引导孩子向同伴学习。比如,引导他们学习同伴的礼貌行为、学习行为等。但家长需要注意的是,引导学前儿童向同伴学习不是把孩子进行所谓的横向比较,而是要激发孩子学习同伴身上的优良品质,因此不要拿别人家孩子的长处和自己家孩子的短处相比,这样做容易引起孩子的反感,久而久之,还会打击孩子的自尊心、自信心和上进心,使孩子变得自卑怯懦。比如同样是弹琴,家长可以说,"你看多多弹得真好,妈妈觉得你努力练一下也可以和她弹得一样好,咱们一起试试吧。"但千万不能说,"你看看人家多多弹得多好,再看看你,你太令妈妈失望了。"

三、暗示提醒法

(一)含义

暗示提醒法是指在学前儿童家庭教育中,家长用含蓄、间接的方式对孩子的心理施加影响,从言语上提示,从感情上感染,从行为上进行引导的一种方法。暗示提醒法的运用要求父母和孩子之间的关系比较亲密,双方比较熟悉,这样孩子才能对家长的表情、动作所代表的含义心领神会。可以说,暗示提醒的影响是间接、内隐的,是在孩子无心理对抗的情况下不自觉地接受教育的,这种方法往往比那种明示教育,更易为学前儿童所接受。

(二)要求

1. 灵活运用多种暗示方式

暗示的方式很多,最常见的是表情动作暗示,比如孩子表现得特别出色,家长报以点头微笑,以示鼓励;小孩子坐姿不端正,家长给予一个挺着脊背的动作予以提醒;家里来了客人,家长用眼神暗示孩子给客人端茶倒水等。其次是语言暗示,家长通过打比方、作比较等方式把自己的观点巧妙地表达出来。比如,浩浩早上起床后从不叠被子,妈妈提醒过几次,但效果不理想。一次,妈妈告诉浩浩,今天遇到楼下亮亮的妈妈说亮亮真乖,每天总是自己把床铺打理得整整齐齐。浩浩听后表面上不以为然,但渐渐地自己也动手学会了叠被子。再次是情境上的暗示。比如家长想让孩子从小爱学习、爱读书,不是家长整天去叫孩子读书、学习,而是家长自己每天坚持看书、读报,给孩子买文具、讲故事,在家里营造一种文化氛围,孩子自然而然也会养成爱读书的好习惯。所以,家长在学前儿童家庭教育中,在三令五申的明示教育不起作用的情况下,不妨尝试采取暗示的方法,灵活运用以上几种暗示的方法,也许会收到意想不到的效果。

2. 巧妙使用反暗示

反暗示是指家长利用外界刺激物的信号引起相反反应的一种教育方法。就是说,家长的意图和对子女的要求、期望,不是正面提出,而是有意地从相反的方向去刺激孩子,从而激起孩子按照家长的意图、要求和期望行事的一种方法,也就是人们通常所说的激将法。家长可以利用学前儿童争强好胜的心理,巧妙地使用反暗示,可能会收到非常好的效果。比如,带孩子到郊外去玩,家长想鼓励孩子自己走,而不是叫家长抱着或背着。就可以跟孩子故意说:"我们就知道你走不了多远,就会叫苦叫累投降的,一会叫爸爸背,一会叫妈妈抱,不信咱们走着瞧。"

3.引导学前儿童学会积极的自我暗示

自我暗示是指在家长的引导下,让学前儿童对自己的心理施加教育影响的一种方法。自我暗示有积极和消极之分,积极的自我暗示能够使孩子即使处于非常不利的境地,也能达到自我激励的效果,从而增强孩子的自信心,争取好的结果。自我暗示虽然源于"我的内部",但与家长的引导和影响密不可分。正是在长期的家庭交往和教育中,家长对孩子的期待、暗示和不断鼓励,才使得孩子经常产生对生活、学习等各方面的信心,由此给自己带来积极的自我暗示。当然,积极的自我暗示不是自然而然形成的,它需要以充分的自信、坚强的意志以及丰富的学识为前提,所以家长在学前儿童家庭教育中,要非常注重孩子良好意志品质的培养,并常常给予积极的正面鼓励和评价,使孩子慢慢学会积极的自我暗示,克服消极的自我暗示。

阅读材料

名人家教之暗示提醒法——梁漱溟的"父教"故事

梁漱溟是我国现代著名的思想家,现代新儒家的早期代表人物之一。他9岁的时候,有一天他把自己玩耍的一串铜钱遗忘在屋外的树枝上了,怎么寻也寻不到,就回家大吵大闹,硬说是别人拿了。后来,细心的父亲在外面发现了铜钱,知道是儿子自己忘了。他既不大声斥责,也不是直接取了给他,而是写了张纸条交给儿子。纸条上写着:有一小儿,自己把一串铜钱挂在屋外的树枝上,不仔细寻找,却只是责怪别人拿了。梁漱溟看了纸条,赶忙出去寻找,果然在树枝上见到了自己遗忘的铜钱,顿时觉得很不好意思。

四、说理教育法

(一)含义

说理教育法是指家长通过摆事实、讲道理,以提高学前儿童的认识,培养孩子良好的道德品质,形成正确的行为规范的一种教育方法。它是家长在教育孩子时常用的一种最基本的方法。

(二)要求

1.重视和学前儿童的沟通交流,做孩子的知心朋友

无论多么小的孩子,都有自己的想法和感受,父母经常和孩子谈心,才能了解孩子的内心所想,了解孩子的喜怒哀乐、愿望及要求,从而更有效地引导和教育孩子。所以,家长要经常主动与孩子谈话,多和孩子一起做游戏,这样会加深亲子之间的感情,使家长成为孩子的好朋友。

在与孩子交流的过程中要注意:第一,家长要主动向孩子敞开心扉。很多父母亲都希望孩子告诉自己每天发生的事情和感受,但却很少向孩子透露自己的内心世界,这种不平等的关系,常常成为亲子沟通的一道屏障。事实上,父母向孩子敞开心扉,表现了父母对孩子的尊重和信赖,这不仅能让孩子感觉更亲近,还能把一种坦然、真诚的处事态度传达给孩子,与孩子之间建立起一种相互信任的关系,使亲子关系更加融洽。第二,家长要学会做一个好的聆听者,使孩子有机会表达自己的所思所想,袒露自己真实的想法,这样家长才能有的放矢地实施教

育。在倾听时,家长要注意通过点头、微笑等肢体性语言积极地鼓励孩子,并通过语言引导孩子不断地理清思路,表达清楚内容。第三,家长要学会换位思考,平等对待孩子。家长在与孩子沟通交流时,不要在孩子面前摆架子,自认为是长辈,就颐指气使、指手画脚,而要把孩子看成一个独立的个体,尊重孩子的人格和尊严。同时,家长要试着学会从孩子的角度去思考问题。学前儿童因为年龄尚小,为人处世与思维推理和成人有很大差异,家长要多换位从孩子角度多想一想。如果我是孩子,我会怎么想?我会怎么做?这样父母就会更加真切地体会到孩子的感受,从而调整自己的言行,这不仅是对孩子情感和心灵的保护,更会换来孩子对父母、对他人和世界的尊重。

2. 讲清道理,深入浅出,寓教于喻

对孩子说理一定要讲清楚道理,说清楚原因,在进行要求和命令时,家长要以理服人,而不是以力压人。家庭教育专家成墨初介绍过自己家孩子小时候的一个案例:他和妻子带不到两岁的女儿去她的姨妈家做客,女儿发现了姨妈在桌子上放的塑料药盒,不小心掉到了地上,盒子发出了清脆的响声。女儿很好奇这响声,就又从地上捡起药盒,狠狠地摔到了地上,他的妻子看到后,生气地把药盒夺过来,放在了桌子里侧。结果,不大一会儿,女儿又自己爬上了旁边的椅子,够到药盒,向地上投掷。妈妈发现后更加生气,对女儿说:"你再扔盒子,我就不让你在姨妈家玩了。"女儿听了妈妈的话,撅起嘴巴,开始要哭泣,但还是不放下手里的药盒,要往地上扔。他见状,对女儿讲:"你很喜欢听这个盒子掉在地上的响声,是吗?"女儿点点头。"但是这个盒子里装的是姨妈治胃病的药,你这样不断地摔在地上,里面的药就会摔坏,姨妈吃了就治不好胃病,她就不能给你做饭,不能陪你玩了哦。"听了爸爸的话,女儿虽然有些不情愿,但还是乖乖地放下药盒。因此,父母在给孩子讲道理的同时,要给孩子解释的机会,父母在禁止之前也要解释这样做错在哪里,并告诉孩子正确的做法。在给孩子讲道理的时候,家长切忌长篇大论,要简洁明了,儿童理解能力有限,最好能够"寓教于喻",把道理蕴含到某些有类似特点的实践和事物中,以便表达得更加生动鲜明。

3. 注意措辞和语气,避免无休止唠叨、威胁和命令

对学前儿童说理还要特别注意措辞,要用文明、尊重、协商、关心性的语言,切忌口不择言,随意谩骂,侮辱孩子人格,这样不仅不能解决问题,孩子还会模仿父母的不当语言,学会使用脏话,养成不良的语言习惯。

首先,父母对孩子说话要尽量少一些命令,多一些商量,这样会改变孩子对父母的抵触情绪,使亲子之间形成温馨友爱的氛围。陈鹤琴说:"大多数做父母的看见小孩子做不该做的,就粗暴地制止孩子,命令他不许干这件事,甚至还要打骂孩子。结果是,小孩子改过的少,而怨恨父母的多;即使不怨恨父母,至少也一定不喜欢父母了。"比如,父母若用命令的语气让孩子去睡觉,可能孩子偏偏置若罔闻,只管自己玩自己的,父母拿孩子也没办法。而家长如果换一种方式说:"啊,这东西真好玩呀!可惜时间不早了,乖孩子该去睡觉了,要不你再玩5分钟就去睡觉好吗?"这样既夸奖了孩子乖,又用征询的语言同孩子讲话,孩子感觉受到了尊重,就会听话地去睡觉了。

其次,家长不能对孩子的错误行为进行威胁和恐吓,而要明确地表达自己对不良行为的感受,明确提出对孩子的期望。比如,一位妈妈见孩子总是乱扔玩具,不收拾整理玩具,妈妈就威胁他说:"说过你多少次了,用完要收拾好,你就是改不了,你再这样乱扔,我就把他们统统都扔掉!"结果孩子并不买账,还赌气说:"扔就扔吧,扔了你再给我买新的就是了。"结果妈妈更加愤怒却又无可奈何。其实妈妈完全可以用温和的态度来表明自己的想法和感受,对孩子说:"你这样每次乱扔东西,我很生气,这也会让你养成邋遢的坏习惯。所以,希望你每次把玩具都收拾好,我相信你能做到,是吧?"相信这样的态度和话语肯定比上一种要有效得多。所以,当父母发现孩子的不良行为时,首先要冷静,并且克制,尽可能保持温和的态度,坦诚地给孩子讲清楚道理,温柔地坚持原则,让孩子明白什么该做,什么不该做。

最后,父母要避免经常对孩子唠叨,同一个道理说一两次孩子听明白即可,要相信孩子有一心向善的潜能,相信孩子有能力自主地改变自己。心理学上有一个著名的"超限效应",马克·吐温听牧师演讲时,最初感觉牧师讲得好,打算捐款;10分钟后,牧师还没讲完,他不耐烦了,决定只捐些零钱;又过了10分钟,牧师还没有讲完,他决定不捐了。在牧师终于结束演讲开始募捐时,过于气愤的马克·吐温不仅分文未捐,还从盘子里偷了2元钱。这种由于刺激过多或作用时间过久,而引起的逆反心理现象,就是"超限效应"。也就是说,人对待外界刺激时,存在一个主观的容量,超过这个容量,人就不愿意认真对待这些刺激了。事实上,父母说得越多,孩子就会从内疚不安到不耐烦乃至产生反感讨厌,充耳不闻,到最后严重时,还会出现"我偏要这样"的反抗行为。所以,父母对孩子说理多并不见得有成效,要适可而止,要说到点子上,说到孩子心里去,而不是喋喋不休,没完没了。

阅读材料

父母不该对孩子说的10句话

1. 我们是不行了,孩子,就看你的了!

把孩子的发展当成自己唯一的指望,是一种丧失自我的表现。它并不是一种健康的心理,这种心理会给孩子造成负面影响。

2. 你看看人家谁谁谁!

这是孩子们最讨厌的一句话。这种比较对孩子价值观确立是一种极大的干扰,对于孩子的自我评价系统也是一种破坏。

3. 没时间管你,不挣钱怎么过日子啊?

抽时间和孩子相处是教育最大的前提。

4. 宝宝,爸爸不听话,打他!

父母不应该随便利用孩子开玩笑,在这些无聊的玩笑中,孩子会养成不良的习惯,滋生不良的价值取向。

5. 进了前三名,妈妈给你买……

物质奖励看似是一种增强孩子动力的保障,其实弊大于利。

6. 没有原因,我说不行就不行!

这是典型的暴君式教育方式,源于家长头脑中的"棍棒底下出孝子"的传统观念。这不仅会导致亲子关系对立,更会破坏和妨碍孩子的公正心和民主意识成长,缺乏协商能力,甚至还会滋生暴力倾向。

7. 你爱怎么着就怎么着吧,谁管得了你啊?

此类方法前两次用或许会让孩子感到愧疚,但是用多了就会引起逆反心理,索性将错就错。

8. 等你爸回来收拾你!

这样久而久之只会形成孩子与爸爸关系紧张,并打击了母亲的教育权威。

9.你怎么这么笨?

反复的言词否定,无异于毁灭孩子的自信,让孩子自我否定并且在面对同一件事时越来越恐惧。

10.如果爸爸妈妈离婚,你要爸爸还是要妈妈?

如果是真离婚就另当别论,如果仅仅是开个玩笑,那就太愚蠢了,孩子会因此产生恐惧心理,他也一定会考虑自己会跟谁,但结果更遭,因为他发现跟谁都很痛苦。如此周而复始地焦虑不安,很可能形成抑郁情绪。

五、奖惩激励法

(一)含义

奖惩激励法是指在学前儿童家庭教育中,家长要激发孩子的积极性,使孩子明确并发扬自己的优点和长处,认识并克服自己的缺点和不足,从而主动地按照正确的行为准则去行动的一种教育方法。其包括表扬、奖励与批评、惩罚两个方面。

表扬和奖励一般用于褒扬孩子的优良品行,表扬可以是点头、微笑等表情性的赞许,也可以是父母对于子女的优良品行进行口头夸奖或书面记载。奖励是家长对孩子的一些重大突出表现所给予的积极评价,奖励可以分为精神奖励和物质奖励两种。精神奖励是能够满足孩子心理需要的一种奖励,比如带孩子逛公园、走亲访友、看电影、旅游、举行庆祝会等;物质奖励则是指能够满足孩子物质需要的一种奖励方式,比如给孩子买食品、衣物、玩具等。批评和惩罚一般用于孩子的不当行为方面,其目的在于减少或者抑制不良行为发生的频率。批评多用在一般性的缺点和错误过失上,批评一般以口头批评为主;而惩罚用在性质和后果较为严重的缺点和错误上,可分为自然惩罚和人为惩罚。自然惩罚是指不良行为本身给学前儿童带来的否定性评价,比如孩子乱吃东西肚子疼等;人为惩罚是由父母对孩子的不良行为给予否定性评价,比如取消孩子的游戏时间、惩罚孩子倒垃圾等。

对于学前儿童来讲,激励应以表扬、奖励为主,批评、惩罚为辅。清代教育家颜元说过:"数子十过,不如奖子一长。"幼儿教育家陈鹤琴也指出:"无论什么人,受激励而改过,是很容易的,受责罚而改过是比较难的。"

(二)要求

1.正确进行表扬和奖励

(1)适度表扬,因人而异。

对于学前儿童,及时发现并肯定孩子的点滴进步是巩固学前儿童良好习惯的重要手段。但表扬是一门艺术,表扬要适度。首先,表扬不可过多,过滥。假如孩子做任何一件事情都会得到父母的表扬,表扬到最后就成了父母的口头禅,孩子就会习以为常,对表扬奖励持无所谓的态度,从而起不到应有的激励作用。其次,表扬不可过度,要实事求是,恰如其分。比如,孩子已经学会了很熟练地串珠子,但是看到孩子又穿好了一串珠子,妈妈还是很惊讶地夸奖"真棒呀,能那么快串好!"这种夸张的表扬不仅不能起到激励的作用,有时还会引起孩子的反感,认为你的表扬不是真心实意的。

表扬要考虑学前儿童的个性差异。对性格内向、个性懦弱、能力较差的学前儿童就要多肯定他们的成绩,注意表扬的公平性,增强他们的自信心;而对虚荣心强、态度傲慢的孩子则要有节制地运用表扬,否则将会助长他们的不良性格,形成孩子不良的自我认知,整天自信满满,从而影响他们的进步。

(2)表扬要及时、具体。

首先,表扬要及时。家长一旦发现孩子好的行为,要及时表扬,否则隔一段时间,小孩早已淡忘,表扬的激励作用就会大打折扣。其次,表扬要具体。表扬切忌过于空泛,笼统。"你真棒,棒极了",这种表扬没有实际内容,孩子并不知道自己因为什么行为受到了表扬。家长要记住正确的表扬模式,即:表述孩子的行为＋说出行为的结果＋表达自己的感受或感谢。比如,看见孩子在家第一次扫地,就应该先描述行为"宝贝扫地了",再说出这个行为造成的结果"扫得这么干净"、"妈妈不用扫了"或者"地板原来很脏的",然后表达感受和感谢"妈妈谢谢你"。这样孩子知道了自己的什么行为受到了表扬,知道了今后努力的方向,好的行为就容易建立起来。最后,在表扬的同时,家长也可以再提一些建议和意见。比如孩子画画,可以对他说,"你今天颜色涂得真好,一点都没有涂到线的外面去,如果再轻一点,涂得均匀一点就更好了。"

(3)精神奖励为主,物质奖励为辅。

对于年龄幼小的孩子,给予一定的物质奖励是合理的,也是必要的。比如,给孩子买一个他爱吃的小食品,或是孩子喜欢的玩具。但是,物质奖励一定要慎重,切忌把物质奖励作为刺激孩子行为的主要手段,长此以往,孩子的注意力就会被转移到物质奖品上,为了达到目的而做事,这样就会适得其反。家长一旦长期以物质奖励作为激励手段,不仅会滋长孩子的虚荣心,让孩子学会攀比,也会促使孩子逐渐把爱理解为功利的、可物化的。这时,奖励就会沦为彻底的物质刺激,从而丧失原本的激励作用。所以,家长应坚持精神奖励为主、物质奖励为辅的原则。

(4)物质奖励忌提前许诺和直接给钱。

物质奖励给什么,给多少,不能提前给孩子许诺,只能视当时情况而定。如果提前许诺,会把孩子的行为动机引向物质刺激以外,时间久了,还会养成孩子讨价还价、斤斤计较的恶习,孩子做个什么事情都要求代价,而事实上这些都是他们应该做的,物质奖励的积极意义也就完全消失了。同时,家长要注意不能直接用金钱来奖励孩子。因为用金钱来奖励孩子,可能会使孩子产生金钱万能的思想,而且会产生对金钱的盲目崇拜,是弊大于利的。如果妈妈经常用金钱奖励孩子,最终只能让孩子爱上金钱带来的感觉,而非爱上进步带来的快乐。

(5)适当运用代币制。

代币制又称标记奖酬法,是用象征钱币、奖状、奖品等标记物为奖励手段来强化学前儿童良好行为的一种激励方法。当孩子出现家长期望的行为时,家长立刻给予一种"标记"或代币加以强化,然后再将"标记"或代币换取各种优待。作为家长,可以给孩子制作一张表格,在上面列举一些经常性的家务事和正面行为,每天在睡觉前看一下这张表格,在孩子当天完成的那些家务事的旁边贴上小星星,或者明亮、鲜艳的小贴片。如果孩子当天没有做任何家务或者正面的行为,就让相应的表格空着,家长也不要太过在意,要用中立或淡然的态度对待这些空白,用热情、积极的态度对待孩子的成绩。每个星星可以代表一分,当积分累积到一定程度时,父母亲可以做点特殊的奖励,比如给孩子读故事的时间增加一倍,或者玩电脑的时间可以延长10分钟等。

2.慎用批评惩罚

(1)冷静理智,分析学前儿童的动机。

当发现学前儿童出现不良行为时,家长首先要冷静,克制自己的内在冲动,了解孩子不良行为背后的动机,切不可不问青红皂白,盲目打骂。比如,一个孩子的母亲,因孩子把她刚买的一块手表当成新玩具给拆了,就狠狠地打了孩子一顿,并把这件事告诉了孩子的老师。老师幽默地说:"恐怕一个中国的小爱迪生被你枪毙了。"母亲不解其意,老师给她分析说:"孩子的这种行为是好奇心和创造力的一种表现,要解放孩子的双手,让他从小有动手的机会。你一打他,会把孩子对未知领域强烈的好奇心和求知欲扼杀掉,使孩子失去发明创造能力。"所以,这种情况下,孩子可能只是出于好奇破坏了东西,母亲的惩罚起到了消极的负面作用。当然如果孩子只是因为对玩具不喜欢等不合理的因素引起的肆意破坏行为,那就应该得到应有的批评和惩罚。

(2)公正合理,恰如其分。

在批评惩罚孩子的时候,首先,要全面了解情况,弄清原委,不能在事件不明了的情况下,鲁莽行事,任意批评孩子,这样很可能会产生"冤案"。其次,惩罚要恰如其分。太轻了,可能起不到效果;太重了,家长会有"出气"之嫌,孩子也容易产生对立的情绪。所以,家长在批评和惩罚之前,要恰当地估计事件的严重程度,并分析清楚孩子行为的动机,然后再采取适当的惩罚行为。

(3)注意时间和场合。

首先,批评和惩罚孩子不要在自己和孩子都很生气的时候,应该在双方都心平气和的时候进行,当孩子大发脾气,或者哭泣的时候,对于父母的批评往往会产生逆反心理,而拒不接受,孩子伤心哭泣的时候也很难听进去意见和建议。另外,父母也切忌在气头上教育孩子,这样很容易冲动产生体罚孩子的过激行为。其次,批评和惩罚还要注意场合,不要在吃饭的时候批评孩子,这样很可能会造成孩子的厌食;也不要在亲朋好友和小朋友面前批评孩子。一般来讲,表扬人要当众表扬,批评人要背后批评,这样可以很好地维护孩子的自尊心。最后,批评惩罚结束后还要给孩子指出今后努力的方向,并教会孩子如何去做。

(4)就事论事,不翻旧账。

家长教育孩子的时候,往往容易产生消极情绪。家长不要带上情绪,一定要就事论事,千万不要翻旧账。做错的事已经批评过了就应该"结案"了,不要老是记着孩子以前不好的地方,让孩子觉得他在父母面前永远无法翻身。学前儿童正处在学习做人的过程中,父母要原谅孩子的过错。父母如果总是唠唠叨叨,没完没了,时间久了,孩子就会左耳听,右耳出,起不到应有的教育效果。孩子经常被数落的一无是处,也会影响孩子的自信心,使孩子变得自卑、怯懦。

(5)惩罚不是体罚。

对于学前儿童来讲,体罚是百害而无一利的。第一,体罚常常是在父母非常气愤、恼怒等非正常的情绪状态下发生的,出手不慎,很容易导致孩子伤残甚至死亡。1999年7月7日,山东省宁阳县的王积明一边看电视一边让女儿陈莹学写从1到10几个阿拉伯数字。可陈莹却一会儿要喝水,一会儿要去上厕所,一会儿又要睡觉,王积明越看越气,竟拿出一根30厘米长的擀面棍,打女儿的后背、大腿。中间还用竹板继续打陈莹并用手抽打女儿的脸,毒打一直持续到次日凌晨1点多,最终导致女儿死亡。后经法医尸检,陈莹头、面、颈、胸、背、腰及肢体大面积广泛性青紫出血,导致休克死亡。第二,体罚会促使孩子学会撒谎。为免受皮肉之苦,孩子会以谎言欺瞒家长而进行自我保护,这样容易滋生撒谎等不良行为的出现。第三,过多的体罚,会使孩子变得麻木顽劣,失去上进心。有一首挨打歌"首次挨打战兢兢,两次挨打哭不停,十次挨打眉头紧,百次挨打骨头硬,千次挨打功夫到,酣然微笑入梦中。"越打孩子,孩子越是破罐子破摔。第四,体罚容易使孩子产生攻击性行为。如果父母打孩子,孩子在外面就会打别人。可以说,孩子攻击性行为的产生,很多都源于对父母的暴力行为模仿。所以,家长对学前儿童的教育要冷静,尽量避免体罚。

（6）正确运用自然后果惩罚。

自然后果惩罚这种教育理论是由法国教育家卢梭提出来的。它主张孩子犯了错误不给予人为的惩罚,而是让孩子在错误行为所造成的后果中去体验不快和痛苦,从而使其改正错误,纠正过失。这种方法通过孩子自身对于错误行为的后果承担,孩子会有更深刻的体会,教育效果有时会更好。比如摔坏了玩具,家长不要急于买新的给他,使孩子体会到失去玩具的痛苦,从而学会珍惜玩具;上学忘了带东西,家长也不要提醒,他自会体会到忘带东西的不便,下次便会减少丢三落四的情况。当然,这种方法的使用,要以不伤害儿童的健康成长为前提。

（7）适当进行冷处理。

对于学前儿童的不良行为,进行批评惩罚,有时不仅不会使不良行为消失,反而还会增强该种行为的出现频率。比如孩子在沙发上乱蹦,家长大声吼他,吵他,叫他下来,他反而蹦的更欢。很多家长都会有这样的体验,你越批评她,他的行为越夸张。所以,对于学前儿童的不良行为可以适当进行"冷处理",既不批评也不表扬,故意忽视它,孩子觉得没意思了,它的行为就会慢慢地消失。不过,这种方法需要家长有很好的耐心和克制力。

六、兴趣诱导法

（一）含义

兴趣诱导法是指在学前儿童家庭教育中,家长通过各种机会了解孩子的特点,发现孩子的需要,捕捉孩子的兴趣,因势利导,使孩子的个性得到生动活泼发展的一种方法。兴趣是最好的老师,做父母的应该要及时发现孩子的兴趣,帮助孩子在兴趣中成长,最终实现自己的理想。

（二）要求

1. 善于捕捉学前儿童的兴趣

孩子的爱好是多样的,家长平时要多和孩子一起活动,用心观察,就能发现孩子的兴趣点。比如,通过玩亲子游戏,父母就能了解到孩子喜欢的是体育游戏还是结构游戏;通过和孩子进行艺术活动,父母就能知晓孩子是否喜欢画画和唱歌,是更喜欢画画还是更喜欢唱歌等。19世纪英国著名的数学家麦克斯韦之所以能够成为科学家,是和他父母的用心观察分不开的。有一次,父母叫他画菊花,结果他把菊花都画成了几何图形,不是三角就是圆圈,或者是梯形。父亲又进一步观察发现他对数学很感兴趣,于是就引导他在数学方面发展,最终使他成为和牛顿齐名的大科学家。而如果家长不尊重学前儿童的兴趣,非要按自己的愿望去培养孩子,往往达不到应有的教育效果,甚至事与愿违。

2. 培养学前儿童的兴趣

在发现孩子的兴趣以后,父母亲要有针对性地进行培养,把孩子的兴趣变成一种爱好,把孩子的这种爱好再变成一种专长。育儿专家成墨初,在自己女儿小的时候发现女儿画画时特别专注,并且所画的东西都有模有样。于是,他就积极地为女儿创造绘画条件,比如给她买来各种绘画工具和绘画书籍,给她请绘画老师、报绘画班等,女儿在绘画中得到了乐趣,始终对绘画的兴趣不减。

3. 不要把学前儿童的兴趣功利化

目前社会上的各种兴趣班如雨后春笋般涌现,跳舞、绘画、乐器、轮滑、英语、游泳……可谓是五花八门,层出不穷。而望子成龙、望女成凤的家长们为了不让孩子输在起跑线上,煞费苦心地让孩子参加各种兴趣班的培训,使原本快乐的事情,却变成了孩子不堪重负的压力。究其原因,主要在于家长过多过高的期望,使兴趣教育变成了实现家长愿望的功利化工具。孩子不再为陶冶情操、增加音乐素养而学琴,不再为学习审美而画画,不再为强身健体而运动……太多的"不再为",为了升学加分、择校时更多砝码 PK 其他的小伙伴,父母眼光都盯着考级,盯着技能训练,使原本的兴趣爱好变成了乏味有目的的高强度训练。在这里,孩子不但可能学不到真东西,甚至可能因为过度劳累,早早丧失了学习的乐趣。"伤不起"的童心,反倒生出了"厌学"的不良情绪。在这种不正确的教育导向和教育方式下,孩子的兴趣不是得到了培养,而是被摧毁。所以,对于学前儿童的兴趣,家长要小心呵护培养,不要让兴趣抹上太多的功利化色彩。

复习思考题

1. 学前儿童家庭教育的原则有哪些? 应从哪些方面去注意贯彻这些原则?

2. 学前儿童家庭教育的方法有哪些? 家长应如何运用这些方法去教育孩子?

3. 阅读下面材料,结合学前儿童家庭教育的原则和方法,谈谈这三位家长教育的不当之处。

家长甲:"怎么搞得? 你看你,总是蠢得跟猪一样!!"小河帮妈妈端菜,却一不小心把端菜的碗给摔破了,妈妈气愤地大声呵斥着。

家长乙:"算了,想你也学不会。五分钟热度一过,肯定也搞不出什么名堂,别浪费我的钱了。"小玲想学轮滑,却被爸爸一句话给否定了。

家长丙:"我数一、二、三,再不看书我就打人了!"小雨想出去跟小朋友玩,一点也不想在家里学英语,可是爸爸的巴掌已经快落下来了。

实践指导

第五章
不同年龄阶段学前儿童的家庭教育

要点提示

　　学前儿童是指孩子六七岁之前的这一时期。这一时期，又可以分为胎儿期、婴儿期、幼儿期等几个相对独立的阶段。可以说，不同的发展阶段，学前儿童的身心发展具有一定的差异性，其家庭教育的侧重点也有差异。因此，本章我们将在分别探讨胎儿、婴儿、幼儿身心发展特点的基础上，进而提出不同年龄阶段孩子的家庭教育重点，以帮助家长有针对性地开展孩子的保教工作。

　　第一节介绍了优生与胎教的基本知识。阐述了优生与胎教的概念；分析了优生的三项重要举措；介绍了胎教的几种常见方法。

　　第二节介绍了婴儿期的家庭教育。在分析0～1岁以及1～3岁婴儿年龄特征的基础上，分别阐述了0～1岁和1～3岁婴儿的家庭教育要点。

　　第三节介绍了幼儿期的家庭教育。在分析幼儿身心发展规律的基础上，着重阐述了幼儿期的家庭教育要点。

学习目标

知识目标：

1.了解优生、胎教的含义；理解和掌握胎教的几种常见方法；掌握优生的重要举措。

2.理解不同年龄阶段学前儿童的身心发展特点及规律。

3.领会和掌握婴儿期、幼儿期的家庭教育要点。

能力目标：

1.培养学生运用本章所学知识实施优生与胎教的基本技能。

2.通过不同年龄阶段学前儿童家庭教育的学习，培养学生指导学前儿童家长进行科学育儿的本领。

　　学前儿童是指孩子六七岁之前的这一时期。这一时期，学前儿童的身心发展既有连续性，又有阶段性。处于不同发展阶段和年龄阶段的孩子，在身心发展规律方面存在一定的差异性。而家庭教育作为素质教育的重要组成部分，也是一切教育的起点和基础，家长自然有必要了解不同年龄阶段孩子的身心发展特点，并进行有针对性的教育工作，这样才能取得良好的教育成效，实现我们的教育目的。

第一节　优生与胎教

案例导入

教出 4 个天才儿童的"实子·史赛狄克式"胎教

《妈妈宝宝》杂志曾报道过"实子·史赛狄克式"胎教的消息。实子用自己发明的胎教方法，一手调教出 4 个智商达 160 分的天才女儿。

这个世界瞩目的天才家庭，住在美国俄亥俄州，全家共 6 口，爸爸是乔瑟夫·史赛狄克，妈妈是日本人实子，大女儿苏珊，二女儿丝特姬，三女儿丝特法妮，四女儿乔安娜。令人瞩目的是，这"四位全世界最聪明的姐妹"，智商全在 160 分以上，是全美排名前 5% 的天才。

大女儿苏珊五岁时，从幼儿园直接升入相当于我国初中二年级上学，10 岁时取得进入大学考试资格，以接近最高分入榜，成为全美最年轻的大学生。二女儿丝特姬也不逊色，13 岁时成为大学生。本来才该上小学的三女儿丝特法妮，也已在高中求学。小女儿乔安娜，9 岁已是中学三年级学生。

除了这些辉煌的学业成绩以外，他们的这些天才女儿，也不是读死书的书呆子。他们都有特殊的专长：苏珊精于弹钢琴，丝特姬喜好赋诗作词，丝特法妮热衷于电脑，乔安娜偏爱绘画。姐妹四人，个个智商高，精力充沛。一般人都以为，智商高是来自于父母的遗传。但是，纵观史赛狄克夫妇的智商，也不过 120 分左右，实在称不上天才。然而，这样一对夫妻，为什么能培养出 4 个天才儿童呢？其实，这是"胎教"的功劳。

实子从怀孕五个月开始，一直到宝宝出生，每天都有课程，从最初的基本单字、数字、加减算法、自然界现象到社会知识，全部都教。实子用大声朗读的方式，将内容悉数反映在自己的脑子里，再传达给腹内的胎儿。由于实子的潜心胎教，大女儿苏珊生下第二周，已会说"吃奶""妈妈""漂亮"等词汇；3 个月大时，会说简单的句子；9 个月时，开始学走路，并能阅读文字了。实子在自己写的书《胎儿都是天才》中提到："为了让孩子生下后，过更有意义的生活，应在胎内持续给予学习以及理解各种事物的能力，这样的胎儿教育，便能造就天才儿童。"

看到实子的这番话，你是否心有所感，改变以往对"胎教"不以为然的看法？对她自创与胎儿对话、沟通的"实子·史赛狄克式"胎教有兴趣的人，不妨试试，你的宝宝很可能就是未来的天才儿童。

"实子·史赛狄克式"胎教告诉我们，胎教不仅是可能而且是可行的。只要家长用心对胎儿进行各种良性的信号和感官刺激，实施科学的胎教，胎儿在后天发展所表现出来的发展潜力将是不可估量的。因此，教育应从胎儿抓起，每一位家长都应尽可能对胎儿实施科学的胎教。

一、优生

(一)优生的含义

"优生"一词由英国人类遗传学家高尔顿于 1883 年首次提出，其原意是"健康的遗传"。他主张通过选择性的婚配，来减少不良遗传素质的扩散和劣质个体的出生，从而达到逐步改善和提高人群遗传素质的目的。通俗地说，优生的"生"是指出生，"优"是优秀或优良，优生即是生优,就是运用遗传原理和一系列措施,使生育的后代既健康又聪明。

优生的目的是提高人口质量,它包括两个方面:一是积极的优生学;二是消极的优生学。积极的优生学是促进体力和智力上优秀的个体优生。即用分子生物学和细胞分子学的研究,修饰、改造遗传的物质,控制个体发育,使后代更加完善,真正做到操控和变革人类自身的目的。而消极优生学是防止或减少有严重遗传性和先天性疾病个体的出生,就是说减少不良个体的出生。据统计,我国患遗传病的人口数量高达几千万,其中痴呆儿就有 400 万～500 万。而每年出生的异常胎儿就多达 38 万,其中有不少是患无脑、脑积水等严重残疾婴儿,因而消极优生学是人类最基本的、最有现实价值的预防性优生学。不减少白痴、畸形儿的出生,就谈不上人口质量的提高①。

优生具有非常重要的现实意义。生儿育女、培养人才,不是简单无足轻重的小事,而是关系到孩子成长、家庭幸福、人类与社会未来发展的大事。首先,优生关系到孩子自身的健康成长。如果每个家庭都能坚持优生,就会使我国患有先天性疾病的孩子大幅降低,生育出智力优良、身体强健的健康孩子,这对孩子个人以后的健康成长和幸福生活具有非常重要的意义。其次,优生关系到家庭的幸福。如果不重视优生,生出一个有先天性生理缺陷或者智力障碍的孩子,将会给家庭带来无尽的负担与困惑,造成家庭成员极大的精神痛苦和经济生活压力。再次,优生也关系到人口素质的提高乃至民族的前途。众所周知,人才是世界上所有资本中最宝贵的资源,国家之间的竞争说到底是人才的竞争。没有优秀素质的民族终将落伍于时代。优生不仅可以为社会提供具有良好生物基础的潜在人才,而且为社会的可持续发展提供了必要保障。优生已不只是每个家庭的问题,而是社会问题,更是涉及国家兴旺发达、民族盛衰的大问题,因此,提倡优生已刻不容缓。

(二)优生的措施

优生是指应用遗传学的知识和原理,采取适当的措施,防止在子孙后代中发生先天性遗传性疾病,提高人口质量,改善人类遗传素质。要想生育一个聪明、健康的孩子,孕前孕后都有很多事情要做。总体来说,优生需要经过优身受胎、优境养胎、优教育胎三个基本环节②,③。

1.优身受胎

优身受胎是优生的第一个环节和胎教的基础。要对胎儿实施教育,首先要求这个胎儿至少在生物属性方面是健全的,优身受胎能保证受精卵具有较好的遗传素质。具体来说,优身受胎有以下几方面的要求:

(1)优选配偶。

在可能的条件下,应该选择身体健康、血缘较远、性格协调、文化水平相当、年龄合适的配偶结婚。切忌同病相"恋"并结婚生子。同病相"恋"并最终结成眷属的婚姻,是一种极不健全的婚姻。仅从生育上来说,夫妻双方患有同一种疾病是很容易将这种疾病遗传给后代的,这会严重影响孩子的身体健康。

同时,为了减少遗传病的发生,应特别注意避免与直系血亲或三代以内的旁系血亲结婚。

---

① 陈丽霞.优生学概述[EB/OL].[2016-05-09].http://mooc.chaoxing.com/nodedetailcontroller/visitnodedetail?knowledgeId=910197.

② 常瑞芳.幼儿家庭教育与指导[M].北京:高等教育出版社,2012.

③ 周雪艳.学前儿童家庭与社区教育[M].上海:复旦大学出版社,2012.

因为从遗传的角度来看,近亲结婚的夫妇由于血缘相近,所携带的基因中有很多是相同的,相同的致病基因也必然要多,那么后代出现先天性遗传疾病的机会就大大增加。我国古代对近亲结婚的危害已有认识,早在《左传》中就提到"男女同姓,其生不蕃"的论述,就认识到近亲结婚出生的子女容易出现智能低下、痴呆或者患遗传性疾病这一问题。统计表明,近亲结婚者遗传病发生率高达 15.6%,而非近亲结婚者遗传病发生率仅为 2.5%。近亲结婚给个人、家庭乃至国家、民族带来的危害是不可估量的。因此,《中华人民共和国婚姻法》第七条明确规定:直系血亲和三代以内的旁系血亲禁止结婚。

(2)选择最佳结婚年龄与生育年龄。

从社会学的角度看,最佳结婚年龄是 28~32 岁之间,在此年龄结婚,婚姻状况比较稳定,不易出现离婚。但从医学层面来看,最佳结婚年龄男方应为 25~27 岁,女方为 23~25 岁,因为最佳结婚年龄和最佳生育年龄是相连的,一旦结婚就意味着有生育的可能。据统计,新婚夫妇如不采取避孕措施,约有 80% 以上的妇女在婚后一年内会受孕。过早或过晚结婚也就意味着过早或过晚生育,这对生一个聪明、健康的孩子,都是不利的[①]。

国内外大量研究表明,要进行优生,必须要选择最佳的生育年龄。一般认为,女性的生育年龄在 23~30 岁之间为最佳时期,男性为 25~35 岁,女性最好不超过 30 岁,男性不超过 35 岁。男女生育的优化年龄组合应是前者比后者大 7 岁左右为宜。这与我国政府提倡晚婚、晚育的基本思想是一致的。生育过早,女性全身器官,尤其是生殖器官和骨盆还处于发育阶段,尚未完全成熟,妊娠和分娩的额外负担对母子双方的健康均不利,难产或造成一些并发症和后遗症的可能性增大;生育过晚,年龄超过 35 岁,妊娠、分娩过程中也容易发生一些并发症,如宫缩乏力、产程延长、产道异常、产后出血等。此外,35 岁以后,卵巢功能开始衰退,容易造成流产、死胎、畸胎等。同时,临床认为,男性的最佳生育年龄之所以在 25~35 岁,是因为这时男人大多体力和精力充沛,身体各方面情况都比较好,精子质量和活性也是最好的时候。而随着男性年龄的增加,其精子活力也会逐步下降,源于精子的染色体突变造成的胎儿先天疾病发生率也会有所增加。精子活力随着男性年龄增长而逐步下降,这已经是学界的共识了。

(3)接受婚前检查和孕前检查。

婚前检查是指男女爱情关系已经确定,在结婚登记之前的身体检查。婚前检查内容主要包括婚前医学检查、婚前卫生指导、婚前卫生咨询等方面。婚前检查主要有以下几方面的好处:一是通过对男女双方家族的调查和身体检查,可以及早发现某些遗传病和有遗传缺陷方面的问题,根据遗传学进行分析和指导。二是有利于青年的健康。婚前检查为未婚青年提供了一次系统、全面的身体检查机会。通过检查可以发现一些不适宜结婚或须待治愈后才能结婚的疾病。患有某些生理疾病和生理缺陷者不宜婚配或生育,如麻风病未治愈者就不宜结婚;某些急性传染病,血液病,严重的心、肝、肾等重要脏器疾病,在结婚后可能会使对方染上疾病,或怀孕后对自身和胎儿都会产生不利影响;生殖器官发育异常,如隐睾、小睾丸、尿道下裂、先天性无阴道、处女膜闭锁、严重的性功能障碍、两性畸形等,婚后会影响性生活的病人,未治好前也不宜结婚。针对婚检出现的问题,进行及时的处理和治疗,以免婚后增添不必要的烦恼。三是婚前检查时,医生可以帮助青年了解两性生理和生育知识,选择合适的避孕方法,落实计划

---

① 遗传优生宝典[EB/OL].[2016-03-19].http://www.muying.com/beiyun/ybd/3317.html.

生育措施；也使夫妻婚后生活美满，感情和睦，建立美满的家庭，并有利于后代的健康[①]。

如果夫妻双方有下列情况之一的，请一定要去做一个孕前检查。第一，如果准妈妈的年龄超过了 30 岁，就最好进行一次孕前检查。第二，如果准妈妈从未接种过乙肝疫苗，最好进行孕前检查以查看体内是否有乙肝抗体。第三，如果准妈妈有过流产史，或者曾经有过死胎、死产等病史，最好进行孕前检查。第四，如果准爸爸准妈妈其中一方有遗传病史，如家庭遗传病或传染病，最好进行一次孕前检查。第五，如果准爸爸准妈妈工作过程中要接触到放射性物质或者环境比较有害时，也最好进行一次孕前检查。第六，如果准爸爸准妈妈其中一方有着不良的生活习惯，如抽烟、酗酒、吸毒史等，那就有必要进行孕前检查。第七，如果家中曾经饲养过小动物，那最好进行孕前检查，特别是准妈妈需要做脱畸检查。

（4）选择合适的受孕时间。

一年四季中每个季节各有特征，所以，应注意选择适宜的受孕季节。总体来说，以夏秋季为最佳。在这个时期受孕，胎儿发育的前 3 个月就可以避开风疹病毒和流行病的感染，有利于预防胎儿畸形。夏秋季怀孕，次年的春夏分娩，避开了盛夏的炎热和隆冬的严寒，适宜产妇的休息康复和婴儿哺乳喂养。

同时，应选择夫妻双方健康状况和精神状态最好的时间受孕。夫妻双方的心理状态良好，特别是精神舒畅，无任何忧愁，双方身体无任何疾病时，夫妻双方在身体不疲劳且情绪愉快时无忧无虑地同房受孕，这种身心俱佳的状态，会使内分泌系统分泌出大量有益于健康的酶、激素及乙酸胆碱等，使夫妻双方的体力、智能处于最良好状态中。这时，性功能最和谐，非常容易进入性高潮，形成优良的受精卵，为胎儿身心健康打下良好的基础。如果夫妻感情不和，勉强受孕，可能会使婴儿体质虚弱，智力发育迟缓，甚至出现畸形。受孕最好在家中进行。家中比较安定，夫妻对家庭环境比较熟悉和放心，能做到精神放松、情绪稳定，利于优生。旅游时不适合怀孕，因为旅途劳累、生活不定，卫生条件得不到保障，一旦怀孕，易于出现先兆流产和胎儿畸形。蜜月期也不宜怀孕。蜜月期间，夫妻双方一般比较疲劳，而且性生活也不太协调，此时怀孕显然并非最佳。此外，夫妻双方在酒后、旅游中或过度疲劳之后都应避免怀孕。另外，要避开在不良的自然环境下受孕。人体是一个充满电磁场的导体，自然环境的变化如太阳磁暴、雷电交加、山崩地震等，都会影响人体的生殖细胞，容易引起畸变，所以在这些时间都不宜受孕。否则，容易生育出不健康的孩子。受孕期间也不宜看恐怖的影视剧，多在优美的自然环境中走走。

2.优境养胎

优境养胎主要是为受精卵提供一个良好的内外部环境，以促进胎儿的生长发育。

（1）注意合理营养和平衡膳食。

合理的营养是胎儿健康发育的基础。胎儿"寄生"在母体中，自己不能主动摄取外界的营养物质，所需要的一切营养都需要母体供给。因此在"十月怀胎"这段时间，母亲既要满足自身代谢增强、血容量增多等孕期营养的需要，还要保证供给胎儿生长发育所需的全部营养。孕期营养不良与营养过剩都不能保证胎儿健康生长发育的需要，孕妇营养不良会导致新生儿体重低。缺乏叶酸会导致胎儿神经管畸形等先天缺陷，缺钙可造成母胎同争孕母骨骼中钙的现象，缺铁会引起孕妇贫血，等等。在整个胎儿期，胎儿的大脑是生长发育最快的器官，如果营养供

---

① 张明.孕前优生健康检查对优生优育的重要性及健康指导[J].内蒙古中医药,2015(10).

应不足，必然要影响脑细胞的分化，妨碍其出生后的智力发展。而孕妇营养过剩则会刺激脂肪细胞分化，造成胎儿脂肪细胞数量增多，使胎儿发育过大，不仅顺利分娩有困难，而且还有可能是未来肥胖症的隐患。此外，孕妇若摄取过多的维生素 A、D，还可能造成胎儿出生缺陷。

既然孕期营养对胎儿生长发育如此重要，那么在孕期怎样才能做到合理营养、平衡膳食呢？我们祖先提出的"五谷为养，五果为助，五畜为益，五菜为充"的方法仍然适用。合理营养与平衡膳食一方面是指孕妇应从多种食物中摄取足够的营养，另一方面是指摄取多种营养素的量必须合适，不能过多，也不能过少。孕妇的膳食原则可以用几句话来概括：较高的热量，较多的蛋白质，适当提高脂肪、碳水化合物的摄入量，增加肉类、鱼虾类、蛋类食品的供给，多吃一些蔬菜和水果。蛋白质、脂类、碳水化合物作为供给热量的三大营养素，其供给量占总能量比例大约为蛋白质约占 15%～20%，脂肪约占 20%～30%，碳水化合物约占 55%～65%。同时，孕妇应注意避免接触酒精、咖啡因等饮料，以及油炸食品、香辣调料和腌熏食品等。

（2）注意保持良好心态。

良好的心态也是优境养胎的重点。在制订怀孕计划时，准爸爸准妈妈就要有充分的心理准备并开始有意识地进行心理调适，使双方的心态更加平和、情绪更加愉悦。尤其是当胎儿 6个月以后，能听到声音，并能在妈妈肚子里做出各种反应，如胎动增加、心跳加快等。胎儿与母亲血脉相连，他自然能够体会妈妈的心情。古人在此方面已积累了丰富的经验，认为凡有孕之妇，宜情志舒畅，遇事乐观，喜、狂、悲、思皆可使气血失和而影响胎儿。也就是说，孕妇在怀孕期间要保持舒畅的心情，及时消除烦恼，而不要大动肝火，因为这样会导致气不顺，气不顺则孕胎不安，若长久气不顺，孕胎必受影响。因此，古人认为，"欲生子好者，必先养其气，气得其养，则生子性情和顺，无乖戾之习。"

那么，母亲是怎样把自己的情绪传染给胎儿的呢？事实证明，是通过母体所释放出的神经激素。母亲在受到突然的恐吓或紧张的精神刺激时，这些刺激会首先作用于大脑皮层，同时立刻传递到与大脑皮层直接相连的下丘脑，在下丘脑内转化为情绪，同时下丘脑立刻把这些信号传递给内分泌系统和植物神经系统，使得母亲脉搏加快、瞳孔扩大、手心出汗、血压升高等，也使得神经激素的分泌加剧。释放出的神经激素会首先进入母体血液，这时不仅母亲血液中神经激素的量骤然升高，胎儿血中神经激素的量也骤然升高。这种神经激素，不仅使母体内发生化学变化，也使胎儿体内发生化学变化。当母亲心情愉快时，胎儿也会在母体里感受到这份愉悦，它可能会微笑、吃手指、掏耳朵，在羊水里自得其乐；但如果母亲受到强烈的精神刺激，惊吓、忧郁、悲痛时，胎儿也可能捂着嘴巴，感觉到害怕[①]。

（3）注意避开外界环境的不良影响。

环境对胎儿发展也有重大影响。环境危害来自多个方面，有些是可以避免的，有些却在个人控制能力之外，需要全人类的努力才能克服。外环境的物理因素如电离辐射、电磁场、X 射线振动和加速、噪声；化学因素如农药、化肥、防腐剂等；生物因素如各种病毒感染等。它们经过人们日常生活和职业中接触的空气、水、饮食、药物等通过呼吸道、口和皮肤粘膜进入人体，会直接或间接地影响胎儿的生长发育。这些物质对胎儿造成的危害与物质本身的性质、剂量、接触时间长短、胚胎发育的阶段、母体的健康及胚胎本身基因的性质有密切关系。由于胎儿对

① 朱亮. 孕妈妈要保持好的情绪[EB/OL]. (2015－08－11)[2016－04－26]. http://health.sohu.com/20150811/n418595007.shtml.

环境中有害物质的感受性往往高于母体,即使对母体不是中毒剂量,但却可以对胎儿产生危害性。X射线可使染色体畸变已成为定论,有人认为在怀孕3个月内应禁止照X射线或CT扫描,即便是常规的肺部透视也应推迟到妊娠4个月以后,诊断拍片即使胎儿已近足月亦应控制。

随着工业的发展,环境中的"三废"增多,交通的发达带来了噪声污染,农药的使用也带来了食品污染等。这些环境中的物理、化学、生物因素都可以直接或间接地使正常细胞的遗传物质受损,这些因素被称为致变剂。故孕妇特别是孕早期妇女应尽量避免接触此类不良因素。同时,由于烟草中含有20多种有毒物质,这些毒素可使染色体和基因发生变异。长期吸烟的男子,精液中畸形精子的比例可超过20%,吸烟时间越长,精子数量越少,畸形精子越高,越容易影响受精卵和胚胎的质量。孕妇吸烟,烟草中的毒素会通过胎盘传播到胎儿体内,可以引起流产、早产、胎儿生长发育迟缓和胎儿死亡等。吸烟孕妇比一般孕妇流产率高15%,一天吸一包烟的孕妇围产儿死亡率比一般人高20倍,被动吸烟对孕妇和胎儿也有非常重大的不利影响。而酒精可通过胎盘到达胎儿,引起胎儿发育障碍,表现为中枢神经系统功能失调、智力低下、发育迟缓、出现畸形等。因此,烟酒是胎儿的大敌,孕妇应远离烟酒。

(4)注意预防各种疾病。

在20世纪40年代以前,人们一直认为,胎盘是一个相当安全的屏障,它可以阻止任何有毒物质侵入胚胎或胎儿。但是,新的科学实验证明,这种想法错了。许多疾病可以透过胎盘屏障,对胎儿造成损害。更为严重的是,许多病对母亲本人并无太大影响,但对胎儿的危害却十分严重。这是因为胎儿的发育尚未成熟,他们的体内还没有产生足够的抗体以消灭外来病菌。结果造成同种病毒对母亲无妨,对胎儿却可能致命。例如,风疹、伤寒、梅毒和淋病等有时会使胎儿受到严重损伤。

如果一个母亲在怀孕的前两个月患了风疹,这种病毒有可能引起胎儿失明、聋、心脏缺陷以及损害其中枢神经系统,造成心理和情绪障碍;如果它发生在怀孕中期,影响会小些,但仍会产生视听和言语等方面的问题。而糖尿病可能会使胎儿出现各种缺陷,甚至出现死胎、新生儿死亡。流行性腮腺炎对孕妇本人影响不大,但对胎儿却有很大影响。据不完全统计,感染上此种病毒的胎儿,大约有27%将亡命于母亲子宫内和自然流产。同时,性病对胎儿也有一定程度的影响,如梅毒能够透过胎盘屏障侵害胎儿,造成胎儿严重的先天缺陷;而淋病对胎儿也有影响,当胎儿通过产道时,淋球菌会伤害胎儿的眼睛,甚至造成失明。另外孕妇最好不要接触任何宠物及其宠物的粪便,因为猫、狗、鸽子之类的小动物身上有一种叫弓形虫的细菌,它最容易通过孕妇感染胎儿,导致胎儿畸形,甚至流产。

(5)谨慎使用药物。

准妈妈怀孕后发生一些生理或病理性的变化,用药成为一个普遍的现象。药物对孕妇和胎儿的影响,已越来越受到人们的关注。通过科学研究发现,药物对胎儿的作用,不但与妊娠时间有关,而且与药物的性质、剂量、持续时间的长短亦有关。

妊娠早期是受精卵分裂,胚胎组织器官分化、形成、发育的关键时期。此时胎儿若受有害物质的影响,容易造成各种畸形。当胎儿的器官基本形成以后,对药物的敏感性迅速下降,药物的毒性往往影响胎儿的成长和某些器官的功能,严重者可能引起早产或胎儿宫内死亡。在常用的抗菌药物中,比较安全的是青霉素,未见胎儿出现畸形的报道,但大量应用可引起新生儿严重核黄疸甚至胎儿死亡。链霉素、卡那霉素、四环素等,均可能对胎儿致畸或使其受到毒害。各种抗癌药物、激素类药、镇静安眠药等对胎儿亦有一定的影响。1956 年,西德一家医药公司生产反应停。它本身是一种镇静剂,用于减轻孕妇的早孕反应。1959—1962 年间,在西德、澳大利亚、英国、日本、加拿大等国相继出生了大量没有四肢、缺耳、无眼、骨发育不全、肛门封闭等畸形儿。这种形似海豹的婴儿,被称为"海豹儿"。追问孕妇病史,方知她们在孕早期均服用了反应停,反应停是造成婴儿海豹肢畸形的"罪魁祸首"。至此,孕妇用药引起了人们的广泛关注[①]。

因此,孕妇原则上应该少用药,最好不用药,尤其是在妊娠初 3 个月。但有病时还是应该立即就诊,在医生指导下用药,严格掌握药物的用法和剂量,并尽量缩短用药时间。

(6)合理进行体育锻炼和运动。

怀孕期间,孕妇应进行合理的体育锻炼和运动。运动不仅能增进孕妇自身健康,也可增加胎儿的血液供氧,加快新陈代谢,从而促进胎儿生长发育;运动有助于改善孕妇身体疲劳和不适感,保持心情舒畅,利于胎儿形成良好的性格;孕妇运动时,也可向大脑提供充足的氧气和营养,促使大脑释放脑啡肽等有益的物质,通过胎盘进入胎儿体内,促进胎儿的大脑发育。

孕妇适合做何种运动及运动量的大小,要根据个人的身体状况而定,不能一概而论。一般来说,孕早期应选择比较慢的运动项目,如散步、广播操等;孕中期应选择比较轻的运动项目,如游泳、孕妇健身操、慢舞、瑜伽孕妇操等,动作要温和一些,每位孕妇的运动量、频率及动作幅度要注意自我掌握;孕晚期应选择比较缓的运动项目,运动应以舒展运动为主,以加强盆底肌肉的训练,同时加强腿部、手臂等肌肉训练,为分娩做好体能和肌肉训练。

但孕妇一定要注意,不要长时间参加剧烈的运动。首先注意不要提拎重物和长时间蹲着、站着、弯着腰做家务,这些过重的活动会压迫腹部或引起过度劳累,导致胎儿不适,造成流产或早产。其次,常骑自行车上下班的孕妇,到妊娠 6 个月以后,注意不要再骑自行车,以免上下车时出现意外。再次,孕妇参加体育运动时,尽量选择散步等轻微的运动,不要跑步、举重、打篮球、踢足球、打羽毛球、打乒乓球等,这些运动不但体力消耗大,而且伸背、弯腰、跳高等动作太大,容易引起流产。尤其是孕妇在妊娠 8 个月以后,孕妇肚子明显增大,身体笨重,行动不便,有的孕妇还会出现下肢浮肿以及血压升高等情况,这时应尽量减少体力劳动,不要干重活,可以做一些力所能及的家务劳动。

3.优教育胎

优生的第三环节是优教育胎,即胎教。我们将在下文进行专门的分析和讨论。

二、胎教

(一)胎教的含义

胎教一词源于我国古代,最初的含义是孕妇必须遵守的道德、行为规范。古人认为,胎儿在母体中容易被孕妇情绪、言行同化,所以孕妇必须谨守礼仪,给胎儿以良好的影响,名曰胎教。中国古代胎教始于西周。据刘向《列女传》记载,周文王之母太任在妊娠期间,"目不视恶色,耳不听淫声,口不出敖言,能以胎教。"意思是说,太任在怀孕时,眼不看邪恶的东西,耳不听淫乱的声音,口不说狂傲的话,这就是胎教。"文王生而明圣,太任教之,以一而识百,君子谓太

---

① 陈太忠.学前儿童家庭教育[M].南京:南京大学出版社,2014.

任为能胎教。"文王生下来非常聪明,"教之以一而识百",这是太任施行胎教的结果。西汉贾谊《新书·胎教》篇中也记载:"周妃后妊成王于身,立而不跛,坐而不差,笑而不喧,独处不倨,虽怒不骂,胎教之谓也。"意思是说,周成王的母亲怀孕时,站有站的样子,站时不将重心倚在一边,坐有坐的样子,坐时也不歪斜,笑时不放声喧哗,独居一处时也不懈怠放任,发怒时也不骂人,如此等等,用礼教的规范来约束自己的一举一动,从而保持对胎儿的良好影响。

什么是胎教呢?胎教是指准妈妈为了胎儿的健康发育,通过调控自身的身心健康,为胎儿提供一个良好的内外生长环境,适当地刺激成长到一定时期的胎儿,从而促进胎儿健康发育,改善胎儿素质的一种科学方法。胎教有广义与狭义之分。广义的胎教是指为了促进胎儿生理与心理的健康发育成长,同时确保孕妇能够顺利地度过孕产期所采取的精神、饮食、环境、劳逸等各方面的保健措施。因为没有健康的母亲,亦不会有强壮的胎儿。因此有人把广义胎教称为"间接胎教"。而狭义胎教是指根据胎儿各感觉器官发育成长的实际情况,有针对性地、积极主动地给予适当合理的信息刺激,使胎儿建立起条件反射,进而促进其大脑机能、躯体运动机能、感觉机能及神经系统机能的成熟。换言之,狭义胎教就是在胎儿发育成长过程中,科学地提供视觉、听觉、触觉等方面的教育,如音乐、对话、拍打、抚摸等,使胎儿大脑神经细胞不断繁殖,神经系统和各个器官的功能得到合理的开发和训练,以最大限度地发掘胎儿的智力潜能,达到提高人类素质的目的。从这个意义上讲,狭义胎教亦可称之为"直接胎教"[①]。

胎教的真谛在于激发胎儿的内部潜力,所谓"胎儿都是天才",并不是说胎儿都可以成为天才,而是指胎儿内部都存在可以激发的潜力,胎儿已经能够接受教育。现代医学证实,科学地、适度地给予胎儿早期的人为干预,可以使胎儿的各种感觉器官在众多良性信号的刺激下发育得更加完善。同时,还能起到发掘胎儿心理潜能的积极作用,为出生后的早期教育奠定良好基础。

(二)胎教方法

1.音乐胎教

音乐胎教主要是以音波刺激胎儿听觉器官的神经功能,从孕16周起,便可有计划地实施。每日1~2次,每次15~20分钟,选择在胎儿觉醒有胎动时进行,一般在晚上临睡前比较合适。可以通过收录机直接播放,收录机应距离孕妇1米左右,音响强度在65~70分贝为度。亦可使用胎教传声器,音量的大小可以根据成人隔着手掌听到传声器中的音响强度,亦即相当于胎儿在子宫内所能听到的音响强度来调试。腹壁厚的孕妇,音量可以稍大一些;腹壁薄的孕妇,音量应适当小一些。胎教音乐的节奏宜平缓、流畅,不带歌词,乐曲的情调应温柔、甜美。但要注意千万不能把收录机直接放在孕妇腹壁上给胎儿听。在收听音乐的同时,孕妇可随着音乐表现的内容进行情景的联想,力求达到心旷神怡的意境,借以调整心态,增强胎教效果。

同时,孕妇也可以通过哼歌谐振法进行胎教,每天哼唱几首歌曲,最好是抒情音乐,也可以是摇篮曲。唱时应心情愉快,富于感情,通过歌声的和谐振动,使胎儿产生美好的感觉,获得感情、感觉上的满足。

2.语言胎教

语言胎教是指孕妇或家人用文明、礼貌、富有感情的语言,有目的地对子宫中的胎儿讲话,

---

① 李生兰.学前儿童家庭教育与活动指导[M].上海:华东师范大学出版社,2014.

给胎儿期的大脑新皮质输入最初的语言印记,为后天的学习打下基础①。现代医学研究已经证明,胎儿从17周开始,听觉系统发育已经接近成人,这时家人可以与生活在母亲子宫里的宝宝进行语言交流。语言胎教可以促进宝宝出生后的语言组织能力和逻辑能力,对胎儿整体的智力发展有良好的促进作用。

首先,准爸爸准妈妈可以给宝宝取个小名,并经常亲切地呼唤他(她)的小名。尤其在午睡或晚上睡觉前可以进行语言胎教。当准妈妈躺下后,温柔地抚摸胎儿,对胎儿说些充满爱意的话,如:"宝宝,你好!一天过去了,高兴吗? 妈妈爱你!""宝宝,妈妈要睡觉了,你和妈妈一块睡,好吗?"其次,孕妈妈可以随时与宝宝进行语言交流。走到哪,说到哪,见到什么,描述什么。对话的内容可以根据日常生活内容随意确定,所以语言胎教时间并不固定,在白天孕妇进行任何活动时根据活动内容随时进行。比如:吃饭时,对胎儿说:"宝宝,妈妈要吃饭,这是爸爸亲自做的好吃的,营养丰富,咱们一起尝尝吧。"去公园时,对胎儿说:"宝宝,妈妈今天在公园里,你看公园里多美啊,有鲜花、金鱼、绿树,你喜欢吗?"通过孕妇的语言描述与想象传达给宝宝,这样有利于宝宝大脑神经的发育,有利于宝宝想象力和思维能力的开发。最后,准爸爸准妈妈也可以给胎儿多听多读一些文学作品,尤其是优美的散文、诗歌和儿童故事。孕妇在阅读时最好能自己沉浸到文学作品所描绘的意境中,以温和的语调来朗读,声音不用太高,这样可以显著地提高孩子的语言理解和表达能力。

3. 抚摸胎教

抚摸胎教是指有意识、有规律、有计划的抚摸,以刺激胎儿的感官。医学研究表明,胎儿体内绝大部分细胞具有接受信息的能力,并且通过触觉神经来感受体外的刺激,而且反应渐渐灵敏。父母可以通过适当地对胎儿进行爱抚和拍打等动作刺激,配合声音与子宫中的胎儿沟通信息。这样可以使胎儿有一种安全感,又能激发胎儿运动的积极性;既能促进胎儿的健康成长,使孩子感到舒服和愉快,也能加强母子之间的信息沟通,增进母子感情。在母腹中经常被父母抚摸的足月儿,出生后翻身、抓、爬、握、坐的各种动作均较未进行过训练的要早,出生后肌肉活力较强。

抚摸胎教最好在孕妇每晚睡觉前进行。首先孕妇排空膀胱,平卧床上,放松腹部,用双手由上至下,从右向左,轻轻地抚摸胎儿,就像在抚摸出生后的婴儿那样,每次持续5~10分钟。但应注意手的活动要轻柔,切忌粗暴。在怀孕4个月以后,在抚摸的基础上也可以轻轻地触压拍打胎儿,要求准妈妈平卧,放松腹部,先用手在腹部从上至下、从左至右来回抚摸,并用手指轻轻按下再抬起,然后轻轻做一些按压和拍打动作,给胎儿以触觉刺激。一般坚持几个星期后胎儿会有所反应,如身体轻轻蠕动、手脚转动等。注意开始时每次5分钟左右,等胎儿做出反应后,每次进行5~10分钟。在按压拍打胎儿时动作一定要轻柔,准妈妈要注意胎儿的反应,如果感觉到胎儿用力挣扎或蹬腿,表明他不喜欢,应立即停止②。

4. 光照胎教

光照胎教是指通过光源对胎儿进行刺激,以训练胎儿视觉功能的一种胎教方法。光照胎教是一种简单易行的办法,只需一个手电筒就能完成,同时非常有效。光照胎教能够刺激胎儿大脑神经细胞产生更多的突触,建立更复杂的神经网络,有效阻止神经细胞凋亡,使孩子出生

① 丁连信.学前儿童家庭教育[M].北京:科学出版社,2011.
② 抚摸胎教[EB/OL].[2016-04-28].http://www.mama.cn/z/19102.

后具有更敏锐的视觉、更良好的专注力和记忆力以及更聪明的大脑。

在胎儿的感觉功能中,比起听觉和触觉,视觉功能的发育较晚,在孕妇怀孕 7 个月时,胎儿的视网膜才具有感光功能,对光有反应。因此,光照胎教可以在怀孕 6 个月以后开始,从孕 24 周开始,每天定时在胎动明显时用手电筒的弱光作为光源,紧贴腹壁反复关闭、开启手电筒,一闪一灭照射胎儿的头部位置,每次持续 5 分钟。目前我国通行的光照胎教在光照强度、光照时间、光源频率以及光源对于孕妇腹腔壁、胎盘的通透性等方面均没有严格的标准,在操作上存在较大的随意性。过强的光源长时间照射对胎儿的视觉及神经系统的发育均会产生不良后果,而光照强度、光源频率不合适则光不能透射到子宫中,不能对胎儿产生合适的刺激,不能起到胎教的作用,所以在光源的选择、光照时间上均需慎重。

5. 运动胎教

运动胎教是指孕妇适时、适当地进行体育锻炼和帮助胎儿进行活动,以促进胎儿大脑及肌肉健康发育的一种胎教方法。运动胎教可以预防胎儿先天肥胖,使胎儿的体重得到合理控制;也可以使孕妇的腹部氧气增加,利于胎儿的大脑发育;运动胎教多在户外进行,能帮助孕妇吸收大量新鲜空气,多晒太阳,增加维生素 D 的合成,促进胎儿对钙的吸收,预防胎儿骨质软化。研究表明,凡是在宫内受过运动训练的胎儿,出生后翻身、坐立、爬行、走路及跳跃等动作的发育都明显早于一般的孩子。

运动胎教有各种各样的方法,主要包括孕妇体操、胎教瑜伽、户外散步、孕妇游泳等。孕妇体操可以从怀孕 3 个月后开始,每天坚持练习,运动量以不感到疲劳为宜,做操时可以放些优美的音乐,帮助孕妇调节情绪;而孕妇游泳适合在孕中期后,水中的浮力较大,能改善孕妇的呼吸状况,对身体有一定的好处,但是体力或精神状况不佳的孕妇不宜进行游泳;户外散步,适合孕晚期的孕妇,散步是相对刺激较小,也更安全的运动;瑜伽则是一项不错的运动,有研究指出,孕妇在做瑜伽等运动时,孕妇的腹部氧气会增多,能促进胎儿的大脑发育。注意运动胎教一般在妊娠 12 周内及临产期不宜进行,先兆流产或先兆早产的孕妇也不宜进行。此外,运动胎教要轻柔缓慢,循序渐进,不可操之过急,每次时间不宜超过 10 分钟,否则将适得其反。

6. 情绪胎教

情绪胎教,是通过对孕妇情绪进行调节,使之忘掉烦恼和忧虑,创设清新的氛围及和谐的心境,通过妈妈的神经递质作用,促使胎儿的大脑得以良好发育。我国传统医学经典著作《黄帝内经》中提出孕妇"七情"(喜、怒、忧、思、悲、恐、惊)过激会导致"胎病"。现代医学研究也表明,情绪与全身各器官的功能变化直接相关。不良的情绪会扰乱神经系统,导致孕妇内分泌紊乱,进而影响胚胎及胎儿的正常发育,甚至造成胎儿畸形。

情绪胎教最突出的特点是以母亲修养的不断提高,孕期生活品位增加,由女人向母亲角色转变过程中的内心品质提升,从而达到母仪胎儿的目的。对胎儿的情绪、性格、健康、心理起着至关重要的作用。我国历来都有母仪天下的美德,正是讲着母亲的行为决定着孩子的未来。准妈妈应胸怀宽广,乐观向上,多想孩子远大的前途和美好的未来,避免烦恼、惊恐和忧虑。同时,把生活环境布置得整洁美观,赏心悦目,还应挂几张漂亮的娃娃头像,准妈妈可以天天欣赏,想象腹中的孩子也是同样的健康、美丽、可爱;多欣赏花卉盆景、美术作品和大自然美好的景色,多到户外呼吸新鲜空气。饮食起居有规律,按时作息,进行一些行之有效的劳动和锻炼。衣着打扮、梳洗美容都应考虑到是否有利于胎儿和自身的健康。常听优美的音乐,常读诗歌、童话和科学育儿书刊,不看恐怖、紧张、色情、斗殴这类电视、电影、录像和小说。而作为丈夫,应了解怀孕妻子的一系列生理及心理变化,加倍爱抚、安慰和体贴妻子,尽可能使妻子快乐,多做美味可口的饭菜,营造美好的生活环境,使生活恬静,共同憧憬美好的未来,这也是做父亲给自己孩子的第一份礼物①。

除了以上几种常见的胎教方法外,还有营养胎教、美育胎教、意念胎教等胎教方法。在实施胎教的过程中,家长应考虑综合运用以上几种方法,这样才会取得事半功倍的效果。

阅读材料

怀胎 10 月,每月胎教要点解析

宝宝在肚子里每个月的发育都不一样,胎教重点也不一样哦。准妈妈们快来看看每个月都要做点什么吧!

0～1 月胎教

怀孕后孕妈需要常散步,多听舒心的音乐,以此来调节早孕反应,不可做繁重劳动,避免不良怀孕。丈夫需体贴照顾妻子,主动将家务承担起来,常陪妻子消遣。应做到居室环境干净整洁,无生活不和谐,丈夫不可在妻子面前抽烟,性生活需节制。

1～2 月胎教

孕妈咪需多散步、听音乐及做孕妇体操,但不可做剧烈运动,不接触狗、猫等宠物,净化环境,排除噪音,保持情绪稳定,制怒节哀,无忧无虑。准爸爸需停止房事,以防止流产。丈夫应主动清理妻子的呕吐物,关心妻子饮食状况,及时为妻子配制可口的饭菜。

2～3 月胎教

准妈妈要听欢快的乐曲,还要为胎儿做体操:早晚平躺在床上,放松腹部,手指轻按腹部后拿起,每次 5～10 分钟即可。这段时间最容易流产,因此,准妈妈要停止激烈的体育运动、体力劳动、旅行等,日常生活中要避免过度劳动,注意安静。

3～4 月胎教

准妈妈要多听音乐或哼唱自己喜欢的歌曲,还需要做胎儿体操。准爸爸可将报纸卷成筒状,与胎儿轻声说话或念一些诗文。同时,丈夫和孕妇应多看一些家庭幽默书籍,以活跃家庭气氛,增进夫妻情趣。

这个时期,孕妇身心愉快,胎内环境安定,食欲会突然旺盛。此时,胎儿进入急速生长时期,因此需要充分的营养,要多摄取蛋白质、植物性脂肪、钙、维生素等营养物质。

4～5 月胎教

准妈妈要做胎儿体操:主动轻抚腹部,将耳机调到适度的音量,在腹上放几分钟欢快乐曲。每天早晚与胎儿打招呼:"宝宝,早上好!""宝宝,晚安!"如此等等。此期间准妈妈要少食多餐,多吃富含铁的食物,如海藻、绿色蔬菜,猪、牛、鸡等的肝脏。

同时,准妈妈要注意补血,防止发生贫血。从这时起,开始乳头的保养,为授乳作准备,也可以开始安排一些育儿用品和产妇用品。

5～6 月胎教

准妈妈帮助胎儿做运动:晚 8 时左右孕妇仰卧在床上放松,双手轻轻抚摸腹部 10 分钟左右,增加与胎儿的谈话次数,给胎儿讲故事、念诗、唱歌、哼曲等。每次开始前,叫胎儿的乳名,

---

① 情绪胎教[EB/OL].[2016-05-12].http://www.ci123.com/baike/459.html.

时间 1 分钟左右。

这个月孕妇要充分休息,睡眠充足,最好中午睡 1~2 小时。

7~8 月胎教

准妈妈要持续帮助胎儿运动,要多与宝宝沟通,随时告诉宝宝一些身边有趣的事情,并告诉宝宝:"你快要出生了!""你将降生在一个和谐、幸福的家庭。"

8~9 月胎教

准爸爸准妈妈要帮助胎儿运动,与胎儿一起欣赏音乐,较前几个月胎教时间可适当延长,胎教内容可适当增加。另外,孕妇要少吃多餐,以多营养、高蛋白为主,限制动物脂肪和盐的过量摄入,多吃富含微量元素和维生素的食物。

9~10 月胎教

在各种胎教活动正常进行的同时,孕妇应适当了解一些分娩知识,消除恐惧心理,保持愉快的心态。要养精蓄锐,避免劳累,早晚仰卧,练习用力、松弛的方法,为分娩做好准备。

资料来源:每个月的胎教要点[EB/OL].(2015-02-12).http://www.yaolan.com/edu/201502121629838.shtml.

第二节　婴儿期的家庭教育

案例导入

果果终于不乱扔玩具啦!

果果两岁多了,在奶奶忙时,总会让果果自己玩玩具,果果于是会把玩具从抽屉、玩具柜里搬出来,一件一件地摆弄,然后丢在地板上,再去拿其他的东西……在很短的时间里他就会把家里弄得乱七八糟。奶奶在远处朝他喊"不许乱扔""快捡起来""再乱扔就不给你玩啦",可果果还是一个劲地扔,奶奶越是说,他就扔得越起劲,还冲着奶奶笑。没办法,奶奶只好跟在果果的后面不停地帮他收拾、整理玩具。

于是,妈妈为果果开辟了一块专门玩玩具的地方,和果果一起把玩具一样一样地翻出来,再一样一样地装进去。当果果把玩具倒得满地都是的时候,妈妈就对果果说:"果果,看,地上好多的蘑菇啊!""小白兔采蘑菇啦!"看着妈妈在地上一边捡一边说,果果也开心地和妈妈一起捡起来,嘴里也咿咿呀呀地说:"采蘑菇啦!"地上的"蘑菇"就这样捡好了。然后妈妈再和果果一起把玩具一件一件地分类放到柜子里,"送玩具回家啦!"事实证明,这一方法很有效,果果再也不像以前那样走一路,丢一路,这里玩一玩,那里玩一玩。果果渐渐地也知道把玩具玩完收拾整理好,还会说"收好,明天再玩!"也不用奶奶每天都追在屁股后面一路捡一路唠叨了。

玩是孩子的天性,在很短的时间里制造出一大堆"混乱",这几乎是每一个有孩子的家庭都会遇到的问题。我们如果站在成人的视角,就会觉得家里被孩子弄得一塌糊涂;而如果我们了解孩子的心理发展规律,能静下心来仔细观察孩子制造混乱的整个过程,你就会明白孩子正是在这个"制造混乱"的过程中探索周围世界的。他们经常是即兴的、热情的,带着一种创造的情绪,看见什么都想摸一摸、敲一敲、摔一摔……很容易被新的东西所吸引,还会在摆弄玩具的过程中不断产生新的想法。

奶奶"不许乱扔"这样的说话口气对孩子根本无济于事,语言的强化更加深了果果扔玩具的兴趣。果果年龄小,常常会像猴子掰玉米一样,看见一样新的玩具就丢掉手里的玩具,玩一路,丢一路。而当果果把玩具扔得到处都是后,奶奶只是一边抱怨一边帮着把玩具"物归原处",孩子根本没有意识到玩具不能到处乱扔,制造的"混乱"还要大人收拾、整理。

妈妈通过给果果开辟一块专门玩玩具的地方,并通过"采蘑菇"和"送玩具回家"的方式,培养了果果不乱扔玩具以及收拾整理玩具的好习惯。这样不仅使家里更舒适、更整洁,而且在收拾玩具的过程中,孩子学会了分类摆放,学会了体谅他人,学会了对自己的行为负责,学会了独立,学会了自我管理……当然,收拾玩具不是件容易的事,家长不能操之过急,也不要对孩子提过高的要求。我们要以身作则,要循序渐进,要耐心,要鼓励……

目前,学界对婴儿的年龄范围界定存在一定的分歧,有"0～1岁"说、"0～3岁"说、"1～3岁"说、"1～12个月"说等几种。本节我们采用国内目前家庭教育学界绝大多数学者比较认可的"0～3岁"说,即婴儿期是指从出生至满3周岁以前的这段时期。但为了分析的方便,我们将这一时期又分为0～1岁、1～3岁两个阶段分别进行阐述。

一、0～1岁婴儿期的家庭教育

(一)0～1岁婴儿的一般特征

0～1岁是儿童生长发育最迅速的时期,也是儿童心理发展最迅速的时期。儿童在这个时期的进步是十分明显的。比如:儿童在此时期,平均每月身高可增长1～1.5厘米;体重增加得更快,到1岁时,相当于出生时的3倍;脑重也比初生时增加了一倍多。在心理的发展上,婴儿期的儿童能与直接养育他的人进行一种伴随着情感关系的交往;到了1岁时,儿童能进行手眼协调动作。

0～1岁是心理初步发展的时期,也是为以后的发展作准备和打基础的时期。可见0～1岁在个体一生发展过程中的重要地位。那么0～1岁婴儿期的孩子在心理、生理的发展上体现出哪些特点呢[①]?

第一,从吃奶过渡到断奶,逐步学会吃普通食物。

出生不久的孩子,没有建立条件食物反射,有的只是无条件食物反射,如无条件觅食、吸吮、吞咽反射等。当乳头或类似乳头的东西碰到他的面颊或嘴唇时,他就会转头张嘴,做吸吮动作,食物一旦进到口中就会马上咽下,不经任何咀嚼。所以此时的孩子只能吃流质的食物,如牛奶或母乳等,才不至于被卡住。随着月龄的增大,孩子逐渐学会了条件食物反射,学会了咀嚼,也长了牙齿,这些都为孩子学会吃普通的食物打下一定的基础。随着孩子不断的成长,牛奶或母乳的营养已经不能满足孩子的需要,必须及时添加其他的食物。所有这些都促使孩子开始断奶,去学会吃普通食物。

第二,从躺卧态、完全没有随意动作过渡到可以用手操作物体和直立行走等随意动作。

0～1岁婴儿动作的发展是受身体的发育,特别是骨骼肌肉和神经系统的发展所制约的。从不随意动作到随意动作的出现,说明了0～1岁婴儿身体各方面的发展。人们常把动作视为婴儿心理发展水平的一项重要指标,这是因为动作和心理的发展有密切的关系。心理的发展离不开人的活动,而活动又是在神经系统的作用下通过动作来实现的。所以,婴儿随意动作的

---

① 婴儿的心理发展[EB/OL].[2016－05－12].http://3y.uu456.com/bp_4ow7s1eluq0zdc5257aj_1.html.

出现也表明其心理的发展。

第三,从完全不能说话过渡到能够掌握一些简单的词,并能与他人进行最简单的言语交流。

言语活动是人区别于其他动物的一个标志,是人类的一个本质特点。在0～1岁婴儿期,孩子开始在同直接照顾他的人的积极交往中学习人类所特有的交际工具——言语。婴儿从出生7～8个月起,开始能对个别语音形成条件反射;从9～10个月起,开始能模仿成人发出简单的音节;到1周岁时,就开始能与成人进行最简单的言语交流。0～1岁婴儿期是掌握本民族语言的准备期,也是言语发展的准备期。

综上所述,在0～1岁婴儿期这一年的时间里,作为人类的三大本质特点——直立行走、双手动作、言语均已出现。这也说明了0～1岁婴儿期在个体一生发展中具有举足轻重的作用。但必须指出的是,这些问题的顺利解决,主要有赖于成人正确的养护和教育;如果没有成人正确的养护和教育,不但心理发展会受到不良影响,甚至儿童本身也很难生存下去。

(二)0～1岁婴儿家庭教育要点

1. 提倡母乳喂养,并及时添加辅食

母乳喂养是世界卫生组织极力推荐的一种最佳哺养方式,因为它具有其他喂养种类无法比拟的优势。母乳营养丰富,易于被婴儿消化、吸收和利用。母乳喂养有利于母婴间的情感交流。在喂哺过程中,婴儿能听到妈妈熟悉的心跳声,感受到母亲肌肤的温暖,能闻到母亲肌肤的气息。这对稳定婴儿情绪和身心健康具有重要意义。通过喂哺,母亲还能及时发现婴儿的冷暖及疾病,及早进行诊治。同时,母乳喂养还有助于提高婴儿对疾病的抵抗力,减少过敏反应,增强婴儿的身体抵抗力。大量的婴儿养育实践证明,母乳是婴儿从出生后至4～6个月内最佳的营养食品。只要母亲身体条件允许,没有慢性疾病和其他不适合哺乳的疾病,且乳汁充足,就要大力提倡母乳喂养婴儿。

但是,随着婴儿月龄的增长,婴儿对营养的需求急剧增加,单纯的母乳喂养难以满足婴儿多样化的营养需要,这就客观上要求家长要及时地为婴儿添加辅助食品。添加辅食不仅可以弥补单纯奶制品的营养不足,促进婴儿的生长发育;还可以增加唾液及其消化液的分泌量,增强消化酶的活性,促进牙齿的发育和增强消化机能。因此,家长应及时地为婴儿添加辅食。在婴儿1～2个月时,可以为其添加适量的鱼肝油、果汁和菜汁等,以补充生长发育所需的维生素C和D;在3～4个月时,可饮用胡萝卜汁、番茄汁、橘子汁,并可增加少量蛋黄、菜泥等;5～6个月时,可喂婴儿少许薄面片、烂粥,还可增加鸡蛋、肉泥、鱼泥、肝泥、菜泥等,以补充蛋白质、铁、维生素与无机盐;7～8个月时,可适当增加些馒头干、饼干等固体食品,以锻炼婴儿牙齿的咀嚼能力,促进牙齿生长发育;9～12个月时,可增加食物的种类和改变食物的形状,如细挂面、小馄饨、肉末粥、碎菜末等;12个月以后,婴儿牙齿的咀嚼能力增强,消化功能日趋完善,可以吃近似成人的食物,一般在此期应完全断乳,辅食可以吃软米饭、肉末、碎菜、鸡蛋、鱼、豆腐、水果等成形的或固体的食物,以补充各种营养物质,保证婴儿身体生长发育的需要。

2. 加强对婴儿的动作技能训练,以促进其智能发育

婴儿有意识的动作都是在大脑皮层的支配下发生的,"动作是婴儿认知结构的奠基石",婴儿的动作发展和心理发展密切相关。家长有意识地对婴儿进行动作技能训练,可以促进婴儿的智能发育和心理发展。婴儿动作技能训练分为身体大动作(即全身大肌肉动作)训练和精细动作(即手部小肌肉动作)训练两大类。身体大动作训练包括抬头、翻身、坐、爬、站、走等基本动作训练,而精细动作训练包括抓、握、扔、放、穿、嵌、拼、搭、捏、撕等方面。

　　婴儿的动作训练应遵循其神经系统的发展规律。我国儿童心理学家朱智贤(1980)曾经把婴儿动作发展的规律概括为如下三点:一是从整体动作到分化动作。婴儿最初的动作是全身性的、笼统的,以后才逐渐分化为局部的、准确的、专门化的动作。二是从上部动作到下部动作。婴儿早期发展的是与头部有关的动作,其次是躯干动作,最后才是脚的动作。任何婴儿的动作总是沿着抬头→翻身→坐→爬→站→行走的方向发展成熟的。三是从大肌肉动作到小肌肉动作。婴儿首先发展的是躯体大肌肉动作,如双臂和脚部动作等,然后才是灵巧的手部小肌肉,以及准确的视觉动作等。我国陈帼眉教授(1989)在朱智贤概括的基础上根据格塞儿的论述,进一步概括出了婴儿动作发展的另外两条规律:①从中央部分的动作到边缘部分的动作。即婴儿最早获得的是头和躯干的动作,然后是双臂和腿部有规律的动作,最后才是手部的精细动作。②从无意动作到有意动作。即婴儿动作发展也服从其心理发展的规律——从无意向有意发展的趋势,向着越来越多地受意识支配的方向发展①。

　　因此,家长要鼓励和训练婴儿的动作,适时地引导帮助婴儿,给他们以自由活动的机会和条件,以促进孩子的身体发育和心理发展。当然对孩子进行必要的动作技能训练也并不意味着我们可以过早地勉强孩子的动作发展。孩子的动作技能训练必须要以其生理成熟或年龄特征作为参照点,这样的训练才是有益的。

　　3.重视婴儿的感知觉训练,提高婴儿感官能力

　　初生婴儿认识周围世界,和外界取得联系是通过感知觉来实现的,因此对婴儿的教育应着眼于发展感知觉方面的训练。所谓感知觉,是指人类通过眼睛、鼻子、耳朵等感觉器官,对周围环境中物体的颜色、气味、味道、形状等各种特性的认识。父母应该及时给予婴儿适当的刺激,锻炼他们的各种感觉器官以及相应的神经系统,以促进婴儿的智力发展。

　　首先,父母应给婴儿布置一个"小天堂"。为了使婴儿的视觉提早发展,可为他布置一个舒适、色彩鲜艳的环境。如在婴儿睡床的周围,可为他挂一些红、绿、黄等色彩鲜艳的玩具或实物,放些鲜花或塑料花等;婴儿的衣服、被子等用品,最好也用不同颜色制成。当婴儿醒来时,通过观察可刺激他的视觉,以促使其功能的成熟。其次,可让婴儿多听悦耳的音乐。通过悦耳动听的音乐,可以给婴儿快乐的刺激和满足。研究表明,多听音乐的婴儿与一般发育的同龄儿童相比,眼神和表情要机灵得多,动作和语言也要早熟一些。再次,家长要让婴儿多接触大自然。1岁以内的婴儿应经常到大自然中去,如抱他们去公园或田野,看看绿色的世界,看看五彩缤纷的田园风光,接受自然美的熏陶;可带他们去动物园看各种动物,或看家禽、小鸟等,提高婴儿观察的兴趣,发展其好奇心;经常可抱婴儿去看看商店中陈列的各种商品、画片、模特儿等。在观察的同时,对孩子进行亲切的解说。这样不仅有助于发展孩子的视觉和听觉,丰富婴儿的感性知识,更重要的是为孩子良好的心理发展打下基础。最后,家长应多跟婴儿接触,经常与孩子"说话""提问",引逗他们发声和发笑;训练他们叫"爸、妈"等单音词,教他们做些简单的动作等。成人经常与婴儿交往,不仅使婴儿语言表达能力和理解能力得到发展,同时能使婴儿获得一种身心发展的重要环境②。不仅孩子身心感到舒适、愉快和满足,而且婴儿的智力也能得到发展。

---

　　①　韩棣华.1～6个月婴儿的教育和训练[J].父母必读,1999(12).
　　②　张家琼,李丹.0～3岁婴幼儿家庭教育与指导[M].北京:科学出版社,2015.

4.提供言语示范，促进婴儿语言能力发展

1岁以内是孩子语言开始发生的时期。从出生后发生叫喊声开始，以后饿了、不舒服了就会大哭大叫，吃饱了、舒服了就牙牙学语，直到能说出一句有意义的话。其间，要经过五个阶段，这五个阶段分别是：第一个阶段叫单音节阶段，一般从出生到3个月左右，孩子说的"话"是一些单音，如"哇""噢""啊"等。第二个阶段是连续音节阶段，一般从4个月到8个月左右。孩子不但能发出更多的单音，而且还能把一个单音连续地发，比如"哇～哇～哇～哇""哒～哒～哒～哒"。第三个阶段是多音节阶段，从9个月到1周岁。孩子不但能连续发一个单音，而且能把多个单音连在一起发出来。例如"吧～哒～吧～哒""啊～吧～呀～哇"等。第四个阶段是单词阶段，一般从1岁到1岁半。此阶段孩子的说话水平有了质的飞跃，能说出一些有意义的词汇，能叫"爸爸""妈妈"。有时还能用一些发音代表一件东西，如汽车叫"呜呜"，电灯叫"亮亮"等。第五个阶段进入了单句阶段，从1岁半到2岁。孩子能说出几个词构成的句子，例如，要妈妈抱时会说"妈妈抱抱"，想吃饼干时会说"宝宝饼干"[①]。

家长应根据婴儿各个阶段语言发展的特点，提供丰富的语言学习环境，为他们创设一定的言语交际环境和机会，在喂奶、盥洗以及在与婴儿的游戏当中，要结合特定场景多与孩子对话，不断重复、不断模仿、不断强化，并积极回应孩子的言语需求，鼓励孩子的模仿与交流，以促进其语言能力的发展。值得一提的是，文学作品是促进婴儿语言发展的重要手段，家长可以通过让婴儿欣赏文学作品，如故事、儿歌等，并通过复述和理解作品内容的方式，不断丰富婴儿的词汇量，培养婴儿的倾听能力。成人和婴儿的日常谈话，也是语言训练的重要途径，谈话可以围绕一个中心话题，运用儿童已有的语言经验，宽松自由地在一起进行交谈。听说游戏活动是以培养婴儿倾听和表述能力为目的，用游戏的方式组织婴儿进行的语言教育活动，可以帮助婴儿复习巩固发音、扩展练习词汇，培养婴儿语言交往的机智性和灵活性，在家庭里也应积极开展。家长在训练孩子语言的过程中，务必要提高自身的语言素养，发音要清晰，句子要简洁连贯，语速缓慢，尽可能让孩子能看清楚大人的发音口形。

阅读材料

解开婴儿特殊语言的密码

1岁以下的婴儿通常还不能说话，当然极个别的神童除外。实际上即便是大至2～4岁的幼儿，大多也很难用准确的语言表示自己的情绪和意愿。鉴于此，熟悉婴幼儿的特殊语言并揭开其中隐藏的"密码"，成为一些科学家的愿望。

婴儿不同的啼哭方式表达不同的信息。

婴儿常常会哭个不停，但父母又往往不知他们为何而哭，因而总是被闹得筋疲力尽。其实，新生儿基本上就是以啼哭的方式来向家长传递信息的。

法国研究者发现，如果婴儿的啼哭声强劲有力、富有节奏但又不太响亮时，他们往往是要求家长给予照料：如口渴了需要喂水，饿了需要喂食，尿布湿了需要更换，太热了需要松松被子，寂寞了需要拥抱，睡不着心里烦闷因而需要有人陪伴，等等。此时如果家长能及时、准确地猜中他们的意图并予以解决，啼哭声自会停止。

但要是啼哭显得异常"顽强"，虽经过各种照料和护理仍不能打住，而且哭声反而更响亮更

---

① 夏弘禹.0～3岁语言能力的发展[J].时尚育儿,2009(6).

尖利,并伴有顿腿、舞手、翻滚等身体动作,那么十有八九是"有病不适"的表示。此时家长须特别注意辨别不同时间、不同声音并伴随不同症状的啼哭所传达的不同意义。

一般来说,大声哭嚎并用手护肚可能是消化不良等肠胃病,哭声嘶哑可能是喉部出现炎症,哭声时而尖利时而低沉并拒绝进食可能是身体出现感染,夜间反复低低啼哭可能是体内有寄生虫作怪,高烧时哭声突然停止可能是由于出现了惊厥,边大声啼哭边摇头抓耳可能是头痛中耳炎。阵阵高声号哭,喉声音渐小并不再伴随身体猛烈动作,特别应引起警惕——因为这往往意味着"病情严重"须尽快急救……需要强调的是,"听懂"宝宝的啼哭只是发现有问题,为安全起见应及时去看医生,而不宜自行单凭哭声盲目为宝宝开药方。

资料来源:若水.解开婴儿特殊语言的密码[N].北京科技报,2005 - 11 - 30(14).

5.设定生活规则,养成婴儿良好的生活行为习惯

"行动养成习惯,习惯形成性格,性格决定命运。"这句话揭示了良好行为习惯对于人一生的重大影响。养成良好的行为习惯是一个人独立于社会的基础,又在很大程度上决定一个人的生活质量,影响一个人一生的幸福。婴儿期是培养良好习惯的重要时期,注重这一时期各种习惯的培养,能为孩子将来获得成功奠定良好的基础[1]。因此,家长要了解婴儿成长的规律和特点,为孩子设定科学的日常生活规则,并按照规则指导儿童的日常生活行为,鼓励强化婴儿良好的生活行为习惯,塑造孩子健康的生活方式。

对家长来说,主要可以从两方面来进行培养。一是孩子的生活要有相对稳定的生活节律和秩序。婴儿经过了新生儿期对外界生活环境的适应,形成了相对稳定的饥、饱、醒、睡、活动、休息、哺喂、排泄的规律,家长应对婴儿的生活内容和顺序给予科学的调整和安排,形成科学合理的生活制度,培养婴儿每日有规律的睡眠、饮食、盥洗、排泄等方面的生活规律。其次,家长要注意培养孩子养成良好的生活行为习惯。如睡眠时,要培养婴儿自然入睡的习惯,睡前情绪稳定,能自己入睡,不哭闹,不要养成以抱、拍、摇、晃、吓的办法哄婴儿入睡的不良习惯;随着月龄的增大,孩子的大小便最好能定点,在厕所或便桶排便,不能随地大小便,排便时不能玩耍或进食;饮食习惯也要合理,有规律,喝奶时能定时定量,专心安静地喝奶;清洁习惯也需培养,家长要帮助婴儿养成勤换尿布、勤洗澡、勤洗手脸、勤换衣服的好习惯。

此外,婴儿良好生活行为习惯的培养离不开父母亲正确的价值引导。婴儿年龄小,不知什么是好,什么是不好。在生活实践中,家长如果坚持赞许好的行为,抑制不好的行为,婴儿逐渐就会懂得应该怎样,不应该怎样,进而形成良好的行为习惯。当然孩子良好生活习惯的培养要长期坚持,不可间断,这样才能有利于婴儿的身心健康,并可终生受益。

6.加强亲子沟通,培养婴儿良好的情绪情感

情绪与情感密切相关,都是人的一种态度和心理体验。良好的情感和健康的情绪能产生巨大的动力,推动人去从事伟大的事业。列宁曾经指出:"没有人的情感,就从来没有也不可能有人对真理的追求。"情绪和情感也是影响人健康的心理因素,乐观、平和有益于健康;而忧郁、愤怒有害于身体,人们常说"气大伤身"就是这个道理。许多研究证明:良好的情感和健康的情绪不但有益于婴儿的身心健康成长,而且有利于婴儿良好性格的培养,并能促进智力的发展。所以,家长不仅要关心婴儿的饮食营养,还要关心婴儿的精神营养,注意观察并细致地培养和发展婴儿的情感和情绪,使之良好、稳定、健康。

---

① 于雅杰.0～3岁婴幼儿家庭教育的策略[J].现代教育科学(小学教师),2013(7).

家长要善于辨别婴儿发出的各种"信号",及时满足他们的需要。这是保持婴儿良好情绪状态的重要条件。父母们必须细心,尽快了解孩子生理活动的规律,学会分辨他们用不同的哭声表达的不同要求,及时满足他们。因为保持婴儿良好情绪状态是婴儿心理得到健康发展和接受教育的基础。同时,要多和孩子交往,成人不要以为孩子不懂事就不理他们,与孩子交往有助于孩子健康情感的培养。尤其是当婴儿睡醒、吃饱、换过尿布后,父母爱抚的语言和轻柔的动作,可使婴儿有愉快活泼的情绪体验,建立起良好的亲子依恋关系,增加婴儿的安全感和对父母的信任感,并能促进婴儿感知觉、动作、语言等方面的发展,提高与人交往和说话的积极性。因此,家长要学习亲子沟通的技巧,多给予儿童鼓励和支持,尊重、理解儿童的情绪,以民主、平等、开放的姿态与孩子进行沟通;客观了解和合理对待婴儿过度化的情绪行为,有针对性地实施适合自己孩子个性的教养策略。

二、1～3 岁婴儿期的家庭教育

(一)1～3 岁婴儿的一般特征

心理学家认为,1～3 岁是儿童心理发展的一个重要转折期,期间出现了许多对人的发展有重要影响的事件。表现为儿童在这时期学会走路,出现连贯的语言,出现直觉行动思维,有了最初的独立性,这些都是人类特有的心理活动。因此可以说,1～3 岁是真正形成人类心理特点的时期。

1.感知觉范围进一步扩展

随着中枢神经系统的发展和婴儿生活范围的扩展,3 岁左右的婴儿已经发展了各种基本的感知觉。他们已经能够分辨红、黄、蓝、绿等常见颜色;能够辨认上下前后方位;掌握圆形、方形、三角形。他们能较准确地辨别各种声音;能通过手接触更多的物体,从而知道物体的凉热、软硬等特征;能分辨物体的大小和远近;能区分白天和黑夜。但是这个年龄段的婴儿观察带有很大的随意性,往往碰到什么就观察什么,顺序紊乱,前后重复,也多遗漏。他们通常只能观察到事物的粗略轮廓,看到事物的表面现象。观察的随意性水平较低,易受外界刺激的影响而转移观察的目标,观察受情绪影响较大。

2.言语迅速发展

随着与成人的交往日益发展,婴儿主要的交际工具——身体接触、表情等渐渐显得不太适用了,而言语交际的优越性越来越明显。这种变化促进了婴儿言语的迅速发展。如果说,0～1岁是掌握本族语言的准备期,那么,1～3 岁则是初步掌握本族语言的时期。在短短的两三年里,儿童不仅能理解成人对他说的话,而且能够运用语言表达自己的思想,同时,还能根据成人的言语指示调节自己的行为。言语的形成和发展促进了婴儿心理活动的有意性和概括性的发展。可以说,此时是儿童学习口头言语的关键时期,2 岁儿童掌握的词汇有两百个左右,3 岁时就可达一千个左右了。

3.思维具有直觉行动性

思维是高级的认识活动,是智力的核心。1～3 岁的婴儿,其思维带有很大的直觉行动性质。婴儿思维的进行离不开自身对物体的感知,也离不开婴儿自身的动作。只要让他们的活动对象和动作一转移,他们的思维也就会随之转移。此时的孩子虽能对事物作出一定程度的概括,但还不能掌握事物的本质和他们之间的复杂关系。由于婴儿的直觉行动思维缺乏词的中介,因此他们的思维范围具有狭隘性,思维的内容具有表面性,思维持续的时间具有情境性,他们往往认为事物的概念和规则是固定的、单一的、不变的。因为认知的局限,有时会表现出执拗甚至违抗。婴儿的思维总是在动作中进行的,离不开对事物的感知和自身的动作,具有直觉行动性。

4.自我意识萌芽

自我意识是个体对自我身心活动的觉察,即个体对自己所作所为的看法、态度和认识,具体包括认识自己的生理状况、心理特征以及自己与他人的关系。自我意识具有意识性、社会性、能动性、同一性等特点。婴儿在与他人的交往中,在与客观事物的相互作用中,通过"人"与"我"和"物"与"我"的比较,逐渐认识到作为客体的外部世界与作为主体的自己之间的区别,从而形成对自己的认识,这也就是我们所说的"透过他人的眼睛看自己"。大约2岁左右,孩子出现自我意识的萌芽,突出表现为独立行动的愿望很强烈。

5.记忆具有无意性、暂时性、情绪性

记忆带有很大的无意性。3岁左右的婴儿还未掌握一定的记忆方法,因此有意识记忆较弱。他们的记忆还很难服从于某一有目的的活动,而更多地服从于对象的外部特征。形象鲜明、具体生动、能满足婴儿个体需要的事物,容易被婴儿自然而然地记住。他们的再认和再现能力弱,记忆内容在其头脑中保留时间较短。自我控制能力比较差,记忆活动很容易受情绪的影响而出现差异。婴儿心情愉快则记忆效果良好,心情沮丧则有可能什么都记不住[①]。

6.无意想象占主导

3岁左右的婴儿会玩想象性游戏,但此时孩子的想象简单,是无意的、自发的。想象常常由外界刺激引起,想象的主题多变,想象的目的性不明确,不能按照一定的目的继续下去,容易从一个主题转到另一个主题,想象主题不停地发生变化。同时,不能把想象的事物跟现实的事物清楚地区分开来,因此常被成人误认为是说谎。婴儿经常以想象为满足,想象常常并不指向于某一特定的目的,而是以想象过程本身为满足,故富有幻想的性质。

(二)1～3岁婴儿家庭教育要点

1.重视婴儿的语言教育,提高孩子的语言能力

语言是思维的工具,思维能力又是智力的核心。因此,婴儿语言能力的早期开发尤为重要。著名的意大利儿童教育家玛利亚·蒙台梭利认为:"一个人的智力发展和他形成概念的方法,在很大程度上取决于他的语言能力。"那么早期语言开发就是开启孩子智慧大门的钥匙。0～3岁是婴儿语言发展的敏感期,也是关键期。要想把孩子培养得更聪明、更富有智慧,就要重视婴儿语言的早期开发与培养。

因此,在家庭活动中,家长要为婴儿提供丰富、有启发性的语言环境,通过互动和交流,激发孩子表达的愿望,做一个耐心的倾听者和积极的应答者,并给予孩子恰当的引导和帮助。首先,家长应为婴儿创造一个宽松、活泼、欢快、和睦的语言学习环境。良好的语言环境对孩子语言发展具有巨大而持久的影响,生活在良好语言环境的孩子,他们的词汇丰富,对词语的理解能力强。其次,家长要激发孩子语言积极的表达欲望。对于孩子张嘴发出的任何声音,家长都应该通过微笑、抚摸等方式及时给予鼓励,以这种方式让孩子明白成人喜欢他这样做。一旦孩

① 1～3岁婴幼儿观察认知能力的发展特点[EB/OL].(2012-06-05)[2016-02-22].http://youer.1kejian.com/yesq/qnkf/50690.html.

子开始说话,成人应及时回应孩子,及时鼓励,让孩子体验到说话的乐趣。再次,家长要萌发婴儿积极的阅读兴趣,要经常和孩子一起阅读图画书,有趣的小故事可以充分调动孩子学习语言的积极性。在孩子语言发展过程中,家长要尽早为孩子提供阅读图书的机会,选择合适的读物,让孩子通过多读、多练习诗歌、儿歌、童话故事,发展孩子的语言能力。最后,家长要培养婴儿良好的倾听习惯。孩子学习说话,需要以大量的语言信息做基础,这就需要孩子学会倾听别人的说话。由于孩子本身语言能力差,他们在倾听别人谈话时会因为听不懂而失去耐心。家长要有意识地吸引他们,谈一些孩子感兴趣的问题,激发他们认真听别人说话,形成倾听的好习惯[1]。

2. 培养婴儿的生活自理能力,提升孩子的自我服务水平

生活自理能力是指婴儿在日常生活中照料自己生活的自我服务性劳动能力,它是一个人应具备的最基本的生活技能,包括自己穿脱衣服、鞋袜、独立进餐、自己洗脸等。婴儿期是生长发育的关键期,通过对婴儿的训练、使其做力所能及的事,有利于孩子动作的发展。同时,婴儿期又是能力培养的最佳期,良好的生活自理能力将使孩子终身受益。主要体现在适应幼儿园集体生活、促进婴儿的大小肌肉群和动作协调性发展、培养孩子独立自信、不依赖成人等方面。为此,家长要给婴儿提供独立锻炼的机会,培养孩子的生活自理能力,提升孩子的自我服务水平。

家长可以利用孩子的主动性来发展孩子生活的自理能力。孩子到 1.5～2 岁的时候,往往会出现一种想摆脱对成人的依赖、自己做主的倾向,什么事情都要"自己来""自己搞",体验"自己能"的愉快,这些现象是孩子主动性行为的体现。家长应顺应孩子主动性的发展特点,给孩子尝试的机会,使他们感到"自己能",进而逐渐学会自己吃饭、自己上厕所、自己喝水等基本生活技能,发展孩子的基本生活自理能力。同时,孩子好动,一刻也闲不住,他们内部有一种生长发育的需要,他们渴望与事物、与人打交道,他们对周围的一切都感到好奇,喜欢探索。这种需要驱使他们主动地去了解周围世界,积极地去学习运用自己的五官、四肢及整个身体[2]。如果父母能顺应婴儿的这种想法,抓住孩子学习的积极性,那样会取得事半功倍的效果。利用一日活动中的游戏也可以发展婴儿的生活自理能力。游戏对婴儿来说就是玩,而且在玩中具有很强烈的学习积极性,我们如能顺应这种天性,掌握这个阶段孩子的发展规律,发现游戏中的一些潜在发展因素,为他们创造一定的条件,引导他们学习,就能为孩子以后学习自理能力打下良好的基础。

3. 对婴儿进行早期教育,加强孩子的早期智力开发

早期教育是一种有组织、有目的的教育活动。早期教育并非是提前教给婴儿知识,更重要的是促进婴儿健康快乐地成长;早期教育也不需要采用特别完整而正规的教材,它需要的是一种情感的交流,一种与外界互动的活动;早期教育的主体不只是婴儿,更需要父母亲等教养者的高度参与。美国著名学者布鲁姆通过对近千名婴儿长达 20 年的跟踪研究表明,若以 17 岁时人的智商为 100,8 岁时进行开发,只能开发 20%,4 岁时进行开发却能达到 50%,而更大的潜能开发在 3 岁以前。所以,3 岁以前的早期教育是最重要的。近年来,美、日等发达国家已

---

① 贺芳.浅谈0～3岁婴幼儿语言的培养[J].教育教学论坛,2010(6).
② 程鹏.适时培养宝宝的生活自理能力[J].启蒙,2005(8).

开始把生命最初 3 年儿童的发展,作为本国 21 世纪争雄世界的重要战略①。

对婴儿进行早期教育可以从以下几个方面入手:一是让婴儿多接触外界环境,通过对婴儿的感官刺激来促进孩子大脑的发育。家长可以拿一些色彩鲜艳、形象生动的玩具,让婴儿去看、去听、去摸;让婴儿多接触自然,扩大孩子的视野,看看大自然中的花草树木、日月星辰,听听自然界的各种声音,如风声、雨声、波涛声、鸟叫声等;给孩子唱唱儿歌,放放音乐,以发展孩子的感知能力;为婴儿提供动手操作的机会,如搭积木、玩玩具、穿脱衣裤、扣纽扣、撕纸、剪纸、做泥塑、玩水、玩泥沙、折纸等,以发展孩子的操作能力。二是发挥游戏这种教育方式的重要作用。利用游戏进行学习是婴儿认识世界的最佳途径,也是孩子的主要活动方式,在游戏中可以探究新知,发展婴儿的智力。因此不要把孩子一个人关在房间里,剥夺了孩子玩的权利。三是要注重婴儿非智力因素的培养。让孩子与同伴一起玩耍,并尽量让孩子自己处理争端。这样可让婴儿学会合作、学会同情、学会帮助、学会谅解、学会解决争端等,培养孩子的人际交往能力。四是要鼓励孩子积极的探索行为。当孩子能动手、会走路后,他们对什么都有新鲜感,什么都爱去摸一摸,什么东西都可以成为他的玩具,有时他们的"破坏"行动会让你哭笑不得。这实际上是婴儿观察世界的积极思维,是婴儿探索心理的开始萌芽,是婴儿好奇心的一种表现。作为父母,要在保证婴儿安全的前提下,尽量地创造条件让孩子去尝试,千万不要随意限制孩子的行动。过多地限制婴儿的行动,会阻碍孩子的创造力,影响孩子的自信心,使孩子养成胆怯的性格。

每个婴儿的身心发育水平都不是完全一样的,是不同步的。每个婴儿都有每个婴儿的特点,但教育的理念是相通的。每位家长应该根据自己孩子的生长发育规律,进行相应的早期教育。既不能好高骛远,拔苗助长,也不能放任自流,听之任之。

4. 创设人际交往的氛围,培养婴儿的人际交往技能

哈佛大学心理学家加德纳提出,人际交往是孩子的一项基本智能。交往是婴儿的基本需要,交往有利于婴儿的智能发展和心理健康。实践证明,儿童早期的人际交往技能、交往状况会深深地影响其未来的人际关系、自尊,甚至幸福生活。因此,家长应正确认识婴儿的人际交往需要,有意识地创设孩子交往的条件,使孩子敢于、善于并乐于与人交往,培养婴儿良好的人际交往技能和水平,以促进孩子的社会性发展。

首先,家长要创设良好的家庭交往环境。在家庭中营造一种民主平等、亲切和谐的交往氛围,父母应当成为孩子的朋友,要让孩子敢说、爱说,有机会说话。家庭中的大小事,婴儿能理解的,应该让孩子知道。其次,要为婴儿提供更多的交往机会。家长应适当地带婴儿进入自己的社交圈,带孩子去串门,找小伙伴玩耍,也可以邀请小伙伴到家里来做客。家长可以指导孩子怎样和同伴一起玩,让孩子有充分的时间和小朋友们一起交往,得到更多的交往机会,体验到与同伴交往的乐趣。再次,父母还可通过讲故事、看动画片等方式来教育婴儿,利用其中的榜样人物来帮助婴儿学习正确的交往方式,避免错误的交往方式。如,给孩子讲《狼来了》的故事,从中教育孩子要对人诚实,人与人之间应该以诚相待;讲《大狮子和小老鼠》的故事,从中教育孩子不要欺负比自己弱小的人,人与人之间应该互相帮助;讲《孔融让梨》的故事,从中教育孩子要懂得相互谦让。

为了帮助孩子成为受同伴欢迎的人,在交往中得到快乐,家长应有意识地教给婴儿一些交

---

① 　周京峰.对 0 岁~3 岁婴儿早期教育的思考[J].早期教育(教科研版),2011(8).

往的技能。一是要培养婴儿的礼貌习惯,学会尊重别人,平等待人。父母应让孩子在交往中学会使用礼貌用语,如"你好""请""谢谢""对不起""没关系"等,告诉孩子只有懂得礼貌的人,别人才愿意和他一起玩耍,也才肯把心爱的玩具给他玩。对孩子在活动中礼貌语言用得好的时候要及时进行鼓励表扬,强化孩子的礼貌行为,形成良好的礼貌习惯。二是要让婴儿学会容忍与合作。在交往中,碰到与自己意愿相悖的事,家长应教育孩子学会忍让,与同伴友好合作,暂时克制自己的愿望,服从多数人的意见。三是要学习遵守集体规则。孩子们在交往时,会自己制定一些规则来约束每个人的行为,谁破坏了这些规则,谁就会受到集体的排斥。只有自觉遵守集体规则的人,才能得到大家的喜爱,也才会有更多的朋友和他一起玩。四是要培养婴儿乐于助人的品质。孩子们在交往中经常会碰到一些困难,家长不仅要鼓励孩子自己想办法解决问题,同时还应支持孩子帮助其他的朋友克服困难,要让孩子知道乐于助人的人才会有很多的朋友。

5. 加强对婴儿的安全防范与教育工作,避免意外事故发生

相对 1 岁以内的婴儿来说,1～3 岁的婴儿已初步具备了独立的活动能力,其活动范围进一步扩大,但由于婴儿的生活经验欠缺,自我保护意识缺乏,对周围环境中的潜在危险缺乏认知,容易发生意外伤害和安全事故。因此,加强对婴儿的安全防范与安全教育工作,促进孩子的身心健康和谐发展,就成为 1～3 岁婴儿家庭教育的一项常规工作。

家长要做好婴儿日常的安全防范工作。保持室内房间的通路畅通。如从门口到床边,最好是直线距离,不要让婴儿绕过桌子才能到床边,孩子容易在走路的过程中碰撞。同时,家庭应尽量选择椭圆边的家具,避免尖锐的棱角外露,或是给尖角加上护套,以防止划伤和撞伤。家里的地板上要干净、宽敞,可以让孩子自由地爬动或行走。家里的书桌通常是 1 岁上下孩子会撞到的高度(约 100 厘米)。建议摆盆栽挡住桌角,或给桌角加上护套。若家中有楼梯,在楼梯口要安装栅栏,以免孩子跌落。这时的孩子喜欢钻桌椅底下的空隙,家长一定要检查桌子底下是否有凸出或没钉好的钉子。孩子喜欢将手伸进洞里去,因此要把电源插头或插座封好;电线也要提高收好。热水壶要放在孩子拿不到的地方。危险物品如小刀等要放到孩子不容易打开的柜子里,或是孩子拿不到的地方。窗帘的绳子最好用手转式的硬把手取代绳线。家里的小物品要收好,以免孩子误食。不要让孩子一个人进浴室,以防浴缸溺水的危险。给孩子洗澡,应先倒凉水,再加热水。给婴儿使用儿童餐具,不要使用刀叉及筷子。

更为重要的是,家长要做好婴儿的安全教育工作。安全教育的目的在于让孩子懂得什么是危险,哪里有危险,怎样避开危险,其重点在于培养孩子自己解决各种安全问题的能力。良好的安全教育可以让婴儿在没有大人帮助的情况下也能很好地保护自己。家长要让婴儿懂得玩火的危险性,告诉孩子发生火灾要马上逃离火灾现场,并及时告诉附近的成人。不独自过马路,不突然横穿马路;过马路要"红灯停、绿灯行",拉紧大人的手;上街走路靠右行,走人行道;不在马路上踢球、玩滑板车、做游戏。不吃腐烂、有异味的食物;不随便捡食和饮用来源不明的食物;不随便乱吃药;吃饭时要安全进餐,不嬉笑打闹。不随意开启家中电器,特别是电熨斗、电取暖器等;不玩弄电线,不将手指或铁丝等插到电源插座里。不私自到河边玩耍,不将脸闷入水中,不私自到河里游泳。玩滑梯时不拥挤,不从滑梯下面往上爬;玩跷跷板和秋千时,要坐稳扶好;不将小型玩具放入口、耳、鼻中。不随身携带锐利的器具,如小剪刀等;不爬树、爬墙、爬窗台;推门时要推门框,不推玻璃,手不能放在门缝里;乘车时不在车上来回走动,手和头不伸出车窗外;上下楼梯要靠右边走,不推挤等。不轻信陌生人的话,不要陌生人的东西尤其是饮料和糖果,不跟陌生人走;独自在家时,不随便给陌生人开门。不独自玩烟花爆竹;不逗弄蛇、蜈蚣、蝎子、黄蜂、毛毛虫、狗等动物[①]。

6.关注家园衔接,做好孩子的入园准备工作

对大多数孩子来说,3岁左右,就要离开父母进入幼儿园,他们将面临自己吃饭、穿衣、等待、分享、遵守集体规则等问题。如何让孩子高高兴兴地入园,坦然面对幼儿园的生活,就成为了年轻父母最为关心的问题。育儿专家研究表明,孩子入园准备绝不能"临时抱佛脚",而应早作打算,否则孩子容易出现入园焦虑。因此,家长应关注孩子的婴幼衔接,提前做好孩子的入园准备工作,帮助孩子顺利跨好人生的第一步。

家长应做好孩子入园前的长期准备工作。首先,父母亲应尽量抽时间多陪伴孩子。从长远来看,父母坚持自己带孩子有利于孩子的发展。从小和父母相处的孩子,好奇心强,到陌生的环境中容易被新鲜的事物吸引而转移注意力,也能很快地适应幼儿园的新环境。而隔代抚养的孩子或者是保姆带大的孩子,相对容易产生自我封闭和胆怯心理。其次,家长要引导孩子走出家庭,扩大其社交范围,帮助孩子做好人际交往的准备。这些人际交往包括与同伴交往和成人交往两个方面。最后家长要做好孩子的生活自理准备和常规教育工作。家长应根据孩子的年龄和性别特点,对其进行一些基本的生活习惯和技能的培养与训练,锻炼孩子的自我服务能力,让孩子学会自己洗脸、穿衣、进餐、上厕所等日常生活事务,培养孩子午睡的习惯,帮助孩子养成有规律地摆放物品的习惯,教会孩子基本礼貌用语和礼貌行为,这对孩子适应集体生活非常有利[②]。

家长在孩子入园前也可以做一些必要的准备工作。一是家长可以在家模拟幼儿园的环境。在孩子入园前一段时间,家长可以按照幼儿园的作息制度来安排孩子的生活,早晨起床后可以带孩子出去散步,然后吃饭,再玩玩具,在固定的时间间隔里提醒孩子上厕所,用大约20分钟的安静时间来让孩子听故事或者画画,中午固定时间午休等。此外,可以给孩子买一个书包放衣服、图书以及彩笔等。二是在入园前,家长要带孩子到幼儿园参观,让孩子感受幼儿园的环境,体验幼儿园的生活,这样在一定程度上能降低孩子初到一个陌生环境所产生的不安全感。家长可以带孩子去幼儿园玩玩具,参与其他孩子的游戏活动,让孩子与其他孩子交谈,主动地与老师接触。三是家长要帮助孩子做好入园的心理准备,给孩子讲关于幼儿园的故事和儿歌,告诉孩子幼儿园里有很多好玩的玩具,还有小伙伴和他(她)一起玩,让孩子对幼儿园产生向往之情。家长要让孩子明白,白天上幼儿园与家人分开,只是暂时的。白天爸爸妈妈要上班,孩子上幼儿园要学本领,这是每一个人都必须经历的事。

第三节　幼儿期的家庭教育

案例导入

我在云朵上跳舞

一天晚上,妈妈从厨房里走出来,看见3岁多的女儿把一条大浴巾铺在地板上,自己踩在

---

① 姚光红.学前儿童家庭教育指导[M].成都:西南交通大学出版社,2015.
② 王玲艳.如何帮助孩子做好入园准备[J].教育导刊(幼儿教育),2008(4).

上面跳来跳去。这条浴巾可是妈妈今天刚洗好收回来的,她竟然……妈妈又急又气,就要呵斥女儿。她却一脸兴奋地对妈妈说:"妈妈,你看,我正在云朵上面跳舞呢!"看着她兴奋得发红的小脸,妈妈一愣,再也呵斥不出来。妈妈按捺住内心的震动,坐下来欣赏女儿跳舞。她一会儿跳跃,一会儿转圈,一会儿躺到大浴巾上打滚。那一脸陶醉的样子,仿佛自己真的置身云朵之上,在美丽的天空中自由挥洒。跳了好一会儿,她才停下来,爬到妈妈怀里。妈妈不禁感叹,感谢女儿及时表达了自己,让今晚能够欣赏到美丽的云端之舞。

弄脏刚洗的浴巾,在成年人眼里,可能是孩子的调皮和破坏;然而,在孩子纯净而美好的心灵里,却可能是动听的音乐和美丽的云朵。孩子并无破坏的意图,如果我们从成年人的视角出发,急着批评教育孩子,孩子那独特的视角和惊人的想象力,就会被粗暴地扼杀。所以,当遇到孩子"破坏"性事件时,别急,先听听孩子怎么说。

幼儿期是指孩子3~6、7岁这一阶段。这一时期,孩子进入幼儿园学习、生活和游戏。家长如何配合幼儿园做好孩子的教育工作,把孩子培养成才、让孩子赢在起跑线上,这是每一位父母关心的话题。遗憾的是,许多家长往往缺乏科学的教子方法,仅凭个人的直觉和某些传统经验来施教,使得家庭教育出现了许多问题,产生了许多误区。

一、幼儿身心发展的基本特点①

(一)幼儿生理各方面处在继续生长发育中

1.幼儿身体各部分的机能发育尚不成熟

幼儿期孩子的身体发育速度较3岁以前有所减慢,但与后期发展阶段相比还是非常迅速。幼儿新陈代谢旺盛,但机体各部分的机能发育还不够成熟,对外界环境的适应能力以及对疾病的抵抗能力都较差。

家长应注意不要让幼儿长时间的连续地跳跃、跑步,以免心脏负担过重,影响发育。幼儿肺的弹性较差,气体的交换量较小,所以呼吸频率较快,家长要注意培养幼儿用鼻子呼吸的习惯,以预防感冒及肺炎的发生。幼儿的血液含量相对比成人多,但血液中水分较多,凝血物质少,出血时血液凝固较慢。幼儿新陈代谢快,血色素为13~14克。幼儿嗜中性白细胞较少,淋巴细胞较多,所以容易感染各种传染病,家长应注意增强孩子体质,提高其抵抗力。幼儿的听觉和嗅觉敏锐,但外耳道比较狭窄,3岁时外耳道壁还未完全骨化和愈合,幼儿的咽鼓管较成人粗短,呈水平位,易患中耳炎,故家长应注意孩子的耳鼻卫生,严防水进入耳内。幼儿膀胱肌肉层较薄,弹性较差,贮尿机能相对差,加之幼儿神经系统对排尿过程的调节作用差,所以,幼儿排尿次数较多,自控能力较弱,家长应注意从小培养孩子良好的排尿习惯,以防在精神极度兴奋或疲劳时发生遗尿现象。女孩的尿道口经尿道入膀胱的距离短且直,容易感染,家长要注意其外阴部清洁。幼儿皮肤柔嫩,容易损伤或感染,调节功能不如成人,不能适应外界温度的骤然变化,容易着凉或受热,家长要注意提醒和帮助孩子随气候变化及时增减衣服。

2.幼儿期是大脑皮层细胞新陈代谢最旺盛的时期

人体是由许多器官、系统组成,每个器官、系统都有其独特的功能,它们都是直接或间接地

---

① 幼儿身心发展的基本特点[EB/OL].(2011-05-04)[2016-04-29].http://www.fsjyw.com.cn/newsInfo.aspx?pkId=7074.

在神经系统的调节控制下体现自己的功能的,神经系统对机体的一切活动,起着主导作用。人的神经系统由周围神经系统和中枢神经系统两大部分组成。中枢神经系统包括脑和脊髓,大脑是中枢神经的最高级部位。人类的大脑,无论在结构和机能上,都与动物有着本质的区别。人脑不仅是人的机体活动的主导者,而且是思维活动的器官。人发育是从出生到少年期先快后慢地进行的。反映脑发育进程之一的脑重,新生儿是 390 克,1 周岁时 900 克左右,3 周岁时约 1000 克,7 岁时约 1280 克左右,已基本接近成人脑的重量(成人脑组织平均为 1400 克)。脑皮层的机能是有区域分工的,如运动中枢区、躯体感觉中枢区、视觉中枢区、听觉中枢区等。从大脑各区成熟的程度看,到幼儿末期,大脑皮质各区都已接近成人水平。这些部位如受损伤,人就要丧失相应的心理机能。但是大脑皮层的分区机能又是相对的,即某一部分如损坏造成机能缺失,在一定条件下,别的部位会发展出这些本来不具有的机能去代偿。脑的这种代偿机能,年龄越小越大。

幼儿心理发展、智力的形成是从神经系统开始的,特别是以大脑的发展为物质基础的。幼儿期是人脑迅速生长且基本成熟的时期,它保证了幼儿心理智力活动迅速发展的可能性,是对儿童进行早期教育的重要时期。马卡连柯曾指出:"教育的基础主要是在 5 岁以前奠定的……在这之后,教育还要继续进行,人进一步成长,开花、结果,而您精心培植的花朵在 5 岁以前就已绽蕾。"

(二)幼儿期是孩子心理发展的敏感期

人的心理发展是有其客观规律的,先天遗传和生理发展是人的心理发展的物质前提,而后天的环境和教育则是人心理发展的关键。没有好嗓子成不了歌唱家,而有了好嗓子没有适合其发展的环境、教育,也成不了歌唱家。有些先天素质并不突出但却得到了好的教育,反而成才的人大有人在。所以说,先天遗传只为孩子身心发展提供了生物前提,而后天环境的优劣对个体成长起着决定性的影响,其中教育则起主导作用。环境、教育对孩子施加影响的过程也就是孩子社会化的过程。

1. 幼儿认识活动的无意性占优势

在正常的生活环境和教育条件下,幼儿期孩子心理发展的主要特点是幼儿认识活动的无意性占优势,而有意性正在形成。所谓无意性是指没有预定目的,不需要意志努力,自然而然进行的注意、记忆、想象等心理活动。在心理学中称为无意注意、无意记忆、无意想象等。幼儿认识活动发展的趋势是从无意性向有意性过渡的。所谓有意性,则是指有目的的,需要经过意志努力的心理活动。

(1)幼儿的无意注意占优势,有意注意初步发展。

无意注意就是事先没有预定目的,也不需要意志努力的注意。3 岁前儿童的注意基本上属于无意注意。其发展表现为刺激物的物理特性仍然是引起无意注意的主要因素;与兴趣和需要关系密切的刺激物,逐渐成为引起无意注意的原因。容易引起幼儿无意注意的诱因有两大类:首先是刺激比较强烈、对比鲜明、新异和变化多动的事物。比如,教师呈现的玩具、教师的语言及新异的环境等。其次是与幼儿兴趣、需要和生活经验有关系的事物。比如符合幼儿兴趣的事物,与幼儿需要密切关联的事物。

有意注意是指有预定目的、需要一定意志努力的注意。有意注意主要表现在幼儿能自己控制自己的注意,其特点是有目的和需要意志努力。但幼儿的有意注意还处于初步的发展之中,而且幼儿有意注意的目的性和自我控制力主要还依赖于成人的组织与提醒。幼儿有意注意的产生依赖于丰富多彩活动的开展和幼儿对活动目的、任务的理解程度等。

（2）幼儿以无意记忆为主，形象记忆占主要地位。

幼儿初期，凡是鲜明、生动有趣、能吸引幼儿注意的物体，或者经过多次重复的事物都能使幼儿自然而然地不费力地牢记住，如幼儿对有意思的游戏和玩具、生动的故事等都可以记得很清楚，对去幼儿园的道路由于多次重复，也能自然地记住。这些都是无意记忆、形象记忆的表现，也是幼儿记忆的主要形式。而5～6岁幼儿记忆的有意性则有了明显的发展，这是儿童记忆发展过程的一个重要质变。这时幼儿不仅能努力去识记和回忆所需要的材料，而且还能运用一定的方法帮助自己加强记忆。

幼儿记忆的另一特点是以形象记忆为主，词语记忆不断发展。他们对直观、形象材料的识记要比对抽象的原理和词的材料的识记容易；而在词的材料中、生动形象化的描述又比抽象的概念容易识记。但总的来说，5～6岁幼儿词语记忆的发展大于形象记忆。

（3）幼儿无意想象占优势，想象具有复制性和模仿性。

幼儿初期想象的产生，往往是由外界刺激物直接引起的，幼儿的想象常常没有主题，没有预定目的。如，3～4岁幼儿玩积木时，究竟要搭什么，事先不会进行想象，只是在摆弄的过程中看它像什么就是什么。一个3岁多的幼儿玩剪纸，七剪八剪，剪成了一个图样，问他剪的是什么？他先说："不知道。"然后又看看自己剪的图样说："这是小熊和飞机。"第二天，再请他剪一个和昨天一样的小熊和飞机，他却怎么也剪不出来了，这个事实说明了幼儿的想象事先是没有明确目的的，而是受外界刺激直接引起的。所以他们想象的主题容易变化，不能按一定的目的坚持下去。同时，幼儿初期想象具有特殊的夸大性，常常喜欢夸大事物的某些特征或情节，以及印象中特别深刻的部分；也容易把想象跟现实相混淆，把自己臆想的事物、渴望的事物当作真实的，分不清什么是想象的，什么是真实的。

幼儿的想象具有复制性和模仿性的特点。表现为幼儿在游戏活动中所扮演角色的言行举止都酷似他们最熟悉最贴近的人，演妈妈像他自己的妈妈，演老师像他自己的老师，这告诫我们成人，要特别注意树立自己的良好形象。

2.幼儿的思维以具体形象思维为主

幼儿的思维由婴儿期的直观行动思维向具体形象思维过渡，表现出明显的具体形象性，并出现了抽象逻辑思维的萌芽。

（1）幼儿初期的思维仍具有一定的直观行动性。

就是说，他们的思维活动离不开对事物的直接感知，并依赖于其自身的行动，特别是在小班初期的绘画和游戏活动中表现得尤为明显。直觉行动思维具有直观性和行动性的特点，直觉行动思维实际是"手和眼的思维"。一方面，思维离不开具体事物的直接感知；另一方面，思维离不开自身的实际动作。离开感知的客体，脱离实际的行动，思维就会随之中止或者转移。小孩子离开玩具就不会游戏，玩具一变，原来的游戏马上中止的现象，都是这种思维特点的表现。同时，直觉行动思维缺乏行动的计划性和对行动结果的预见性。由于直觉行动思维是和感知、行动同步进行的，所以，在思维过程中，儿童只能思考动作所触及的事物，只能在动作中而不能在动作之外思考。因此，不能计划自己的行动，也不能预见行动的结果。思维不能调节和支配行动，这是只有直觉行动思维才有的特点。

（2）幼儿的思维以具体形象思维为主。

具体形象思维是依赖事物的形象或表象以及它们的彼此联系而进行的思维。这是从直觉行动思维向抽象逻辑思维发展的过渡形式,是幼儿思维的主要形式。具体形象思维具有一定的内隐性,思维活动从"外显"转变为"内隐",思维过程开始摆脱了与动作同步进行的局面而可以提到行动之前。于是,它开始对行动具有调节和支配功能,使"三思而后行"成为可能。同时,具体形象思维是一种以自己的直接经验为基础的思维,这就使得它们均带有一种"自我中心"的特点。也就是说,处于这类思维水平的儿童倾向于从自己的立场、观点认识事物,而不太能从客观事物本身的内在规律以及他人的角度认识事物。

（3）抽象逻辑思维开始萌芽。

抽象逻辑思维是指用抽象的概念（词）,根据事物本身的逻辑关系来进行的思维。抽象逻辑思维是人类特有的思维方式。严格地说,学前儿童尚不具备这种思维方式。但幼儿晚期,儿童开始出现了这种思维的萌芽。幼儿晚期的孩子能够运用一些抽象概念进行思维、了解事物本质属性。如有的幼儿说:"花和人都会死的,桌子不会死。""雪和雨都是水,只是样子不一样。"这说明,孩子已经有了一定的抽象概括能力。尤其是随着孩子语言的发展,抽象逻辑思维得到了一定程度的发展。

3. 幼儿期是言语发展的重要时期

研究表明:幼儿期是学习语言最敏感、最关键的时期,也是储存词汇最迅速的时期。这一时期的主要任务是发展幼儿的口语。在此期间,幼儿听觉和言语器官的发育逐渐完善,正确发出全部语言的条件已经具备。3～4岁孩子的发音机制已开始定型。家长要注意教会孩子按普通话语调讲话,否则,发音不准或方言太重,以后纠正就困难得多。5～6岁幼儿掌握的词已由3岁的800～1000个左右,发展到3000～4000个左右。他们在日常生活的语言交往中,通过模仿已基本掌握了并列句、复合句等多种句式,句子长度逐渐增加,能够比较系统、连贯地表达自己的思想。但总的来说,幼儿口语水平的发展还是比较低的。因此,家长要帮助孩子正确发音,丰富孩子词汇和培养口头表达能力,以及对文学作品的兴趣。

幼儿5岁左右产生了内部语言。在幼儿内部语言的发展过程中,有一种介于外部语言和内部语言之间的语言形式,叫自言自语。幼儿在活动或游戏中常常会自言自语,这是语言发展中的正常现象,家长要理解并予以观察和指导。对孩子在自言自语中出现的问题,家长要给予及时耐心的帮助和纠正。

4. 幼儿情感具有外露、肤浅、易冲动、不稳定的特点

幼儿初期还不善于控制和调节自己的情感,很容易受周围事物的影响而毫不掩饰地表现出来,常会因为一点小事而哭闹,但当一旦有了别的刺激时,他会马上破涕为笑,转怒为喜,很快就忘记了不愉快的事情;家里来了客人,孩子最容易兴奋,甚至把所有的玩具都拿出来给客人看;进幼儿园,只要有一个孩子哭泣着向妈妈告别,马上会波及别的孩子也哭泣起来,等等。这是因为幼儿期孩子的大脑皮层兴奋容易扩散,抑制能力差,所以易受情境和他人情绪的感染。幼儿中期的孩子情感已稍稳定,他们喜欢和小朋友一起游戏,会因为没有朋友玩而苦恼。幼儿晚期的孩子情感已经显得稳定而深刻,遇到不愉快的事会长时间不高兴,表露的方式也比较含蓄了。

幼儿情感的发展趋势是:情感的发生从容易变动发展到逐渐稳定;表情从容易外露发展到能有意识地控制;情感的内容从与生理需要相联系的体验（亲亲、抱抱等）发展到与社会性需要联系的体验（希望别人注意、称赞、愿意和自己交往等）。幼儿的道德感、理智感、实践感、美感等高级情感已开始发展。道德感表现为幼儿的规则意识已初步形成,能按规则办事,干了好事而愉快。兴奋、理智感表现为幼儿强烈的好奇心与求知欲的发展。实践感表现为对参加游戏或劳动的喜爱与快乐。美感表现为对鲜艳的色彩、和谐的声音、明快的节奏、丰富多彩的自然景色和劳动成果中所体验到的美。幼儿高级情感的发展是与孩子的认识水平和活动能力紧密相连的,家长应该有计划地细致培养与发展孩子的情感。

5.幼儿意志品质的目的性、坚持性、自制力有了初步发展

3～4岁幼儿不善于独立地给自己提出活动目的,往往是由当前活动的直接兴趣和直接需要引起。如,妈妈洗衣服,他也要洗,但极易受外界环境的干扰而改变自己的行动目的。当他看到爸爸正在用吸尘器打扫房间,便丢下正在洗的小手绢去找爸爸,还边走边说:"我洗完了,我要去帮爸爸打扫房间了。"孩子更多的是热心于洗、扫的过程,而不负责其结果。这表明,幼儿的意志还很薄弱,缺乏坚持性,还不善于控制自己的行为。

5～6岁幼儿活动的目的性、坚持性和自制力有了初步的发展,已能够提出与个人兴趣没有直接联系的行动目的,在困难的或不太感兴趣的活动中表现出一定的自控力。例如,盛暑时节,有的孩子会说:"我不要冰棍了,可以回家喝水,买冰棍还要花钱。""大的鸡蛋给奶奶、爷爷吃,小孩子吃小的。""等我听完了这个故事再玩。""我一定要把小船叠出来。"等等,这都反映了孩子能克制自己的愿望,坚持自己的行动,这是意志力的发展。但总的来说,幼儿期孩子的自制能力、坚持性和克服困难的能力仍较差,需要成人有意识地加以培养和教育。

(三)幼儿期是个性开始形成的时期

个性是指人的需要、兴趣、理想、信念等个体意识倾向性以及在气质、性格、能力等方面所经常表现出来的稳定的个性心理特征。

3岁前的婴儿已表现出了最初的个性差异。而幼儿期孩子的个性已有了明显的表现,如他们在气质、性格上,有的好动、灵敏、反应快;有的沉静、稳重、反应慢;有的好哭、易激动;有的活泼、开朗;有的能和别人友好相处;有的则霸道、逞强;有的爱听故事、爱学习、勤快;有的浮躁、粗心。孩子们在画画、手工、唱歌、跳舞、运动、讲故事以及计算等方面的能力也初步显示出了自己的爱好和特长,虽然如此,但距个性的定型还相差很远,随着环境和教育的影响还会不断地发展变化。家长对幼儿不可娇惯与溺爱,要多创造孩子与其他儿童接触的机会,指导孩子处理好与小朋友之间的关系,帮助他们组织丰富、有趣、有益的活动,提供必要的材料与条件,让孩子在和谐温馨的家庭中,在与小朋友们的共同活动与游戏中,增长知识,开阔眼界,体会到友爱、守纪、勇敢、助人的快乐,促进幼儿良好个性的健康发展。

二、幼儿家庭教育要点

(一)优化家庭教育环境,发挥环境的潜在教育价值

著名的人类发展生态学理论创始人布朗芬布伦纳认为,个体发展的环境是一个由小到大层层扩散的复杂生态系统,每一个系统都会通过一定的方式对个体的发展施以影响[①]。而家庭作为与孩子生活关系最密切的环境,是一种巨大、无形的教育资源,是培养幼儿身心健康发展的重要条件。家长应在自身条件许可的范围内,不断优化家庭教育环境,更好地发挥环境的潜在教育价值。

---

① 黄锭钧.优化家庭环境,促进幼儿发展[J].才智,2009(4).

1. 创设适宜于幼儿活动与探索的家庭物质环境

首先，家长要给孩子提供有价值的玩具材料。玩是孩子的天性，玩具伴随着每个孩子度过天真烂漫的童年。有了玩具便可引起活动，有了活动儿童便可得到发展。给孩子购置的物品，玩具不一定是昂贵的，好的玩具是有变化而活动的，幼儿玩了不容易生厌的。如户外活动用的皮球、风筝、毽子等，启发孩子利用这些玩具，创造无数的玩法。另外，家长还可以帮助孩子利用废弃物自制玩具，如利用一次性饭盒、纸杯、易拉罐、纸箱、果壳、麦秆、纽扣等做成各种有趣的玩具，这样可以培养孩子的想象力、创造力、自信心和成就感。

其次，家长在家庭中要给孩子开辟专门的活动空间，让孩子有属于自己的小天地。幼儿作为家庭生活中的一员，他们有着自己的特殊活动和特殊兴趣。家长应充分地尊重孩子，在家庭里为他安排一个属于孩子支配的、任他活动的小天地，使孩子有自由表达自己心愿和体会的机会。在这里，孩子的需要可以得到满足，儿童的独立性、自主性及各种能力均可得到锻炼和提高。在这个小天地中，家长应根据孩子的年龄特点和兴趣爱好合理进行安排，和孩子一起设计、布置活动空间，让孩子既动手又动脑，获得心理上的满足和成功的经验。并且通过儿童的参与管理，使其懂得玩具和各种物品要分类摆放，培养孩子的主人感、责任感。

最后，家长可以在家庭中尝试设立自然角。家长可以参考幼儿园的区角设置，选择一个合适的地方如阳台、走廊、窗台等，和孩子一起准备有关材料、鱼缸、小塑料盆、罐头盒等，饲养金鱼、乌龟、蝌蚪、小鱼等，让孩子给这些小动物换水、喂食、清扫，体会其中的乐趣。也可让盆景植物、干果、蔬菜等成为自然角的常客，让孩子观察植物的发芽进程。还可引导孩子用蔬菜、水果加上其他辅助材料做成漂亮的苹果娃娃、萝卜兔等，孩子们在自然角中既扩展了视野，也培养了他们的动手能力和创造力。

2. 营造积极健康的家庭心理环境

首先，家长要为幼儿营造一个轻松、愉快、幽默的家庭气氛。家庭成员之间要彼此尊重、相互理解、支持和关心，家长要加强自己的思想道德修养，善于用理智控制自己的不良情绪，不要在孩子面前争吵，或少言寡语、闷闷不乐。要尽量创造一个轻松、活泼、充满欢笑声的家庭气氛，使幼儿的个性向着积极、健康的方向发展。

其次，家长要注意正确的教养方式。家长是孩子的第一任老师，孩子最初是通过与家长的交往，学习初步的人际交往技能的。在家庭教育中，家长既要关心孩子的身体健康，还要注意孩子的心理健康。家长应改变对孩子过分保护和溺爱的态度，对子女的正确态度，应该是爱而不宠，养而不娇。父母应在教育上保持一致的态度，一定要尽力保持在孩子面前态度的一致性，如有不一致的地方，最好在取得一致以后再向孩子提出。假如没有来得及统一认识时，出现了矛盾，也要及时补救，尽量不要让孩子感到家长之间的矛盾分歧。另外父母对于幼儿园教育应给予大力支持，尽可能做到家园教育的一致性，以取得更好的教育效果。

最后，家长要发挥好榜样示范作用。幼儿是在模仿成人的过程中习得交往的。孩子从出生起，就一直感受着父母对己对人的态度，并从中模仿家长待人接物的态度与方式。因此，父母应在孩子面前以身作则，要求孩子做到的自己一定也要做到，否则就无法使孩子信服。比如有个家长要求自己的孩子不要说脏话，自己却常口吐脏字；要求孩子要孝敬老人，自己却经常顶撞老人，这种教育下你能让孩子有礼貌吗？所以父母一定要重视和利用自身对子女的榜样作用，为孩子树立一个可以信赖、可以模仿且可以直接感受到的交往榜样，让孩子耳濡目染，从而潜移默化地受到熏陶和感染，最终内化为自己的行为。

(二)以游戏为主要教育形式,组织幼儿开展各种游戏活动

游戏是幼儿的基本活动,也是幼儿最喜爱的活动。游戏既是家庭教育的内容也是家庭教育的手段。著名教育家陈鹤琴对儿童游戏的理论与实践进行了研究,他指出,"小孩子生来是好动的,以游戏为生命""儿童既喜欢游戏,我们就可以利用游戏来支配他的动作,来养成幼儿的习惯"。游戏可以也应该成为幼儿家庭教育中的主要形式[①]。为此,家长应如何做呢?

1.创设良好的游戏环境和条件

(1)营造宽松的游戏氛围。所谓氛围,就是指人所处的环境和情调,它是在某一环境中人们相互影响、相互制约的过程中造成的某种心理情绪和环境气氛。游戏的家庭氛围是一种具有良好氛围的家庭生活环境,每个家庭成员在其中都拥有温馨、宽松、愉快的心情,能体验到一种游戏者发自内心的快乐。在家庭中营造游戏的氛围,父母要尊重孩子,平等地对待孩子,使孩子真正成为游戏的主人。同时,要具备一颗童心,与孩子一起体验游戏的快乐也是非常重要的。

(2)为孩子提供玩具和游戏的材料。玩具和材料是孩子必不可少的工具和物质支柱。正如鲁迅先生所说:"游戏是儿童正当的行为,玩具是儿童的天使。"家长可以根据孩子各类游戏的需要,为他们设置各种玩具材料,如积木和积塑等,可供幼儿构建各种形体、辨别颜色及形状等。这类玩具的不同玩法可以丰富幼儿的想象力和创造力。玩具娃娃及娃娃家所需的各种器具,也可供幼儿角色游戏使用。此外,家长可自制材料,如可将旧年历和明信片等剪成很多小块,供孩子玩拼图游戏。家长也可以提供条件让孩子自制游戏的材料,让孩子既动手又动脑。如用家里的旧报纸做成炮弹、废纸箱做成"堡垒",家长和孩子一起玩打仗的游戏;或者用家里的废纸制成毽子,家长跟孩子一起玩踢毽子的游戏等。制作这些游戏的材料既增加了孩子游戏的兴趣,又培养了他们的动手操作能力和创新意识[②]。

(3)让孩子在大自然中体会游戏的快乐。除了为孩子在家庭中创造游戏的条件外,还可多让孩子亲近大自然,与孩子一起在户外游戏也是家庭教育游戏的一个必要补充。大自然是孩子游戏的"宝藏"。一片落叶、一声鸟鸣、一抔黄土……都可能激发他们的好奇心,成为他们游戏的"材料"。同时,家长也可以与孩子一起以游戏的方式探寻大自然的奥秘。这样既让孩子体验到了游戏的快乐,又增加了他们对大自然的了解和热爱。因此,家长应经常带领孩子亲近大自然,让孩子亲身感受大自然中所蕴含的自由、和谐和美,使孩子体验到在大自然中游戏的快乐。

2.家长要参与孩子的游戏

家长要参与孩子的游戏,做孩子的玩伴。父母,是孩子的监护人、教育者、引领者……更重要的是孩子的玩伴。尤其是现今都市家庭的孩子多为独生子女,而邻里之间缺少往来。独生子女除了上幼儿园和偶尔去游乐场所,多数的时间只能被禁锢在家里。因此,为了摆脱孩子的孤独感,父母有必要参与到孩子的游戏中,做孩子的玩伴。这既是对孩子童心童真的一种尊重和珍视,又创设了与孩子交流沟通的一种对等平台。如家长参与"过家家""上汽车"等游戏,与孩子一起尝试扮演不同的角色,让孩子协调相互之间的活动,并解决可能出现的争端,这样非常有益于孩子社会技能的成熟。同时,在游戏的过程中,家长还可以给游戏提出好的建议,给

① 李丽.让游戏成为幼儿家庭教育的主要形式[J].教育导刊(下半月),2010(8).
② 孙立双.学前儿童家庭与社区教育[M].北京:北京出版社,2014.

孩子一定的帮助,帮助孩子解决游戏中遇到的困难,不断丰富其知识经验。此外,家长要做好游戏的策划工作。在游戏的过程中,家长除了做好孩子的玩伴,让他们在心理上对父母产生认同感外,父母亲还要做孩子游戏时的有心人,扮演好游戏组织者与策划者的角色,使游戏更加具有科学性和有效性,为孩子的全面发展打下基础。

3.在游戏中渗透教育因素

一些家长认为,教孩子识字,学习数学、英语就是对孩子进行教育,这种教育观亟待转变。家庭教育的内容不仅包括智力的因素,也包括非智力的因素。有研究表明:一个人的成功,智力因素只占 20%,而非智力因素占 80%。可见,智力因素是人成功的基本条件,而非智力因素则是事业成功的关键,起着决定性的作用。因此,家长在与孩子游戏的过程中要有目的地把知识技能的学习以及孩子品质行为习惯的教育渗透其中。陈鹤琴提出了游戏式的教育法。他认为,小孩子是很喜欢游戏的,做父母的能够利用他这种心理,以游戏的方式去教育他,孩子没有不喜欢听父母话的。如家长带孩子逛完商店后,你可以与孩子玩有关商店的游戏,在游戏中要求孩子像售货员一样耐心、热情地接待顾客,或要求孩子做一个文明的顾客。同时,也可以教会孩子认识钱币,以及买东西时怎样找算零钱等。玩公共汽车游戏时,家长可以热情地接待"乘客",用角色的身份启发引导幼儿怎样乘车,怎样遵守公共秩序等,使幼儿在愉快、形象的游戏中接受文明礼貌教育。又如,家长还可以引导孩子开展"穿衣比赛""家务小能手""谁吃饭又快又干净"等游戏和竞赛活动,把需要教育的内容渗透到游戏中,使幼儿在愉快的气氛中学习。

(三)对幼儿进行规则养成教育,提高孩子的社会化水平

规则是我们在日常生活、学习、工作中必须遵守的行为规范和准则。幼儿期是萌生规则意识和形成初步规则的重要时期。著名教育家叶圣陶曾经说过:"教育是什么?往简单方面说只需一句话,就是培养良好的习惯。"而良好的行为习惯建立在良好的规则意识和执行规则的能力上。家庭是儿童成长的最初摇篮,是孩子的第一所学校,父母是孩子的第一任老师,家长在幼儿规则的养成中起着非常关键的启蒙作用。在幼儿的家庭生活中,家长应该采取一些灵活多样、行之有效的途径和方法,积极引导幼儿树立规则意识,培养幼儿一定的规则执行能力,养成一定的规则行为,从而为幼儿以后的健康成长和良好发展奠定坚实基础。

1.培养幼儿的规则意识和行为

将规则融于幼儿的一日生活,让孩子在快乐的家庭生活和幼儿园生活中潜移默化地执行规则,是培养幼儿规则意识的基本策略[①]。幼儿从早晨起床到晚上睡眠,在一天的生活当中,盥洗、进餐、喝水、如厕、午睡等每个环节都离不开规则。培养幼儿规则意识,首先应该让幼儿知道,规则存在于我们生活的方方面面,需要我们了解并遵守。由于孩子年龄小,理解能力有限,家长对孩子的教育要细致、明确、有耐心,要让孩子在理解的基础上逐步加深印象,要给孩子养成规则的时间,只有通过不断地强化,不断地累积,结合严格的要求,才能让孩子做到持之以恒。

家长也可以利用丰富多彩的游戏活动,帮助幼儿了解各种行为规则。幼儿的年龄特点决定了幼儿的游戏与学习是分不开的,富有情趣的游戏对孩子有极大的吸引力。家长可以充分利用幼儿的各类游戏,将幼儿的规则学习与培养有机地融入幼儿的游戏活动中,帮助幼儿了解

① 龚燕.幼儿规则意识与行为的培养[J].学前教育研究,2009(1).

规则,巩固规则。如表演游戏"公共汽车",孩子扮成年龄、身份不同的乘客,在有情景的社会性游戏中,孩子模仿生活中人们的语言、行动,体验人们对周围事物的感受,实践着社会所要求的行为规则,孩子在反复的游戏中了解乘车的规则与礼仪,并逐渐学会把社会的规则要求变成自己的主动行为,进而迁移到生活当中去。

2.教会幼儿识记规则①

幼儿的规则教育并不是一件严肃的事情,如果采用强制手段让孩子识记规则,可能只是暂时地记住,真正执行起来效果并不好,因为幼小的孩子并不能一直自然地记住和遵守规则。因此,家长可以利用孩子喜欢韵律、听故事等特点,添加一些趣味性强的东西于规则教育中。如果家长能灵活地将一些规则转变成各种押韵且生动的儿歌,那么就更容易让孩子领会并去遵守这些规则。如"听故事,不讲话,好孩子,快坐下""饭进嘴,味美美;吃豆豆,长肉肉""玩具满地扔,爸爸妈妈好心疼;玩具收起来,爸爸妈妈笑起来""清水哗哗流,饭前先洗手,手儿洗干净,保证少生病"等。类似的儿歌,都可以让孩子在无意中识记规则。如家长可以将这些儿歌贴在孩子容易看见的位置,时间久了,孩子便会在潜移默化中按规则去做事;家长可以给幼儿讲一些蕴含规则教育于其中的小故事,让幼儿在生动的故事中轻松获得知识。这些方法可以让幼儿更容易接受理解规则,效果比直接的命令和强制要求要好得多。

3.教会幼儿遵守规则

(1)家长要发挥好榜样示范作用。榜样对幼儿规则意识的形成有着潜移默化的促进作用。每一个孩子都具有模仿的天性,父母是孩子最直接的模仿对象,所以家长的一言一行都应给幼儿做出榜样。通过家长的榜样示范,为幼儿提供具体的行为标准,幼儿才会从中模仿而进行学习。父母本身就是一种教育因素,所以要提高幼儿家庭教育的效果,家长以身作则、身体力行是最重要的事情。孙敬修老前辈曾对家长们说:"孩子们的眼睛是照相机,脑子是录音机,你们的一言一行都刻在他们的心上,要做好榜样啊!"可见,要求孩子要做到的行为,家长首先要自己做好。

(2)家长要循序渐进地引导和培养。规则的养成不是靠简单的说教和硬性的规定就可以做到的,重在逐渐培养。如日常生活中喝水、吃饭、睡觉、大小便、看电视的规则,用完玩具后摆放的规则,交通规则,公共场所的文明礼貌规则以及待人接物的规则等。家长要在生活的点滴中不断地引导和教育孩子去遵守和实践这些日常规则。对于孩子遵守规则的行为及时给予肯定和表扬,这样可以鼓励并强化幼儿执行规则的主动性和积极性;对不好的行为要适度地批评和惩罚,并与耐心讲道理相结合。这样可以使幼儿了解规则冲突的后果,懂得各种行为规则的必要性,从而愉快地接受这些要求,并在以后类似的情境中自主地遵守它。总之,家长应该尽可能抓住日常生活中的教育契机对幼儿实施规则教育。当然,规则教育的基本前提是要充分尊重幼儿身心发展的特点和规律。家长不能强迫和压制孩子执行一些他们自身能力水平所不能达到的规则。家长设立规则要坚持适度原则,做到因材施教,在民主、平等、和谐的氛围中对孩子进行教育。

(3)使孩子成为规则的主人。家长可以给幼儿提供机会,让他们自己去制定一些规则。当幼儿成为规则的主人时,执行规则的自觉性就增强了,就会心甘情愿地去遵守规则。例如,家庭中的一些事情,可以让幼儿做领导,让他们来制定一些规则,家长给予适当的指导和帮助。

---

① 孙彦.家庭教育中幼儿规则养成的思考[J].教育与教学研究,2011(2).

对于一些规则,家长和幼儿还可以通过平等协商来制定,而且每个家庭成员都应该认真遵守已制定的家庭规则,特别是涉及幼儿力所能及的一些规则要求一定要明确标示出来,以此作为依据来约束幼儿的行为规范。比如在吃饭前一定要洗手,家庭成员之间可以相互监督,这样幼儿就会自觉地遵守规则。再比如,规定家里的东西用过后要放回原处,这样幼儿就会记着自己玩过玩具后收起来,无意中也就起到了自我约束的作用。

(四)提供幼儿观察与操作的机会,培养孩子的问题意识和探索精神

有研究指出,问题是产生学习需要的原因之一,也是生长新思想、新方法、新知识的种子。幼儿天生好奇,好探索,凡事喜欢问"为什么",家长应精心呵护和培养幼儿对周围事物和现象的好奇心和探究欲望,为孩子提供各种观察和操作的机会,激发幼儿的兴趣,鼓励幼儿多提问题,多发现问题,抓住问题培养孩子的探索精神。

1. 创设适宜于幼儿观察与操作的环境条件

幼儿是在与环境相互作用过程中认识周围世界、增长智慧、发展能力的。要培养幼儿的问题意识和探索精神,我们认为首先要为幼儿创设宽松、自由、积极、和谐的精神环境,让幼儿感到心理安全。我们常常说要让孩子大胆尝试,自我发现,但是我们很多时候惧怕孩子尝试失败,而不敢让孩子尝试。实际上,正是在不断尝试探索的过程中,孩子才学会了学习。对孩子尝试中的错误,我们应采取包容的态度,在尝试中纠正错误。真正的学习不仅要让孩子体验成功的欢乐,还要经历失败的痛苦。只有体验过失败,才会反思为什么不成功,进而寻找成功的途径。甚至只有不断经历失败,才会逐渐积累起成功的经验。因此家长要从心理上给孩子一个宽松的探索环境,鼓励孩子大胆进行尝试。其次,要为幼儿提供良好而丰富的物质环境,让幼儿在丰富的刺激中萌发问题意识。家长应利用语言、玩具、材料、环境、活动等各种手段,创造一种和谐自由的探索情境,为幼儿提供充足的活动时间、空间和材料,最好在家里开辟属于孩子的小天地或探索区,并不断充实各种半成品材料和废旧材料,使幼儿体验到操作带来的快乐。

2. 在观察与操作中培养幼儿的问题意识

苏霍姆林斯基指出:"儿童心灵深处都存在着使自己成为发现者、研究者、探索者的愿望。"然而,由于身心发展水平的限制,幼儿的这种愿望虽然很强烈却很难表达出来。这就需要家长想方设法引导幼儿提出问题。要想幼儿之所想,设身处地地探明幼儿的好奇在哪里,疑惑在哪里,然后引导幼儿把心中的疑惑用问题的形式表达出来,也就是把好奇心转化为一个个问题,这样才不会使幼儿的好奇心稍纵即逝,才能引起幼儿进一步探究的兴趣。当孩子提不出问题时,恰当的主动提问是诱发孩子提问的重要途径。比如,面对一种有趣的现象,可以用"你知道这是怎么回事吗"等方式提出问题,与孩子一起寻找答案,在探究过程中调动幼儿的好奇心,引导其提出更多的问题。同时,由于已有知识和能力有限,有些孩子虽然能提出问题,但所提的问题是表面、肤浅的,而他们心中更多的疑惑并没有表达出来,如很多孩子提问时常常只用"这是什么"这一句式来表达,其实他们心里还想了解更多。家长要注意体察幼儿心中的疑惑,帮助他们提出最本质的、最想问的问题[①]。

3. 让幼儿在探索与思考中寻找问题的答案

在操作活动中,对孩子所产生的疑问,家长应引导孩子进一步探索和尝试,放手大胆地让

---

① 姜新生.幼儿问题意识培养的理性思考[J].学前教育研究,2008(3).

孩子进行充分的操作和反复感知,不断激起幼儿强烈、主动的探索欲望和探索兴趣。让孩子在不断的操作与思考中,在不断的尝试错误过程中寻找问题的答案,而非直接告诉孩子答案,要知道孩子的探究过程有时比问题答案本身更有价值。当然孩子如果能在家长的引导下,通过自己的不断尝试和探索寻找到问题的答案,那当然更好。比如,当孩子发现自己的陀螺只能转一会儿和转得不稳而向家长寻求帮助时,家长可以不直接告诉孩子解决问题的办法,而是让孩子自己去尝试、观察、比较,并最终找到解决的办法。最终成功的喜悦激发了幼儿更为强烈的探索精神,给孩子带来了更多的快乐和自信,也使孩子的动手操作能力得到提升,更使孩子的问题解决能力和科学素养得以提升。

(五)激发幼儿个性潜能,塑造孩子良好个性品质

孩子良好的个性品质,是指孩子比较稳定,经常在现实生活中表现出来的积极向上的心理特征,如大公无私、真诚热情、勤劳勇敢、艰苦朴素、助人为乐、活泼开朗以及善于观察、勇于克服困难、不怕挫折、有创造能力等。幼儿时期是人的个性开始形成的重要时期。它关系到孩子的未来生活、个人前途和事业成就,因此,从小培养孩子良好的个性品质至关重要。作为家长应在遵循幼儿心理发展规律的基础上,积极调动影响幼儿个性品质的各方面因素,激发幼儿的个性潜能,探索有效培养幼儿良好个性品质的方法,为幼儿个性的全面良好发展奠定坚实的基础。那么,家长应如何塑造孩子良好的个性品质呢?

1.创设良好的生活环境[①]

家庭是幼儿最先接触的社会环境,团结、和睦、民主、平等、宁静、和谐、尊老爱幼的家庭气氛,有利于幼儿良好个性品质的培养和形成。但如果家庭以孩子为中心,使孩子高高在上,成为一家之主,说啥是啥,要啥给啥,一切听从孩子指挥,将会使孩子形成自高自大、自私自利、目中无人、蛮不讲理、缺乏主见、无独立能力的不良品质。家长生气、吵架、闹离婚,在孩子身上出气或扔下孩子不管,会使孩子胆小怕事、多疑、感情淡漠、性格孤僻,也不利于其良好个性品质的形成。因而,要使幼儿形成良好的个性品质,需要家长为幼儿创设一个轻松、幸福、安定的家庭生活环境。

2.做好幼儿的表率

家长是孩子的第一任教师,家庭教育对幼儿个性发展的影响事实上首先是通过家长自身的行为实现的。在与幼儿朝夕相处的过程中,父母把自己的个性、态度、兴趣、品质、情感等潜移默化地传递给了幼儿,父母的言行举止对孩子影响甚大。如果家长通情达理,孩子就会团结他人;如果家长有礼貌,孩子就会彬彬有礼,守纪律,讲公德等。反之,如果家长蛮横无理,孩子就会粗暴撒野,甚至打人骂人;如果家长损公利己,爱占小便宜,孩子就会偷拿别人的东西等。因此,父母作为孩子的直接模仿对象,应当时时、事事、处处严格要求自己,做好孩子的表率,用良好的个性品质去影响幼儿,给孩子以好的影响。如果父母能持之以恒、积极向上、自制力强,孩子就能有始有终、开朗乐观、意志顽强。

3.采用科学的育儿方式[②]

不同的教育方式会使幼儿形成不同的个性品质。家长对孩子应关心和爱护,但不能娇惯溺爱;应严格要求,但不能冷漠无情。孩子有进步,应及时表扬;有过错,应耐心教育,批评指

---

① 陈亚图.对培养幼儿良好个性品质的探究[J].文教资料,2009(3).
② 王晓华.怎样培养孩子良好的个性品质[J].养生月刊,2012(12).

正。批评孩子应注意场合,讲究方式方法,不要在外人面前揭露孩子的短处,避免使孩子当众出丑,不要在吃饭时、临睡前批评孩子。"棍棒之下出孝子",孩子胆小偏让他蹲黑屋,父母在孩子面前扮演"严父慈母"等,都不利于孩子良好个性品质的培养和形成。把孩子视为"小淘气""调皮鬼""不可救药"等,不管不问,放任自流,会使孩子傲慢、孤独,甚至走上歧途。而采取民主、平等的教育方式,则会使幼儿形成良好的个性品质,如自主、自立、自信、自律、自尊等。

4. 关心孩子的身体健康

孩子有病,应及时诊断治疗,精心照料护理,使其身体健康,心情愉快地生活。孩子生理上有缺陷,更应当格外关心和爱护,使其心胸开朗,正确对待人生,正确对待自己。注意调剂孩子的饮食,尽量做到粗细粮搭配,主副食结合,酸碱度平衡,饭菜多样化,富有营养,既不能一味追求高蛋白、高脂肪、高糖分,也不要饥饱不均、冷热不保、粗茶淡饭待之。

(六)做好幼小衔接工作,帮助孩子顺利入学

大班幼儿即将升入小学,这是他们步入自主求学阶段的一个重要转折点,家长都是满怀激动和期待的心情去迎接孩子成长阶段中的这一重要时刻的。然而,大部分家长却没有意识到在幼小衔接过程中孩子可能面临的困难和问题,以为反正幼儿园会制订相关的教育计划,自己只要保证孩子的营养,做好物质方面的准备就足够了。因此,许多家长在孩子上大班期间缺乏适当的指导,从而错过了教育的最佳时机,也使自己在孩子升上小学后倍感吃力和辛苦。其实,在幼小衔接工作中,幼儿园的作用虽然非常重要,但毫无疑义,家长也担任着不可取代的角色。

1. 激发幼儿盼望上小学的美好愿望

为了让孩子高高兴兴地进入小学,家长要使孩子内心产生想上小学当个小学生的美好愿望。例如:早晨送孩子上幼儿园时,在路上见到许多小学生背着书包、穿着校服、戴着红领巾上学校,这时不妨对孩子说:"瞧,这些哥哥姐姐多神气!"使孩子产生羡慕之情。还可以这样说:"在幼儿园时你表现很棒,所以你就可以上小学了。那里有很多大哥哥大姐姐,课堂上老师讲课很生动,要学好多新东西呢!"不断给孩子以正面的引导,让孩子对上小学产生一种期盼心理。只有使孩子向往上小学并且产生"我想学"的心理状态时,孩子才能主动地学习,才能学得好,才能很好地适应小学的学习和生活。家长决不能用上小学对孩子施加压力、进行恐吓:"瞧,你这么坐不住,将来上小学可要受罪!""你这么好动,将来上小学让老师好好治治你!"这样说的后果会造成孩子对上学产生恐惧感,极不利于入学的心理准备。同时,家长可以带孩子熟悉小学的学习环境,了解小学学习活动,比较幼儿园与小学的不同,也可以让孩子接触身边的小学生,了解小学上课、作业、考试等情况,帮助孩子了解小学生活,进而产生上小学的愿望[1]。

2. 培养孩子适应小学生活的各种能力

一是培养孩子的生活自理能力。孩子在幼儿园里整天都有老师跟班,生活上遇到困难,如穿衣服、系鞋带等,都会及时得到老师的帮助。进入小学后,孩子过的是一种相对独立的学习生活,像系鞋带、上厕所、准备学习用品等问题,都得靠孩子自己。孩子动作慢、能力差,势必会影响他的学习。事实证明:小学阶段学习成绩优秀的总是那些能力强的孩子。为了培养孩子

---

① 颜海琼.对家长进行"幼小衔接"指导的实践与探索[J].林区教学,2008(10).

的生活自理能力,家长们要谨记孩子能做和应该做的事情,应让孩子自己去做。家长要帮助孩子在实际生活中克服困难,而不要代替他们克服困难。当孩子遇到困难时,要不断给予鼓励,使其具有较强的信心和决心,以至不达目的决不罢休。此外,还要在克服困难的方法上给予适当的指导,让孩子掌握克服困难的技巧,少走弯路。

二是重视孩子人际交往能力的培养。进入小学,便进入了一个新的交际圈,表达能力自然就显得重要起来。通常一个善于表达的人,容易获得别人的肯定。获得了别人的肯定,自然就获得了充分的自信。在入学前,家长要训练孩子的语言表达能力,帮助孩子组织语言,让孩子能清楚地表达自己的见解。同时,家长要培养孩子学会倾听,教育孩子在别人说话时,不能心不在焉,要专心致志地听倾,了解对方说话的主要内容和意思;学会讲普通话,声音适度,口齿清楚,语速适中,使对方能听懂自己要表达的意思;与别人交谈,态度要自然、大方,有礼貌。

三是加强孩子规则意识和任务意识训练。上小学后,孩子每天要面临不同的学科,带回不同的作业。为了帮助孩子树立任务意识,家长可以每天布置一个任务给孩子,如扫地、拿牛奶、分碗筷、倒垃圾等,看孩子的执行情况,让孩子从开始的被动接受任务过渡到主动完成任务,知道不是爸爸妈妈让我做这件事,而是我长大了,我应该做这些事。上小学的孩子,有时要自己上学,成人关注、照顾的时间相对较少。因此,需要孩子自己照料自己,树立规则和安全意识。如果我们平时带孩子出去玩儿,要率先树立榜样,并提醒孩子遵守各种规则,如过马路走人行横道,上下楼梯靠右行,玩运动器械要轮流等,帮助孩子养成习惯,提高遵守规则的能力。

四是培养孩子良好的学习生活习惯。习惯决定性格,性格决定命运。从小培养幼儿良好的生活习惯和学习习惯,能使孩子受益终身。良好的学习、生活习惯是上学前就要开始准备的。有许多学习习惯与孩子的日常生活习惯实质上是相通的,因此,家长不妨从"养成课前准备的好习惯、养成正确的坐写姿势和养成良好的读书习惯"三方面进行培养。要告诉孩子,听清"预备铃"和"上课铃",并做好相应准备;正确的坐姿应该是"头正、肩平、身直、足安"。读书时要做到"眼到、口到、心到",也就是边读、边看、边思考等。

阅读材料

幼小衔接重在四个过渡

1. 心理过渡

幼小衔接期的孩子正处在第二个逆反期:自我感觉长大了,有自己的想法了,开始挑战家长的权威。如果家长不能"管住"孩子,以后孩子会更难管。同时,这一时期儿童的俄狄浦斯情结逐渐减退,开始认可同性家长,那么异性家长需要接受孩子的心理变化,并与孩子建立新的沟通"管道"。此外,孩子长到这个年龄之前,家长对孩子低幼时期的"包容""谅解",使得孩子比较"自我中心",一旦孩子进入小学,家长对长大了的孩子态度略有不同,会让孩子无法接受。因此,在幼小衔接期,家长需要认真帮助孩子超越以自我为中心的心理。

2. 能力过渡

能力过渡主要包括生活自理能力、学习管理能力、安全防护能力和社会交往能力。进入小学后孩子不再像在幼儿园时期,吃喝拉撒老师全部照管。所以,在幼小衔接期,家长要培养孩子逐渐学会自我管理。

3. 习惯过渡

习惯过渡主要包括生活习惯、学习习惯、睡眠习惯和卫生习惯。在幼小衔接期,家长不仅需陪伴孩子建立起良好的生活和学习习惯,睡眠习惯也尤为重要。好的睡眠能够改善孩子的注意力、记忆力和学习效率,那么入小学前,家长一定要帮助孩子形成按时睡眠和起床的固定时间表,千万别觉得自己周末需要放松一下,也任由孩子改变睡眠时间。这样一个周末的变奏,新的一周需要几天来调整并恢复原有的生物钟周期,痛苦的是孩子,而且还会降低孩子的控制力。

4.知识过渡

知识过渡主要包括语言文字认知、数字数量基础和空间方面的知识。幼小衔接只需要知识概念的初步建立,并不是让孩子把一年级的知识提早学习一遍。三岁半后,孩子对语言的口头表达兴趣转向文字兴趣,因此,家长可以为孩子多提供绘本阅读时间,目的不是为了识字,而结果常常会是"无心插柳柳成荫"。这一时期的孩子对数量、归类有着浓厚的兴趣,家长可以在生活中帮助孩子建立"数量""分配"的概念,比如,从超市买回的物品、洗晒的衣物交给孩子进行"分类"等。同时,孩子会不厌其烦地对"空间"进行探索,如爬高、将物品垒高、拆卸物品等,这是孩子在探索和感知世界,不是淘气,请不要阻止。

资料来源:李洁.幼儿衔接重在四个过渡[N].中国教育报,2016-05-22(02).

复习思考题

1.什么是优生? 优生有哪些重要措施?

2.常见的胎教方法有哪些?

3.试分析0～1岁与1～3岁的婴儿家庭教育重点的不同。

4.联系具体实例,试分析幼儿的身心发展特点有哪些? 其家庭教育要点是什么?

5.家长应如何做好幼小衔接工作?

6.案例分析:

周末的一天,奇奇妈妈在阳台上发现了一个旧的小蛋糕盒,盒中装满了液体,层次分明。最上面一层呈金黄色,中间一层是透明的,下面一层则呈浑浊状。不用说,就知道一定是奇奇在做实验。

妈妈第一反应是感觉这个三层盒子看上去挺漂亮的,第二反应就是觉得有点浪费。妈妈问奇奇这是在做什么? 好端端地油和淀粉怎么能放进水里呢? 这多浪费啊? 奇奇说是想冻有颜色的冰块,于是就在水中放了白色的淀粉和金黄色的油。原来如此!

奇奇是一个好奇心强,又喜欢动手操作的孩子,他一定是受了什么启发,才有了这样的奇思妙想。他反复试验,对勾兑液体产生了浓厚的兴趣。妈妈除了惊讶于他一个接一个积极的探索尝试之外,更令妈妈愧疚与反思的是,妈妈在指责奇奇"浪费"的同时,并没有真正尊重和鼓励他的探索。

此案例给我们什么启示?

第六章
不同家庭背景下的学前儿童家庭教育

要点提示

近年来,伴随着我国经济社会和国家政策的发展与变化,人们的婚姻观、家庭观、教子观发生了很大的改变,出现了"全面二孩"家庭、独生子女家庭、单亲家庭、留守儿童家庭、重组家庭等各种不同的家庭形态。那么,这些家庭形态的学前儿童家庭教育现状到底如何呢? 如何优化和促进这些不同家庭背景下的学前儿童家庭教育呢? 本章我们将围绕这些问题展开。

第一节介绍了"全面二孩"背景下的学前儿童家庭教育。分析了"全面二孩"政策对家庭教育的积极影响与不利影响,在此基础上,阐述了"全面二孩"政策背景下的学前儿童家庭教育对策。

第二节介绍了独生子女的学前儿童家庭教育。阐述了独生子女学前儿童家庭教育存在的问题以及独生子女学前儿童容易出现的"问题行为",并提出了独生子女学前儿童家庭教育的对策。

第三节介绍了留守学前儿童的家庭教育。首先阐述了留守学前儿童产生的时代背景,探讨了留守学前儿童及其家庭教育存在的问题,分析了留守学前儿童教育问题产生的成因,最后从政府、托幼机构、社区、家庭四个层面提出了化解留守学前儿童家庭教育问题的对策。

第四节介绍了单亲家庭的学前儿童家庭教育。分析了单亲家庭对学前儿童造成的消极影响,从家庭、幼儿园、社会三个方面提出了相应的解决对策。

第五节介绍了重组家庭的学前儿童家庭教育。指出了重组家庭学前儿童的心理及其行为问题,探讨了其心理及其行为问题的形成原因,提出了重组家庭学前儿童心理及行为问题的优化与改进对策。

学习目标

知识目标:

1.了解"全面二孩"家庭、独生子女家庭、单亲家庭、留守家庭、重组家庭产生的社会与时代背景。

2.理解和领会不同背景下的学前儿童家庭教育现状,尤其是不同家庭背景下的学前儿童及其家庭教育存在的问题。

3.理解和掌握不同背景下的学前儿童家庭教育问题的解决对策。

能力目标:

1.用比较法辩证地分析"全面二孩"家庭、独生子女家庭、留守家庭、单亲家庭、重组家庭所产生的社会与时代背景,以及家庭教育存在问题的差异。

2.用正面、积极、科学的眼光去看待留守家庭、单亲家庭、重组家庭的孩子,努力为其创造良好的教育环境和成长条件。

3.树立积极应对不同家庭背景下学前儿童家庭教育问题的信心,并尝试用所学知识给予不同背景下学前儿童家庭教育适当的教育建议。

当前我国社会政治经济正在发生急剧变革,这种变革必然深刻地影响着家庭生活领域,由此产生了越来越多的家庭形态,如"全面二孩"家庭、独生子女家庭、留守家庭、单亲家庭、重组家庭等。这些家庭形态在学前儿童家庭教育方面既有一定的相似性,也有很大的差异性。关注和研究这些家庭形态,并给予这些不同背景下的学前儿童家庭教育工作以科学、理性的指导,是我们每一位教育工作者义不容辞的责任。

第一节　"全面二孩"背景下的学前儿童家庭教育

案例导入

5岁姐姐欲拿扫把揍几个月大的弟弟

今年年初刚生下小儿子的刘女士,近期因大孩争宠陷入了苦恼。自从家里增加了一个新成员后,家中5岁的女儿就一直对父母闹情绪发脾气,而且跟弟弟相处时,常常表现出易怒、烦躁等情绪。

4月中旬的一天,女儿的举动让刘女士吓了一跳:她趁父母不注意时,拿着扫把悄悄地溜到房间试图向弟弟"施暴"。虽然刘女士冲上去夺走扫把,阻止了女儿进一步的过激行为,但女儿这种暴力倾向让刘女士感到担忧,因此不得不向心理医生求助。

心理医生用沙盘游戏的形式跟女孩进行沟通,结果在玩游戏的时候,女儿在沙盘里放了一只老虎玩具。医生据此判断,女儿将自己的弟弟当作一个闯入者和掠夺者,女孩担心父母对自己的情感会因为弟弟的出现而减弱。最后在医生游戏和家长的疏导下,女孩才渐渐放下对弟弟的敌视情绪。

为了缓解老龄化加速、劳动力短缺、男女性别比例失衡等诸多社会问题,2015年10月29日,中共十八届五中全会指出,"全面实施一对夫妇可生育两个孩子政策"(简称"全面二孩"政策)。这标志着我国自1980年实施以来的"独生子女"政策落下历史帷幕,"全面二孩"将成为人口的"新常态"。

随着"全面二孩"政策的出台与落地实施,我国众多的家庭将迎来"二孩"。"二孩"的出生对学前儿童家庭教育既有有利的一面,也有一定的消极和负面影响。如何破解"全面二孩"家庭所存在的教育误区,促进学前儿童健康、和谐的发展,成为众多家长关注的话题。

一、"全面二孩"政策对学前儿童家庭教育的影响

(一)"全面二孩"政策对学前儿童家庭教育的积极影响

1.有助于消除"长子女"的孤独感[①]

独生子女往往比较孤单,没有人分享喜悦与烦恼。首先,现代生活压力与工作压力都比较

---

① 毛乐.基于"全面二孩"情况下的家庭教育误区及对策[J].教育导刊(下半月),2016(6).

大,父母工作繁忙,无暇陪伴孩子,更不用说抽出时间与孩子一起做游戏。其次,现代居住条件比较封闭,孩子与小区里的同伴沟通互动与玩耍的机会也很少。最后,随着电子时代的来临,平时陪伴孩子更多的是电视、电脑、电子图书、电子玩具等电子产品。伴随着"全面二孩"政策的实施,一些父母选择了生二胎,长子女有了玩伴,不再孤单与寂寞。两个孩子可以共同成长共同进步,长大后还可相互照应。这可以弥补父母无暇陪伴长子女的不足,两个孩子之间可以互动交流,分享喜怒哀乐与各自的想法见解;还可使长子女从"电子保姆"中解脱出来,不再局限于"人机"交流,更多的是真实家庭生活中的人际交往。

家里有了两个孩子,学前儿童不必整天生活在成人的世界里,有了真正的、更充实的"儿童世界",有利于消除独生孩子的孤独感,避免儿童早熟和过早的成人化。

2. 有助于克服家长对独生子女的过分关注与溺爱

独生子女是家里的唯一,家长会对孩子产生聚焦性关注,造成家长对孩子的"过度供给",产生溺爱。马卡连柯认为,溺爱是父母给予孩子最可怕的"毒药"。现代心理学也证实:一个完整的家庭教育系统如同一个生态链,"4－2－1"是一个不正常的生态链,容易导致生态缺位,影响孩子的心理健康成长。相反,两个孩子构成了一定的竞争、合作关系,有利于两个孩子的共同成长[①]。

近年来,独生子女在性格方面存在的一些问题,如蛮横任性、自我中心、自理能力差、孤僻冷漠等,都与家长的过分关注与溺爱有着密切关系。"二孩"的到来,改变了家庭的环境,在一定程度上避免了家长对独生子女的过度关注和溺爱,克服了独生子女所带来的教育问题,使家庭教育生态得到优化,家庭教育更加趋于理性。

3. 有助于促进学前儿童的社会性发展

在学前儿童踏入社会之前,家庭便是他们尝试交往的主要场所,二孩家庭尤其如此。"全面二孩"家庭能够帮助孩子梳理自己的情绪、树立健全的人格,这对于学前儿童的社会性发展十分有利。当孩子能够处理好与兄弟姐妹的交往问题,再推己及人并举一反三,走出家庭以后,他们的社会性发展会更加顺畅。

二孩家庭更有利于培养孩子的互助、分享、谦让、同情等亲社会行为,这可以帮助孩子建立良好的人际关系,同时对学前儿童一生的发展也具有至关重要的意义。首先,可以培养孩子学会分享。以前家里只有一个孩子,独生孩子是全家关注的焦点,所有的玩具、食物都是其独自享用,久而久之易养成自私、霸道的不良习惯。但现在有了二孩,父母会引导大孩和弟弟或妹妹分享自己的心爱玩具与好吃的食物。其次,可以培养孩子学会帮助他人。"全面二孩"家庭为"大孩"提供了关怀和照顾弟弟、妹妹的机会,使其更具责任感;"二孩"也可以从哥哥、姐姐身上学会尊重、服从和关怀。两个孩子还可以相互分享、相互合作、相互学习,形成良性竞争,促进自我全面发展。

4. 有助于避免家长给予学前儿童过高的期望

"全面二孩"政策有助于避免家长给予孩子过高的期望,从而有利于孩子的和谐发展。许多独生子女家庭,父母往往把所有希望都寄托在一个孩子身上,对孩子产生过高的期望,给孩子"难以承受之重",扭曲了儿童的天性,使孩子承受着巨大的心理和精神压力,影响了学前儿童的身心健康成长。而在双子女家庭中,家长能以更平和的心态教育子女,给予孩子合理的期

---

① 潘点点.浅析二孩家庭幼儿的心理健康教育[J].考试周刊,2016(4).

望和要求,更好地享受与子女共同成长的幸福,使孩子身心自然、和谐地发展①。

(二)"全面二孩"政策对学前儿童家庭教育的不利影响

1.高龄产妇增多,影响孩子的优生优育

2015年年底,据国家卫生计生委消息,实施"全面二孩"政策后,新增可生育二孩的目标人群约9000万。在新增目标人群中,40~49岁人群占50%。因此,"全面二孩"政策给许多夫妇与"失独家庭"父母带来希望的同时,许多高龄妇女没有全面合理评估自身的身体状况,陷入了盲目选择生育二孩的误区。首先,高龄孕妇盲目生二孩会面临一系列生育风险:高龄孕妇自身身体机能比适龄孕妇差,新陈代谢比较慢,容易患有妊娠糖尿病;也容易出现早产、流产、难产等状况,还会增加生育缺陷儿童的风险,容易出现畸形儿现象。其次,高龄孕妇还承受着巨大的心理压力,容易精神紧张,既不利于自己的身心健康,也不利于胎儿的良好发育。

2.家庭生活压力加大,影响孩子的教育投入

"全面二孩"政策实施以来,并没有出现预测的"井喷式"增长,许多家庭并没有选择生育二胎。调查发现,不想生育"二孩"的父母近八成是因为"经济不允许",其次是由于"没精力照顾"。孩子从出生到求学再到就业然后结婚,作为父母需要付出的太多太多,为了使孩子得到更好的照顾、更优质的教育,家庭不光要投入物质成本,还需要更多的时间和精力。生二孩后,家长对孩子的经济、情感投入压力继续加大。"二孩"的出现需要家长更加努力地工作,陪伴和照顾孩子的时间和精力减少。尤其是在经济社会高度发展的今天,生活成本、教育成本不断攀高,"精养"孩子已成为一种趋势和潮流。"二孩"的出生势必会增加家长的经济和身心负担,影响对孩子的教育投入。

3.家长容易偏宠偏爱,引起孩子间的矛盾

二孩年龄较小,往往需要更多的关心与照料,很多家长因此陷入了偏爱偏宠的误区。首先,许多家长容易陷入"亲小疏大"的误区。二孩出生后,家长往往把重心与注意力转移到刚出生的二孩身上,二孩在家庭中经常被认为是"最弱小者"的角色,受到格外的保护和呵护,使原本"集万千宠爱于一身"的大孩要与另一个比他更小的孩子分享一切,大孩被剥夺了家庭中权威性的地位,巨大的心理落差会让大孩缺乏安全感,担忧弟弟或妹妹的到来争抢父母的关爱。其次,有些家长容易陷入"总是大孩让着二孩"的误区。家长总是把好吃的东西先给二孩吃,新奇的玩具先给二孩玩。长久以往,二孩容易变得自私、任性,认为自己的要求一定要被满足;而长子女即使没有过错,也被要求无条件忍让。因此,偏爱偏宠不仅不利于孩子的健康成长,也容易引发大孩与二孩之间的矛盾。

二、"全面二孩"政策背景下的学前儿童家庭教育对策

(一)坚持优生优育,规避生育缺陷儿童的风险

在"全面二孩"政策下,家庭可以自主选择是否生二孩,但不能盲目生育二孩。一定要牢牢把握优生优育的原则,在不损害母体的前提下生育健康优质的二孩。首先,要做好生育咨询工作,明确高龄生育风险并请专业的医学人士提供科学的评估。其次,要做好孕前准备工作,父母要保证具备良好的身体状况。再次,要做好孕前检查与孕期保健工作。最后,要做好产前检

---

① 张晗.“单独二孩”后家庭教育如何升级[J].考试,2015(4).

查工作,定期产检,合理规避生育缺陷孩子的风险。

(二)做好生育二孩的经济准备,保证孩子正常的教养开支

随着"全面二孩"政策的实施,很多父母开始计划为家里的长子女增加一个玩伴。但是现代社会的生活压力大,而且养育二孩的成本大幅度增加,家长一定要提前算好经济账,一定要清楚是否做好了迎接二孩的经济准备。盲目生二孩既不能为大孩提供良好的教育条件,也不能为二孩的降生提供充足的经济保障,这对于两个孩子都是不公平的。首先,需要盘点生育二孩的具体开支,对二孩降生所增加的经济支出与教育成本有初步预期。其次,合理评估自己的家庭经济状况,既不能因为生育二孩影响家人整体生活品质与大孩的教育投资力度,也不能因为经济原因而把其中某个孩子交给老人照看。最后,制订合理可行的理财计划,为养育二孩提供源源不断的经济支持与动力。尤其要注意增加家庭紧急备用金的额度,因为孩子在刚出生的几年里花销较大[1]。

(三)努力安抚大孩的情绪,避免大孩出现失落感

当前,一些新闻媒体陆续曝出父母为了生二孩给大孩写保证书、大孩逼怀孕母亲堕胎、抵抗父母生二孩等现象。伴随着二孩的降生,父母往往被各种琐碎小事缠身,对大孩的关注与关心自然减少,无暇顾及大孩的心情。大孩往往觉得由于二孩的出生,破坏了自己与父母的亲密关系,导致自己在家庭中的地位下降,产生强烈的失落感,进而产生对二孩的排斥心理,经常出现哭闹等不良问题,甚至表现出破坏性和攻击性行为。对此,家长一方面要保证尽可能多地腾出时间来陪伴大孩,营造与大孩独处的机会与氛围,让大孩有足够的心理安全感;另一方面家长要努力让大孩感受到和以前一样的爱与满足,尽量保证大孩的生活不要发生太大的变化,比如大孩喜欢出去玩,那么就请家人多带大孩出去玩。同时,家长要容忍大孩的负面情绪,对大孩的无理取闹、生气发怒等行为要予以充分的理解,耐心细致地给孩子讲道理,温和地对待,让二孩尽可能多地感受到父母的疼爱,让大孩放下恐惧与担忧。

(四)协调好大孩与二孩的关系,避免敌视心理

父母要采取措施协调好大孩与二孩之间的关系,努力消除大孩对二孩的敌视心理、排斥心理与破坏心理。首先,家长要让大孩学会接纳二孩的降生。在母亲怀孕期间应有意识地培养大孩和腹中胎儿的感情,使大孩知道即将降生的弟弟或妹妹是来和自己一起做伴玩耍的。家长要让大孩有足够的安全感,使其欣然接受并期待弟弟或妹妹的降生。其次,家长要帮助大孩迅速完成自己作为哥哥或姐姐的角色转化,通过日常生活细节与亲子游戏帮助大孩积累与二孩相处交往的知识经验、社会规范与行为方式。鼓励大孩努力成为二孩的学习榜样,促使大孩在各方面严格要求自己,发挥在弟弟或妹妹心中的良好示范作用。同时,家长应鼓励二孩学习大孩的优点和长处,满足大孩的成就感与胜任感。最后,家长要尽量避免大孩与二孩的直接比较,每个孩子都是独一无二的,比较容易影响孩子之间的关系。

(五)家长应做到均爱勿偏,平等对待两个孩子

北齐著名的文学家颜之推在《颜氏家训·教子》中指出:"贤俊者自可赏爱,顽鲁者亦当矜怜。"颜之推深刻地指出,如果父母对孩子们偏宠偏爱,客观上会助长受宠者骄横怠慢的习气,

---

① 保全."二孩"政策后家庭教育如何升级[J].妇女生活(现代家长),2014(3).

从而使得受宠者与失宠者关系不睦,心生怨恨,矛盾丛生,其最终结果只能是"有偏宠者,虽欲以厚之,更所以祸之"。家长偏爱偏宠对两个孩子都会产生消极影响,受偏爱偏宠的孩子容易恃宠而骄进而养成不良的行为习惯,而不受宠者往往会产生失落、自卑的不良性格倾向。因此,在"全面二孩"背景之下,家长要平等地对待大孩与二孩,真正做到"均爱勿偏",为每一位孩子提供公平公正的教育机会,使两个孩子都能感受到家长的关怀与疼爱,并注意挖掘两个孩子的兴趣与潜能,使两个孩子都得到最大程度的发展。而切忌根据个人偏好而对大孩与二孩采取有差别的态度,更不能因宠失教[①]。

(六)建立平等的相处规则,培养孩子的是非观念

建立平等的相处规则,是培养孩子是非观念的重要途径。学前儿童年龄虽小,但眼睛雪亮、心思敏感。在建立自己的处世规则之前,他们从平时的点点滴滴都能够摸索出成人的规则。"不公平"的规则对长幼子女的是非观念均有不利的影响,典型的譬如"你是哥哥,先跟弟弟道歉"的思维,就不利学前儿童建立正确的是非观。应建立"对事不对人"的公平相处规则,在规则面前每个孩子都是平等的,不能因年龄而允许存在特例。长子女遵循规则,会自愿做出榜样,而非无原则懦弱退缩;幼子女接受规则,才能理解是非对错,不会无底线肆无忌惮。

第二节　独生子女的学前儿童家庭教育

案例导入

图图不良的行为习惯是谁造成的?

图图,是一位男孩,独生子,家庭条件比较优越。自他出生就成为家里的焦点,家里人都希望他长大后能有一番成就,能够扬名立万,为家族争光。

这个孩子自从小班入学第一天,老师就发现了一些问题。首先是孩子每天早上由爷爷奶奶两人护送到幼儿园,往往是奶奶领着图图,爷爷背包跟在后面,包里装满了各种吃的、玩的,还有不少现金。按说幼儿园为孩子提供一日三餐两点,班上也有大量玩具,孩子也花不着钱,根本没必要带这些东西来幼儿园,老师多次和爷爷奶奶沟通,每次爷爷奶奶都表面答应,可还是经常偷偷带来。每次爷爷奶奶把图图送到幼儿园后,都不会马上离开,而是藏在活动室外偷偷向里面张望,图图如果在班上哭闹,爷爷奶奶会马上冲进来。而下午离园时,爷爷奶奶会早早地等在幼儿园门外,幼儿园大门一开,绝对会第一个冲进班里接走图图。

从图图在班上的表现来看,图图比较霸道任性,生活习惯和自理能力很差。只要是图图看上的玩具,他必须要第一个玩,否则他就会打、抓、咬、踢其他的小朋友;如果抢不到玩具,他就号啕大哭,甚至在地上打滚。为此,许多小朋友不愿意和他一起玩。吃饭时别的小朋友都是自己吃,他却经常要老师喂,否则根本不吃,甚至生气地将碗打翻在地。在幼儿园稍不顺心,就哭着喊:"我要妈妈"或"我要奶奶"。

独生子女在其成长和发展过程中,同样要受遗传、环境和教育三种因素的影响和制约。但由于独生子女的一个最大特点是"独生",在他们的成长方面,便又不可避免地面临种种特殊条

---

① 张晗."单独二孩"后家庭教育如何实施[N].中国妇女报,2013-12-15(04).

件。因此,学前儿童家庭教育工作怎样针对独生子女的这种特异性,扬长避短,促进学前儿童的身心全面发展,是摆在家庭教育工作者面前的一个重要课题。

一、独生子女学前儿童家庭教育存在的问题

(一)家长对孩子的期望值较高

在当代,独生子女因其"独",在家中是"小皇帝",是父母唯一希望的寄托者,因而也抬高了独生子女在家庭中的身份和地位,进一步强化了为人父母者的"望子成龙""望女成凤"心态。作为独生子女的家长,把全部心血倾注到了学前儿童身上,一心想让孩子"赢在起跑线上",于是在"别人家有的,我的小孩也要有"的心理下,从"零岁方案"到"小太阳工程",从画画、背诗到学钢琴、学珠心算、学英语……不问孩子喜不喜欢,都往孩子身上填塞。他们指望孩子将来能出人头地,有个好职业,对孩子的教育投入了比以往任何时候都高的热情和关注。有的家长还暗自把自己未实现的梦想寄托在孩子身上。于是,出现了许多荒谬的现象。比如,明明家庭不富裕,却对学前儿童的要求百依百顺,孩子要什么就给什么;明明是孩子的错,却百般庇护,万般迁就;明明孩子智商一般,却硬当神童来培养……这种情感上的扭曲违背了学前儿童的身心发展规律,无疑与父母的期望相背离。

(二)教育内容存在"唯智化"倾向①

家庭教育的内容极为广泛,如培养孩子良好的生活习惯、塑造孩子良好的个性和性格、对孩子进行品德教育等,但由于受社会功利主义价值观的影响,许多独生子女家庭慢慢形成了一种错误性的认识,即知识技能水平高的孩子就是好孩子。这样,家庭放弃了本来的教育职能,包括亲情的授受、生育、养育和人格的形成,而变成了专门习得知识的场所,家长们更多的是关心孩子的识字、绘画、认数、背诗等智育方面,并且把这些简单地看作早期教育的全部,让孩子们过早地学习小学的课程。这种急功近利的、杀鸡取卵式的教育,扼杀了学前儿童活泼好动的天性,使本来有灵性的、具有多种发展可能性的孩子成为缺乏创造活力、人云亦云的平庸之辈。殊不知,家庭教育是一种更为宽松、更为开放、更为自由的环境,这种环境本身就是一种教育,它对孩子良好个性的形成和发展是很有利的,其作用远远大于纯知识性教育。

(三)家长容易过分溺爱孩子

许多独生子女家长给孩子造成了这么一个印象:仿佛整个家庭的事、物和人都是为孩子而存在的。在生活上"包办代替",包揽孩子的衣、食、住、行,怕孩子脏、累,而不让他们沾家务劳动的边。在经济上对孩子放任,对孩子的经济要求百依百顺,有求必应。且不说经济宽裕的家庭,就连经济拮据的家庭,家长也要勒紧腰带,甚至东挪西借来满足孩子的各种要求和欲望。对孩子的零用钱普遍表现出"大方",随要随给。在社交上却"过度保护",不少独生子女家长怕孩子吃亏或学坏而限制孩子与外界接触,一旦孩子与小朋友间发生争执或不愉快的事情,多数家长往往采取袒护自己孩子而指责对方的态度,由此常常发展成家长间的争端或摩擦,对孩子产生的却是负面影响。"娇惯""放任""保护"的教子方法直接造成了孩子的挑食、浪费、不尊重长辈、不会料理生活和任性、自私、懒惰、蛮横、孤僻的坏习惯,尤其是当父母关系破裂或家庭矛

---

① 王强.独生子女的家庭教育问题研究[J].雅安职业技术学院学报,2006(9).

盾恶化时,孩子的各种缺点就表现得特别突出。

二、独生子女学前儿童容易出现的"问题行为"

目前,我国独生孩子容易出现的"问题行为",从整体上看,主要有以下几个方面:

(一)自理能力差,依赖性强

对父母、家庭、环境的过度依赖,往往是独生子女的一个通病,这主要是家长的过度管制和过分溺爱造成的。"游戏是儿童最正当的行为,玩具是儿童的天使。"好动是学前儿童的天性,孩子可以通过亲身接触来提高认知能力。然而,在一些独生子女家庭中,家长总是对孩子干什么都不放心,而不准孩子从事一些力所能及的活动,无端地剥夺孩子在活动中得到实际锻炼的机会,隔断了学前儿童同周围环境的接触。孩子们的自我探索活动变成了在父母精心照管下的附属活动。同时,由于父母的过分疼爱,对孩子大包大揽,从而使独生子女在父母的一系列替代活动中,长期过着"衣来伸手、饭来张口"的寄生生活,最终丧失了自我,养成很大的依赖性。

(二)孤僻退缩,人际交往低能

由于独生子女家庭结构比较单一,没有兄弟姐妹,缺乏与同胞兄弟姐妹共同生活的经验,很少与小伙伴一起游戏,环境冷寂,活动单调,在家庭中缺乏"儿童伙伴"式的环境。而这种孤独一般要通过家长的关爱来弥补,但由于种种原因,很可能得不到足够补偿。例如,家长既要上班赚钱,又要忙着做家务,很难有空闲时间陪伴自己的孩子,许多独生子女与电视为伴;甚至有些家长还担心孩子与他人交往会受到不良环境的影响,把孩子关在家里,不给孩子与同龄人交往的机会,使孩子生活在缺乏儿童伙伴的环境中,造成孩子缺乏相互体贴照顾、互助友爱、共同努力和共同成长的经历。既不容易养成与人合作分享精神,又缺少竞争性,容易形成任性、孤僻、离群索居、不喜欢与人交往,陷入人际交往低能的困境[①]。

(三)过分自我,责任意识差

中国素来被称为"礼仪之邦","孔融让梨"的故事也一直被人们所传诵。而在许多独生子女身上,却很少看到这些优良传统美德的影子,他们在家受宠惯了,他们习惯于接受别人的关心、爱护,素来以"自我中心"思维思考问题,什么事情都得依着他们,而不知道去关心、爱护他人,不懂得主动地去让着别人。只要看到自己喜欢的东西,就想占为己有,更别提助人为乐、谦虚等美德了。没有兄弟姐妹相互谦让的生活体验,使他们不能感到关心迁就他人也是一种责任。他们只知道一味地为自己利益着想,从来不知道什么是节俭,什么是分享,什么是共赢。对于长辈的爱,他们认为是理所当然的,根本不懂得感恩。独生子女的利己性一旦形成,往往很难纠正,不仅自己得不到幸福,也影响周围人。

(四)任性专横,情绪波动大

当今人们的生活水平越来越好了,孩子的出生和成长成为了家庭的主要开销,为了让孩子顺利幸福地成长,也为了弥补父母过去的缺憾,父母们满足孩子的一切需求,无论是合理的或是不合理的,统统满足,这让独生子女们觉得想要任何东西都是容易的,而太容易得到的就没

---

① 徐运华.独生子女家庭教育研究初探[J].牡丹江教育学院学报,2010(3).

有快乐感,所以孩子就变得非常任性专横。可以说,任性专横,情绪波动大,是很多独生子女的表现。独生子女从小处在家庭的核心地位,是家中的"小皇帝"和"小太阳",经常呼风唤雨,凭感情办事,自我约束力差,意志力薄弱,情绪波动大,不容许别人向他提出不一样的意见,一点小事没有顺着自己,就大发脾气,大吵大闹,躺在地上打滚,甚至动手去攻击别人。

三、独生子女学前儿童的家庭教育对策

(一)变革教育理念,实行严爱结合的鼓励式教育

家长对独生子女过爱、过严都不利于孩子成材。家长要变革教育理念,从以往溺爱式的家庭教养方式中解放出来,转变为严爱结合的鼓励式教育,不断调动激发孩子的成就动机,最大限度地调动子女的积极性。

首先家长要转变自己的观念,转变自己的保姆地位。在孩子的教育上不要过分溺爱,一味迁就。特别是不要一味给予包办代替,什么事情都替孩子办好,做好了。而是要树立一种教育和培养的观念。孩子的塑造性是非常强的,关键就在于成人如何去塑造,所以家长们要树立良好和正确的教育观。

其次,在家庭中不要一味地给孩子爱,要注意严爱结合,严中有爱,爱中有严,严和爱的结合要恰当。对孩子的要求不要一味地去满足。特别是在一些有原则的事情上面,要坚决到底,绝不能放松让步。而且无论家庭的经济条件如何,都应该跳出溺爱、娇惯的怪圈。

再次是要注意培养孩子自食其力的意识和能力。只要是孩子自己能做的事情,尽量放手让孩子自己去做,不要过多包办代替。这样对培养孩子的独立性和生活自理能力是很有好处的[①]。

(二)给孩子创设"儿童伙伴"式的互动教育环境

首先,家长多让孩子和同龄小伙伴玩耍。日本的一位教育学家山下朗俊强调"儿童教育儿童"是最好的教育方式,他认为这是对独生子女进行教育的最根本原则。孩子是从模仿中开始他的学习生活的,而最好的模仿对象就是小伙伴。因此,家长要动员孩子出去找小伙伴,同时也要欢迎孩子的小伙伴来家里玩,给他们固定的活动范围。当孩子们出现矛盾时,家长不要急着插手,先让他们自己解决,解决不了时家长再加以引导。在与小伙伴相处的过程中,因为孩子们的年龄相仿,有着共同的语言和兴趣,极易相互影响,这种模仿作用是任何教育方式都无法代替的,对独生孩子的发展也有很大的好处。

同时,家长要送适龄的独生孩子上幼儿园。幼儿园是对三到六七岁的孩子实行集体教育的机构,有符合教育要求的组织领导和执行教养任务的专职人员对孩子进行全面的早期教育。这时候的孩子,对外界的事物充满好奇,渴望知道得更多,上幼儿园就是要让孩子融入到集体中去,与小伙伴们一起生活,一起学习,一起游戏,在共同的学习生活过程中增长知识,满足好奇心,并在集体活动中培养孩子的团结友爱品德,这比家长独自在家单个进行教育要容易得多,孩子入园后还可以克服独自在家形成的许多坏毛病。这对孩子的发展是非常有必要的[②]。

---

① 李萌.独生子女家庭教育的问题及其原因和对策[D].武汉:华中师范大学,2004.
② 徐运华.独生子女家庭教育研究初探[J].牡丹江教育学院学报,2010(3).

(三)摆正孩子与成人的关系,坚持教育的一致性

独生孩子的许多不良习惯是由于其在家庭的特殊地位所引起的。许多独生孩子感到自己是家中的"小皇帝",处于独一无二的地位,理应拥有各种特权。所以,从孩子一出生,家长就要注意摆正独生孩子与成人的关系,千万不要让孩子在家中处于特殊地位,不要让孩子在思想上形成"以自我为中心"的意识。平时对孩子的一言一行、一举一动,尽量都不要让孩子产生特殊感。要让孩子认识到,自己虽是家庭的独生子,但是没有独特的地位和特殊的权利,和家庭的其他成员一样处于平等的地位。而要做到这一点,关键在于日常生活中的细微教育。如吃饭时,大家要全部坐在一起才能开始吃饭,吃东西时要让孩子养成分份的习惯等,长期坚持下来,就会使孩子养成与他人相处的习惯,使孩子不会感到自己在家中的特殊地位了。

家庭成员教育的一致性也是非常重要的。在家庭里,对孩子的要求应该做到统一。当然,在子女教育问题上有分歧和不同意见是正常的,家庭成员难免会意见相左。如果家庭成员较多,有祖一辈的老人存在,分歧会更大,甚至会经常发生争执。但是家长们应该牢记的是必须在孩子的面前保持一致,即使有争执发生,也应该背着孩子提出。否则,不仅要求无法实现,降低了教育的效果,还会产生不良的副作用。

此外,家庭教育也要与幼儿园教育同步。家长应尽量与幼儿园保持一致,形成教育的合力,这样才会达到较好的效果。家长要尽量配合幼儿园的工作和要求。家长还应主动找老师了解幼儿园的情况和要求,随时反馈独生孩子在家的情况,共同制定教育方法。而特别应该注意的是家长对幼儿园或老师的看法,不要在孩子面前议论,应到幼儿园和老师交换看法,尽量相互配合①。

(四)重视孩子品格的养成和家长的榜样作用

孔子曾告诫人们"少成若天性,习惯如自然",意思是说一个人在小时候养成的习惯是非常稳固的,终身都会起作用。所以对于独生孩子早期的培养是非常重要的。家长们要注重孩子品格的培养。孩子的模仿能力是非常强的,而父母是孩子的第一任老师,在家庭中为人父母者首先要为孩子树立榜样。"先长者,先他人,后自己"应该成为家庭中相处关系的信条,并不时地伴随语言向孩子进行说教,使孩子在潜移默化中接受影响。家长们还应善于抓住生活中教育的契机对独生孩子进行教育。如孩子在吃食物时,家长可鼓励孩子分发食物给周围人,并引导孩子感受到分享的快乐;在家里有客人来或是在聚会时,更是要教育孩子学会等待、轮流、谦让、先来后到、合作和分享等。

家长应给独生孩子创造合理的家庭氛围,这种氛围主要是一种温暖、宽松、融洽的家庭氛围和来自家庭各个成员之间的相互信任及彼此尊重和爱护。父母要互敬互爱,生活协调。而有老人的家庭,父母对老人要尊敬、孝顺,这些都会给孩子一种潜移默化的影响,孩子也会在不知不觉中学会尊老爱幼、关心他人等等。

(五)有意识地培养和锻炼独生孩子的意志品质

首先,家长要舍得让孩子吃苦耐劳。独生孩子大多存在娇气,而娇气十足的孩子将来是很难有所作为的。要克服这种娇气,家长仅靠口头说教往往效果不大。而最有效的办法就是在

---

① 独生子女问题行为及对策研究[EB/OL].[2016-06-27].http://max.book118.com/html/2016/0408/39804371.shTm.

实际生活中要让孩子吃一点"苦"。因为吃苦能从根本上消除孩子身上的娇气。因此,在孩子的生活物质方面家长不要提供太好的条件。同时,还要让孩子多做一些家务活,特别是孩子会做的事情,尽量让他们自己去做,即使是很小的孩子,也都可以让他们自己做一些力所能及的事情。只有这样,孩子从小吃一点苦,才会克服娇气的毛病,更经得起生活的考验。

其次,家长要培养孩子坚忍不拔的意志品质。一是要丰富孩子对挫折的正确认知。挫折认知的正确与否,会直接影响一个人遭遇挫折的情感和行为。因此,培养独生孩子对挫折的正确认知是抗挫教育的第一步。家长可以为孩子提供一些经历挫折而后成功的影视和文学作品,或是成人的亲身经历,即周围人从失败走向成功的小故事,让孩子从这些真实的事例中认识到什么叫挫折,知道每个人的一生都不会是一帆风顺的,总会有大大小小的困难和挫折甚至是危机相伴,而我们只有遭遇到这些困难和挫折才会茁壮成长。二是家长对独生孩子多加一些挫折磨炼。利用一些真实的情景让孩子亲身感受到挫折,理解和体会遭遇挫折的心理感受,在克服挫折的过程中获取经验。家长们应适时把握各种教育的契机对孩子进行磨炼,并教给他们正确和独立应对问题的办法。还应有意识地设置一些困境,有目的地培养孩子的意志品质。

第三节　留守学前儿童的家庭教育

案例导入

可怕的留守学前儿童性侵案

近年来,留守学前儿童遭遇性侵的案件逐年增多。2013 年 5 月,湖北 5 岁女孩冰冰,因父母在外务工,跟随爷爷奶奶在洛江一工地生活,被工地一 19 岁贵州籍青年姜开训性侵;2014 年 5 月 2 日,广西平乐县源头镇朝阳村左某,对来家里玩耍的本村幼女左永某(6 岁)、左某某(4 岁)先后实施了奸淫;2014 年 9 月 29 日,江苏沛县龙固镇某村,7 岁的留守女孩宁宁被邻居刘长平以"做游戏"的方式性侵。

2016 年 2 月 14 日,国务院发布的《关于加强农村留守儿童关爱保护工作的意见》中强调:"农村劳动力外出务工为我国经济建设作出了积极贡献,对改善自身家庭经济状况起到了重要作用,客观上为子女的教育和成长创造了一定的物质基础和条件,但也导致部分儿童与父母长期分离,缺乏亲情关爱和有效监护,出现心理健康问题甚至极端行为,遭受意外伤害甚至不法侵害。这些问题严重影响儿童健康成长……进一步加强农村留守儿童关爱保护工作,为广大农村留守儿童健康成长创造更好的环境,是一项重要而紧迫的任务。"

一、留守学前儿童产生的背景

所谓"留守学前儿童",是指父母双方或一方流动到其他地区工作,孩子留在户籍所在地不能与父母在一起,由祖辈、亲戚、老师或朋友等其他监护人养育的六七岁以下的学龄前儿童。

改革开放以来,我国国民经济快速发展,综合国力大为增强。伴随着农业产业结构调整和工业化、城镇化进程的不断加快,城乡间人口流动壁垒被打破,大量农村剩余劳动力为改变生存状况进城务工,一些农民工父母由于无力支付孩子进城就读面临的住宿费、学费等诸多开支以及一些其他原因,将孩子留在农村,由祖辈或留守在家的父母一方或亲戚抚养照顾,造成亲子长期不能共同生活的学龄前儿童随即成为我国年龄最小的弱势群体——留守学前儿童。

家庭是社会的基本单位。家庭教育是个体最先接受的教育,是伴随终身的教育,也是对人的一生影响最深的一种教育。在社会发展的转型时期,农村留守儿童成为新时代的特殊社会群体。留守儿童因为父母双方或一方外出打工,不得不由祖辈或是其他教养者来照看,他们缺少家庭教育,又因为未到学龄而不能接受学校教育,因而成为"行走在教育边缘"的群体。2013年,全国妇联发布《我国农村留守儿童、城乡流动儿童状况研究报告》指出,我国农村留守儿童数量超过6000万,总体规模不断扩大,学龄前农村留守儿童达2342万,在农村留守儿童中占38.37%;接近一半比例的农村留守儿童的父母都外出,在这些孩子中,与祖父母一起居住的比例最高。广大农村留守儿童并未得到很好的家庭教育,他们的发展状况令人担忧。

二、留守学前儿童及其家庭教育存在的问题

(一)留守学前儿童家庭教育存在的问题

1.教育思想落后,重智轻德,忽略情感教育

留守学前儿童家长的教育思想相对较为落后,他们中有的认为教育应该是学校的任务,家庭不需要对孩子进行专门教育,一旦孩子到了学龄阶段,就会进入学校学习,学校会教孩子知识。虽然有一部分留守学前儿童家长也比较注重孩子的早期教育,但在日常生活中,他们更多地关注孩子的智育发展方面,教孩子数数、认字、背唐诗等,而忽略了孩子良好个性品质和习惯的培养。可以说,学前期是孩子个性品质形成和发展的关键时期,忽略对学前儿童品质的培养,轻视儿童习惯的养成,对学前儿童以后的人生发展具有非常消极的影响。同时,部分农村留守学前儿童家长忽视对留守学前儿童的情感教育。留守儿童长期与父母双方或某一方分开,缺乏必要的情感沟通,容易产生情感交流障碍[1]。

2.教育方式不科学,或娇惯溺爱或简单粗暴

良好的家庭教养方式对学前儿童的健康成长具有积极的教育作用。反之,不良的家庭教育方式则会影响孩子的健康成长。有学者指出,现代儿童家庭教育中错误的教育方式主要有心灵施暴式、过分溺爱式、物质刺激式、放纵式、愁眉苦脸式五种。农村留守学前儿童常常与家长聚少离多,亲子互动较少,孩子和家长之间并未形成良好的互动。因为家长常年在外务工,对孩子的关心、沟通和教育较少,因此,他们会在内心深处对子女产生愧疚心理。对孩子提的要求,家长一般都会尽可能给予满足。孩子又因为平时大都和爷爷、奶奶生活在一起,老人对孩子更是十分宠爱,会尽量满足孩子的各种要求。这种情况下,就容易养成学前儿童的骄纵个性。另一种情况是,有些家长平时较少与孩子沟通,较少关心孩子,放任孩子,但一旦孩子犯了错误或是自己工作不顺心,就会对孩子大声呵斥,严重时会责罚孩子。不管是骄纵溺爱还是简单粗暴,都是不科学的家庭教育方式,都会对学前儿童产生不良的影响[2]。

3.家庭教育投入较少,家庭教育环境不良

家庭教育投入主要是指由家庭负担的教育方面的费用。一般所说的家庭教育投入,主要

---

①　艾春梅.农村留守学前儿童的教育问题与对策[J].现代教育科学,2004(4).
②　王慧.农村学前留守儿童的家庭教育研究[J].教育导刊(下半月),2014(12).

是指家庭为孩子的教育所支付的最低成本,包括交通费、食宿费、园服费、保教费和文具费等,这是必须投入。家庭扩展投入是指家庭为使孩子享受额外的教育或优质教育而特别支付的费用,主要包括家教费、课外辅导费和其他费用等。学前留守儿童的家庭教育投入主要是参加幼儿园学习的费用,几乎没有其他费用。有一些留守儿童因为家庭经济困难,甚至无法入园。相比之下,城市学前儿童家庭的教育投入要远远大于农村学前儿童家庭的教育投入。同时,农村学前留守儿童因为父母长时间外出务工,家庭成员不完整,家庭内部缺乏必要的情感交流;一些父母及其他长辈只关心孩子身体的健康成长,忽视孩子情感的培养;家庭教育中互动成分较少,家庭文化环境和文化氛围不足,使留守学前儿童不能在良好的家庭氛围中快乐成长。

4. 父母在家庭教育中缺失,隔代教育问题众多

农村学前留守儿童生活在"不完整"的家庭中。父母双方或一方常年在外打工,父母教育的缺失对孩子的家庭教育具有非常明显的消极影响。因为父母在家庭教育中的缺失,教育孩子的重任多数就落在了祖父母身上。但因为祖父母年龄较大且文化水平较低,不能跟孩子很好地沟通,对孩子的教育问题也是"心有余而力不足"。根据《中国农村留守儿童、城乡流动儿童状况研究报告》显示,这些照顾留守儿童的祖父母,他们的平均年龄为 59.2 岁,并且他们受教育程度很低,绝大部分为小学文化程度,甚至有 8% 的祖父和 25% 的祖母未上过学。报告同时也指出:隔代的祖父母在抚养和教育留守儿童时面临许多的困难和挑战。可见,农村留守学前儿童的家庭教育面临的最大挑战是父母在家庭教育中的缺失,而隔代教育又具有很多的弊端。

(二)留守学前儿童教育与成长中存在的问题

父母外出打工将孩子留守在家,由代理监护人看管,造成了大量的留守儿童。其监护类型有隔代监护型、单亲监护型、上代监护型、同辈监护型和自我监护型。这些监护类型都不同程度地存在着监护不力的问题,由此产生了一系列留守儿童生存与教育问题。

1. 学业问题

"教育不能输在起跑线上",可是留守学前儿童的教育却比较薄弱。一方面,部分留守学前儿童没有条件接受正规的学前教育,以致其接受小学教育的基础很差。另一方面,即使留守学前儿童能顺利进入幼儿园,由于其代理监护人的知识水平较低、精力有限,导致留守学前儿童的学业较差:一是学习积极性容易受挫。调查显示:在父母离开的半个月到一个月的时间,留守学前儿童学习上容易变得消沉,上课注意力不集中,对学习缺乏兴趣,甚至丧失信心。二是学习成绩难以提高。父母外出打工后,仅仅有 9.9% 的留守学前儿童认为自己成绩非常好,有近 10% 的留守学前儿童认为自己的学习成绩在差的行列中;作业完成情况在父母外出打工前后也大不一样,父母外出打工前总能完成作业的占 89.1%,但父母外出打工后则比例下降至 68.4%,可见留守儿童的学业适应情况不容乐观[①],这为留守学前儿童今后的辍学埋下了隐患。

2. 心理及情感问题

留守学前儿童大多生活在临时的单亲家庭或隔代家庭中,这种家庭模式将直接导致留守儿童与父母的亲情缺失。家长与留守学前儿童的联系方式比较单一,联系频率少。据调查,

---

① 曹述蓉.农村留守儿童学校适应的实证研究——以湖北省 6 县 304 名留守儿童为例[J].青年探索,2006(3).

88%是通过打电话,还有短信、网络等联系,2%留守儿童在父母外出后根本没有交流。同时,留守学前儿童与父母的见面次数也比较少。绝大多数留守儿童与外出父母至少在一年之内能见一次面,但仍有17%的留守儿童一两年内没有见过父母[①]。在长期亲情缺失和心理失衡的影响下,留守学前儿童最受人关注的就是其心理健康问题,留守学前儿童因"情感饥饿"而容易产生各种畸形心态,主要表现为在个性方面,任性、自私、冷漠、逆反心理重;在人际方面,性格孤僻、合作意识差、没有礼貌;在学习态度方面,没有上进心、自觉性、刻苦精神。对于留守学前儿童来说,这些问题的根源在于家庭结构的拆分和亲情的缺失。依恋理论告诉我们,由于亲情缺失引起的情感饥饿的创伤是难以愈合的,而且可能影响孩子一生。情感的缺失会使学前儿童的人格发展出现很大的扭曲和变形,对学前儿童的社会化过程产生不良的影响[②]。

3. 品行问题

品行方面,16周岁以下的未成年人的道德发展很大程度上还处于他律阶段,自律能力较弱。再加上品德行为监控的缺失,学前儿童本身对学业的期望要求不高,容易产生某些问题行为和品德障碍。有些留守学前儿童存在任性、说谎、小偷小摸等不良行为。在最近几年的留守儿童研究工作中,据幼儿园老师反映,部分留守学前儿童,父母都到外地打工去了,自己也有零花钱,却爱拿别的小朋友书包里的钱或偷拿小卖部的零食;有的留守学前儿童不服监护人的管教,经常违反校纪、校规,同伴之间拉帮结派,小偷小摸,看不良录像,与社会上的混混搅在一起,抽烟、酗酒、赌博、抢劫等,有些孩子甚至慢慢走上了违法犯罪的道路。

4. 健康及安全问题

父母离开后,祖辈大多观念落后,对学前儿童成长所必需的营养搭配知识知之甚少,并不能给孙辈以健康的饮食;而同辈监护或自我监护的留守儿童,既要干繁重的农活,又常常凭自己的喜好以方便食品充饥。据湖南郴州市妇联的调查,农村留守学前儿童无论在家还是在园,都不能保证身体所需营养及时充足的补给,86%的留守学前儿童身体状况处于中等以下,89%的农村留守儿童家庭烹调不懂得营养搭配,以致其身体健康状况令人担忧。这种生活方式使留守学前儿童容易出现生理疾病,生活习惯差。

另外,留守学前儿童的人身安全损害事件频发,有些留守学前儿童到幼儿园既要走崎岖山路,又要穿越公路,需提防沟坎、滑坡、汽车和别有用心的坏人,存在安全隐患。

阅读材料

《中国留守儿童心灵状况白皮书(2015)》内容概要

2015年6月18日,《中国留守儿童心灵状况白皮书(2015)》(以下简称《白皮书》)在北京发布,《白皮书》对云南、广西、贵州、山东、河北、甘肃六省农村地区的两千多名留守儿童进行了问卷调查,分析了农村留守儿童真实的生活和心理状况后指出,全国6100万留守儿童中约15.1%、近1000万孩子一年到头见不到父母,即使在春节也无法团聚。29.4%的孩子一年能见父母1～2次,11.7%的孩子一年能见父母3～4次,32.7%的孩子一年能见父母5次以上,11.1%的孩子与父母每月见面3～4次。从与父母的联系次数来看,与父母几乎天天联系的孩

---

① 段成荣. 城市化背景下农村留守儿童家庭教育与学校教育[J]. 北京大学教育评论,2014(7).

② 陷入新读书无用论 中国"留守儿童"心理问题严重[EB/OL]. (2006－05－29)[2016－06－28]. http://www.hinews.cn/news/system/2006/05/29/000105323.shtml.

子占 23.9%，与父母每周联系 2～4 次的孩子占 28.6%，与父母每月联系 3～4 次的孩子占 19.3%，与父母每年联系 3～4 次的孩子占 10.4%，与父母每年联系 1～2 次的孩子占 10.2%，有 4.3% 的留守儿童甚至一年连父母电话也接不到一次。

《白皮书》还指出，如果父母不能保证每 3 个月与孩子见面一次，孩子的"烦乱度"会陡然提升，对生存现状产生焦虑，而只要保证每周 1～2 次的联系，孩子的"烦乱度"就会明显下降。而父母通过电话等方式跟孩子保持联系、适量的阅读、玩耍等将有助于改善留守儿童的"烦乱度"和"迷茫度"，提升留守儿童的心理指标。

三、留守学前儿童家庭教育问题产生的成因

（一）城乡二元经济结构，农村经济发展水平低

农村经济发展水平低是农村家长进城务工的最根本原因。在城乡二元经济结构背景下，城市的经济发展水平远远超过农村的经济发展水平，加上农村的经济收入满足不了全家的生活支出，农村许多年轻人、中年人选择离开孩子，进城务工，努力挣钱。离开家庭，也就暂时放弃了对孩子的家庭教育职责。因此，留守学前儿童家庭教育缺失的最根本原因是城乡二元经济结构所导致的农村经济发展水平低下。

（二）农村家庭的传统观念重视提升家庭物质生活水平，忽视家庭教育

农村家庭受传统的思想观念束缚，认为给孩子更好的生活就是要提升孩子的物质生活质量。为了给孩子提供更好的物质生活，一些父母远离家乡，离开自己的孩子。其实，给予学前儿童真正的爱，就是要陪伴在孩子身边，陪伴孩子成长。一些农村家长忽视学前儿童家庭教育的重要性，只关注孩子身体的成长，忽略对孩子生命价值、品质习惯的养成。这些传统的观念限制了学前儿童的健康成长。

（三）农村学前儿童家长文化水平低下，教育观念落后

家长的文化程度对学前儿童的教育有着重要的影响。农村留守学前儿童所处的家庭环境是父母长期不在身边，靠祖父母抚养和教育。而大多数祖父母的文化水平都很低，不能给予学前儿童最新的知识，对于学前儿童的心理发展和成长规律也不甚了解。同时，文化水平低导致教育观念也比较落后，他们容易忽视家庭教育对留守学前儿童的教育意义，导致家庭教育在留守学前儿童生活中的缺失。

四、化解留守学前儿童家庭教育问题的对策①

（一）政府：加大地方经济投入，发展地方产业，让外出务工的农村父母回流农村

经济发展水平低是农村家长进城务工的根本原因。在农村，农业生产所带来的经济收益已经不能够保证农村家庭的日常生活开支。农村父母为了给孩子更好的教育环境，离开故土和年幼的孩子。父母长期远离，导致农村一些学前留守儿童所接受的家庭教育几近空白。为促进农村留守学前儿童的家庭教育问题，政府应该采取相关措施加快发展农村经济建设，提高农民的生活水平。一方面，政府可以采取措施提高城镇化水平，加快新农村建设，缩小农村与城市的经济差距，吸引进

---

① 王慧. 农村学前留守儿童的家庭教育研究[J]. 教育导刊(下半月)，2014(12).

城务工人员留在本地,从而减少留守儿童的数量;另一方面,政府应着力发展地方产业,或支持农民自主创业,提供相关经济资助和政策帮助,让他们不用远离家乡和孩子外出务工。

(二)托幼机构:优化农村幼儿园师资和设施,建立家长咨询站,弥补家庭教育不足

农村留守学前儿童数量巨大,加上家庭教育的空白或缺失,使得留守学前儿童的教育问题成为社会关注的问题。受农村经济发展水平限制,农村的学前教育机构缺乏,且其师资和设施并不完善。为了弥补农村留守学前儿童家庭教育的空白,幼教机构需负起留守儿童早期教育的责任。优化师资,注重对农村幼儿教师素质的提升,提高农村幼儿园的办学质量。同时,还可以依附幼儿园建立家长咨询站,关注留守儿童的家庭教育问题,给予农村家长特别是隔代家长咨询儿童教育问题的机会,并提供相关的帮助。

(三)社区:开办家长学校,提高隔代教育质量

农村留守儿童的隔代教育问题已经引起社会的广泛关注。隔代教育产生的许多问题,如祖父母溺爱孩子、祖孙关系不平等,这些问题严重影响了学前儿童家庭教育的质量。隔代教育无法避免,那么提高隔代教育的质量,以提高学前留守儿童家庭教育的质量就迫在眉睫。开办家长学校,提升隔代家长的文化素质,利用教育讲座、影片宣传等方式,传授正确的家庭教育观念,并对他们进行教育指导。同时,定期开展亲子互动活动,加强孩子与祖父母的情感交流,弥补家庭情感关怀的缺失。总之,社区要采取一系列措施提高隔代教育的质量,只有这样,留守学前儿童才能健康快乐地成长。

(四)家庭:更新家庭教育观念,营造良好的家庭氛围

农村父母应该更新自己的教育观念,重视对学前儿童的家庭教育,不要将教育误认为只是幼儿园和学校的任务。父母和其他家庭成员往往是孩子模仿的对象,他们的言谈举止和作风潜移默化地影响着学前儿童。因此,家长要重视言传身教,严格要求自己,规范自己的言行,给学前儿童树立好的榜样;同时,要努力营造良好的家庭氛围,让孩子在良好的家庭氛围中体验到积极的情感关怀,产生积极的情感体验,保持心理健康;还要摒弃传统的"智育为先"的理念,重视对学前儿童道德品质的积极引导;并且重视孩子良好学习和生活习惯的养成。通过各种努力,促进学前儿童健康地成长。

第四节　单亲家庭的学前儿童家庭教育

案例导入

单亲妈妈将孩子送幼儿园后失踪

大班的孩子们排起了队,4岁半的男孩殷晨旭也排在中间。但当老师发出了"齐步走"的口令后,小晨旭却闪在一边,默默地看着小朋友们欢快地跟着父母或者爷爷奶奶离去。很快二楼就走空了,只剩下他一个人。"12月10日,他被送到幼儿园后,他妈妈就再也没有来接过他,已经快10天了。"幼儿园园长说,一开始她还以为殷晨旭的妈妈有什么事情给耽误了,就把孩子接回自己家,没想到一直到昨日都再没见到他妈妈。

园长说,殷晨旭是单亲家庭,2年前开始在苗苗幼儿园上学,每天他的妈妈都要出去打零工,有时候很晚才能到幼儿园来接他,尽管晚,但从来都没有丢下孩子不管。"只有今年九月份左右,他妈妈出了一次车祸,没有来接。有一次我和他妈妈聊天,她说每逢周六周日,就会把孩子一个人锁在屋里,给屋里留些吃的,然后出去打工。有时候下班回来,孩子已经自己趴在床上睡着了。""孩子的自理能力确实非常强。"园长说,这10天来,小晨旭在她家都是自己吃饭、穿衣、洗脸、洗脚,而且几乎从来不哭不闹,"很聪明,很懂事的一个孩子。"孩子想妈妈,很想回家但妈妈的电话一直关机中,无法取得联系。

所谓单亲家庭,是指由于父母离异、丧偶或其他变故导致的只有父亲或母亲与孩子一起生活的家庭。单亲家庭大体可以分为丧偶式单亲家庭、离婚式单亲家庭、未婚式单亲家庭、分居式单亲家庭四种形态。单亲家庭作为一种不完整的家庭形态,容易对学前儿童的心灵造成沉重的打击,导致各种不良的心理问题产生,影响孩子一生的发展,因此,解决好单亲家庭学前儿童的教育问题至关重要。

一、单亲家庭对学前儿童造成的消极影响[①]

(一)智力发展落后

智力发展影响因素的研究最具有代表性的是在朱智贤和林崇德教授指导下由程跃博士于1989年9月至1990年4月进行的"智力表型表达等级及其条件"的研究。该项研究表明:离异家庭儿童的智力发展明显落后于完整家庭儿童,学习成绩从总体上显著地差于完整家庭儿童。一方面,由于单亲学前儿童处在亲情关怀相对较差的环境中,无论对孩子的智力发展还是行为发展都极其有害,导致学前儿童智力发展缓慢,行为协调性差,成为了"早期失败儿"。另一方面,父母角色的残缺也是造成单亲学前儿童智力发展低下的重要原因。由于男女两性在智力发展的差异性,父母在家庭中的社会角色是难以互相替代的。母亲往往形象思维较强,抽象思维和逻辑思维相对较差,而父亲则恰好相反。在对孩子智力发展的影响中,家长会有意无意、自觉不自觉地染上各自性别特征的色彩。完整家庭的家长会在互补中不断完善孩子的智力,而单亲家庭中的父母角色缺失则对孩子的智力发展来说是不利的。

(二)容易产生消极情绪和情感

有调查表明,离婚头六个月学前儿童的不良情绪发生率非常高,具体表现为抑郁、暴躁、孤独、易怒、发呆、焦虑、冷漠、过分胆小等。除了父母离异或其他家庭灾难之外,造成孩子不良情绪情感的原因还有以下几个方面:一是单亲家长不良的情绪情感影响。由于单亲家长要承担本应由夫妇双方承担的责任和重担,容易产生消极情绪,这种负面情绪容易通过家长的表情、语言、行为反映出来,使家庭气氛压抑,造成孩子焦虑、紧张、反应失常等异常情绪。二是单亲家长不当的教养方式影响。单亲家庭形成之后,大多数单亲家长往往忽视孩子的实际情况,对孩子寄予过高的期望,导致孩子产生压抑或抵触情绪;而有的单亲家长对孩子过度溺爱,无原则地满足孩子的过分要求,容易使孩子产生任性、暴躁等不良情绪。此外,对单亲孩子来说,社会对其关注、爱护、理解不足,仍有一部分人对单亲家庭存在歧视和偏见。有些人当着孩子的面指责其父母在生活方面的问题,使孩子过早地卷进大人的情感纠葛中。人们的鄙视和嘲笑导致单亲孩子不愿意与人交流,形成孤独自闭的性格。由于心理压力过重,单亲孩子在挫折面

---

① 王诗堂.对单亲家庭子女教育问题的探讨[J].江西教育科研,2005(5).

前容易表现出彷徨失措、悲观泄气的情绪,甚至产生羞耻感。

(三)社会适应能力差

有人对单亲家庭孩子结伴难易、好朋友数量、交往关系的亲密程度以及单亲家庭中亲子关系、社会适应性等方面进行了研究。结果发现,单亲家庭的孩子在人际交往方面和社会适应能力方面均处于不利的地位。首先,家庭关系的失调所带来的家庭气氛沉闷,降低了学前儿童在家庭和社会中人与人之间的交往水平、互助水平和评价水平。同时,单亲家庭孩子容易受到家长心理创伤的不良影响,表现出封闭、自卑、抑郁、猜疑、嫉妒、孤独,甚至冷漠,厌恶交往,逃避与他人接触等心理倾向。这种失衡的心理必定会对单亲家庭孩子的社会性,尤其是亲子关系、同伴关系等人际关系造成不利影响。导致孩子难以体会到幸福感,时常感到焦虑、不安全,整个身心经常处在紧张的应激状态;注意力难以集中,经常疑神疑鬼,对他人的评价过于敏感,经常处于郁闷、乖僻的心境;单亲孩子时常会感到孤独,不主动与人交往,拒绝参加集体活动,不愿意表现自己,在社交场合有强烈的恐惧感。

(四)性格不健全

研究发现,相对于完整家庭而言,单亲孩子容易形成自卑、孤僻、怯懦、粗暴等性格特点。首先,家庭氛围对单亲孩子的性格容易产生不良影响。单亲孩子如果长期生活在压抑的环境中,容易形成孤僻、怯懦的性格;而如果生活在紧张、不安的情绪中,则容易形成焦虑、神经质等人格倾向。其次,单亲家庭的父母常对孩子容易产生爱的极端,要么是溺爱有加,要么是爱的贫乏。过分严厉,孩子会自卑、孤独、抑郁、怯懦、冷酷;过于溺爱,孩子会过于自我,表现出自私、任性、胆小怕事等。这两种极端都会使孩子的情绪情感生活受到严重的破坏,以至于造成身心不良发展,出现种种性格缺陷。另外,单亲孩子容易遭到别人的歧视,他们对老师、同伴的态度比一般孩子敏感。若老师能给单亲孩子更多的肯定、关怀和帮助,会使其更加积极乐观;反之则会使其产生冷漠、敌对、自卑等性格。

二、单亲家庭的学前儿童家庭教育对策

如何教育单亲子女,无论是对家庭、幼儿园还是社会来说,都负有不可推卸的责任。因此,必须建立三位一体的教育网络,共同促进单亲孩子身心健康地发展。

(一)单亲家长应加强自我教育,提高家庭教育水平,优化家教环境

有关研究表明,孩子的智力与父母的文化程度、教育能力以及教育方法等因素直接相关,父母的心理素质、文化素质与品德素质对孩子性格的形成和改变也有极大影响,因此提高父母素质在当今的教育中占有举足轻重的地位。

1.重建融洽信任的亲子关系

单亲家庭既已形成,单亲父母应当在短期的抑郁、悲痛之后,尽快地调整好自己的心态,勇敢乐观地面对以后的生活,消除自身不良情绪对孩子造成的影响,经常性地变化生活方式,强化家庭与外界的各种交往,打破单一、沉闷、压抑的家庭气氛,重建融洽信任的亲子关系。作为家长首先要在生活上给予孩子非常的呵护,在学习上要非常关心,给孩子创造一个和谐的家庭。像《下辈子还做母子》影片中徐美云老师那样竭尽全力为儿女,无怨无悔。家长应放下架子和孩子做伙伴,深入孩子的心灵深处。了解孩子在想什么,忧虑什么,希望什么。天长日久,孩子就会感到心情愉快,慢慢走出家庭变故所造成的不利影响。同时,为了孩子的身心健康,

单亲家长也不要在孩子面前随意诋毁、咒骂另一方,让孩子感觉离婚后的父母更加开心幸福,自己也更被关心。如果条件容许,应本着自愿的原则,孩子也可以和另一方生活一段时间,这对孩子健康成长是大有裨益的[①]。

2.注重对单亲孩子的性别角色教育

在家庭教育中,父亲和母亲对孩子的影响作用是不同的。父亲在独立性、自信心、社交能力、智力发展和设身处地为他人着想等方面对孩子有重大影响;母亲则在抚爱、谦虚、举止规范、认真细致、严于律己等方面对孩子有重大影响。而孩子心灵成长过程中,两个角色都是需要的。单亲家庭所面临的难题是双亲应给孩子的营养缺失了。比如,从小缺乏父爱的男孩多半孤僻、胆怯、吝啬,形成某种性情扭曲;而女孩则缺乏与异性亲切交流的训练,长大后往往冷漠、拘谨、面貌阴郁、沉默寡言,缺少与异性相处的能力。因此,作为单亲家庭的家长要有意识地改变角色,调换位置去亲近孩子。同时家长还应调动亲戚、朋友中的性别资源,给孩子适宜的影响,让其性别角色得到充分的表现和发展,培养健康高尚的人格,以适应社会生活的需要。

3.培养单亲孩子的独立性

三人世界变成两人世界,家长更容易对孩子娇惯溺爱,总觉得对不起孩子,用更多的爱来满足孩子,作为补偿,对孩子关怀备至。在这种环境下成长起来的孩子,容易性格脆弱,依赖性强,缺乏主见,独立生活能力差。通常单亲家长会有一种负疚心,总想为孩子多付出一些来补偿由于家庭缺憾而给孩子造成的某种损失或伤害。许多家长对单亲孩子百般呵护,使单亲孩子从小养成衣来伸手、饭来张口的习惯,依赖性较强,孩子没有机会亲自去尝试生活中的挫折,缺乏独立生活能力。其后果是,单亲孩子一旦离开家长,便不知道如何去应付生活中的困苦和挫折。因此,家长要为单亲孩子创造一定的独立生活环境,使他们成为独立生活能力较强的人。

4.对单亲孩子确立适度的期望值

许多单亲家长,把孩子作为唯一的精神支柱,把自己所有的希望都寄托在孩子身上,要求孩子处处出人头地,特别在学业上。殊不知过高的期望值势必给孩子造成过重的心理压力。作为单亲家庭的家长,应确立起对孩子适度的期望值,应把生活的支点放在自己身上,而不是把所有的希望寄托在孩子身上,这样才不会对孩子有不切实际的希望,才不会让孩子感受到过大的压力,才能促进孩子的健康成长。

(二)提高幼儿园教育的科学性,加强家长与教师和幼儿园的团结协作

1.建立单亲家庭幼儿档案

为了强化单亲幼儿的长处,学校应创造条件不断给予单亲幼儿成功的体验。心理学家马斯洛认为,人的基本需要分五个层次,其中自我实现的需要是最高层次的需要。而且科学研究的结果表明,每一次成功,人的大脑便有一种刻画的痕迹——动作模式的电路纹。当人重新忆起往日成功的动作模式时,人又可重新获得那种成功的喜悦,从而消除不良情绪,充满信心。因此,教师除了多为单亲幼儿创设获得成功的机会、不失时机地给予肯定、让他们得到成功的喜悦之外,还应为这些幼儿建立成功档案,将每一次哪怕是非常小的成功与进步都记录下来,积少成多。这些档案,必将触动幼儿的心灵,使他们鼓足前进的信心与勇气。

2.加强爱心教育

"皮格马利翁"效应表明,幼儿园以及教师对幼儿的爱有着神奇的作用。特殊家庭的幼儿

---

① 王玲.单亲家庭学前儿童心理问题分析及对策研究[J].大众文艺,2010(10).

更渴望教师的理解,这种理解不但能弥补幼儿缺失的爱,而且会使幼儿按照教师的期望塑造自己的行为。在教育过程中,幼儿园和教师应及时了解、掌握单亲家庭子女的心理发展状况,运用教育者自身的人格魅力,通过科学的教育方法,来推动幼儿人格的发展。而教师本人对这些幼儿更应该平等、尊重,特别是要有陶行知先生那种身体力行的爱满天下精神,以幼儿为中心,给幼儿以真诚的爱,以爱动其心,给幼儿以亲近感、信任感、期望感。同时,教师还要多利用积极的暗示,如给幼儿一个鼓励的手势,一个赞许的微笑,一个示意的眼神,一句贴心的话语,融化其心中的冰山,使其抛却心头沉重的包袱,化自卑为勤奋,变孤独为友谊。

3. 进行挫折教育,建立自信

要教育幼儿有接受挑战的生活态度,有面对各种困难的勇气。俗话说,没有荆棘就没有玫瑰,没有黑暗就没有光明,只有挺胸面对困难,采取积极的态度,才能最终成为强者。在教育孩子的同时,老师还可以不断设置各种困难,以增强幼儿经受困难的意志和耐心。在幼儿经受各种困难的考验时,教师要暗中进行跟踪观察,当幼儿经过努力克服困难时,教师要及时地进行鼓励和表扬;当幼儿遇到困难、将要泄气时,教师要暗中帮助其克服困难。但是,教师还要注意培养他们独立的人格,不要包办太多,能独立完成的事情,尽可能让幼儿自己去做,教会他们面对现实,在解决困难过程中积累经验,建立自信。只有这样,才能在今后漫长的人生道路上做到——长风破浪会有时,直挂云帆济沧海。

(三)健全社会保障,完善单亲家庭的社会支持体系

1. 重视单亲家庭子女教育问题

全社会都应当按照《中华人民共和国未成年人保护法》的要求,关心单亲家庭孩子,保证他们享有基本的物质生活条件,享有平等的受教育权利以及享有不受歧视的人格保障和尊严,要通过舆论的力量和环境氛围为教育离异家庭孩子创造条件,让全社会各行各业的人都来关心单亲孩子的教育问题。调动社会资源,给予单亲群体经济物资等方面的帮助,引导这些家庭的孩子参加集体活动,为他们展示兴趣、爱好和才华创造条件和机会。

2. 发挥社区教育优势

充分利用社区资源能给孩子创造良好的外部环境。街道、社区要从各方面加强对单亲家庭的关心。在生活上,可通过社区互助等形式对离异家庭中生活困难的孩子给予经济上的帮助;思想上,经常上门家访,了解家长及孩子的思想状态,并及时和幼儿园、老师取得联系,共同商量、研究、关心、教育好每一个单亲家庭的孩子。

由此看来,社会、学校、家庭都应重视单亲家庭子女的教育,及时帮助他们克服不良心理。只要家长、学校、教师、社会能团结协作,即使表面不完整的家庭同样能培养出社会需要的具有良好个性的人才。

第五节　重组家庭的学前儿童家庭教育

案例导入

我感到无比的寂寞,无助……

爸爸给我找了一个后妈。爸爸工作很忙,很晚才能回家,后妈和妹妹陪我的时间多。每次,后妈不开心的时候,我总会想方设法逗她开心,可后妈常常不理我,沉着脸叫我走开,但是后妈生的妹妹去逗她开心的时候,她总会好好地跟她说"没什么"。看到这,我心里便会酸酸的,自己会躲到一个角落偷偷地哭泣。这时,我便会想起妈妈临死前对我说的话:"⋯⋯孩子,你要坚强,遇到什么事都不要用眼泪去代替⋯⋯"但是,后妈的冷淡一次次地把我那坚强的意志慢慢磨碎,从此,我便爱哭了。我感到无比的寂寞,无助⋯⋯

随着重组家庭的增多,重组家庭的学前儿童家庭教育已经成为学校、社会、家庭共同关心的棘手问题。为了让学前儿童健康成长,我们必须采取有效的教育对策。单亲家庭的父亲或母亲,寻找和自己境遇相似的另一半结合成一个新的家庭,我们称此类家庭为重组家庭。重组家庭最大的特点是家庭成员关系复杂,而且相对来说,家庭成员也比较敏感。因此,重组家庭中的学前儿童经常会出现一些心理及行为问题。

重组家庭一般多由单亲家庭演变而来。从单亲家庭到重组家庭使学前儿童的心理一次次发生翻天覆地的变化。对于家庭变化引发的心理变化过程,我们成人未必能很好地适应,更何况是学前儿童,但并不是说重组家庭就一定不利于学前儿童成长,关键在于我们能为学前儿童营造一个什么样的家庭教育环境。

一、重组家庭学前儿童的心理及行为问题[①]

(一)情绪低沉,情感脆弱

重组家庭学前儿童大都表现出自卑、忧郁、沉默寡言等,他们对失去父亲或母亲十分痛苦,很长时间不能自拔,或是由于生活动荡及父母亲的不负责任,心灵受到极大伤害,经常表现出情绪低沉,容易悲伤。长此以往,这些孩子的心理会很脆弱,承受不了小小的挫折和失败。另外,这些学前儿童往往不愿意积极参加集体活动,在与同伴的交往中,也常常表现出情感脆弱的一面,容易与同伴产生矛盾;甚至见到别的同伴在父母面前快乐的场景,心里就非常难受。有的学前儿童容易产生强烈的自卑感和不安全感,性格孤僻,交往能力欠缺,精神负担重。有的孩子主观偏激,暗恨、埋怨、忧伤、失望的情绪体验导致其心理失衡。一方面自怨自艾,顾影自怜;另一方面遇事容易由"责己"变为"责人",把对自己的不满投射到别人身上。

(二)具有逆反心理,攻击性行为多

重组家庭中的儿童,由于失去了母亲或父亲的爱,这些孩子成为父亲或母亲的知己。如果有了继父或继母,他们要么显得非常乖巧顺从;要么变得非常暴戾,与继父继母敌对,具有逆反心理,对继父继母甚至老师的言行容易产生抵触情绪和对抗行为,他们不愿意服从继父母的管教,这种逆反心理久而久之会发展成为对他人、幼儿园和社会生活的不满、冷淡。他们的情感长期受到压抑,不良情绪鲜有机会真正宣泄出来,部分儿童便企图通过逆反行为引起他人注意。另外,重组家庭学前儿童心理特征多为粗暴、冲动型。孩子往往夹在大人中间,处在一种谁也不愿意管,也不好管的状态。有些家长或因心绪烦乱,或因经济不支,或因教育不当,致使他们无形中放弃了家长的教育责任;有的父母或视孩子为累赘,或对孩子失去教育的信心,放任自流;有的父母或嫌弃孩子,或把对前夫或前妻的怨恨迁移到孩子身上,对孩子非打即骂,造

---

① 赵佳. 对重组家庭儿童家庭教育问题的探讨[J]. 中小学心理健康教育,2015(1).

成孩子倔强、执拗、冲动的不良性格。

(三)敏感多疑,言行过分谨慎

重组家庭儿童敏感和多疑的心理特征与正常家庭的学前儿童相比显得突出一些,表现为在日常生活中多愁善感,时常"触景生情",把一些很普遍的事物映射到自己身上,与自己的"不幸遭遇"相联系继而缅怀过去;他们总怀疑别人在议论自己,总在猜疑别人是不是在说自己的坏话、所讨论的话题是否与自己有关等。有些儿童言行过分小心谨慎,性格内向,唯唯诺诺,不敢有自己的主见和判断,这种心理导致自卑和人际交往困难,他们在潜意识里害怕别人看不起自己,不想让自己表现得过于另类和不合群。容易情绪消沉、抑郁少动、少言寡语、缺乏自信心等,严重时可能发生自虐行为。若父母离异,孩子也常常成为父母的出气筒,所以孩子就错误地认为自己是引起家庭破裂的原因,从而变得郁郁寡欢,在幼儿园里调皮捣蛋,以发泄失意和伤感的情绪,回到家里则又安分守己,唯恐仅有的亲人也离去。

(四)情绪不稳定,容易出现极端行为

重组家庭儿童的心理问题有内隐与外显两种表现。"内隐型"的儿童不轻易表现出他们的心理活动,但他们极易产生强烈的不安全感和自卑感,严重时可能发生自虐行为。他们性格孤僻,缺乏自信心,交往能力欠缺,精神负担重。"外显型"的儿童则主观偏激,情绪很不稳定,经常激动,无故愤怒、烦躁,对家人及周围的一切采取猜忌、蔑视和非难的态度,甚至寻衅滋事,出现针对他人的攻击性行为。这些负面的情绪体验互相交织,使重组家庭学前儿童的心理容易失去平衡。

二、重组家庭学前儿童心理及行为问题的原因分析[①]

(一)家庭结构的变化

对重组家庭而言,学前儿童的双亲中有一方和自己无血缘关系,这种特殊的家庭结构对学前儿童的影响不容忽视。有关调查结果表明:重组家庭的孩子比一般正常家庭孩子的问题多,主要是存在明显的心理问题,如胆怯、孤僻、自卑;情绪极不稳定,恐惧、郁闷、失望、不安等不良情绪明显;行为畏缩、敏感、多疑,社会适应不良。男孩子多表现出攻击、多动和违纪;女孩则表现出抑郁、内向、敏感和沉默。可以说,重组家庭之所以会对学前儿童产生一系列消极影响,其根本原因在于家庭结构的变化导致家庭关系的失调,亲子关系及家庭内部环境发生了很大变化,成为影响学前儿童自尊和行为问题产生的主要因素。

(二)家庭教育功能的变化

教育孩子是父母共同的责任,但重组家庭会出现这样的情况,对孩子的教育往往由该孩子的亲生父亲或母亲担任。事实上大多数重组家庭孩子受到的教育是不均衡的。由于父亲、母亲这两个角色对孩子的影响不能互相代替,所以重组家庭中存在的不平衡教育自然会潜移默化地影响学前儿童的身心健康成长。

(三)家庭环境的变化

家庭环境对孩子的教育成长影响重大。重组家庭的环境会使孩子的心理萌发出对未来不

---

①　高玉洁.重组家庭幼儿的心理问题分析及教育对策[J].教育导刊(幼儿教育),2006(1).

明了的朦胧,从而意识到以往的安稳、平和、温馨的家庭环境在发生变化,潜在的危机孕育其中,引发了其内心紧张的情绪状态,从而产生一系列的心理反应。

(四)家长素质、心态和情绪的变化

有关研究表明,学前儿童的智力和心态与父母的文化程度、教育能力以及教育方法等因素直接相关。一般来说,重组家庭家长的心态较以前容易发生变化,容易对孩子的期望值过高,忽视孩子的实际情况。学前儿童由于无法承受压力而往往产生压抑或抵触情绪,会表现出封闭、自卑、抑郁、猜疑、嫉妒、孤独,甚至冷漠、厌恶交往、逃避与他人接触等心理。有的家长对孩子过度溺爱,无原则地满足孩子过分的物质要求,易使孩子产生任性、暴躁等不良情绪。这些失衡的心理必定会对重组家庭孩子的社会性,尤其是亲子关系、同伴关系等社会性行为发展造成不良影响。

(五)孩子本身地位的变化

由于家庭的重组,家庭成员发生了变化,从而导致家庭成员地位的变化,使学前儿童的地位由中心化趋向边缘化,而这一变化必然会导致学前儿童心理产生微妙的变化。

(六)孩子对家长的认同感降低

教育学家认为孩子对父母的认同是家庭教育的一个最根本的标准,因为这关系到孩子对父母的道德和思想观念的接纳或认可程度。而重组家庭的这种教育结构由于父母中的一方发生变化而发生了偏差,孩子对父母的认同感严重降低,甚至开始讨厌、怀疑自己的父母,孩子心中已有的"平衡砝码"逐渐倾斜,导致他们开始困惑、迷茫,当这种不良情绪得不到及时排解时便会转化为学前儿童的心理问题。

三、重组家庭学前儿童心理及行为问题的教育对策

(一)重视情感沟通,让孩子感受到"无分别"的爱

帕金斯曾形象地把家庭比作"制造人格的工厂",教育是社会的,更是家庭的。与普通家庭相比,重组家庭的孩子经历了父母婚姻的解体、陌生人的闯入,经历了深刻的心灵创伤,他们当中许多人体验着"爱的缺失"。在现实中,一些继父(母)对子女的感情投入严重不足,与孩子之间缺少良好的感情交流。情感的疏离使得继父(母)在子女的教育中缺乏说服力,而亲子沟通的不畅,也导致继子女对继父(母)的言行更为敏感,造成教育的失败。因此,家长应帮助孩子正视现实,本着对孩子成长负责的态度,依照宽严适度的原则来对待孩子,让孩子感受到"无分别的爱",让孩子感受到我们是其乐融融的一家人。尤其是当孩子生病时,作为继父(继母)就更应当陪伴在孩子的身边,这是与孩子交流的最好机会。切不可只满足孩子的物质需求而忽视情感沟通①。

(二)尊重信任孩子,客观公平地对待他们

一位哲人曾经说过:尊重是教育的最高原则,没有尊重就不可能实现真正的教育。父母应与孩子沟通交流,多听孩子的意见,尊重孩子的权利,让孩子有发表意见和参与决定的机会,留给孩子认可和接纳新家庭的时间,避免孩子将家庭解体的怨恨转嫁到继父(母)身上。在有些

---

① 陈荣仙.对重组家庭儿童教育成长问题的探索[J].科学咨询(教育科研),2016(5).

重组家庭里,重组双方各带一个孩子,组成四口之家,这样的家庭在处理子女教育问题上更为复杂,常表现为三种情况:第一种情况是继父(母)对继子女与亲生子女不能一视同仁,过分偏袒亲生子女,这种教育方式往往会引起继子女的敌视心理,酿成家庭冲突。第二种情况是继父(母)与继子女相敬如宾,父母双方各自管自己的孩子以避免不必要的冲突,这种教育方式加重了继父(母)与继子女在情感上的疏离,最终导致更严重的家庭矛盾。第三种情况是继父(母)对继子女视如己出,公平对待所有孩子。只有这种教育方式才能树立父母在孩子心中的威信,强化教育效果,并获得孩子的尊重和信任。

(三)改进教育方法,提升教育质量

重组家庭和睦融洽,继父(母)对孩子视如己出,这是一种高层次的境界,也是人们的美好愿望。在现实中,重组家庭的家长在对待孩子时,应以建立友情为基础,在日常生活中关注孩子的所思所想,成为孩子的朋友,使孩子感到自己虽在不幸之中,又特别幸运。以时间的流逝,淡化孩子心里的阴影,在沟通与关爱中,慢慢地将友情升华为亲情。不可忽略的一点是,父母有责任帮助孩子对家庭重组有一个正确的认识,即人们有权改变自己的痛苦婚姻或单身生活,但是婚姻的变化不会改变父母对孩子的爱。同时,注意发展孩子各方面的技能,培养孩子广泛的业余爱好,以便与其他人在更多方面产生共鸣,从"自卑与补偿"的角度来强化孩子的自信,淡化自卑。多鼓励,多赞赏,对孩子的每一次进步都及时表扬,激起他们对生活的热爱之情,以积极的心态面对生活,追求自己的美好理想。

(四)形成教育合力,齐心协力教育孩子

长期生活在重组家庭中的学前儿童对外界刺激往往具有较高的感受性,这一点既有好处又有坏处。对此,我们应注意采取正确的引导方法,形成家庭教育合力,步调一致地对孩子进行教育。孩子是聪明的外交家,如果家长对待孩子的态度不一致,他们就会无所适从,教育的效果自然就会受到削弱或抵消。长期下去,孩子就会在不同的家长面前表现出不同的行为,这种不良习惯一旦养成,将不利于孩子的身心发展。如何形成教育合力呢?这就需要家庭成员达成一致后,在孩子的参与下,明确地表达某些期望,如制定一些不可逾越的界限以及必须坚持的原则,并尽可能地去发挥这些规则对孩子的教导和约束作用。同时,家长要严格自律,在感情上多亲近孩子,在思想上多开导孩子,特别在人格上要平等善待孩子,只有这样才能赢得孩子的尊重和信赖[①]。

(五)关注孩子的同伴环境

孩子融入新家庭需要时间,一般来说,他们对继父母的认识会经历这样一个过程:观察—理解—信任—尊重。在这个过程中,尤其是在观察期,孩子与家庭成员的互动不是非常频繁,他们可能更愿意和同伴待在一起,因此家长要注意到孩子的这些细微变化,一方面要了解孩子的心理过程,循循善诱,弥补他们的心理创伤;另一方面又要关注孩子的同伴环境,为孩子把好交友关,多为孩子寻找良师益友。尤其是当孩子游离于电脑和游戏机时,家人更要及时地帮助孩子建立健康的同伴关系,通过同伴来给予孩子积极正面的影响,从而在家庭和孩子的社会环境中形成一致的教育影响。

---

① 高玉洁. 重组家庭幼儿的心理问题分析及教育对策[J]. 教育导刊(幼儿教育),2006(1).

(六)积极地为孩子创造高峰体验的机会

高峰体验是一种自我实现之后内心十分满足的非常积极的情绪情感体验。高峰体验多的人,其成就感高,自信心强;反之,高峰体验少的人更容易自卑、消极、冷漠。因此,重组家庭应该注意引导孩子发展多种技能,培养广泛的业余爱好,以便与其他孩子在更多方面产生共鸣,从"自卑与补偿"的角度来强化自信,淡化孩子的自卑。

总之,每个学前儿童健康快乐地成长是全社会共同的希望,家庭、托幼机构和社会都要特别关注重组家庭的孩子,以法规校规教育为辅助,心治、理治和"法"治相结合,耐心、细致地教育孩子,这样才能收到更好的教育成效。

复习思考题

1."全面二孩"政策对学前儿童家庭教育有哪些积极与不利影响?

2.独生子女学前儿童家庭教育存在哪些问题?家长应如何进行教育?

3.如何最大限度地保护留守儿童的安全,防止受到意外伤害?

4.单亲家庭的家长应如何更好地承担起教养孩子的责任?

5.重组家庭的学前儿童容易出现哪些心理及行为问题?应如何进行教育?

6.以"我的家庭成长故事"为题,写一篇个人心得体会。

7.案例分析。

根据第三节阅读材料《中国留守儿童心灵状况白皮书(2015)》内容概要",并结合所学知识,请分析:

(1)留守儿童家庭产生的社会背景。

(2)留守家庭对学前儿童有哪些不利影响?

(3)请阐述留守学前儿童的教育与帮扶对策。

第七章

特殊学前儿童的家庭教育

要点提示

特殊学前儿童有其自身独特的特点与教育需求。因此,特殊学前儿童家长必须要了解孩子的实际情况并及时采取措施,进行有针对性的家庭教育,为特殊学前儿童体、智、德、美各方面的全面发展打下良好的基础。

第一节介绍了智力超常儿童的家庭教育。阐述了超常儿童的概念和特征;论述了如何科学合理地进行超常儿童的家庭教育。

第二节介绍了问题学前儿童的家庭教育。主要阐述了智力落后、情绪障碍、行为障碍学前儿童的家庭教育及其应该遵循的基本要求。

第三节介绍了残疾学前儿童的家庭教育。主要阐述了感官残疾、肢体残疾学前儿童的家庭教育及其应该遵循的基本要求。

学习目标

知识目标:

1. 了解不同类型特殊学前儿童的特征,掌握特殊学前儿童家庭教育的目的与任务。

2. 掌握不同类型特殊学前儿童的早期发展指标。

能力目标:

1. 通过学习,能够比较理性地对待特殊学前儿童。

2. 能够把握特殊学前儿童家庭教育的共性与差异,科学地指导各类特殊学前儿童家长提高家庭教育能力。

特殊学前儿童是指与一般或绝大多数同龄人有所不同的学前儿童。他们之中有的具有生理上或心理上的优越条件,聪明过人,不施以特殊的教育就会埋没人才;有的则在生理、心理上存在有不同程度的障碍,产生一些特殊的需要,这些需要可能由遗传缺陷导致,如先天愚型弱智,可能由一些慢性的、危及生命的疾患导致,如艾滋病、糖尿病或癌症,可能也与某些能力(智力、看、听、说、爬、走或自我照料等方面)的缺陷有关。

特殊儿童的含义很广泛,它包括身体上有明显的严重缺陷和盲、哑、聋等儿童和行为品格异常而难以管教的儿童,我们把特殊学前儿童分为以下三类:第一类是超常学前儿童,包括超常智力、能力和资赋优异的天才儿童;第二类是问题学前儿童,包括学习障碍、行为障碍、情绪障碍等不同类型问题的学前儿童;第三类是残疾学前儿童,其中包括盲聋等感官残疾、智力残疾、肢体残疾、病残和多重残疾等不同类型和不同程度残疾的学前儿童。一般来讲,经济比较发达的国家和地区把多种特殊学前儿童列入特殊教育的范围;而一些经济还不够发达、教育程度不太高的国家和地区只把残疾学前儿童,甚至残疾学前儿童中的一部分如盲、聋、弱智等列入特殊教育的范围,特殊学前儿童的教育主要依靠家庭。

特殊学前儿童的生活环境主要是家庭,家庭教育是特殊儿童的主要教育形式,家长不只是特殊儿童的监护人,更是特殊教育工作的合作伙伴,也应成为特殊教育工作的决策者和监督者之一。除超常儿童以外的其他各类特殊学前儿童,从诊断到教育训练全程需要家长和家庭的参与,重点进行健康教育、生存教育、做人的教育和智育,治疗、补偿性教育和功能康复训练相结合,使障碍儿童在学前期能与普通儿童一样,得到促进儿童体、智、德、美全面发展的教育,最终适应社会,回归主流。

第一节　超常学前儿童的家庭教育

案例导入

"是我害了他"

"湖南神童"魏永康出生于1983年6月,因为母亲曾学梅从小的悉心教育,从两岁起就被人称为"神童"。曾学梅在魏永康1岁3个月时,就开始教他写字,2岁时他已经掌握了1000多个汉字,"神童"的称呼就此传开。4岁时,他基本学完了初中阶段的课程,后来,年仅8岁的魏永康连跳几级,进入县属重点中学读书,13岁以602分的高分考入湘潭大学物理系,17岁又考入中科院高能物理研究所,硕博连读。但像"伤仲永"一样,神童魏永康并没有在长大后依旧延续神奇。2003年7月,已经读了3年研究生的魏永康,连硕士学位都没拿到,就被学校劝退了。

劝退的原因很简单——生活自理能力和情商太低。2000年5月,17岁的魏永康以总分第二的成绩考进中国科学院高能物理研究所,成为硕博连读研究生。但离开了母亲照顾的魏永康完全无法安排自己的学习和生活:经常衣衫不整、拉里邋遢,不知道随温度变化增减衣服;不打扫房间,脏衣服臭袜子到处乱扔,屋子里臭烘烘的;他经常一个人窝在寝室里看书,忘了还要参加考试和撰写毕业论文,为此他有一门功课记零分,没写毕业论文也最终让他失去了继续攻读博士的机会。

母亲曾学梅包办了他生活上的一切琐事,如今却忏悔"是我害了他"。除了学习,家里任何事情曾学梅都不让魏永康插手,每天早晨连牙膏都要挤好,给儿子洗衣服、端饭、洗澡、洗脸,甚至为了让儿子在吃饭的时候不耽误看书,曾学梅还亲自给他喂饭。魏永康自己说,小时候妈妈总是把他关在家里看书,从不允许他出去玩。因此他养成了不爱说话的习惯,周围的同学也渐渐疏远了他。

"只有专心读书,将来才会有出息。""我心想,他将来长大离开我,人这么聪明,很快就能学会的,不晓得他已经形成习惯,改不过来了。"

曾学梅的忏悔反证了北宋时代的著名学者颜之推的"人生幼小,精神专利;长成已后,思虑散逸;固须早教,勿失机也。""神童"的正常发展不是家长抱着美好的愿望就能够实现的,超常儿童确实有一定的天赋,但如果没有根据其特殊需要进行适当的教育,也会像魏永康、王思涵等少年大学生一样遭遇劝退的结局,或者会像仲永一样长大后成为普通人。因此,家长掌握超常儿童的正确教育方法是十分重要的。

一、超常儿童的类型

超常儿童,也称资质优异儿童或天才儿童,也被称为"英才儿童""神童",他们的主要特点是智能(含数理智能、言语智能、艺术智能、人际智能等多种)发展水平显著超过同龄常态儿童两年以上,有较高的领悟能力和解决问题的能力,或在某一方面有特殊才能。研究资料表明,智商(IQ)超常(超过130分)的儿童在全国人口中占3/1000,在普通学生中占1‰～3‰,是人才资源中潜在的"优质矿""富矿"[①]。

按照不同的分类标准有不同的分类结果,一般情况下按照智力在不同方面的表现把智力超常儿童分为:

(1)一般智力超常儿童;

(2)特殊学科才能,包括数学、语言才能等;

(3)特殊艺术才能,包括音乐、绘画、舞蹈;

(4)特殊交际和领导才能;

(5)特殊体能。

也有人按照智商的高低,分为超常(智商在正2～3个标准差之间)、天才(智商在正3～4个标准差之间)、超天才(智商在正4个标准差之上)。

二、超常儿童的特征与判定

一般智力超常儿童在普通智力测验上成绩高于常人,在学习上一般能力较强,成绩优异,有的能一年完成2～4年的学习任务。在不同年龄阶段有不同的特点:婴儿期对学习(如认字等)有兴趣,感知觉敏锐(如视觉及听觉的辨别力强),记忆力强;幼儿期有较精细的视、听辨别能力,注意力稳定,记忆力强,接受能力强,掌握书面语言迅速,能够自己阅读并有一定水平的抽象概括能力和初步推理能力;学龄初期表现为记忆力强,思维敏捷,求知欲强。

(一)超常儿童的特点

中国社会科学院心理研究所查子秀教授通过10多年的研究,发现超常儿童具有以下特点[②]:

1.全面发展的超常儿童

(1)认知兴趣浓厚,求知欲旺盛。他们很小就表现出强烈的好奇心,不仅对知识有浓厚的兴趣,而且视学习如同游戏般轻松。

(2)思维敏捷,有独创性。超常儿童在日常生活和学习中表现出善于概括的非凡能力,能抓住实质,迅速灵活,有策略地、创造性地解决问题。

(3)感知觉敏锐,观察力强。许多超常儿童的视听觉辨别能力较强,如能理解汉字的组成和语词上的细微区别等。同时,他们的观察是有目的和条理的,能抓住观察物的主要特点。

(4)注意力集中,记忆力较强。超常儿童的注意力能高度集中在感兴趣的事情上,而且记忆力强,记忆快,保持时间长。

---

① 施建农、徐凡. 发现天才儿童[M].北京:中国世界语出版社,1999.

② 超常儿童的判断标准是什么[EB/OL]. [2016－06－23]. http://www.ci123.com/article.php/6164.

(5)进取心强,自信,有坚持性。超常儿童都比较自信、好胜。尤其突出的是坚持性,能排除干扰,表现出坚毅、顽强的个性特点。

2.特殊才能的超常儿童

这类儿童只是在某一方面表现为智力超常,有的在数学方面,有的在绘画、书法方面,有的在音乐、歌舞方面,有的在学习外语方面,有的在体育方面,有的在创造发明等方面表现超常。

3.低能特长儿童

这类儿童除了具有特殊能力外,其他方面呈低能状态。如18世纪的算术神童巴克斯顿,他对数字有非凡的天赋,能够把极复杂的算术公式牢记一个月,但他始终是一个文盲。有一次在观赏一场莎士比亚戏剧时,虽对剧情一无所知,但对每个演员的台词字数、出场和离场的次数却一清二楚,并能准确无误地一一说出。大家都知道的智障天才指挥家舟舟也属此类。

在这里我们只探讨第一种超常儿童。

(二)超常儿童的判定

美国学者提供的一些特征可用于评价孩子是否是超常儿童①:

言语流畅	写作敏捷
记忆力好	学习轻松
思维灵活	抽象推理能力强
思维的复杂性	有计划和组织能力
精力充沛	有独创性
有创造力、想象力	有奇异感
好奇心强	有广泛的兴趣
信息广泛	能注意细节
对美感偏好或有天资	学业成绩好
卓越的表演才能	注意力集中和专心
领导能力强	能自我批评
有坚持性	性格坚强
应答敏感	可靠
耿直	合作
有社会责任感	有幽默感
热心	情绪稳定
健康	自立和自信
能概括空间关系	喜欢和兄弟姐妹或别的孩子比
喜欢和比自己大的孩子玩	

三、超常学前儿童的家庭教育指导

(一)正确认识超常儿童

超常学前儿童家长要保持一份平常心,切忌把孩子当成炫耀的资本,导致孩子盲目骄傲。

---

① 赵伟平.美国学者提出学前超常儿童的特征和教育目标[J].幼儿教育,1995(1).

另一方面,家长不要对孩子抱有过高希望、过于苛责、揠苗助长。最忌讳的就是像魏妈妈曾学梅似的认为只要学习好就行,除学习之外的什么事情都不让孩子参与,甚至限制孩子的活动和交往,家长应充分认识到孩子的生活自理能力和社会交往能力是他们未来获得良好发展的基础和保障。

学前儿童在上小学之前,除去上幼儿园的时间,其他时间基本上都是在家庭里度过,家长自然而然也就承担起了学前儿童早期智力开发的重要任务。家庭教育的实施者和对象均是家庭中的成员,家庭成员的人数较少,彼此了解全面,有利于实施区别于他人的个别化教育,具有适应儿童特殊需要的教育适切性,家庭教育者能够采取符合超常儿童特殊身心发展规律的教育方式和方法,满足儿童成长的特殊需要。美国著名心理学家布鲁姆通过对数千名儿童的追踪调查,得出人智力的80%是在从出生到8岁前完成的结论,可见8岁前对学前儿童进行早期教育开发的重要性。同时,根据对1985年之前获得诺贝尔自然科学奖的360名科学家的资料统计,发现在8岁以前受过良好家庭教育的占80%左右。科学研究也表明:人的智力发展的关键期也大多在学前期,比如2～3岁是口语表达的关键期,3～4岁是语音发展关键期,5～6岁是掌握词汇的关键期,3～8岁是发展阅读能力的关键期,4～6岁是图像辨认的关键期,5～5.5岁是数概念形成的关键期。因此,早期教育对人的智力开发具有重要作用。

但我国多年来的超常教育主流模式是"加速式教育",也就是将学龄期人为缩短,跳级跳级再跳级,学业成绩和心智发展、社会适应严重脱节,社会关注、同伴关系等造成的成长环境的特殊化,也不利于超常学前儿童的心理健康。超常教育变成了"超越常规教育"的简称,很多家长让孩子辗转于各种培训班,想让孩子变成"天才"。超常教育应该是"针对超常儿童身心发展特点和特殊需要而开展的教育"的简称,应该以超常儿童为主体,让教育的形式符合超常儿童发展需要,符合促进超常儿童自由、全面、和谐发展的大方向。

(二)进行有针对性的道德教育

对超常儿童的道德教育历来是超常教育中的一大难题。智力超常的孩子思维活跃,对学习有浓厚的兴趣,对问题常有独到的见解,可是由于他们从小到大受到过多的保护和关心,得到太多的赞扬和荣誉,因此有的人常常会暴露出骄纵、自私、任性等弱点。如果任由这些弱点发展,不进行有针对性的道德教育,这些智力超常的学前儿童有可能走向人生的反面——智力越超常,对社会的危害越大。

人大附中刘彭芝校长说:"道在器之上。高尚品德是灵魂,是道;聪明才智是器,道德应该高于聪明才智。""一个智力超常的人,不应只是一个学业优秀的人,同时也应该是一个有爱心、有社会责任感的人。"正是在这种指导思想的引领下,人大附中的超常生都有着超常的品德和健全的人格。从《人大附中超常儿童培养纪实丛书》记录的故事中,我们能够感受到道德教育对于超常儿童培养的重要作用。

思想品德是在活动和交往中形成和发展的,超常学前儿童的家庭教育要将教育融入到日常生活中,从细微之处规范孩子的品行,让孩子发现、讲述生活中的不文明现象,使其自我反省,以便对自己进行约束,对他人进行监督。在活动和交往中体会做人最重要的就是诚信二字,当个人与他人利益、集体利益发生冲突时,能以大局为重,大事讲原则,小事讲风格。道德不是从外部灌进去的,而是从内部唤醒的或是激发出来的。所以,真正的教育就是唤醒学前儿童心中沉睡的巨人,用爱心滋润心田,用真善美播撒心灵的种子,使之逐渐成长为一个对世界美有着独特领悟力和表现力的人,一个内心和谐、坚毅进取的人。

(三)培养非智力因素与形成良好个性

非智力因素是相对于智力因素而言的,燕国材把非智力因素划分为三个层次:第一个层次为广义的理解,是指除智力因素(观察力、记忆力、想象力、思维力和注意力)以外的一切心理因素;第二个层次为狭义的理解,是指动机、兴趣、情感、意志和性格;第三个层次为具体的理解,它的组成因素有 12 种:成就动机、求知欲望、学习热情、自尊心、自信心、进取心、责任感、义务感、荣誉感、自制性、坚持性和独立性。智力因素与非智力因素相辅相成,共同作用于人的成长发展,非智力因素对智力的发展具有制约作用,曾经有人提出过这样一个成功方程式:成功=20%的 IQ+80%的 EQ,其中的 EQ 就是情商,由此可见非智力因素对人发展的极其重要性。鉴于非智力因素对人才成长的重要意义,家庭教育在重视孩子智力开发的同时,切不可忽视了非智力因素的培养。超常儿童都是具有很高智商的孩子,决定他们将来能否成为杰出人才的关键取决于他们是否具有良好的非智力因素,形成良好的个性。

个性是具有一定倾向性的心理特征的总和,儿童的个性发展对其一生发展具有非常重要的影响。美国著名的个性心理学家阿尔波特认为,个性是决定人的独特的行为和思想的个人内部的身心系统的动力组织。我国的郑莉君教授(1999 年)经过研究得出:在儿童的成长过程中,智力的发展与个性的形成呈现出极显著的相关。儿童的智力发展与性格的内外向有显著正相关,智商越高的儿童性格越趋于外向、活泼、乐于与人交往。儿童的智力发展与情绪稳定性量表分数呈负相关,智商越高的儿童情绪越趋于不稳定、少节制性。美国心理学家推孟在1921 年对 2 万名小学生中选出的 1518 名智商较高的男女同龄进行追踪研究,在他们成年后,对其中 150 名最成功者进行研究,结果表明这些取得卓越成就的人不仅因为他们具有良好的智力因素,热情、开朗、自信、情绪稳定等个性因素在他们的成功中也发挥着重要作用。他在《天才的发生学研究》一书中指出:"最成功和最不成功人之间的最大区别,是多方面的情感和社会的适应能力以及实现目标的内驱力。"

在学前儿童教育阶段,以培养学前儿童良好的行为习惯为重点,注意结合智力发展关键期,采取抓住重点、全面培养的策略,促进孩子全面健康成长。家长要学会放手与信任,培养超常儿童性格中的独立、自主性,对于生活中的事情要放手放心,让孩子承担适当的家务劳动,从而培养超常儿童的劳动能力、对家庭的责任意识、孝敬长辈的态度。对于超常儿童的学习要注重正确引导与科学评价,培养浓厚的学习兴趣,养成科学的学习习惯,培养自信、自立的品格。当他遇到学习困难时,要相信孩子的能力,积极鼓励孩子鼓起攻坚克难的勇气,适时提供有效建议,放手让孩子独立面对,直至解决问题。

(四)营造学习型家庭的教育氛围

氛围相对于物质条件是无形的,但其教育作用却是无形胜有形。教育氛围是家庭教育的精神环境,对学前儿童成长起着潜移默化的作用,对儿童生命的影响是持久而长远的。营造和谐的教育氛围要求家庭成员要和睦相处,形成相互关爱、相互鼓励赞扬、相互理解宽容、相互尊重帮助、亲慈子孝、责任共担、民主平等的关系。2013 年 6 月 21 日《保定晚报》报道的果果妈妈是全职妈妈,平时喜欢读书,怕两个孩子给自己捣乱,所以从小培养孩子阅读。可没想到这对果果影响很大。这个 3 岁女孩每天至少看 8 本中文、英文儿童读物,对妈妈经常阅读的几本大学水平的化学、数学、物理书特别感兴趣,好像也能看懂。此外,她还能熟练算出十以内加减法,可以看谱唱出歌曲,在简单的口头提示下能把魔方玩转。姥姥说:"果果太爱看书,我们不想让她读这么多书,可她半夜趁我们睡着自己偷着看。"

现代社会是学习型社会,作为社会细胞的家庭相应的要成为学习型家庭,培养孩子的学习兴趣,发现孩子的学习乐趣,鼓励孩子主动学习、自觉学习,学习型家庭为超常儿童的健康、快乐、快速发展奠定坚实的家庭基础。超常儿童具有其独特性,常规的教育方法并不适合超常儿童,按照旧有经验来教育超常儿童会遇到许多新问题。超常儿童的家长要自觉学习超常儿童研究的新成果、教育新理念、新策略和新方法,正确判定超常儿童的特殊性,行之有效地解决这些特殊问题,通过覆盖全社会各个阶层、各个地区的科研普及网络平台向专家咨询,学习掌握特殊教育方法策略和最新的科研成果。

(五)掌握亲子良性互动的策略

家长与子女之间的相互影响与作用就是亲子互动,亲子互动是家长与孩子交流思想、讨论话题、解决问题的重要形式。亲子间建立起顺畅、有效、积极的良性互动模式,对于家庭成员的身心健康,尤其是学前儿童的健康成长具有非常重要的意义。

一是肯定与赞扬策略。超常儿童的聪明和超常表现常常会得到他人的称赞,作为家长对自己孩子的优点、成绩也要及时、恰当赞扬,但家长一定要掌握好赞扬与肯定的策略。卡耐基曾说:"使一个人发挥最大能力的方法是赞美和鼓励。"赞扬的根本目的在于使孩子感到自己是受重视的,进而在一定程度上影响他的学习动机、参与程度以及情感态度等,恰当的表扬方式可以使孩子养成自信、乐观的个性。因此,赞扬要关注学前儿童本身,而不仅仅局限于他的学业或某种行为很棒。同时,夸奖孩子时要针对具体的事情,侧重孩子付出的努力和他的与众不同,如"你有非常丰富的想象力"或者是"我注意到你真的很喜欢看书"等,切忌泛泛地说"真聪明""真棒",决不能人云亦云地轻易否定或打击孩子与众不同的特点,要让孩子愿意和乐意接受你的赞扬,逐渐形成家长所期待的良好品质。

二是相互协商的策略。现实生活中的超常儿童并非时时、处处、事事都超常,他们也有自身的缺点和不足,针对超常儿童的缺点和错误,家长要杜绝简单、粗暴式的打骂,尽可能采用协商的策略进行解决。协商的第一阶段是家长指出问题、孩子发现、认可并接受问题。指出问题时,家长要态度平和,使用中性描述词进行客观陈述,不要带有批评或指责的消极情绪。第二阶段是家长提出改正建议,孩子选择改正方式。针对超常儿童所犯错误,家长列出几条改正的办法、建议让孩子来选择,在孩子选择后,家长列出改正方式与执行的时间表,与孩子签订协议。第三阶段是孩子执行协议,家长督促检查。签订改正协议后,孩子和家长双方都要严格履行协议规定,家长要视执行情况给予相应的奖惩。超常儿童家长一定不要对孩子进行无道理的批评或提不切实际的要求,这种批评或要求不但会导致与子女的冲突,还会妨碍孩子施展自己的才华。

第二节　问题学前儿童的家庭教育

案例导入

每个孩子都是地球上的星星

印度电影《地球上的星星》讲述了一个八岁男孩和他所读寄宿学校的美术老师的故事。八岁的小男孩伊桑,是一个充满了奇思妙想的男孩,他眼里的世界充满色彩,他有丰富的想象力,他有强烈的好奇心,他可以津津有味地注视小水坑,欣赏它被人踩出的波纹和倒影……但在成人以家庭作业、分数、整洁为标准的世界里,他被认为是白痴、懒惰,几乎所有的人都认为伊桑成绩不好是因为他的学习态度有问题、学习不用心、淘气,他们不知道"会跳舞"的数字和英语单词几乎把他逼疯。

老师的抱怨和父母的无可奈何使他被送到了一个远离父母的寄宿学校。这对伊桑来说是一个十分沉重的打击,他因为思念父母、思念家而伤心地痛哭,他认为这是惩罚而自暴自弃,他几乎陷入了人生的低谷,直到新的美术老师尼库巴出现……

这部电影通过学习障碍儿童伊桑的眼睛直视社会秩序和学校规则,触及亲情与教育层面上的种种残酷,它告诉我们:每个孩子都有自己独一无二的天赋,都是别人无法取代的角色,期待我们去发现。

一、学前儿童学习障碍

"差生""后进生"一直是教育界特别关心和研究的问题,为避免对儿童的歧视,使用"学习暂时落后""学习困难""学习障碍",医学界也用"脑损伤""轻微脑功能障碍""大脑功能失调"等来说明有学习障碍的儿童。把学习障碍儿童列为特殊教育对象,在我国还是近些年的事。

对差生的研究可追溯到1806年,但"学习障碍"一词起源于1962年,美国的塞缪尔·柯克(Samuel Kirk)博士以它来诠释学校中因为视知觉或语言学习问题而导致学习障碍的儿童。可以说,学习障碍儿童的智力是正常的,即其智力测验的分数落在正常范围之内,只是在某些能力上如阅读、倾听、注意力、记忆力等方面有所欠缺,而这些欠缺既不是由于生理或身体上的原发性缺陷所造成,也不是由于情绪障碍或环境教育剥夺造成的。每个学习障碍儿童都有自己的问题与特征,需要有针对性的辅导与督促。

学习障碍儿童是一个异质性群体,其内部存在着很大的差异性,从引起学习困难的病因或神经生理因素,我们可以把学习障碍儿童划分为视觉障碍或听觉障碍、脑功能轻度障碍的学习困难、多动症儿童等不同类型。我国学者徐芬综合国内外的分类标准,把学习障碍分为三类:发展性学业不良、学业性学业不良和情绪-行为性学业不良[①]。目前,教育界和心理学界仍是把学习成绩和学习能力的低下看成判断学习障碍儿童的主要依据。

病理因素是造成学前儿童学习障碍的内在因素,主要是指中枢神经系统损伤、功能性紊乱以及轻微脑功能失调等,早期的营养不良、中枢神经系统及身体疾病、微量元素缺乏也会对儿童的大脑造成伤害,并引发学习障碍问题;同时,信息加工过程中如视听觉贫乏、注意力缺陷、记忆障碍、语言障碍等任何环节的问题或缺失,都会造成学习障碍;个性心理因素,诸如学习动机、兴趣、个性、情绪等非智力因素,也是造成学习障碍的原因。此外,不良的情绪、情感、人际关系和个性品质也会造成学习障碍。外部环境中的某些消极因素,如家庭经济条件差、成人群体的不良思想影响等,会影响学前儿童的学习态度、学习习惯,进而影响其学习成就,造成学习障碍。下面介绍两种常见的学习障碍:

(一)阅读障碍

阅读困难是学习障碍儿童最显著的问题之一。因为阅读对个人在学业领域的表现至关重

---

① 徐芬.国内外差生研究综述[J].山东教育,1988(1).

要,在各级各类学校的各种活动的评估中也是重要指标之一。研究表明,拼音文字的阅读问题与语言技能的缺乏有关,特别是与音位意识有关;非拼音文字的阅读困难与视觉空间认知能力有关,视觉空间认知能力的障碍是影响阅读的主要因素。

阅读障碍的学生在阅读中会表现出单词认识错误。进行口头阅读时,他们会省略、插入、替代或者颠倒词语。他们缺乏回顾和辨别基本事实、序列或主题方面的能力,从而对理解所读的内容有困难。严重的阅读困难指的是诵读困难,诵读困难者在阅读、拼写、写作、口头表达和听力方面都有障碍,电影《地球上的星星》里的伊桑就是这样的孩子,幸运的是他遇到了一个"懂"他的老师,帮助他克服了这些阻碍。

(二)书面语言表达障碍

书面表达障碍也被称为书写困难,书写困难是由动作协调能力不足、不专心、感觉能力缺乏、视觉图像记忆不精确、不恰当的书写教育所引起。在拼音文字中常见的拼写问题有增加字母、省略必要的字母、颠倒元音、颠倒音节,某些字母上下颠倒或左右颠倒等;在汉语中常见的书写错误有左右颠倒、增减笔画、写别字和错字等。书写困难的儿童要把注意力集中在写的技能上而不是学习内容上,故很难完成学习任务,在学习过程中备受挫折。

长期的学习挫败感会造成学习障碍儿童的低自我意识,久而久之会表现出习得性无能。他们认为自己的努力与学习的成功之间没有必然的联系,偶尔获得成功时,他会觉得成功是来自于运气;当他们失败时,就会更加自怨自艾,他们常常会采取逃避的方法来面对学业或社会的压力。作为家长,必须想尽一切办法来改变和提高这类儿童的自尊水平和学习动机。

学习障碍儿童多数伴有情绪、行为问题,朋友很少,容易被同伴拒绝,被教师、家长所忽视(厌恶),缺乏社会交往行为所必须的技能,更容易被社会拒绝,这也给他们理解和适应社会带来了困难,这也会进一步影响他们整个的学习和成长过程。

二、学前儿童行为障碍

发育行为儿科学将儿童期吮手指、啃咬指甲、夜间磨牙、拔毛癖、摩擦癖、撞头、屏气发作、遗尿、睡眠紊乱、异食癖、过度依赖母亲、电视计算机依赖等界定为不良习惯及行为偏异,其核心问题与情绪障碍关联,主要发生在学龄前[①]。行为障碍包括两大类,一类是儿童常见的生理心理行为偏异,如遗尿、厌食、偏食、夜惊、梦游、口吃等;另一类是习惯性动作,如吮指、咬指甲、习惯性抽动(如习惯性眨眼、咂嘴、扭头、耸肩等)。儿童的不良社会行为,属于品行障碍,不属于行为障碍。

儿童行为障碍的发生多数与暂时性生理或心理发育延迟有关,随着年龄的增长和发育成熟会自然消失,比如遗尿症;有些行为障碍属于习惯性质,开始是偶然发生,由于过度关注和过度干预固定下来形成习惯,比如口吃;有些则与环境影响不良、教养不当、分离焦虑有关,如厌食、偏食、吮手指等;少数行为障碍是器质性疾病的结果。儿童行为障碍的矫治强调医生、家长和教师的共同努力,以改善环境和教育方法为主,辅之以行为治疗和药物治疗。

家长要为这类学前儿童创造宽松、和谐的家庭环境,做孩子的良师益友。家长要经常与孩子进行交流,及时了解孩子的思想变化,针对孩子的问题行为,要循循善诱,简单粗暴的干预不

---

①　静进.我国儿童青少年面临的主要心理卫生问题及对策[J].中国心理卫生杂志,2010(24).

仅不能解决问题，往往使问题更加严重复杂。家长不应消极等待学前儿童问题行为自动消失，而应积极主动地分析原因，对症下药，使孩子心悦诚服地改掉自己的不良行为。

（一）进食障碍

进食问题包括偏食、厌食、贪食和异食癖，在儿童期发生率高达79%，其诱发原因主要是喂养方法不当、过分溺爱、依赖过度、孩子执拗任性、凭兴趣进食、缺乏温暖等。

偏食是指儿童只喜欢吃某些食物，而不吃另一些食物。小儿偏食与家长和周围人的饮食习惯，以及大人日常对食物的评价有关。有的家长自己就有严重的偏食习惯，有些家长重视给孩子补充一种营养而忽略其他食物，有的家长为孩子准备的膳食单调且多次重复，从而造成学前儿童偏食。

厌食是食欲抑制的严重形式，儿童厌食的发生与内外环境的影响有关，如在进食时，发生一些不快的事或听到不愉快的声音，可引起食欲抑制，甚至厌食。

贪食症是指发作性不能自控地在短时间内大量进食。这类患者有难以遏制的摄食欲望，若得不到满足便心慌意乱，坐立不安，有强烈的饥饿感。由于能量过剩，患者体态多肥胖。

异食癖是指持续性地进食非营养性物质，如泥土、污物、石头及纸片等，这类患者常伴有其他形式的精神异常，多见于精神发育迟滞、精神分裂症的学前儿童。肠道寄生虫和微量元素缺乏者也可出现短期异食行为。

吃饭在某种程度上是学前儿童和家长的博弈，饮食障碍是结果，更是一种控制。所以，父母不要对孩子吃饭问题小题大做，人前人后尽量不要谈论孩子吃饭的问题，要保持一种宽容的态度，让学前儿童愉快地进餐。做到"到点吃饭，把饭放在孩子面前，什么也不说；30分钟后无论他吃与不吃、吃了多少，都把饭撤走，在下顿饭之前不给他吃任何东西。"保证在每周食谱中都有孩子最爱吃的食品，同时尽量保持饮食均衡，接受孩子对食物的选择，不给食物划分界限，只要食物对健康有利，就随他的意。每次给孩子吃的东西不要太多，不要引诱、威胁孩子吃饭。2岁以上的孩子应该自己吃饭。

（二）睡眠障碍

儿童睡眠障碍是由睡眠时间不足及一系列相关症状，如打呼噜、喉头哽咽、呼吸暂停、张口呼吸、睡眠不安、多汗、肢体抽搐、梦话、磨牙、梦游、遗尿等构成的睡眠问题。常见的学前儿童睡眠障碍有入睡困难、夜惊、梦游、说梦话等现象。

睡眠障碍在一定程度上反映了学前儿童的身心健康状况，睡眠障碍严重影响学前儿童的生长发育与健康，许多睡眠障碍其实就是儿童对环境的不良反应。因此，家庭和托幼园所要消除引起学前儿童紧张不安的精神因素和有关疾病因素，保持有规律的作息时间，提高家长的育儿水平。

1. 睡眠不安和入睡困难

其多见于婴幼儿，睡眠时经常翻动、肢体跳动、反复摇头、无故哭闹、磨牙、说梦话等。有的患儿不愿上床，要求抱着走动，或是迟迟不能入睡、浅睡或早醒。排除身体不适的原因，这通常意味着孩子非常焦虑不安、没有安全感。

2. 夜惊

夜惊常见于2～5岁的学前儿童，一般在入睡后半小时左右发作，表现为突然惊叫、哭闹、表情惊恐、手足乱动、呼吸急促、心跳增快、出汗、瞳孔扩大，发作时脑电图出现觉醒的α节律。

一般随着年龄增长,夜惊可自行消失。

3.梦游症

梦游症常伴有夜间遗尿,部分患儿有家族遗传史。常因白天过度紧张、兴奋所致。比如,幼儿在白天玩得过于兴奋,在睡眠中可能会出现模拟白天游戏的动作。在传染病后也容易发生梦游症。幼儿可反复出现梦游,表现为在入睡后 0.5～2 小时,从熟睡中突然坐起或下床活动,意识不清、东抚西摸、在周围徘徊或做些机械的动作,表情茫然,喃喃自语,此时不易唤醒。一般持续几分钟或半小时后又可安静入睡,醒后则完全遗忘。

4.梦魇

梦魇是指睡梦中惊叫或幻觉有重物压身,不能举动、欲呼不出、恐惧万分、胸闷如窒息状的一种常见临床症状。梦魇在后半夜发生的机会更多。儿童从梦魇中醒来,常常会哭,会说害怕,家长的安慰能使他安静下来继续入睡。

梦魇最多见于 3～7 岁的学前儿童,多由疲劳过度、消化不良或大脑皮层过度紧张引起,还有一部分是由于睡姿不当所引起的,比如在睡觉时把手放在胸前,压迫心脏;作息不正常、失眠、焦虑的情形下也容易发生。故学前儿童平时应当避免看恐怖的影视,听恐怖的故事。在各种诱发梦魇的因素解除后,一般就不会再发作,随着年龄的增长,梦魇的发作会自然减少或停止。

(三)口吃

口吃并非生理上的缺陷或发音器官的疾病,而是与心理状态有着密切关系的言语障碍。表现为说话节律的改变,常在某个字音、单词上出现停顿、重复、拖音等现象,说话失去流畅性,肌肉紧张、说话时唇舌不能随意活动,伴随摇头、跺脚、挤眼等动作,并伴有其他心理异常,如易兴奋、易激惹、胆小、睡眠障碍等。

家长要正确对待口吃小儿说话时的不流畅现象。无论是模仿、精神受刺激,还是初学口头语言时的不流畅现象,最初并非真正的口吃。学前儿童说话时发生"口吃",也许是在进行语词选择,也许是口吃,家长不必刻意地提醒他,以避免学前儿童因说话不流畅而感到紧张和不安。

同时,家长要消除环境中导致学前儿童精神过度紧张、不安的各种因素。家庭和睦、教育方法合理、生活有规律,可以使学前儿童"口吃"问题得到很好的缓解。

另外,成人要用平静、柔和的语气和口吃孩子说话,使他模仿这种从容的语调,放慢速度,使说话时呼吸正常、发音器官协调。对年龄较大的学前儿童可教他有节奏地说话、朗读,甚至唱着说。

(四)功能性遗尿症

正常儿童于 3 岁以后就能自觉地控制排尿,并在入睡后因膀胱充盈而醒来,若 5 岁以后经常在白天不能控制排尿或不能于睡觉时醒来自觉地排尿,在排除了躯体疾病的原因之后,称为功能性遗尿症。

1.诱因

绝大部分小儿遗尿是由于大脑皮质及皮质下中枢的功能失调所致,如突然受惊,骤然改换新环境,失去父母照顾等原因致使学前儿童精神紧张不安。或因偶尔遗尿,受到打骂,而产生对排尿的恐惧心理和害羞、自卑感,则形成恶性循环,经常遗尿。其次为排尿习惯不良,在小儿10～18 个月时,家长就应开始训练学前儿童自觉地控制排尿。若用尿布时间过长,或长时间坐在便盆上,边玩边尿,对排尿毫无约束能力,日久就容易形成遗尿症。白天过度疲劳,夜间睡眠过熟,不易唤醒;或醒后有较长一段时间意识蒙眬而遗尿。

2.矫治

消除引起学前儿童精神紧张不安的各种因素,发生遗尿不指责、不嘲讽,不使小儿因遗尿有精神负担,当减少遗尿次数时给以鼓励。建立合理的生活制度,避免过度疲劳,白天可安排1～2小时的睡眠,以免夜间不易觉醒。下午4～5点钟以后不用流质饮食,以减少尿量,晚饭宜清淡。夜间遗尿有较固定的时间,要注意提前唤醒排尿。

(五)多动症

多动症即注意缺陷障碍,又称儿童多动综合征,特发于学前时期。多动症的症状多种多样,并常因年龄、所处环境和周围人对待态度的不同而有所差异。

多动症儿童智力基本正常,活动量多是其突出症状。注意力不集中、参与事件能力差,伴有认知障碍和学习困难。主动注意保持时间达不到同龄孩子;活动量和活动内容明显增多,是多动障碍儿童的突出表现;活动过度大都开始于幼儿早期,进入小学后因受到各种限制,表现得更为显著,易引起教师的厌烦;冲动任性是多动症的突出而又经常出现的症状,这类孩子经常惹是生非,无故叫喊,又无耐心,事后不会吸取教训;学习成绩与智力水平不相符。

2.矫治

(1)认知行为治疗:这对控制多动行为和侵略行为有一定功效。

(2)药物治疗:动作过多往往经药物治疗而得到控制,疗程依病情轻重而定,轻者服药6月～1年,重者需治疗3～5年。

(3)不可忽视家庭和幼儿园方面的适当教育和管理:对多动症儿童的不良行为要正面地给予纪律教育,多给予启发和鼓励,遇有成绩时给予奖励,不应在精神上施加压力,更不能打骂或体罚。对有不良习惯和学习困难的患儿,应多给予具体指导,执行有规律的生活制度,培养学前儿童良好习惯,帮助他们克服学习的困难,不断增强信心。

(六)自闭症

自闭症也称为孤独症,在学前期的发病率虽然很低,但它在儿童心理疾患中却占据了重要位置。

1.自闭症的主要表现

(1)社会交往障碍。

自闭症患儿由于孤独、退缩,对亲人没有依恋之情,不能领会表情的含义,也不会表达自己的要求和情感。他们似乎生活在一个自我封闭的"壳"里,与外界建立不起情感联系,因此被称为"自闭症"。

(2)语言障碍。

自闭症患儿有语言功能但往往缄默不语,或使用一种不为交流的语言,如模仿某广告词,而且不会使用"代词",常将"你""我"颠倒使用。他们常自言自语,无视他人。

(3)行为异常。

自闭症患儿常以奇异、刻板的方式对待某些事物。例如,反复敲打一个物体,或长时间把一个东西转来转去,或长时间做身体摇摆、挥动手臂等刻板动作。他们的兴趣十分狭窄,要求周围环境和生活方式固定不变,因此很难适应幼儿园的生活。

(4)可能伴有感知障碍、癫痫发作等表现。

2.诱因

自闭症的发病年龄早,似乎从出生起就预示了其发病趋向。目前达到的基本共识是:主要由生物学因素所致,早期生活环境的影响也不容忽视。生物学因素主要指孕期和围产期对胎儿造成的脑损伤,如孕妇病毒感染、先兆流产、宫内窒息、产伤等。早期生活环境缺乏情感交流,无语言交往,也是促成自闭的诱因。

3.矫治

(1)康复训练应以最终进入社会为主要目标,康复训练的重点应放在能力的提高上,如生活自理能力训练、语言训练、购物训练等。

(2)给患儿创造正常的生活环境。最好坚持让孩子上普通幼儿园,通过家长和老师密切配合,共同制订和执行康复计划,可以使孩子尽早进入社会。国内外孤独康复训练的结果表明,绝大多数孤独症患儿,随着年龄的增长和训练的加强,症状都会有不同程度的改善。

经典电影《雨人》唤起社会关注,使人们理解自闭症患者,而李连杰和文章主演的《海洋天堂》则充分展现了自闭症儿童父母的痛苦艰辛。

(七)顽固性不良习惯

1.吮指癖

婴儿在饥饿时常吸吮手指,这属于正常。若持续时间过久,尤其是两三岁以后仍保留这种行为,则不易戒除。学前儿童多在疲劳、厌倦、恐惧或受到惩罚之后可能出现吸吮手指的幼稚动作。

目前,较为有效的矫治方法是以玩具、图片等婴幼儿喜爱之物分散其注意力,冲淡孩子想吸吮手指的愿望;带领学前儿童参加各种集体活动,改掉固有的不良习惯;当孩子有进步时应及时表扬。至于在手指上涂苦味药或裹上手指等强制办法,不易收效。

2.咬指甲

咬指甲也称咬指甲症或咬指甲癖,是儿童期常见的一种不良习惯,多见于3~6岁学前儿童。孩子表现为反复咬指甲,严重者可将每个指甲咬坏,甚至咬坏指甲周围的皮肤,少数小儿还咬脚趾甲。多数儿童随着年龄增长咬指甲行为可自行消失,少数顽固者可持续到成人。出现这种现象常与精神紧张有关,具有内向、敏感、焦虑等性格特点的小儿容易患此症;生病、模仿他人也是部分诱因。

消除造成学前儿童紧张的一切因素是预防和矫治的关键。当孩子咬指甲时,家长或教师要分散孩子的注意力,多让小儿参加娱乐活动以转移其注意力。同时,家长要培养学前儿童良好的卫生习惯,经常修剪指甲。调动患儿克服不良习惯的积极性,以鼓励为主、耐心说服教育。不建议用苦味或辣味剂涂搽指甲等强制方法。

阅读材料

咬指甲癖是如何形成的?

咬指甲癖的形成是一个漫长而复杂的过程。当孩子在饥饿、紧张或情绪不佳时,本能地把手指放进嘴里吮吸或啃咬,获得心理安慰,这种行为作为一种条件反射被保留下来,而逐渐发展为"自动化行为",即习惯。这时大部分家长开始用训斥打骂、在手指上涂苦味剂等手段改变孩子的不良习惯,却导致了"精神固着作用"。咬指甲的精神固着特点是:一旦实施对指甲的啃咬,意识很快进入迷离状态,指甲与皮肤被啃咬时所产生的微痛,不断地刺激着患者的痛觉中枢,让患儿感受到的却是一种放松和愉悦的快感。若干次以后,这种放松和愉悦的快感又被当作经验被保留下来,并被不断地强化,患者渐渐地对咬指甲这一行为产生心理依赖,进入成瘾期,这时,孩子已不能用意志来控制不良行为,"瘾"一上来就以一种一咬为快的心态将指甲咬个精光。但咬完后又十分后悔,更害怕家长检查,于是自卑、自责、紧张焦虑等不良情绪始终困扰着孩子的心理,不久孩子的性格也会发生变化,如敏感多疑、孤僻抑郁、偏执冲动、易紧张焦虑等。咬指甲癖患儿成年后大多有一定性格缺陷和人格障碍,如易紧张焦虑、孤僻抑郁、胆小退缩,或冲动任性、敏感多疑、缺乏自信与毅力;少部分继发焦虑症、强迫症、恐惧症等。

3. 习惯性阴部摩擦

习惯性阴部摩擦表现为学前儿童摩擦自己的外生殖器,引起面红及眼神凝视或不自然的现象。女孩有时两腿交叉上下移擦,较大儿童可在突出的家具角上或骑在某物体上活动身体进行摩擦。这种情况大都在入睡或刚醒时进行,持续数分钟,甚至为避免大人干涉而暗自进行。

这种不良习惯有时是由于局部的疾病如湿疹、包茎、蛲虫引起,也有可能是衣裤太紧引起瘙痒,还有可能因为偶然机会形成。成人应加以诱导,转移儿童注意力,切不可严加指责。还应从小培养学前儿童良好的生活习惯,经常清洗外阴,及时医治寄生虫病和其他疾病。

三、学前儿童情绪障碍

儿童情绪障碍是指发生于儿童青少年时期的,与儿童发育和境遇有关的一组心理问题,如焦虑、恐怖、抑郁和强迫。近几年儿童情绪障碍发病率呈逐渐增高趋势,成为仅次于学习障碍的第二位儿童心理障碍,仅分离焦虑在学前儿童中的发病率就达10%[①]。有些教师和家长简单地认为学前儿童情绪障碍会随着年龄的增长自行改善,导致许多情绪障碍儿童没有得到及时的辅导和治疗,使其情绪障碍一直持续至成年,严重影响其学习和生活质量,甚至演化为严重的精神卫生问题和伤残死亡。

(一)情绪障碍儿童的表现

学龄前儿童情绪障碍常以单一的症状为主,相对轻微,常表现为:

(1)过分害羞。怕见生人,怕到新环境,爱脸红,易哭泣,胆小,拘谨,行为退缩。

(2)情绪不稳定。容易激惹,不顺心时发脾气,哭叫吵闹,毁坏东西,撒泼打滚,严重时还表现为屏气发作,可伴发紫绀和痉挛。

(3)过分恐惧。儿童怕黑、怕生人、怕动物、怕雷电、怕鬼怪等都属于正常,会随着年龄的增长自行改善,如果恐惧程度较重,持续时间较长,给儿童本人和家长带来困扰,便属于情绪障碍。

(4)过度依赖。有的儿童容易烦恼,紧张不安;有的可出现分离性焦虑,即与亲人分离而引起的焦虑反应,患儿依恋父母,寸步不离,拒绝上幼儿园或学校,并可出现头痛、恶心、呕吐等躯体症状。

---

① ERIC J, MASH DA. 异常儿童心理[M]. 徐浙宁,等,译. 上海:上海人民出版社,2009.

(二)儿童情绪障碍的归因

儿童情绪障碍的发生主要是由其家庭造成的,但不能完全归因于家庭,概括为以下几个方面:

(1)家庭。如父母离异、亲人死亡、虐待与忽视、家庭暴力、父母对毒品或酒的依赖、父母对待子女的态度、父母自身的焦虑情绪、过早被托养或寄宿、暴力等。

(2)社会。如儿童经常处于危险处境、遭遇自然灾害、遭受性侵犯、缺乏健康关怀、文化传媒的负面影响、信任危机、酒与毒品依赖、网络成瘾、目睹犯罪、肥胖或其他健康相关问题等。值得关注的是我国农村和边远地区留守儿童、随父母进城的流动儿童,因父母疏于管教和情感沟通而出现分离焦虑比率相当高。

(3)幼儿园。如幼儿教师期望值高、学习压力、睡眠不足、课业繁重、教师态度与教学方法不当、伙伴友谊损害、遭受欺侮、缺乏体育锻炼等。

(4)慢性躯体疾病和某些气质因素可增加情绪障碍的易感性。

(5)其他,如灾难和恐怖事件、电视暴力、电子游戏、互联网冲浪等[①]。

(三)儿童情绪障碍的指导

1.家长要确定和理解情绪障碍儿童所存在的问题

要与咨询师或教师进行沟通,采用多种方式,从不同的角度分析来自各方面的材料,在评估的过程中,既要充分考虑学前儿童的年龄、性别、社会文化背景,也要考虑到各种测试量表的信度和效度,把这类儿童与弱智儿童、学习障碍儿童等区别开来。情绪困扰与障碍儿童需要长期的辅导或治疗,家长和教育者要因材施教。如果从情绪与行为的控制程度上来划分,可分为超控制型与低控制型两大类。

超控制型的儿童以女性居多,由于他们对自己的情感和行为过分地控制,从而表现出害羞、焦虑、孤独、胆怯等行为特征。他们常常很不合群,从而也就失去了许多与人交往沟通的锻炼机会。对这类儿童的教育首先要为他们提供一个比较宽松自由的教育环境,帮助他们树立自信心,减少心理防卫,勇敢地参与社会活动,在实践中锻炼自己。

低控制型儿童大多为男孩,他们对自己的情感和行为缺乏控制,习惯于将自己受到的挫折发泄到同伴身上,在行为上表现出多动、侵犯、攻击等行为特征。对这类儿童的教育主要是培养他们的自控能力,学会心平气和地观察、分析和处理问题。

2.家长和咨询师要获得情绪障碍儿童的认同

家长和咨询师要获得情绪障碍儿童的认同,否则就不能与孩子进行沟通和交流,就有可能失去他们的配合,所有的干预和付出就没有价值。给予他们充分的理解、同情、接纳和尊重,不要去评价他们的经历和感受是否正确、是否值得,而要尽最大的努力使他们相信:我在乎你,我爱你,我在陪伴你。

3.寻求环境的支持

寻求环境的支持包括所有能够为他们提供及时的支持和帮助的个人、团体和有关的机构等资源,调整环境,消除诱因,如家庭和环境因素、学校因素、早期母子分离等。具体问题要具体处理,以帮助学前儿童稳定情绪、控制行为并提高学习能力。如儿童具有精神分裂倾向,家

---

① 静进.我国儿童青少年面临的主要心理卫生问题及对策[J].中国心理卫生杂志,2010(24).

长应主动与心理咨询师或有关机构联系,及早寻求帮助和药物治疗,提供温馨安全的生活与教育环境,以减低病情的发作或恶化;对于焦虑障碍儿童,需给予行为控制的方法训练,如示范、系统脱敏、阳性强化法等减少焦虑恐惧的心理;对某些社会性退缩的儿童,应积极配合教师设计的课程训练其社会技能,并安排其与同伴的互动,经常给予较多注意与关照,使儿童不再因过度紧张、焦虑而退缩。总之,通过辅导、治疗和教育建立积极的、建设性的思维方式,改变他们对问题的看法,以利于内心冲突的最终解决。

(四)学前儿童常见情绪障碍简介

1.分离焦虑(离别焦虑症)

从发展心理学角度来讲,焦虑情绪是儿童早期社会性和情绪发展的核心。可以这样理解,依恋和焦虑是儿童早期情绪发展中的一对主要矛盾,安全的依恋有利于儿童正常发展,减轻焦虑反应是促使儿童心理正常发展的重要因素。所以,幼儿或学龄前期儿童与他们所依恋的对象(主要是母亲或其他亲近的照顾者)离别时出现某种程度的焦虑情绪都应视为正常现象。

只有当焦虑发生在儿童早期,对与依恋对象离别的恐惧构成焦虑情绪的中心内容时,才成为儿童期离别焦虑障碍。在严重程度上、持续时间上远远超过正常儿童的离别情绪反应,社会功能也会受到明显影响。

分离焦虑多发生在6岁以前。当父母或抚养人离开时便会产生问题,如因害怕分离而不愿或拒绝上幼儿园、学校(不是由于幼儿园或学校的原因);没有主要依恋者在,患儿往往不愿或拒不就寝;持久而不恰当地害怕独处,没有依恋者的陪伴就害怕待在家里;反复出现与离别有关的噩梦;当预料即将与依恋者分离时,马上会出现过度的、反复发作的苦恼,表现为哭叫、发脾气、痛苦、淡漠或社会退缩;部分患儿分离后会反复出现躯体症状:恶心、呕吐、头疼、胃疼、浑身不适、睡眠障碍等。分离焦虑的原因不仅是现存的,也可能是既往发生过的,也可能是对今后父母疾病、死亡、意外事件发生的担忧。年幼儿童的焦虑内容常常涉及走失、怕坏人入室而不让父母离开,拒绝单独入睡,要父母陪着或开着灯睡。

2.儿童期恐惧

恐惧情绪是儿童期比较常见的一种心理问题,几乎每个儿童在其心理发育的某一阶段都曾出现过恐惧反应。不同的年龄阶段有不同的恐惧对象,如害怕黑暗、陌生人、声音、雷鸣闪电、动物昆虫、想象中的事物等,只有当儿童对恐惧对象表现出的情绪反应远远超过该恐惧对象实际带来的危险,或者到了一定的年龄仍不消退,以至于明显地干扰了其正常行为,造成社会适应性困难,才称为恐惧症。根据恐怖内容的不同,米勒(Miller)将恐惧症分为三类:①对身体损伤的恐怖:死亡恐怖、流血恐怖、疾病恐怖等;②对自然事件的恐怖:黑暗恐怖、幽静恐怖、洪水恐怖、高空恐怖等;③社交性恐怖:害怕发言、怕到人多的地方。

儿童期恐惧作为一种情绪障碍,在学前儿童中较为常见,关键在于预防与教育。任何情况下家长不要对学前儿童进行恐吓,不要让他们看恐怖的电影、电视、书刊和图片;鼓励学前儿童去观察和认识各种自然现象,学习科学知识和道理,鼓励儿童参加各类活动,培养不惧困难、勇敢坚毅的意志,以此克服种种恐惧情绪。还要注意晚上不要让儿童过度兴奋,上床以后放松肌肉,自然地入睡,培养学前儿童养成良好的睡眠习惯。同时父母和保教人员也要注意控制自己的情绪,其实孩子的很多恐惧来自大人的大惊小怪。

3.暴怒发作

暴怒发作指的是儿童在个人要求或欲望没有得到满足,或者在某些方面受到挫折时,出现哭闹、尖叫、在地上打滚、用头撞壁、撕扯自己的头发或衣服,以及其他发泄不愉快情绪的过火行为。暴怒发作时,他人常无法劝止儿童的这种行为,除非其要求得到满足,或无人给予理会才会停止下来。暴怒发作主要发生在学前儿童中,有部分儿童表现得比较严重,发作过于频繁,成为一种情绪障碍。

预防学前儿童的暴怒发作行为,应不溺爱、不迁就儿童,要让儿童从小就学习一些正确的宣泄自己不良情绪的方法,并在其生活中加以运用,并培养儿童懂道理、讲道理的品质。同时,可以进行阳性强化,尽量避免可能诱发儿童暴怒发作的场合和情绪,当儿童有合理需要时及时给予帮助。对于极少数暴怒发作行为较为严重的学前儿童,则可以进行心理矫治。

4. 屏气发作

屏气发作一般发生于6个月至3岁左右的婴幼儿,当孩子情绪受挫或暴怒时容易发作,表现为突然情感暴发,剧烈哭叫后旋即呼吸暂停,伴有口唇发紫、全身强直、角弓反张,甚至意识短暂丧失和抽搐发作,其后肌肉弛缓、恢复原状,随后再哭出声来。一般持续时间30秒至1分钟,严重者可持续2～3分钟。3～4岁以后屏气发作逐渐减少,6岁以上很少出现,但有些儿童的持续发作可逐渐发展为儿童期暴怒发作行为。

有些屏气发作儿童的父母易出现焦虑,并对儿童表现出过度呵护与关注,甚至无原则地一味满足儿童要求,从而强化儿童的这种行为。其矫正重点是为父母提供咨询,解决儿童与父母及环境间的冲突,消除父母的焦虑,平时家长对待儿童要保持一致的教养态度,避免过分溺爱孩子,父母当孩子面表现过分焦虑不安也可成为暗示诱因,简单的惩罚与斥责也只会促使该行为的发作。

5. 儿童抑郁症

儿童抑郁症是指以情绪抑郁为主要临床特征的疾病,学龄前期儿童由于语言和认知能力尚未完全发展,对情绪体验的语言描述缺乏,往往表现为对游戏没兴趣,食欲下降,睡眠减少,哭泣,退缩,活动减少。婴儿期抑郁临床表现主要是因为婴儿与父母分离所致,先表现为不停地啼哭,易激动,四处寻找父母,退缩,对环境没有兴趣,睡眠减少,食欲下降,体重减轻。当与母亲重新团聚后,这种症状可以消失。一部分患儿表现为头痛、腹痛、躯体不适等隐匿性抑郁症状。

第三节　残疾学前儿童的家庭教育

▮▮▮▮ 案例导入

庆大霉素把她打入无声世界

7个月大的筱筱开始牙牙学语,整天叽叽喳喳地讲个不停。可是,一天筱筱病了,体温很高,带去医院看病时,医生给她打了一针庆大霉素,从此,她慢慢地就不爱"说话"了。

"可我们并没有引起重视。"筱筱妈内疚地说,筱筱1岁半时,仍不会说话,周围的朋友、邻居都猜测说筱筱可能有毛病,但父母不肯也不愿相信,心想只要换个环境就好了,抱着试试看的心理把孩子送亲戚家待了一个月,可仍然没有效果。其实,筱筱的父母已猜到女儿有问题,从亲戚家接回她之后,带她到好几家大医院去诊治。但每次做听力检查,筱筱都能凭感觉猜出医生的下一个动作,在医生用锤子敲击之前,她的头就转了过去,以至于没有医生相信她听力有问题。就这样查来查去，一直到两岁半，才得到确诊：庆大霉素导致神经性耳聋。

不过，医生说：筱筱的听力虽然严重受损，但只要加强训练，还有学会说话的可能。

筱筱2岁10个月的时候，妈妈决定自己培训女儿。她选用中国残联编的唇读训练教材《学说话》，根据课本的指导，她买回一大堆水果、蔬菜等，按教材上提示的方法，一点点地教女儿说话。听力训练、口型训练、发音训练……强化训练了3个多月，她突然叫出了一个"豆"字，从此，家里的笑声多了起来。

狭义的特殊教育就是残疾儿童的教育，我国目前的特殊教育主要是针对残疾儿童而言的。根据伤残的部位或造成的缺陷不同，残疾儿童又可以分为感官残疾儿童、肢体残疾儿童、语言残疾儿童、病弱与多重残疾儿童、智力障碍儿童等五大类。其中，感官残疾和智力障碍儿童（弱智）是我国当前特殊教育的主要对象，他们在残疾儿童中占据了很大的比例。

一、智力障碍学前儿童

南京特殊教育技术学院谢明在《南京特教学院学报》2011年第4期发表的《当前我国特殊教育学校培智教育有效性的思考》一文中指出："近年来，我国的智力障碍儿童的数量呈快速增长的态势。如何保障这部分儿童受教育的权利成为判断一个国家（地区）文明进步的标志。"

智力障碍，也称智力残疾，是指人的智力明显低于一般人的水平，并显示适应行为障碍。根据美国智力落后学会（AAIDD）2002年（第十版）的定义：智力障碍是一种落后，其特征是在智力功能以及适应性行为两个方面有显著限制，表现在概念、社会和实践性适应技能方面的落后；障碍发生在18岁以前。

该定义有四层含义：

第一，智力障碍是一种落后；

第二，智力障碍意味着在智力功能上有显著限制，具体表现为使用适当的智力测验工具进行评估时，其智商低于平均数两个标准差以上；

第三，在适应性行为方面有显著限制，具体表现在概念性、社会性以及实践性技能方面的限制，对适应行为局限的界定是通过标准化测验的评定，其得分低于均数两个标准差以上；

第四，障碍发生在18岁以前。

（一）智力障碍的分类

1.世界卫生组织的分类系统

（1）轻度智力障碍：IQ范围为50～69（对成人而言，9岁≤智龄＜12岁）。在学校中有一些学习困难，许多成人能够参加工作，能够维持较好的社会关系并对社会有所贡献。

（2）中度智力障碍：IQ范围为35～49（对成人而言，6岁≤智龄＜9岁）。在儿童期表现出显著的发展落后，其中多数人能够通过学习在自我照料方面有所发展，并获得一定的沟通与学科技能，成人需要在生活与工作中得到不同程度的支持。

（3）重度智力障碍：IQ范围为20～34（对成人而言，3岁≤智龄＜6岁）。需要持续不断的支持性服务。

（4）极重度智力障碍：IQ范围为20以下（对成人而言，智龄＜3岁）。在自我照料、自制、沟通和移动方面有严重的局限。

（5）其他智力障碍：因伴有其他缺陷，造成使用正常手段来评定迟滞水平极为困难或根本不可能。

(6)非特异性的智力障碍:因资料不足,无法划入任何类别。

2.我国的分类

我国现行的《残疾人实用评定标准(试用)》的分类如表7-1所示。

表 7-1　我国现行智力残疾的分类

智力水平	分级	IQ 范围	适应行为水平
重度	一级	<20	极度缺陷
	二级	20~34	重度缺陷
中度	三级	35~49	中度缺陷
轻度	四级	50~69	轻度缺陷

3.按支持程度分类

1992 年,AAIDD 在对智力障碍定义修订的第九版中,提出了按个体所需要的支持程度加以分类,如表7-2所示。

表 7-2　AAIDD 对智力障碍的分类

类别	支持程度
间歇的	所需要的支持服务是零星的、视需要而定的(如失业或生病时)
有限的	所需要的支持服务是经常性的、短时间的(如短期的就业培训或从学校到就业的衔接支持)
广泛的	至少在某种环境中有持续性的、经常性的需要,并且没有时间上的限制(如需要在工作中或居家生活中得到长期的支持服务)
全面的	所需要的支持服务是持久的且需要度高,在各种环境中都需要提供,并且可能为终身需要

(二)智力障碍儿童的心理特征

1.认知特征

智障儿童感知觉的典型特点是感受性慢和范围狭窄,其绝对感受性低于正常儿童,视觉、听觉、嗅觉、味觉、触觉都存在不同程度的障碍。智力障碍儿童的知觉恒常性也远远不及正常儿童。

智障儿童的注意力容易分散;无意注意占优势,有意注意发展迟缓;注意范围狭窄,导致接受的信息量少;注意的分配与转移较正常儿童差。

智障儿童的记忆缺乏明确目的,识记速度缓慢,记忆容量小,保持不牢固,再现不精确。记忆的组织能力差,很少采用间接记忆的方法来进行意义记忆;从信息加工的角度看,短时记忆与长时记忆的信息储存与提取都有一定的困难。

在语言方面,智障儿童无论是听觉的区分,还是词的发音和句子的发展都较正常儿童晚很多。言语贫乏而不正确;词汇储存量比同龄的正常儿童少,很少使用形容词、动词和连接词;对词汇的掌握以及含义的理解在长时间内是不完整的;完成从"词一名称"到"词一概念"的过渡对于智障儿童很困难,需要很长时间;言语的语法结构也极不完善。

智障儿童的思维主要有以下三个特征:其一,思维多停留在具体的形象思维阶段,缺乏分析、综合、抽象的概括能力;其二,思维刻板,缺乏目的性和灵活性,很难做到根据条件的变化调整自己的思维定向和思维方式;第三,思维缺乏独立性和批判性,容易随大流,随声附和,很难提出与众不同的见解。

2. 情绪、行为与人格特征

智障儿童的情绪多受机体需要的支配,高层次情感的协调力差;与其他障碍儿童相比,智障儿童的情绪稳定性较好,内心冲突不大,两极性不明显;智力障碍男生比普通男生更加孤独。

智障儿童意志薄弱,缺乏持久性,很难胜任需要一定努力予以坚持才能完成的任务,受到挫折时容易放弃努力;容易接受暗示和别人的驱使。

社会行为与人格特征方面,表现为期望值偏低,行为的动机水平不高,缺乏接受外部控制和积极的自我控制能力。

(三)智障学前儿童的家庭教育

1. 树立正确的教育观念

家长要面对现实,要以健康、乐观、勇敢的心态接纳智力障碍的孩子,既不能悲观失望、歧视放弃,也不能过于溺爱、迁就、百依百顺。对于智障儿童,父母应该给予与正常孩子同等的爱,甚至要多得多的爱,尊重孩子,把孩子当正常人来看待。在生活中一起游戏、谈话、讲故事、做事、共同参与家庭事务,绝对不能忽视他。完善的人格和生活自理能力是智障儿童生存发展和走进社会的基础,天才指挥家舟舟(胡一舟)是先天愚型智障,也许在很多音乐人看来舟舟是一个异类,但是和他接触过的乐团,都很喜欢他。和谐的家庭生活有利于智障儿童的教育与成长,正视智障儿童的家庭教育是可以成功的。

2. 教育方法要得当

智障儿童由于各种原因形成脑损伤及各功能障碍,因此,必须采取特殊的教育方法,低起点、小步走、多循环、勤反馈才能取得良好的效果。对于孩子的教育要从实际出发对症下药,要发现孩子存在的问题,根据不同孩子的心理特征、接受能力等方面,采取不同的教育方法进行针对性教育。

要充分考虑孩子的需要和兴趣。兴趣是孩子最好的老师,智障儿童并不是什么技能都没有,这就需要家长及时的关注,来培养孩子的兴趣,满足孩子的需要,充分挖掘孩子的潜能,给他生存的支点。

3. 提高自身的教育能力

家长是孩子学习的榜样,也是智障孩子最好的老师。家长都希望自己的孩子能早日康复,这就需要接受教育。家长接受的教育多了,对孩子的病情了解的多了,就可以采用多种教育模式来改善自己的孩子。家长的教育能力也直接影响着孩子的成长和发展,对孩子以后的生活起着重要作用。一般来说,城市家长在经济发达、文化水平较高的地方生活,容易接受新的教育思想和模式,自身的教育能力较强,对智障儿童的教育较为有效。无论是城市还是农村,家长都要通过自己的一言一行对智障孩子进行教育和训练,要对孩子进行生活自理能力的训练,教孩子日常生活技能;要加强语言训练,提高孩子的沟通能力;进行认知能力训练,提高智能水平,以适应生活和简单的生产劳动的需要。

阅读材料

舟舟是如何成为"指挥舞者"的?

舟舟,原名胡一舟,1978年4月1日,出生在中国的武汉。舟舟是在愚人节出生的,父母晚婚晚育四十岁才得子那心情可想而知,然而,万万没有想到舟舟是一个天生弱智的畸形儿,全家人一下子从幸福的巅峰跌到了地狱!这不是做梦吧?这要是一场梦该有多好!母亲痛不欲生欲想和这个傻儿子同归于尽,幸而被父亲救下才得以重生。父亲在歌剧院工作,是个大提琴手,虽脾气暴躁但心地善良,他和柔弱的妻子下定决心要把孩子留下来,别无选择也责无旁贷……从此,他们已不再年轻的肩膀义无反顾地压上了抚养、教育舟舟的重担。

这是一条没有退路的艰难异常的路,这是一条崎岖痛苦的路,这是一条多么漫长的路……舟舟的父母却像一头辛勤耕耘的老黄牛,实实在在的、一点一滴的对他们的儿子实施最基本的生活技能训练:穿衣、吃饭、如何自己控制大小便……为了照顾可怜的小孙子,奶奶来往于农村和武汉,抱着舟舟寄居在剧院"筒子楼"的保姆宿舍里。后来,这个不幸的家庭又生下一个女儿(健全),目的是长大后能接替父母照顾舟舟。在亲人和社会的关爱下,舟舟从一名弱智儿童成为了"指挥舞者",从生活不能自理到可以与人基本正常交流。我们从舟舟那富有传奇色彩的经历中感悟到爱的力量,让那些还在为有着和舟舟父母一样痛苦的家长能够看到希望:"爱,是可以改变命运的!"

舟舟成为"名人"之后,30多年过去了,岁月改变了很多,没有改变的是他的心智和对舞台的热爱,舟舟独自一人在北京工作,各种生活困难包括母亲去世这样的打击,因为他对指挥、对音乐的热爱都克服了。推荐大家观看电视纪录片《舟舟的世界》,了解舟舟的成长故事,从中获得启迪。大家还可以观赏融艺术性、观赏性、娱乐性于一体的电影《舟舟》,思考"一切生命都有尊严,一切生命都是平等的,都应该得到他们应该得到的而不是额外的尊重,残缺是生命的遗憾,但不能成为他人漠视乃至粗暴拒斥的理由"。

二、感官残疾学前儿童

人的感觉器官有视觉、听觉、味觉、嗅觉、运动觉和触觉器官。感官残疾学前儿童主要是指视觉障碍学前儿童和听觉障碍学前儿童。

(一)听觉障碍学前儿童

听觉障碍学前儿童是指聋童与重听儿童。这类儿童由于听力丧失或听力不足,需要接受特殊教育与训练。根据国际通用的分级方法,我们可以将耳聋程度分为:轻度、中度、重度耳聋和全聋。轻度耳聋对远距离说话听不清或对一般距离的低声谈话感知困难,其听阈(能听到的最低分贝数)约在10~30分贝之间;中度耳聋对近距离谈话感知困难,需要别人大声讲话才能听到,其听阈在50分贝左右;重度耳聋,其听阈在60分贝以上,能听到耳边的大声喊叫;若听阈在90分贝以上便可算作全聋。

轻度耳聋对儿童言语的形成影响不大;中度耳聋可导致言语不清,要到医院作听力分析仪检查,查明病因进行治疗,并请医生帮助佩戴助听器,若治疗及时,可避免聋哑症;重度耳聋虽也可请医生佩戴助听器,但应及早请特殊教育专家作指导,采用特殊方法进行早期言语训练。

1. 听觉障碍学前儿童的心理特点

(1)感知觉特点。感知觉是人的最基本的心理活动,听觉是获取信息的最重要的途径之一。听力损伤导致信息加工不完整，可使人对事物的认识不完整、不准确，这是听觉障碍儿童感知觉的一个特点。同时，听觉障碍儿童的视觉、触觉、振动觉、嗅觉、味觉等健全感官，发挥着重要代偿作用，其中，视觉所起的作用最大。越是听力损失严重的儿童，越要以目代耳，长期的锻炼使他们视知觉能力有很大提高，观察事物比较敏锐细致，视觉成为听觉障碍儿童的主要补偿途径。

（2）注意特点。来自视觉、触觉、振动觉的刺激容易引起并较好地保持他们的注意，由于听觉障碍儿童的注意以视觉材料为主，而视觉不能同时注意多个刺激物，注意不同的事物一定会有先后顺序。

（3）记忆特点。感知觉的特点使他们的视觉、触觉、运动觉表象比听觉表象丰富得多。对于直观形象的东西，他们记得快，保持得好，也容易回忆出来，对语言材料则记得慢、忘得快，再现也不完整。

（4）语言特点。语言障碍是听觉障碍儿童最明显的心理特点。听觉障碍出现越早，程度越重，学习语言越困难，导致的语言障碍越严重。听障儿童语言的发展严重落后于其生理的发展，口头语言形成迟滞，又会影响他们书面语的学习。同时，直观刺激的第一信号系统与表达直观刺激物的第二信号系统之间存在严重的脱节现象，导致他们的语言形成与生活经验不同步。故而听障儿童语言发展水平高低不一，差异显著。许多听觉障碍儿童的主要交流手段是手语。

（5）思维特点。听觉障碍儿童的思维发展与普通儿童一样，遵循由具体到抽象，从低级到高级的规律。受听力和语言的影响，其思维水平比较长时间地处于直观形象思维的阶段，具有逻辑抽象思维能力较差，而具体形象思维能力较强的特点。在思维过程中语言参与的成分和作用相应要少，因为他们掌握的语言还不足以指导和概括自己的思维过程和思维结果。

听觉障碍儿童一般来说性格较外向，情感反应比较直接、强烈，但持续时间短，独立性、恒定性和忍耐性较差，依赖性较强，易产生固执、冲动、自我中心的个性特征。沟通能力差、缺少关爱的听觉障碍儿童容易产生内向、自私、倔强、多疑与猜忌的个性，进而影响其人际关系和社会适应，给人留下缺乏社会常识的印象。

2. 听觉障碍学前儿童的筛查

1997年美国言语语言听力协会（ASHA）的《听力学筛查指南》建议：所有7个月至6岁的儿童均应接受每年一次的常规声导抗筛查，尤其建议有以下危险因素的儿童应该定期接受声导抗筛查。

①曾患过中耳炎的婴幼儿；

②存在颅面畸形或可能伴有外、中耳畸形的综合征；

③已报道的外、中耳疾病发病率高的少数民族；

④有慢性或反复分泌性中耳炎家族史；

⑤日托或生活环境拥挤的婴幼儿和儿童；

⑥处于吸烟环境中的婴幼儿和儿童；

⑦确诊为感音神经性聋、学习障碍、行为障碍、发育迟缓的婴幼儿和儿童。

听力筛查的目的是"发现交流能力和发育水平受到影响的听力损失高危学龄儿童"。

3. 听力障碍学前儿童的家庭教育

家长应明确自己在孩子教育和训练中的作用与地位，学习一些相关的专业知识，进一步了解孩子的现状,对孩子将来的发展前景有预期规划。可通过相关的训练机构或康复中心获得有关的知识,结合专业教师的训练计划,在家庭内做好辅助训练。听力障碍儿童的早期训练内容包括动作训练、行为模式训练、听力训练、手语训练、口语训练等方面的内容,训练要因人而异,符合孩子的生理和心理特点,做到有的放矢。早期训练的时间越早越好,因为孩子年龄越小可塑性越强,弥补起来比较容易。

要为孩子创造良好的语言环境。有些家长觉得听力障碍儿童反正也听不到,就用一些手势代替语言和孩子进行交流,这种做法不仅错过了语言发展的关键期,而且阻碍了对听力障碍儿童的补偿训练。但对于重度听力损伤的儿童,家长要努力学会手语,在家庭中创造手语的环境和氛围,充分发挥手语在家庭中作为交流工具的作用。家长应该在日常生活当中保持与孩子的经常交流,尤其注意在日常生活中培养孩子的自信心。也可带孩子到公共场所增长见识,让孩子亲自体验和学习,增强孩子适应社会和人际交往的能力。

语言训练要有足够的耐心。由于听力损伤的程度不同,家庭环境、父母特点、说话与交流的形式也各不相同,因此听障儿童的语言能力取决于家长,进行早期训练有利于听力障碍儿童语言的形成与发展。对于有残余听力的孩子,家长要及时给孩子验配助听器,坚持以口语为主。在训练过程中,家长要坚持使用普通话,做到一个词、一个词地传授。要选择那些日常生活中常用的词语,多给他们练习使用的机会;在教整句话时,最好要慢一些,给他们一个理解和适应的时间。这里要注意的是,无论是词语还是句子,都要做到由浅入深、由易到难。除了教给他们说话之外,还要让他们练习读唇和看话,这是听力语言训练中的难点。家长要有足够的耐心,一遍不行十遍,十遍不行二十遍,直到彻底掌握为止。

此外,还要进行动作训练、行为模式训练,加强穿衣、吃饭、如厕、洗浴等日常生活活动训练。克服由于生理的障碍、社会的影响、家庭的溺爱而养成的毛病。在家庭教育有限的时间里进行早期的素质训练,对于听力障碍儿童今后的成长起到至关重要的作用。

(二)视觉障碍学前儿童

视觉障碍儿童是指盲童与弱视儿童,他们由于视力丧失或视力严重不足,需要接受特殊的教育与训练。婴幼儿时期是视觉发育的关键阶段,此期任何不利因素,如先天性白内障、角膜白斑、眼睑下垂以及较重的近视、远视、斜视、散光、外伤等,都可能引起孩子的视觉障碍。

1.视觉障碍学前儿童的心理特征

盲童的听觉、触觉十分灵敏,盲童与低视力儿童在形状知觉、空间知觉和知觉与动作的统合等方面,尤其对距离的准确知觉和深度知觉方面,都比正常儿童困难得多。盲童的有意注意发展较好,尤其在听觉注意方面有较大优势。视觉障碍儿童有较强的听力记忆,盲童并不一定比正常儿童智力低,但因为视觉障碍儿童在概念形成方面存在较大困难,盲童的学业成绩一般都低于正常儿童。视觉障碍儿童观察问题,重视事物的表面现象,不太愿意去深入探索事物的内在联系。视力残疾儿童语言发展正常,仅在说话时的姿势、体态等次要方面表现出异样。

视障儿童由于行动能力与经验的限制,以及无法看到行为的结果,多会变得被动、依赖与无助,经常体验到焦虑和挫折感,出现高频率的冲动倾向和恐怖倾向,当然这样的情绪状态又加剧了他们社会适应的困难。由于无法通过视觉获得信息来进行有效的模仿、学习,无法正常运用身体语言(面部表情与躯体姿势)跟别人沟通,也大大地影响了正常人际关系的发展。

2.视觉障碍学前儿童的家庭筛查

因为视觉障碍的治疗最好在2岁之前,孩子的视功能尚未发育成熟之时应尽早矫正,所以及时发现孩子的视觉障碍非常重要。以下方法便于在家庭中操作：

（1）光觉反应：孩子出生时就有光觉反应，强光可引起闭目、皱眉，如果孩子对强光照射无反应，说明其视觉功能可能存在严重的障碍。

（2）注视反射和追随运动：正常来讲，婴儿出生后的第 2 个月就能协调地注视物体，并在一定的范围内眼球随着物体运动；3 个月时可追寻活动的玩具或人的所在，头眼反射建立；4～5 个月开始能认识母亲，看到奶瓶等熟悉物体时表现出喜悦。

（3）瞬目反应：出生后的第 2 个月起，除了能协调注视物体外，出现瞬目反应，即当一个物体很快地接近眼前时出现眨眼反射，这是保护小儿眼角膜免受伤害的一种保护性反射。

（4）单眼遮盖试验法：用于辨别单眼视力情况，当被遮盖的眼睛视力弱或失明时，患儿不会出现反抗；当被遮盖的眼没有问题时，婴儿会躁动不安，出现反抗动作。单眼遮盖应重复数次，以便得出正确的判断。

如果在筛查中，这些本能和条件反射没有出现，或表现出无目的寻找，则往往提示存在严重的视觉障碍。

3. 视觉障碍学前儿童的家庭教育

目前，视障儿童的早期教育完全依赖于家庭，视障儿童的心理受到家庭氛围的影响，主要取决于家长对待视障儿童的态度，视障儿童早期发展中家庭的亲情被看作是促进儿童心理发展的重要因素。视障儿童最早的也是最大的局限性是亲子关系受损，他们不会注视父母，面部表情严肃，父母常常感到自己似乎被失明孩子"嫌弃"，因此渐渐疏远孩子。正常儿童在与亲人不断的目光交流与正常的情感关系中长大，视障儿童只能从母亲或抚养者的哺乳、抚摸、拥抱、亲吻和交谈中，亲切的家庭氛围中得到爱的信息，在与双亲情感的建立和发展中处于不利地位。所以家长不要疏远他，要给予他与正常孩子同样多的关注，与他说话、玩耍、阅读、大笑，同时，积极地寻找更好的教育方法，以有效地弥补视觉的缺陷。

家长可以针对残障程度，发展相应的适应能力来帮助自己有视觉障碍的孩子。对于视力低下的儿童要使他们充满信心，借助于眼镜等工具尽可能地使用残余视力，促使其用眼能力的提高，对于全盲儿童则要不断训练他们的听觉、触觉和其他感觉。鼓励训练独立探索行为，如辨音训练、辨物训练、定向行走等，掌握一些简单而又必要的活动技能，加强生活自理能力的训练，让孩子多参与家务劳动，为入学做好准备。

培养视障儿童良好的个性品质。视力障碍儿童普遍自卑、孤僻、固执、焦虑、冲动，对自己和他人很难有正确的评价，这些都影响到他们的人际交往和心理发展。家长必须既善于激励孩子，专注于孩子的长处而不是他的视力弱点，正确认识他们的爱好、特长并加以正确引导，必要时还要进行挫折教育，锻炼坚强、自信、自主的良好品格，使他们养成良好的学习、生活、卫生习惯，为他带来起跑时的优势。

保护低视力儿童的残余视力。提供适当的照明，居室的墙壁、家具对比鲜明，桌椅颜色柔和。配备合适的助视器，如放大镜、助视眼镜、助视台灯、有声读物等辅助性的用具，提供大字体课本及阅读材料，使视障儿童融合教育得以顺利开展。

三、肢体残疾学前儿童

肢体残疾学前儿童是指那些因肢体残缺、肌肉萎缩、神经麻痹症等原因所造成的明显的肢体运动障碍的儿童。早期严重的营养不良、意外事故、脑神经和脊髓神经的损伤均可导致肢体残疾。肢体残疾通常和病残交织在一起或者互为因果。

（一）肢体残疾分类

（1）上肢或下肢因外伤、病变而截除或先天性残缺。

（2）上肢或下肢因外伤、病变或发育异常所致的畸形或功能障碍。

（3）脊椎因外伤、病变或发育异常所致的畸形或功能障碍。

（4）中枢、周围神经因外伤、病变或发育异常造成躯干或四肢的功能障碍。

（二）肢体残疾学前儿童的心理特点

肢残儿通常无明显心理缺陷，其感知、注意、记忆、思维、想象等认知过程与正常儿无异，但因身体活动受限，许多欲望得不到满足，常引起情绪波动，好发脾气。对外界刺激敏感，有苦闷、恐惧、厌恶等情绪和退缩、孤独等行为表现。

亲人的怜爱，生活上的过度保护和迁就，易使肢残儿变得任性，甚至骄横，不善与人合作。

（三）肢体残疾儿童的家庭教育

肢体残疾儿童的父母应接受孩子的残疾现实，和孩子一起勇敢面对外界的压力、歧视和否定态度，关心和爱护患儿，以约翰·库缇斯等人的事例激发孩子的主观能动性，帮助他们从容应对困难。创造条件，让肢残儿参与社会活动，鼓励他们表达观点，帮助他们通过努力满足自己的愿望和诉求，以此帮助他们增强自信、自尊和自强。

对肢体残疾儿童进行补偿训练。根据"用进废退"原则，最大限度恢复残肢的生理功能，或使其得到充分补偿，对帮助肢残儿重新获得正常的生活、工作和社会活动能力有重要意义。训练需遵守循序渐进原则，先促进残肢肌力的恢复；而后增强残肢耐力、提高动作协调能力；最终达到增强残肢运动器官的活动度、加快运动速度的目标。根据肢体残疾实际问题，在医生指导下训练，鼓励儿童尽量生活自理，还应多用脑，防止过度保护。

家长还要帮助患儿克服自卑和无所作为的观念，正确面对现实，善于将不良环境刺激转为战胜困难的动力，学会舒泄情绪压力的正确方法。提高对器官补偿潜力的认识，相信经过科学刻苦的训练可获得最大程度的补偿，进而重建自信。

复习思考题

1.特殊学前儿童包括哪些类型？家长应从哪些方面做好特殊学前儿童的家庭教育工作？

2.针对有问题行为的学前儿童，家庭教育应注意什么？

3.阅读下面材料，结合本章所学知识，谈谈此案例给你的启示。

世界著名的激励演讲大师约翰·库缇斯1969年出生在澳大利亚，天生严重残疾。他刚生下来时，医生对他的父母断言他活不过一周；过了一周，医生又说他活不过一个月；过了一个月，医生又说他活不过一年。然而父母并没有放弃，只是更加悉心地照料他。周围有不少小孩骂他是怪物，10岁那年他被一群同班的小学生绑起来扔进点燃了的垃圾桶，差点送命，幸被一位女老师发现并冒死救了出来；更有一些同学恶作剧，在他的课桌周围撒满图钉……母亲对他说："你是世上最可爱的孩子，是爸爸妈妈的荣幸。"父亲告诉他："人是为责任而活着，即使身体上有残缺，也可以创造一番事业。"

在父母爱的鼓舞下，他以超人的毅力生活、学习，虽然没有腿，却不依靠轮椅生活、移动。1988年9月，他用自己打工赚来的钱买了人生中第一辆车；1992—1994连续三年他获得澳大利亚残疾人乒乓球冠军,世界排名十三;1996年开始学习举重,最佳比赛成绩为125千克;2000年全国健康举重比赛排名第二,还获得了板球、橄榄球二级教练证书;2001年至今在全世界巡回演讲。

第八章
学前儿童家庭教育的指导

要点提示

学前儿童教育不是简单的托儿所或幼儿园教育，也不是单纯的家庭教育，它是一个系统工程。学前儿童是在家庭、托幼机构和社会多种环境中成长起来的，家庭对学前儿童的影响往往排在第一位。然而，遗憾的是，由于家长教育素养和育儿水平的差异，学前儿童的家庭教育存在诸多问题，亟须托幼机构给予科学、有效的指导和帮助。本章我们将根据学前儿童家庭教育的实际，围绕学前儿童家庭教育指导的内涵、意义、原则、任务、内容、途径和方式等方面展开介绍。

第一节主要介绍了学前儿童家庭教育指导的含义、性质，分析了托幼机构对学前儿童家庭教育指导的意义。

第二节首先介绍了学前儿童家庭教育指导的原则，包括双向互动原则、家长主体原则、共同成长原则、分类指导原则、要求适度原则；最后介绍了学前儿童家庭教育指导的任务和内容。

第三节主要阐述了我国学前儿童家庭教育指导的现状，以及学前儿童家庭教育的指导途径与指导方式。

学习目标

知识目标：

1. 了解学前儿童家庭教育指导的含义及意义；理解学前儿童家庭教育指导的性质。
2. 掌握学前儿童家庭教育指导的原则、任务和内容。
3. 理解和掌握学前儿童家庭教育指导的具体形式。

能力目标：

1. 初步学会撰写家庭教育指导的相关计划与总结。
2. 学会设计、策划家园合作的方案。
3. 学会给予学前儿童家长具体、正确的家庭教育指导。

一直以来，我国都非常重视学前儿童家庭教育的指导，2011 年颁布的《中国儿童发展纲要（2011—2020 年）》提出要将家庭教育指导服务纳入城乡公共服务体系。目前，我国学前儿童家庭教育的指导，主要是由妇联牵头，教育部门、卫生部门、社区等分工协作，但是由于各部门之间缺乏约束性、教育人员业务素质不够高、教育经费不足等各种原因导致当前的家庭教育指导并不能满足家长日益增长的教育需求。因此，对学前儿童家庭教育指导进行改革，建立社会、托幼机构及家庭合作的教育网络体系，形成教育学前儿童的合力，才是提高家庭教育指导效率的关键所在。

第一节　托幼机构对学前儿童家庭教育指导的意义

案例导入

小名为什么做事老是无计划呢？

小名是一名 3 岁 3 个月的孩子，十分活泼可爱，父母很喜欢他。可是令父母不理解的是，小名这个孩子无论在做什么事情之前都不爱思考。比如，玩插塑时，父母让他想好了再去插，而他却拿起插塑随便乱插，插出什么样，就说插的是什么。在绘画或其他方面，小名也明显地表现出无计划性。父母亲认为这样下去不好，便总是要求小名想好了再去行动，可小名却常常做不到。小名的父母不理解孩子为什么会这样？他们也常常为不知道怎么教育孩子而烦恼。在这种情况下，托幼机构应该如何指导小名的父母亲呢？

一、学前儿童家庭教育指导的内涵

(一)学前儿童家庭教育指导的含义

学前儿童家庭教育指导是指由家庭以外的社会组织和机构组织，以学前儿童家长为主要对象，以提高家长的家庭教育素质，改善教育行为，提高家庭教育质量，促进学前儿童身心健康成长为目的的一种教育活动过程。

在家庭教育中，家长常常存在各种困惑和问题，需要得到指导。家庭教育与托幼机构教育是两种不同性质的教育。家庭教育是一种没有专门计划和明确目标，随环境而转移的，以潜移默化的"亲子"影响为主的离散性教育，分散在千家万户之中，因家长的文化修养、社会地位、道德观念的不同而具有很大的个体差异。而托幼机构教育则是以国家的教育方针为指导，以一支经过严格培训、德才兼备的专职教师为中坚，以培养社会合格人才为宗旨的有目的、有计划、有组织的教育，是一种正规的群体教育。目前，家庭教育的水平与社会的要求之间存在着较大的差距，这就需要托幼机构和其他有关专业教育机构加强家庭教育指导，提高家庭教育水平。

关于这个概念，我们可以从以下两方面来进行理解：

1. 学前儿童家庭教育指导的目的

从前面的概念我们知道，学前儿童家庭教育指导，是指家庭外社会机构组织的，以学前儿童家长为主要对象的，以家庭教育为主要内容的指导活动。从当前整个社会的发展趋势而言，民族的竞争、国家综合国力的竞争、人才的竞争，归根结底是父母素质的竞争。学前儿童家庭教育指导的直接目的就是要提高家长的素质。因此，对学前儿童家长进行家庭教育指导的主要目的就表现在以下三个方面：第一，提高学前儿童家长的教育素质，包括转变家长的教育观念，形成对学前儿童正确的教养态度，培养家长科学教育学前儿童的能力；第二，改善学前儿童家长的教育行为，提高家庭教育的质量，包括创设良好的家庭教育环境，正确对待孩子的行为表现，对孩子实施适当的主动教育；第三，促进学前儿童健康成长，包括身体的正常发育和心理的健康发展。

托幼机构对学前儿童家庭教育的指导，是指由托幼教育机构组织的，以学前儿童家长为主要指导对象，以家庭教育为主要内容的指导活动，是学前儿童家庭教育指导的一种。托幼机构家庭教育指导工作的出发点一般是为了整合托幼机构和家庭的教育力量、扩大托幼机构的有限教育资源、补充托幼机构教育力量的不足,从而为学前儿童创设一个完整的、适宜的、一致的教育环境,实现托幼机构与家庭的共同目标。目前,托幼机构进行家长工作的具体目的有三类:①通过做家长工作,向家长介绍托幼机构的发展规划和目前存在的问题,要求家长在经费、设备和人力上给予支持,提高托幼机构的水平;②通过做家长工作,向家长介绍托幼机构教育的性质、任务、内容、要求和进度,要求家长配合托幼机构的工作,在教育要求、内容和方法上与托幼机构一致,使家庭教育与托幼机构教育同步,为提高托幼机构的教育质量服务;③通过做家长工作,向家长介绍学前儿童身心发展的规律和学前儿童的年龄特点,介绍学前儿童在园的表现,介绍家庭教育的有关知识和方法,从而提高学前儿童家长的教育素质和家庭教育质量,促进学前儿童的发展。

2. 学前儿童家庭教育指导的对象

在日常的家庭生活中,我们看到的教育者是家长,受教育者是孩子。从家庭教育的指导对象来看,家长和孩子都是受教育者。其实,有些家长教育孩子的方法是有问题的。比如,红红帮妈妈端菜时不小心把碗给摔破了,妈妈气愤地大声呵斥:"怎么搞的? 你看你,每次做事都做不好,总是蠢得跟猪一样。"点点想学画画,却被爸爸一句话给否定了:"算了,不用去学了,看你这样子,想你也学不会。从来都是只有五分钟热度,没有坚持性,肯定搞不出个名堂。"宽宽一边吃饭一边玩玩具,爸爸的巴掌高高举起:"我数一、二、三,再不好好吃饭,我就打人了!"可见,许多家长不会教育孩子,学前儿童家庭教育指导的对象应该是多方面的,不仅仅限于学前儿童,还有学前儿童的家长。

(1)家长与子女。

学前儿童家庭教育指导是家庭外社会机构和团体对家庭教育的指导。既然家庭教育是家庭内家长与子女的双向互动过程,那么,家庭教育指导的对象就应该既包括家长又包括子女。对学前儿童进行如何接受家长的教育和如何影响家长等方面的指导也属于家庭教育指导的任务。学前儿童对家长的认识、态度、与家长的沟通能力以及学前儿童是如何接受家长的教育和如何影响家长的,这些正是目前家庭教育指导的薄弱环节。需要加强对学前儿童在家庭教育过程中的表现、后果、影响因素,以及家长如何教育孩子和指导者如何指导进行进一步的研究。

(2)不同年龄段学前儿童的家长。

学前儿童家庭教育指导的主要对象是0~6、7岁学前儿童的父母以及与儿童生活在一起的老人。不少地区还组织对新婚夫妇、孕妇及其丈夫进行家庭教育指导。

3~6、7岁孩子的家长是目前我国学前儿童家庭教育指导的主要对象。这个年龄段的家庭教育指导工作基本得到落实,家长接受指导的普及率最高。这是因为我国城市3~6、7岁的学前儿童大多进入幼儿园,农村也有相当数量的孩子进入中心幼儿园或村办幼儿园。对比较集中的幼儿园家长进行指导,从组织工作上来讲比较方便,幼儿园教师对家长进行家庭教育指导无论从知识和经验及家长的信任程度来说,都具有一定的优势。

对孕妇及其丈夫的家庭教育指导。不少地区的妇产医院、综合性医院的妇产科、妇幼保健所和计划生育指导机构开设了以孕妇为指导对象(也有孕妇的丈夫和未来孩子的祖母、外婆参加)的孕妇学校。孕妇学校介绍有关孕产期保健知识、生殖生理知识、婴儿保健知识、母乳喂养知识、常见孕产期疾病保健知识和孕妇心理卫生知识等内容,有的还会介绍有关胎教的知识。

对新婚夫妇的家庭教育指导。对准备结婚的青年和已经结婚的新婚夫妇进行计划生育和优生优育的指导,是提高人口素质的重要措施。新婚学校成了计划生育工作的重要阵地。在教学中,一般采取放录像、电视,讲计生政策,发放婚育工作手册、新婚读本等形式,对新婚夫妇进行晚婚、晚育、优生、优育、避孕措施等方面的教育。

（3）不同身份的家长。

学前儿童的家长包括学前儿童的父亲、母亲、与孩子生活在一起的祖辈老人、无血缘关系的监护人及教育保姆等。

父母亲对子女来说是世界上最亲近、最重要、影响最大的人。对子女进行教育既是父母的权利,又是父母的责任。这种权利任何人都不应去剥夺,这种责任不应推脱给任何人。父母的行为、态度和观念直接影响子女的成长。人们常说,父母是子女的第一任教师,但并不是天然的教师。在个体的发展过程中,为人父母后需要学习如何当父母的知识和技能,需要继续社会化。随着社会的发展、孩子年龄的增长、孩子在家庭中地位的变化,父母需要不断更新育儿知识并调整教育方法。父母亲应该是家庭教育指导的最重要对象。

由于学前儿童与母亲的特殊关系,加上我国传统的"男主外女主内"思想的影响,在学前儿童时期母亲担负更多养育和教育的责任是可以理解的。然而,"确保父母双方对儿童的养育和发展负有共同责任的原则"是联合国《儿童权利公约》的规定,父亲是孩子成长过程中不可缺少的角色。特别在我国目前托儿所、幼儿园教师和保育人员中女性占绝对优势的情况下,父亲对学前儿童情感的发展和人格的形成具有突出的意义。父亲也应该是家庭教育指导的重要对象。

祖辈老人,主要是指与学前儿童生活在一起的祖辈老人。2010年第六次全国人口普查数据表明,在大陆31个省、自治区、直辖市和现役军人的人口中,0~14岁的人口为22245万人,占总人口的16.60%；15~64岁的人口为99842万人,占总人口的74.53%；65岁及以上的人口为11883万人,占总人口的8.87%。同2000年第五次全国人口普查相比,0~14岁人口的比重下降6.29个百分点,65岁及以上人口的比重上升了1.91百分点。结果表明,社会人口老龄化进程加速。具体反映在老年人口的绝对数量明显增加；每一个儿童的祖辈家长的平均数量以更大的幅度增加。老龄化进程加快是社会发展的必然趋势。我们必须看到,老年人对社会来说既是一种负担,也是一种社会资源。对家庭教育指导工作来说,祖辈家长在家庭教育中能发挥积极的作用,一部分祖辈老人还将成为家庭教育指导的志愿者。据有关部门统计,随着人口老龄化的发展趋势,祖辈家长对于孙辈的教养与生活照顾在30%～70%之间,事实上承担着家庭教育的责任。

此外,学前儿童的非血缘监护人和随着社会发展而出现的教育保姆,也应列入学前儿童家庭教育指导的对象范围之内。

（二）学前儿童家庭教育指导的性质

1.学前儿童家庭教育指导是家庭早期教育的指导

学前儿童家庭教育指导是托幼机构根据学前儿童家庭教育过程中存在的问题、学前儿童家长的困惑和家长自身的需要,向家长提供帮助的过程。这种指导,属于家庭早期教育的指导。

2.学前儿童家庭教育指导属于成人教育

学前儿童家庭教育指导是实施素质教育的重要组成部分,是整个国民教育体系中的一个重要组成因素,是终身教育的一部分,是以学前儿童家长为主要对象、提高其自身素质和家庭教育水平的一种成人教育。在学前儿童家庭教育指导的过程中,应该注意到作为成人的家长的身心特点,采取不同于学前儿童和中小学生的指导方式,只有这样,家庭教育指导工作才能取得应有的成效。

3.学前儿童家庭教育指导具有业余成人教育的性质

学前儿童家庭教育指导的对象是学前儿童家长,即学前儿童的父母。在我国当前的国情下,这些家长,大部分仍然在岗工作。他们只能利用业余时间参加托幼机构组织的家庭教育指导活动。所以,学前儿童家庭教育指导只能是一种业余的成人教育。

4.学前儿童家庭教育指导具有教师教育的性质

学前儿童家庭教育指导是一个引导家长学习如何教育学前儿童的过程,是一门教育家长如何当好孩子老师的课程,因此,具有教师教育的性质。学习学前儿童心理发展的规律和年龄特征,掌握教育学前儿童的相关知识、技能和教育规律,在学前儿童家庭教育指导中应该占据重要地位。

二、托幼机构对学前儿童家庭教育指导意义的具体表现

学前儿童家庭教育指导的本质是学前儿童家长认识提高的过程,根本目标是要促进学前儿童的发展。将家庭教育融入学前儿童教育范畴,是为了促进托幼机构办学水平的提高,增强家长对托幼机构的信任感,提高家长对学前儿童关心的程度,强化家长的教育动机,提高家长教育素质和家教质量。《幼儿园教育指导纲要(试行)》指出,家庭是幼儿园重要的合作伙伴,应本着尊重、平等、合作的原则,争取家长的理解、支持和主动参与,并积极支持、帮助家长提高教育能力。对家庭教育进行指导的意义具体表现在以下几个方面:

(一)帮助家长形成正确的教育观念

人的行为受观念的支配,在家庭教育中,教育观念起着决定作用。正确的教育观念可以使家长使用正确的教育方法。没有好的观念,人的行动就会出现偏差。比如,有的家长以为让孩子多背诗、多识字就是智力开发;有的家长认为树大自然直,于是对孩子的发展不管不问,放任自流。大量的研究结果表明:家庭教育指导有助于转变家长的教育观念,树立正确的教养态度,掌握科学的育儿方法,促进家长素质、家教质量的提高和学前儿童身心和谐发展。通过对家庭教育的指导,家长可以深入了解家庭教育的重要性,充分认识到学前阶段是学校教育和社会教育的基础,也是整个人生教育的奠基时期,并坚持科学的导向,形成正确的教育观念。

(二)引导家长更好地发挥自身的教育优势

与托幼机构教育及社会教育相比,家庭教育的优势是明显的。在家庭中,父母对孩子的爱本身就是一种教育优势,它是孩子自信、独立、有责任感等良好品质形成的必不可少的营养素。家长最了解自己的孩子,这有利于创设条件,有针对性地对孩子进行个别化教育。通过引导,可以使这些独特的优势更充分地得到发挥。

(三)创设和利用丰富的家庭教育资源

家庭教育具有潜在的丰富教育资源。家庭中的资源包括家庭文化氛围及其成员的职业、经济条件、信息、自身教育水平及观念等;家庭成员和幼儿之间的沟通与交流;家长对幼儿的具体指导等。

首先,托幼机构可以通过各种渠道让家长认识到,自己本身对学前儿童来说就是一大教育

资源。托幼机构要让家长明白家长自身良好的行为习惯就是家庭教育最好的资源,家长可以引导孩子到幼儿园时对老师、其他家长、幼儿主动问好、主动关心帮助他人;引导家长创设温暖、宽松、愉快的家庭环境,激发家长共同创设良好的家园活动氛围,这对幼儿具有潜移默化的影响。其次,托幼机构可以引导家长多方支持幼儿的教育活动,分享家庭中的各种资源,如带来图书、绘本建立阅读共享区;带来旅游图片布置主题墙;为教学活动提供实物、影像资料等。

现在对家庭教育的指导已经由过去强调单一的"教"转化为家庭教育资源的创设及合理的运用。《幼儿园教育指导纲要(试行)》中强调应建立现代教育资源观,把家庭教育的重点放在家庭中教育资源的创设及合理使用这些有效资源上。现代资源观的确立,能更有效地实现"终身教育"、"尊重和发展幼儿主体性"等理念。同时,也可以避免有些家长陷入过于功利的教育观,剥夺孩子主动发展的各种权利。

(四)形成教育合力,共同促进学前儿童的发展

家庭教育是一个系统工程,在国民教育体系中居于重要地位。由于家庭教育具有私人性质,家长对子女的教育有很强的自主性,如何教育孩子、教育哪些内容、教育到何种程度主要取决于家长的主观意志。可以说,长期以来,尤其是封建社会的阶级性,使得家庭教育只能是一家一户的私事,一些文人学者把前辈和自己家庭教育的经验教训总结成册,传给后人。如南北朝时颜之推的《颜氏家训》、唐代的《太公家教》、诸葛亮的《诫子书》、司马光的《温公家范》、朱伯庐的《朱子家训》、袁采的《袁氏世范》、曾国藩《曾文正公家训》等许多家教著作,后来流传到社会上,影响甚广,使得广大家长把它们作为治理家庭和教育子女的座右铭,实际上起到了指导家庭教育的作用。

德国教育家福禄贝尔(Friedrich Wilhelm Frobel)提出,学校同家庭的联系是完美教育和儿童健康发展必不可少的条件。早在 20 世纪 30 年代,我国儿童教育之父陈鹤琴先生曾经说过,儿童教育是一件非常复杂的事情,它不是家庭一方面能独自胜任也不是幼稚园一方独自胜任的,只有两方面结合共同努力,孩子的教育方能显示出最好的功效。学前儿童富有个性的发展,单靠托幼机构的教育是难以实现的,托幼机构、社会、家庭必须协同教育,形成紧密的教育合力,才能共创一种有助于学前儿童身心发展的环境。

第二节　学前儿童家庭教育指导的原则、任务和内容

案例导入

洋洋不再笑口常开了

洋洋在小班时活泼开朗,经常笑口常开,浑身洋溢着快乐与幸福,可到了中班下学期时,洋洋的爸爸妈妈离婚了,洋洋跟了爸爸。此后,洋洋上幼儿园就不像原来那样高兴了,总是哭闹不止,有时候还扯住奶奶,不让奶奶走。奶奶很生气,不停地向爸爸诉说洋洋妈妈的不是,还大声地吼洋洋。这段时间里洋洋不跟小朋友一起玩,也不喜欢笑了,有时候还无端地发脾气,有两次还将小朋友咬伤。面对这种情况,托幼机构应该如何对洋洋及其父母进行指导?

一、学前儿童家庭教育指导的原则

学前儿童家庭教育指导的原则,是指学前儿童家庭教育指导工作中指导者应该遵循的基本要求,是学前儿童家庭教育指导规律的反映和实践经验的科学概括,它对学前儿童家庭教育指导工作具有指导意义。一般认为,学前儿童家庭教育指导的原则包括:双向互动原则、家长主体原则、共同成长原则、分类指导原则、要求适度原则等。

(一)双向互动原则

与家庭教育是家长与子女之间的双向互动过程一样,家庭教育指导的过程是指导者与家长之间的一种双向互动的过程。一方面,在家庭教育指导过程中,指导者的指导观念影响着指导者的指导态度,从而影响着指导者的指导行为。另一方面,家长对指导者的认识影响着家长对指导者的态度,家长的观念和态度影响着家长接受指导的行为。家庭教育指导过程中的指导者与家长之间的互动,发生在指导者的指导行为与家长接受指导行为的层面上。这一互动的结果,既影响着家长的教育观念、教养态度和教育行为,同时又改变着家长对指导者的认识、态度和行为,还改变着指导者的指导观念、指导态度和指导行为。由于家庭教育指导往往采用集体性指导活动的形式进行,家庭教育指导的整个过程还包括家长与家长之间的双向互动过程。

可见,托幼机构开展学前儿童家庭教育指导,不只是托幼机构单向地教育指导家长、单方面地向家长传授教育知识、汇报孩子在托幼机构的表现,也要了解家长的情况和孩子在家里的信息,双方相互交流,反馈教育效果。

在家园沟通中,双方都有沟通的责任。但托幼机构更应主动,努力创设教师与家长、家长与家长、家长与孩子之间沟通的环境和条件。比如,某幼儿园小班的多多活泼可爱,可老师发现她的依赖性实在太强了,什么事情都要喊老师帮忙:吃饭要老师喂,小便要老师给她脱裤子、穿裤子,午睡时还要老师给她脱鞋、盖被子等。老师想让她自己做,她总是说"我不会"。老师把这一情况告诉了多多的妈妈,妈妈无奈地说:"是啊,孩子这样已经有一阵子了,其实以前有什么事她老是想要自己做,但我当时嫌她慢,太烦,就什么都给她做好了。现在可好,懒得不得了,什么都要大人帮忙。"在老师的耐心鼓励下,多多终于开始自己穿衣服了,老师表扬了她,她非常高兴。在这个案例中,托幼机构和家庭之间就存在着双向互动,教师与家长、家长与孩子、教师与孩子之间都有沟通。

在双向互动中,作为指导方的托幼机构,要通过多种形式给家长提供参与的平台,鼓励家长之间交流并分享育儿经验,共同成长。

(二)家长主体原则

家庭教育指导的主要对象是家长。家长不同于未成年人。现代家长的学历层次、教育观念、活动的参与性与过去相比较有较大的变化。许多指导机构发现,不少家长的教育观念、教育能力、获取家庭教育知识的能力已经超出指导者的指导范围。在家庭教育指导过程中,家长是服务对象。家庭教育指导的组织管理者和指导者,应发挥家长在家庭教育指导过程中的主体作用。

托幼机构在指导家长的过程中,指导者与家长是一种平等的合作关系。所以,在指导过程中,指导者要确立为家长服务的理念,了解家长的各方面情况,理解家长的心理和行为,尊重家长的主体地位,调动家长参与的积极性,而不能以专家身份自居而对家长颐指气使,更不能在家长面前挖苦和讽刺学前儿童。以家长为主体,就要对所有家长一视同仁,平等对待每一位家长。

(三)共同成长原则

共同成长,是指托幼机构在家庭教育指导的整个过程中,随着指导工作的推进,使参与其中的组织管理者、指导者、家长和学前儿童四类对象都能得到发展并一起成长。

从出生到六七岁,学前儿童在社会化过程中不断成长;家长虽是成人,但在工作、结婚、生孩子后,仍有一个学习担负社会角色的继续成长的过程;指导者在影响家长、干预家庭教育的过程中,也要吸取家长的教育经验,在接受家长的意见和建议中,不断加强学习,提高自身的理论水平,完善自己,以充分满足家长的学习需要,做到一边学习一边指导。社会在不断向前发展,社会的每一成员都在不断更新、调整和改造自己。人人都需要成长,托幼机构的组织管理者也在组织与管理过程中不断成长。

(四)分类指导原则

家庭教育的指导对象存在不同的类别。不同类别对象本身的特点不同,家长的文化程度、职业状况、身份地位、经济条件、教育观念、教育态度和教育行为不同,对指导的需求也不同。在学前儿童家庭教育指导的实际工作中,要注重对不同类型的家长进行分类分层指导,有的放矢,提高工作的时效性。

家庭教育指导对象的类别可分为家长与子女;可以从子女的年龄段,分为新婚夫妇、孕妇和她们的丈夫、0~3岁婴儿家长、3~6岁幼儿家长;从家长的身份,可分为父母亲、与孩子生活在一起的祖辈老人、非血缘法定监护人、教育保姆等。此外,由于家长本身的某一特点不同,可分为高学历家长、高龄父母、个体户家长等;由于家庭具有某一特点不同,可分为独生子女家长、单亲家长、贫困家庭家长、外来流动人口家长等;由于家庭教育的某一特点不同,可分为教育观念上的现代型家长、教养态度上的权威型家长、教育方法上的简单粗暴型家长、教育能力上教育无能型家长等。

(五)要求适度原则

要求适度原则是指在学前儿童家庭教育指导过程中,托幼机构要争取家长的合作与支持,要以家长自愿为前提,不能硬性指派任务,对家长提出的要求一定要切合家长的实际,是家长力所能及的。这些要求不仅要考虑教育内容的需要,还要考虑家长的承受力,不能把托幼机构应该承担的义务转嫁到家长身上。教师在向家长传授育儿知识时,要尽量做到科学、实用,具有可操作性。只有这样,家长通过参与托幼机构的活动,才能感受到参与的好处,体会到托幼机构对自己的尊重。

要做到要求适度,家庭教育指导的内容要来源于最常见的家庭教育问题,只有这样,家长才易于理解和接受,也便于家长在实际教育中具体应用。在指导中,要根据家长的需要由易到难、循序渐进地将知识传授给家长,否则有的家长难于消化,其行为就达不到指导的要求。在指导家长具体建议行为时,要注意要求家长从自己的实际教育需要出发,把科学的教育理念和行为落实到日常的家庭生活中去。

二、学前儿童家庭教育指导的任务

教育部颁发的《幼儿园教育指导纲要(试行)》指出,家庭是幼儿园重要的合作伙伴,应本着尊重、平等、合作的原则,争取家长的理解、支持和主动参与,并积极支持、帮助家长提高教育能力。家庭教育指导的总体任务是提高3岁以下和3～6、7岁学前儿童家长及看护人员的科学育儿能力。学前儿童的家庭教育十分重要,然而,目前学前儿童家庭教育中存在的问题还有很多,需要外部进行指导。学前教育机构,特别是幼儿园,作为学前儿童家庭教育指导的主要渠道,指导家长的主要目的是为了整合幼儿园、社区和家庭的教育力量,扩大幼儿园的有限教育资源,以此补充幼儿园教育力量的不足,为学前儿童创设一个完整、适宜、一致的教育环境,最终实现促进学前儿童健康成长这一共同的目标。结合我国学前儿童家庭的实际情况,托幼机构家庭教育指导的任务主要包括以下几个方面:

(一)指导家长优化家庭环境

家庭环境包括物质环境和精神环境两个方面。在物质环境方面,家庭环境应当清洁、整齐、美观。物品有固定的位置,家务有合理的分工。学前儿童有属于自己的空间,家长根据其年龄特点,布置美化孩子的空间,并让孩子承担力所能及的事,如整理床铺、衣服、擦桌椅、摆放碗筷等。在精神方面,家庭每个成员要保持尊老睦邻、夫妻互爱互助、同情别人、乐于助人等良好传统。父母对孩子的要求应统一认识,通力合作,根据个人的具体情况,有所分工,有所侧重。另外,各家庭成员都应有较高的生活目标和精神追求,有浓厚的好学上进的气氛,形成良好的家风。

通过指导,促使家长为孩子提供基本的生活、游戏和学习条件,形成良好的亲子关系、夫妇关系、婆媳关系等家庭关系和邻里关系,建立民主、平等、和谐的家庭氛围,为学前儿童的健康成长创设良好的家庭环境。

(二)指导家长提高养育水平

学前教育机构指导家长阅读学前儿童心理学、学前教育学、儿童卫生保健等书籍,向家长讲授基本的教育理论、教育原则和方法,同时指导家长要将家庭教育的理论知识通过反复琢磨、实践转化为家庭教育的实际能力,提高家长了解儿童需求的能力、评价儿童发展的能力、协调亲子关系的能力、处理儿童问题的能力。

通过指导,可以提高学前儿童家长的科学喂养知识普及率。向家长倡导科学喂养,培养学前儿童良好的饮食习惯;倡导母乳喂养,提高儿童营养水平;从整体上增强学前儿童的体质,提高健康水平。

(三)指导家长提高教育水平

学前儿童家庭教育的内容非常广泛。家长既要负责儿童的衣食住行,又要担负起人格发展的重任,还要培养儿童体、智、德、美等诸方面的素质。家庭教育的目的是要将孩子培养成适应社会、将来能幸福地生活、能为社会作出贡献的公民。要达到这一目的,家庭教育就必须是全方位的而不能只限于某一个方面,家长要重视学前儿童的全面发展。

家长是学前儿童最初的模仿对象。孩子会有意无意地模仿父母的一言一行,成为其社会化的标准。家长只有以身作则,子女才能愿意接受家长的教育。孔子曾经说过,其身正,不令则行;其身不正,虽令不从。家长只有严格要求自己才能掌握教育的主动权。托幼机构要加大对学前儿童家长进行家庭教育的指导和培训,帮助学前儿童家长重视自身对孩子的影响力,确立身体力行、以身作则的观念。

通过指导,提高家长家庭教育知识的知晓率,转变教育观念、改进教养态度、增强教育能力,改善家庭教育方式,提高家庭教育质量,促进学前儿童身心的健康发展。

(四)向家长进行法制教育

托幼机构通过向家长宣传《中华人民共和国未成年人保护法》《中华人民共和国预防未成年人犯罪法》《中华人民共和国收养法》等学前教育法律法规和《儿童权利公约》,提高家长的法制意识,依法保障儿童的生存权、发展权、受保护权和参与权。

三、学前儿童家庭教育指导的内容及要求

(一)学前儿童家庭教育指导内容的总体要求

1.指导内容的时代性

学前儿童家庭教育指导的内容应体现时代性,体现新形势下家庭教育的新起点和新特点,反映当前知识经济社会对人才的要求。托幼机构要向家长宣传素质教育的思想,宣传现代儿童观、教育观、人才观,加强家庭美德教育、职业道德教育、社会公德教育,还要讲授不同年龄段儿童和青少年身心发展的一般规律和个体差异等,以帮助家长做到因材施教。

2.指导内容的阶段性

学前儿童家庭教育指导的内容应具有阶段性,托幼机构要根据不同年龄段儿童家庭教育的特点和容易发生的问题,确定家庭教育重点指导的内容。一般而言,对新婚夫妇要加强优生优育和合格父母的指导;对孕妇要加强孕期自我保健、自我监护和母婴安全保健指导;对0~3岁婴儿家长要加强亲子教育,提倡科学育儿,培养良好的生活卫生习惯等保障婴幼儿身心健康的指导;对3~6岁幼儿家长要加强培养孩子良好的交往、合群和行为习惯的指导。

3.指导内容的针对性

加强学前儿童家庭教育指导内容的针对性,是提高家庭教育指导实效最重要的措施之一。学前儿童教育工作者比较善于从儿童存在的问题出发选择指导内容,但是家庭教育指导的直接对象是家长,因此,家庭教育指导工作者不仅要善于从儿童生活和成长中存在的问题出发来选择对家长指导的内容,更要善于从家长在教育子女过程中存在的问题出发,从家长的教育观念、教养态度和教育行为中存在的问题出发来选择指导内容,只有这样,才能真正做到指导内容的针对性。于是有人要求家庭教育的指导者,不仅要"读懂儿童这本书",而且要"读懂家长这本书"。

4.指导内容的全面性

对年轻父母要进行合格父母职责的指导及亲子教育指导,正确的教养观念、教养态度和包括家庭教养的内容、方法在内的教养行为等有关知识。如科学育儿、科学喂养、环境创设、培养良好的生活卫生习惯等保障学前儿童身心健康的指导。

(二)学前儿童家庭教育指导的内容

1.讲解婴幼儿身心发展的知识

托幼机构要向家长讲解学前儿童身心发展的一般规律和年龄特点。比如:刚出生时婴儿还不能集中注意力;稍大一些时,他们好奇好动、爱闹爱玩,在游戏中学习是学前儿童的特性;

学前儿童的思维方式以具体形象思维为主,需要依赖具体形象认识事物;学前儿童的注意和记忆具有很强的随意性;情绪情感容易外露、不稳定。要让家长清楚,由于遗传素质的不同,再加上受到各种因素的影响,孩子的发展具有差异性,家长要面对现实,因材施教,不要盲目攀比。

2.宣传家庭教育的有关知识

托幼机构要向家长讲解有利于儿童身心发展的各种知识。家庭教育的知识包括家庭教育的重要性,家庭教育的目的、内容、原则、方法等,帮助家长树立科学的育儿观,有针对性地帮助家长分析家庭教育问题产生的具体原因,寻找解决办法。在教育中,有的家长自己没有主意,常常盲目跟风。对于这些情况,托幼机构要发挥自己的权威性,给家长以正确的指导。

3.介绍托幼机构教育的有关内容

托幼机构有责任向家长介绍托幼机构教育的性质、目标、任务、内容、途径、方法等;让家长了解不同阶段的教育计划、内容、进度、日常生活安排和要求;帮助家长了解孩子在托幼机构学习、生活的具体情况和各方面的发展水平。

4.提高家长的综合素质

家庭教育指导的内容除了帮助家长分析孩子的问题,针对孩子的问题和特点进行指导外,还要注意帮助家长总结育儿经验,提高家长自身的教育素质。家长在教育子女的过程中常常有许多成功的经验,也会有一些失败的教训,这些经验和教训需要托幼机构帮助他们总结提高,并将好的经验予以传播推广。托幼机构要善于发现家长教育孩子的突出事例,帮助家长整理总结,同时创造条件,让家长之间有机会相互交流学习,以共同提高家长的综合素质。

第三节　学前儿童家庭教育指导的途径和方式

案例导入

琳琳不再哭了

早上来幼儿园时,琳琳很伤心,抱着奶奶哭,不肯进入活动室内。在老师和奶奶的共同努力下,琳琳终于进入了活动室,但是琳琳仍然无法停止哭泣。这时,孩子们都在吃饭,老师就把琳琳叫到睡眠室,拉着琳琳的手,同时看着她的眼睛,说:"琳琳,我们单独聊聊吧。"琳琳这时的情绪已经有所缓和,虽然仍在抽泣,但已经努力在控制自己的情绪。"琳琳,幼儿园这么多小朋友都很喜欢你,他们都等你来吃饭呢,而且老师也很喜欢琳琳。"看琳琳的情绪有所缓和,老师说:"那我们拉个勾吧,一会儿好好吃饭。"琳琳很爽快的和老师拉了勾,然后自己去洗手,然后又很安静地开始吃饭。琳琳快吃完饭时,"琳琳,我们明天开开心心的来幼儿园好吗?"琳琳只是看着老师,老师又用缓和的语气说:"你这样哭,奶奶会伤心的,而且眼睛会痛的……"没等老师说完,琳琳用一只手捂着眼睛,另一只小手摆动着:"别说了,别说了。"

一、学前儿童家庭教育指导的途径

家庭教育在人的成长过程中起着极为重要的作用,苏霍姆林斯基曾经说过,没有家庭教育的学校教育和没有学校教育的家庭教育,都不能完成教育人这一极其细微而复杂的任务。如果学前儿童在家里受到良好的教育,托幼机构的教育就能顺利进行,反之,孩子接受托幼机构教育就容易发生困难。托幼机构家庭教育指导的成功与否,直接关系到教育工作的成效,对学前儿童全面和谐发展起着举足轻重的作用。

(一)我国家庭教育指导现状[①]

1.家庭教育指导相关政策不断完善,但保障性政策不足

自 1983 年浙江省象山县石浦镇创办了中国第一所家长学校以来,家庭教育指导在我国已有几十年的历史了,尤其是进入 21 世纪以来,家庭教育指导更是引起了政府部门的高度重视,如 2004 年中共中央、国务院颁布的《关于进一步加强和改进未成年人思想道德建设的若干意见》中强调了要"重视和发展家庭教育"。2006 年修订的《中华人民共和国未成年人保护法》中规定:"有关国家机关和社会组织应当为未成年人的父母或者其他监护人提供家庭教育指导。"首次将家庭教育指导写进了法律。直至 2011 年,《中国儿童发展纲要(2011—2020 年)》提出"将家庭教育指导服务纳入城乡公共服务体系"。可见,在政策层面,政府已经将家庭教育指导提高到了很高的地位。然而,从当前的家庭教育指导实施模式来看,牵头家庭教育指导工作的主要是各地妇联,政府在政策执行和落实中发挥的作用有限,而妇联只是一个群众性组织,它对其他行政部门并不能起到很好的约束、管理甚至强制作用。因此,当家庭教育指导政策在落实的过程中,如果出现各部门之间相互推诿或者执行不力,妇联难以进行有效的行政干预,还需要政府承担起相应的责任,才能真正将家庭教育指导工作落到实处,才能真正提高家庭教育质量。

2.家庭教育指导经费投入不足,城乡差距较大

虽然目前我国对家庭教育指导非常重视,但是很多省市对家庭教育指导在管理机构的设置、人员配备以及经费的投入上都是不足的。据《我国家庭教育指导服务现状调查报告》(全国家庭教育科研规划课题(2011—2015 年)重点研究课题"我国家庭教育指导服务体系研究"的阶段成果)显示:在被调查的 12 个省中有 11 个省没有独立的家庭教育工作机构,有 3 个省没有专职人员。在家庭教育经费方面,2012 年妇联自身的工作经费占到全部支出的 38.7%,课题、活动和下拨经费微乎其微。更不能忽视的一点是,我国城乡二元体制的存在,使得教育资源还存在城乡差异。目前,所设立的家庭教育指导站或者家长学校,都集中在县、市以上,而农村更加薄弱。而且,有很多农民外出务工,人员流动性很大,尤其是新生代农民工,他们年纪比较轻,家庭教育意识相对较强,对家庭教育指导的需求较强,但由于工作时间、地域的原因,他们没有时间和条件接受到相应的指导。农民工这个群体的特殊性,也给家庭教育指导带来了挑战,因此,应完善管理体制,使各级管理细化,建立有针对性、分层次的家庭教育指导策略;同时,还应加大对家庭教育指导的投入,完善家庭教育指导的条件,使家长们能享受到真正的实惠。否则,把家庭教育指导服务工作纳入城乡公共服务体系将成为一句空话。

3.家庭教育指导师资队伍水平参差不齐,难以满足指导需求

目前社区的家庭教育指导人员大多是非专业人员,他们缺乏系统的学前教育专业理论和实践知识,他们主要侧重于对家庭教育指导活动的组织与管理,而真正的指导还需要外聘专业人员。托幼机构的家庭教育指导主要靠专职教师,但教师们主要来自师范院校,由于我国大多数师范院校很少开设系统的家庭教育指导类课程,使他们没有接受过专业的职前培训,大多数

---

① 张青瑞.我国学前儿童家庭教育指导体系构建路径探索[J].山东英才学院学报,2014(2).

教师都是在入职以后,以自学和自己摸索为主,缺乏系统性和专业性,加之大多数教师比较年轻,入职时间不长,甚至自己都没有做过家长,经验比较缺乏,使得对家庭教育指导工作的开展显得力不从心。而且很多幼儿园班额比较大,孩子比较多,教师工作的强度也比较大,致使他们没有更多的时间和精力对家长进行指导。虽然很多幼儿园对教师一学期或者一学年要进行家长教育指导的次数进行了规定,但是并没有相应的监督措施和激励机制,教师们对家庭教育指导的积极性也不高,加之平时工作也比较紧张,致使家庭教育指导效果堪忧。

(二)学前儿童家庭教育指导的具体途径

学前儿童的家长可以从多种途径接受家庭教育的指导。这些途径包括托幼机构对作为教育对象的学前儿童家长进行指导,街道乡镇对作为社区居民的学前儿童家长进行的指导,企事业机关(目前许多单位是通过工会)对作为单位职工的学前儿童家长进行的指导,大众传播媒介对作为读者、听众、观众和网民的学前儿童家长进行的指导。此外,还有其他社会教育机构对学前儿童家长进行的指导。

1. 社区的指导

社区的家庭教育指导是由街道、乡镇或小区组织的,由街道、乡镇干部,社区内社会工作者,幼儿园或托儿所教师和其他志愿者担任指导者角色,对社区居民进行的指导。社区指导一般是对未入园入托的学前儿童的父辈家长、祖辈家长、外来流动人口家长进行的指导较多。社区家庭教育指导者队伍的形成和建设是我国社区开展家庭教育指导的关键。随着我国社区建设的发展,社区指导的渠道将受到越来越多的重视和发展。不少托幼教养机构已开始注意利用社区的资源,依托社区开展家庭教育指导。上海对0~4岁的婴幼儿家长进行科学育儿的指导,特别是教育上的指导,从20世纪90年代中期就开始酝酿,1996年开始施行"依托社区对0~3岁婴幼儿家长进行科学育儿的研究"并进行试点,受到家长欢迎并取得良好的效果。研究表明:"社区是实现对0~3岁婴幼儿家长进行科学育儿指导的重要渠道和发展方向。当街道、乡镇领导认识到社区对0~3岁婴幼儿家长进行科学育儿指导的意义后,通过明确领导责任、建立指导人员队伍、协调社区各方力量、调拨必要经费、提供活动场地,完全可以在本社区范围内组织开展这项指导工作并取得实效。"研究结果还表明,"建设一支热心指导工作、掌握基础业务知识、具有组织指导能力的指导者队伍,是社区能否开展对0~3岁婴幼儿家长科学育儿指导的关键。"此外,研究者认为,指导家长和组织亲子活动必备的场地和设备,是社区顺利开展家庭教育指导的保证;根据家长教养子女中存在的问题和家长的需要选择指导内容,才能提高社区家庭教育指导的针对性,使指导获得实效。只有坚持指导形式的多样性、开放性,才能提高0~3岁婴幼儿家长参与指导活动的积极性。

2. 企事业机关的指导

这种家庭教育指导是企事业机关根据本单位职工的需要,由工会组织对本单位职工中婴幼儿的父母和祖辈家长进行家庭教育指导。比较多的是利用单位班组学习时间请托幼教养机构教师、卫生保健医生、社会工作者或其他专家做家庭教育知识介绍和咨询,利用业余时间组织亲子活动等。不少单位将此项工作看作是单位关心职工生活的需要,是凝聚力工程的一项重要内容,是精神文明建设的一个重要部分。

3. **大众传媒的指导**

这种家庭教育指导是通过报纸、杂志、广播、电视、书籍和网站等大众传媒对家长进行家庭教育指导。家庭教育的专业报刊、广播、电视中的家庭教育专题节目,家庭教育的电影,家庭教育的读物和家庭教育网站等都发挥着重要作用。由于独生子女家长缺少家庭教育的经验,核心家庭父母缺少祖辈家长家庭教育经验的直接传授,家长学校还不能满足广大家长的实际需要,大众传播媒介在时效、通俗、可接受性上的优势等原因,大众传播媒介在家庭教育指导上的作用正日益增长。有调查结果表明,目前在学前儿童家长家庭教育知识的来源中,来自报纸杂志和读物的居多,网络信息对家长的影响也越来越大。

4.托幼机构的指导

托幼机构的指导是指由幼儿园和托儿所等教养机构组织、由托幼机构工作人员担任指导者角色,对家长直接进行家庭教育指导。特点是:可以利用托幼教养机构现有的房舍、场地、设备进行;可以由托幼教养机构现有的教师和工作人员担任指导者,而不必另外特设指导者。托幼机构的合格教师和工作人员经过一定的培训即可"上岗"。托幼教养机构现有教师和工作人员对机构内学前儿童及其家长的了解和在他们心目中的地位使得这一指导途径具有特殊的优势。

托幼机构对学前儿童家庭教育的指导工作,要从实际情况和实际需要出发,以方便家长和实际效益为准则,通过多种多样的途径来实现。如通过家访可以搭建托幼机构和家庭交流的平台,通过家长学校培训会充分发挥指导作用,通过家园联系册架设家园沟通的桥梁,通过托幼机构的开放日活动激发家长参与教育的热情,等等。正如马卡连柯所说,家庭是重要的地方,在家庭里,人初次向社会生活迈进。因此,托幼机构要通过各种途径的家庭教育指导,最大限度地做好家长工作,适时给予家长支持,家园互动,共同促进学前儿童的健康成长。

二、学前儿童家庭教育指导的方式

学前儿童家庭教育指导的方式,是指导者有目的、有计划地直接指导学前儿童家长,影响家庭教育的具体做法。学前儿童家庭教育指导具有多种方式。在实践中应该根据具体情况采取不同的指导方式,比如同一主题可以采用多种方式配合。幼儿园要开放办园,打破幼儿园封闭的教育管理模式,尽可能请家长参与幼儿园、托儿所的活动,使家长变被动参与为主动参与,真正发挥家长的主体作用,一方面让家长熟悉托幼机构的教育过程和内容,更好地与园所协调一致;另一方面,也可以使家长在托幼机构群体环境下看到自己孩子的表现和发展水平,促进亲子沟通。

托幼机构常用的指导形式有个别指导、集体性指导、利用大众传媒指导等。个别指导是指导者与个别家长一对一的沟通方式,具有针对性、时效性、灵活性等优势,是托幼机构普遍采用的一种指导方式。个别指导方式包括:家庭访问、个别接待、专家咨询、电话联系、信件来往、家园联系册和电子信箱等。集体性指导方式包括:家长会、专题讲座、经验交流会、讨论辨析会、教育开放活动、亲子活动等。托幼机构还要注意充分利用和发挥大众传媒的优势,如家庭教育方面的报纸杂志,自编家园小报、墙报、黑板报以及电影、电视、广播、录像、网络等文字音像资料,这些都是宣传普及家庭教育知识的极好方式。

(一)个别交谈

个别交谈是指教师利用接送孩子的时间与家长进行个别交谈和专门约请个别家长来园所面谈的家庭教育指导方式。教师利用家长接送孩子时与家长简短交谈,是一种方便、及时和经常的家园联系方式。首先,每天早晨和晚上,教师会和家长见面,教师要抓住这一机会与家长进行沟通,这有助于增强家园同步教育的有效性。其次,此时家园双方可以互相传递重要信息。早晨孩子入园时,教师可以向家长快速了解有关学前儿童身体、情绪状况,以便在一天活动中有针对性地实施个别教育;傍晚离园时教师可以及时向家长反馈孩子在园的情况,并为家庭教育提出一些建议。随着学前教育的不断进步和发展,家长对园所和教师的期望与要求越来越高,从孩子在园的日常生活到孩子的知识、能力、性格、习惯的培养发展都受到家长的广泛关注。在每天的入园接待和离园告别以及其他时间,教师都要面对家长就自己孩子各方面情况的询问,有时还要主动与一些不太了解孩子情况的家长交流谈话。一般而言,家长工作比较忙,接送孩子时常常也是来也匆匆,去也匆匆,上午送孩子怕耽误上班时间,下午几十个家长又几乎在同一时间出现,这就决定了教师与家长谈话的时间不可能太长,只能采用简短谈话的形式与家长沟通。一般谈话时间不超过 5 分钟。当家长有不同的看法时,教师应事先有计划,列出具体谈话内容,然后再分时间、分批次向他们宣讲科学的育儿方法。

约请家长来园面谈是另一种个别交谈形式,它与前面所说的接送孩子时交谈不同,是一种有目的、有准备、有一定深度的交谈。因为要和家长作较长时间的交谈,选择双方都方便的时间。约谈前教师与家长双方都要作准备。交谈中,通常需要教师简要全面地汇报孩子这段时期在园所的表现,着重谈孩子的进步和优点,展示孩子的作品,并提出需要注意和改进的地方。家长谈孩子在家的情况,入园后或近来的变化与长进,存在的问题以及对园所的希望。双方共商下一阶段具体的教育目标与措施,以便共同有效地促进孩子的发展。每次约谈的主题与内容可以不尽相同。一般而言,孩子入园所后的第一次约谈话,着重于听家长介绍孩子的生活习惯和兴趣等,教师则要说明园所的教育计划。约谈也可根据家长或教师的建议,集中讨论孩子发展的某方面问题。不论哪种交谈形式,教师都要掌握与家长沟通的技巧,讲究说话的艺术性。

(1)教师与每一位家长交流都要热情、耐心、坦诚。特别是对那些难以接近的家长,教师更要注意,一般来说,在说话时眼睛要看着家长,表达出自己的诚意,让家长感受到自己是受老师尊重和被老师接受的。对家长的询问,教师要避免只用"挺好的""不错""还行""一般"这样模糊的词语来回答,要热情、细致地交流。

(2)教师说话应幽默风趣,给家长创造一个和谐轻松的环境。因为这样的氛围有利于教师与家长、幼儿之间的沟通,也有利于培养孩子乐观开朗的性格。

(3)教师要力争多学习几种方言甚至民族语言。因为交谈的对象是家长,家长来自不同的地方,如果教师能用一些他们熟悉的语言与他们交谈,家长们会感到谈话的气氛更加亲切自然,这样更便于与家长达成共识。

(4)要善于倾听家长的叙述,不要随便打断家长说话。教师越表现出乐于倾听,与家长分享孩子的信息,家长就越愿意与你交流。当家长说完后,教师再进行巧妙的引导。在家长接送孩子时进行个别交谈,虽然方便、及时,但是也会受到一些制约,比如家长较多时,交流时间不可能太长,谈话不是很充分、不够深入等。因此,要注意通过其他方式的相互补充、灵活运用。

(5)对家长交代的事情一定要尽力解决,及时反馈,不能言而无信。比如家长早晨来园交代:"我家孩子身体不好,今天提醒她多喝水。"有的说:"今天我们家天天有点感冒,这是他的药,中午你给他吃上,多关注孩子。"面对这些家长,首先要很肯定地对家长说:"您放心,我会特别留意的。"同时把家长交代的事情,全部写在记事本上,以免忙起来忘记,尤其是要防止给小孩吃错药;同时,也可以让家长真正放心。下午离园时,主动向家长说说孩子的事,也可把反馈情况写在记事本上,使家长真正信任教师。

(二)书信往来

书信分便条和信件两种。俗话说得好,好记性不如烂笔头。现在的托幼机构教育中需要家长配合的地方很多,如果让孩子回家口头转告教师的意思,效果往往不大理想。一方面,学前儿童年龄小,不能完全表达清楚;另一方面,孩子容易忘记,在托幼机构里记下了,但回家后可能就忘了。为解决这个问题,打印或手写一张小纸条,将内容清楚地写在上面,如这学期的家长开放日活动安排,时间、内容、要求等,让家长看后一目了然,心中有数。信件是通过写信的方式与对方交流情况,提出建议、讨论问题,这种方式,一般比较慎重,容易引起教师或家长心理上的重视。

(三)家庭访问

家庭访问简称"家访",是教师上门看望家长和学前儿童,与家长交流托幼机构教育和家庭教育的情况,交换促进学前儿童身心健康发展的设想和建议的一种有效的个别指导形式。虽然花费时间较多,但它具有灵活性、具体性、针对性的优势,它可以使教师直观地了解学前儿童的家庭情况,与家长建立密切的联系,给家长以具体有效的指导。这种家庭环境中的交流,比其他形式来得更直接、深刻,充满浓厚的情感色彩。

家庭访问一般在新生入园、入托时进行,使孩子在入园前就认识教师,留下良好的印象,并与学前儿童建立初步的感情,这样入园后有信任的教师,容易适应幼儿园的生活。教师对新生家访时,重点要调查儿童在家的生活、卫生习惯,并做好记录,以便有计划、有步骤地引导幼儿适应托幼机构的集体生活。如果不能对所有新入园幼儿普遍访问,也应通过体检表和摸底调查表,重点选择身体较弱、情况特殊的幼儿先访问。当学前儿童生病、发生意外事故或发现儿童有严重行为问题时,要立即进行家访。教师应向家长详细汇报事情发生的经过,以亲切负责的态度,安抚家长的情绪,和家长一起商讨解决问题的办法。谈到学前儿童的不良行为时,并不是去告状,也不是去兴师问罪,不要一味责怪家长,而是在肯定优点的基础上,共同研究针对性的改进措施。

学前儿童有好的表现或显著的进步时,需要通过家访帮助家长总结教子经验,并加以推广。当学前儿童家庭发生重大变故时,需要与家长沟通,给予安慰协助;长期缺勤需要了解原因。有些家长在教育观念、教育方法有严重问题时,教师适时家访,可以深入交谈并促进其改进。

教师家访时,有以下几点要求:

1.目的要明确,家访前做好充分的准备工作

在家访前,教师要对每个家访对象的家庭特点进行全面的分析,制订好家访计划,针对每一名幼儿的特点,协商好家访目的,考虑好要与家长谈哪些问题,需要家长怎样配合,做到心中有数、有备而去。否则,想起什么说什么,虽然也是聊一个晚上,结果家长想知道的东西没有聊到,要解决的问题没有实质性的进展,这样就达不到家访的目的。

2.营造宽松的气氛,让家长乐于交流

有些家长不善言谈,对教师的到来会感到拘束、不自在,这时教师要注意创造轻松的气氛,重点交流孩子的生活习惯、兴趣和能力方面的情况,这样容易找到共同的话题。交谈时,注意态度要和蔼可亲、语言简洁易懂,不让家长感到拘束,同时做好家访记录。在家访时,有些孩子

特别兴奋,又蹦又跳,有些孩子有点害羞紧张,教师要主动接近孩子,与孩子一起做游戏、玩玩具,消除孩子的紧张情绪。与家长多交流孩子的兴趣和能力方面的情况,让家长多介绍孩子的兴趣是什么,在家喜欢做些什么,这样教师就能知道孩子的另一面。另外,要当着孩子和家长的面,介绍孩子在园所的进步,表扬孩子在园所的良好行为习惯,让家长了解孩子的另一面。

3. 针对实际,根据家长和学前儿童的具体情况进行交谈

要扬长避短,把握好分寸,主动向家长介绍学前儿童在园所的各方面表现,尽量多谈孩子的长处和优点,并把孩子的进步归功于家长教育的结果。对孩子的评价一定要客观、全面,既要肯定优点与进步,也要真诚地提出不足之处。在谈孩子的缺点时,要根据情况区别对待。如果与家长很熟悉,可以说得直率一些。有些家长自尊心强,对谈孩子的缺点视为对自己的批评,感到有压力。所以,教师要特别注意方式,不要用"反应迟钝""表现很差""一点都不听话"等贬义词汇来形容孩子,以免家长听了不舒服。把学前儿童出现的问题和不足集中在具体行为和表现上,就事论事,然后委婉地提出希望和要求。

4. 态度诚恳,以平等的身份与家长交谈

指导者切勿以专家自居,采取居高临下的态度教训家长,不要发号施令似地老是说"你必须""你应该"怎样,更不能责怪家长,要体谅家长的心情。避免使用专用术语,而要采用朴实的语言与家长交谈,深入浅出,让家长听得懂。要尊重家长,多虚心倾听家长的意见。家访本身是双方互通信息、互相学习的过程,然后进行分析研究。教师提出共同促进孩子发展的措施时,宜采用商量的口吻,征求家长的意见。

5. 及时记录,做好分析总结

谈完了要肯定谈话收获。教师要指出谈话对家园双方都有益,强调对自己的工作有帮助,如进一步了解了孩子,有利于今后的教育工作。同时,对家长的接待表示谢意,欢迎家长以后继续支持园所的工作,提出好的意见和建议,自己愿意竭诚与家长密切合作,共同促进孩子的发展。每次家访结束后,要及时做好记录,反思自己的教育行为,做出小结,提出今后的教育建议。

(四)电话联系

由于现代生活节奏加快,社会竞争激烈,学前儿童的父母大多都很繁忙,教师与家长可以通过电话交流情况、互通信息。

首先,教师要向家长公布家庭电话和手机,方便家长及时联系,沟通交流。例如,有个幼儿家长晚上打通了老师家的电话,向老师告状,说自己的女儿到现在还不肯吃晚饭,非要把电视看完了才吃,饭菜已热了好几遍,家长实在没办法了,就打电话请老师帮忙教育她。孩子在接听了老师的电话后,很快去吃饭了。事后,教师要求家长和孩子商量一下,共同制订一个作息时间表,把各项活动都安排好,如果能遵守时间表,就贴一个标记,集够一定数量的标记就给予奖励。

其次,教师要把全班幼儿家庭的电话号码记录下来,以便相互沟通。如有个幼儿生病了,好几天没来幼儿园。教师就把生病幼儿的情况及其家里的电话号码公布在小黑板上,动员家长们晚上让自己的孩子给生病的小伙伴打个电话,以此学会关心别人。晚上教师先给生病幼儿家中通了电话,了解孩子的病情,告诉家长,班上孩子都很想念他的孩子,今天晚上会有几个小朋友给他家打电话,请让孩子接听电话,使他感受到集体的温暖。教师还嘱咐生病幼儿在家中要听爸爸妈妈的话,按时吃药,早点好起来,可以到幼儿园和小朋友一起玩。整个晚上家长

和生病幼儿都很激动，孩子也盼望着明天就可以上幼儿园。

另外，教师还要充分利用这一沟通手段，把当天幼儿发生的一些重要事情告诉有关家长。缺勤的幼儿要询问情况，来不及或不方便当面交谈的事情用电话就容易沟通，一些误会可以发短信解释。对于一些有这样或那样问题的幼儿，教师可以通过电话与家长进行联系沟通，共同寻找教育的策略。

（五）家园联系册

家园联系册是教师采用书面通信的方法与家长联系，相互交流学前儿童在家、在园所的表现，交换对孩子的评价，征求家长的意见、建议，共同商讨教育孩子的个别沟通形式。现在许多家长工作繁忙，很少抽出时间与老师深入交谈、沟通，在这种情况下使用家园联系册就显得尤为重要。家长可以从中了解到自己孩子在园的进步、问题及幼儿园对家庭在配合教育方面的具体要求；教师则可从中获得幼儿园教育效果的反馈信息，了解幼儿在家中的表现，知道家长的意见和要求。

家园联系册的主要栏目有：托幼机构的教育目标、主要活动安排、教师情况简介、学前儿童在园所的表现、家庭基本情况、孩子在家情况等。每个幼儿人手一本联系册，每周反馈一次。例如星期五带回家，家长就可以了解孩子一周的在园情况，以及下周的活动安排、教师要求配合的事宜，填写反馈意见等。周一交回，教师又可以了解幼儿双休日在家中的情况，以及家长对幼儿园工作的要求和建议。家园联系册也可以定期或不定期地往返于家庭与幼儿园之间，教师应鼓励家长把家庭教育中的困惑写出来，就孩子身心发展中的某一问题进行探讨交流，共同促进幼儿成长。

使用联系册，要因人而异，家长的年龄、文化程度、对教育的理解和教育方法等不尽相同。因此，针对不同家长，教师书写联系册的内容和方法也需有所不同。

针对经常填写家园联系册的家长，要多写他们关注的事。许多家长愿意写家园联系册，还写得十分认真。对这部分家长，教师要积极回应，让他们保持写联系册的热情。写联系册时，教师对家长的疑问一定要给予及时、详细的回答，要针对他们的关注焦点，把幼儿的情况用生动详尽的文字描述出来。比如有个寄宿制的孩子体弱多病，家长特别牵挂孩子的身体状况。教师在他的联系册上对孩子的健康状况作了详尽的记录，如有无咳嗽、晚上睡眠是否正常、每天早中晚的三餐吃得如何、服药的情况怎么样、体育锻炼时怎样适当减少他的活动量等，以使家长放心。

针对不常写家园联系册的家长，要激发他们书写的兴趣。一些家长不写联系册，是觉得没什么可写。可以将其他家长每天写在联系册上的一些教育理念、教育方法，经过整理、提炼和润色后，刊登在班级的"家长园地"中，让不知道怎么写联系册的家长从中受到启发，或是找到感兴趣的话题再参与到讨论中来。久而久之，这部分家长也就逐渐学会并且乐意写家园联系册了。

家长对孩子都充满殷切的希望，孩子的点滴进步都是他们快乐的源泉。对此，教师一定要给予理解，应该采用欲抑先扬的方式，在充分肯定孩子优点的基础上再提建议，这样就容易打动家长的心。如有位小班老师这样对家长说："孩子善良、有礼貌，能与同伴友好相处，互相谦让，做游戏时主动招呼客人，游戏结束后主动帮助整理材料并知道物归原处。但是孩子不能很好午睡，家长要注意哦，因为这对他的身体健康很重要！"家长真切地感到了教师对孩子的欣赏和关注，对老师的感激之情油然而生，接纳教师的心扉也就打开了。

（六）家长会

家长会是幼儿园对家长集体指导的一种重要形式。从时间上看，家长会可以在开学初、学期中和学期末召开，也可根据需要临时召开。从规模上可以分为全园家长会、年级家长会、班级家长会、小组家长会；从参会对象上可以分为祖辈家长会、父亲家长会、溺爱型家长会、新生家长会、毕业班家长会等。家长会的优势在于几乎所有的家长都能集中在一起共享信息，共商教育，是一种经济高效的家长工作形式。

1.全园家长会

全园家长会一般在新生入园或开学初召开。主讲人一般由园长或业务园长发言，重点向家长介绍幼儿园的设施、办学理念、办园特色、家长配合工作及幼儿园的教育目标、幼儿在园一日活动的内容、作息时间、家长工作等，从而加深家长对幼儿园工作的认识，增进对幼儿园的可信度，也让家长了解了幼儿入园后的学习生活情况，能更好地配合幼儿园的工作，为幼儿顺利入园做好充分的心理准备。

2.班级家长会

班级家长会较新生家长会更具有针对性，因为它是教师和家长的互动交流，共同研讨孩子保教问题的家长会。班级家长会的形式可不拘一格，注重实效。如陈设一些幼儿作品、幼儿成长档案、课程设计和教师关于主题活动的记录等。这样，家长可以通过翻阅这些材料，了解幼儿在园的一日活动情况以及教师的教学安排，从而帮助家长理解幼儿学习和幼儿教育的特点。另外，这些材料还能引发家长之间的互相交流和学习。

幼儿园不管是组织哪种家长会，都要注意以下一些问题：

会前做好充分的准备，包括对家长会整体情况的把握、对本班孩子情况的了解、对教育动态和信息的理解，文字、图片、视频等各种材料的准备，对各种情况的预想，如对家长心态的估计、对现场可能出现的情况的预测等。

开家长会时，教师说话必须切中要害，语气要幽默、诚恳。如果必须指出孩子的不足，应尽量用开玩笑的方式或委婉的口气，不要伤了家长的自尊。

教师应调动家长参与的积极性，注重实效。调动家长积极性的方法很多，其核心就是要让家长有话想说、有话能说，让他们觉得自己和教师一样，也是家长会的主角，而不仅仅是被动的倾听者。让家长畅所欲言，分享家庭教育经验，互相学习，共同进步。在这种家长会中，教师是发起者和参与者，要想方设法激发家长的主体意识，让家长大胆表达自己的想法。例如，有的幼儿园在大班孩子快要升学时，邀请身为小学教师的家长做主讲人，向家长们介绍入学准备时需要注意的事宜，其他家长通过提问当场解决心中的疑惑。如"孩子平时总是丢三落四，怎么办？""孩子做事磨磨蹭蹭，怎么办？""算数和语文学哪些？"针对这些问题，身为小学教师的家长给予了很好的指导："孩子习惯的养成比知识的获得更重要。家长首先要以身作则，东西摆放要有条有理。""家长要帮助孩子逐渐形成时间概念，在引导孩子改正缺点的同时给予鼓励。"这让家长学到了相应的知识和技能。

家长会后，教师应及时了解家长对活动的想法、建议，认真记录、反思，将这次会议中的不足作为下次会议的注意事项。同时，教师还可以通过重新翻阅会议笔记和观看会议录像，了解家长的心理特点、教育观念和教育行为，进一步分析如何更好地激发家长的兴趣，引起他们的共鸣，使他们在更大程度上参与互动，进而拓展家长会工作的思路，以增强家园教育的合力，促进幼儿更好地发展。

(七)家长开放日

家长开放日是指幼儿园定期或不定期地向家长开放,邀请家长来园参观和观摩幼儿园的环境与活动。通过家长开放日活动,可以使家长从中更具体地了解到幼儿园保教工作的内容、方法;可以更清楚地看到自己孩子在吃饭、学习、活动等各方面的表现,知道孩子的发展水平及与伙伴交往的状况,特别是可以亲眼目睹自己的孩子在与同龄幼儿相比较中显示出的优势与不足,从而有助于家长深入了解自己的孩子,与班级老师合作,有针对性地教育孩子。同时,家长在观摩教学活动中,还可以了解到教师的教养态度、教养方法和教育技能,这对家长来说是一种实地学习的机会,有助于帮助他们改善自己的一些不良的家庭教育行为。

家长开放活动是幼儿园家长工作中常见的一种形式。在实践中,很多家长对此类活动都很感兴趣,也愿意积极参与,但家长常常不知道应该先看什么,后看什么,只知道盯着自己的孩子不眨眼,当老师提问别的孩子,而不提问自己的孩子时,心里会不高兴,看着自己的孩子不如别人的孩子聪明、伶俐,心里也容易窝火。

为了让家长能用科学的眼光正确地看待和评价自己的孩子,在每次开放日之前,教师必须先把教育活动的目标、内容、方法以及如何观察自己的孩子、怎样科学地对待孩子们之间的差别等,向家长讲明白,使家长们在观察活动时,知道对自己的孩子多进行纵向比较,少进行横向比较。要善于发现自己孩子的闪光点,只要自己的孩子进步了,哪怕是一点点的进步,都要及时提出表扬,而不应该拿着别人孩子的优点比自己孩子的缺点,来埋怨孩子,挫伤孩子的自尊心和上进心。

在具体操作中可以把需要家长重点观察的项目列出来,设计一份简单、实用的观察记录表,发给每一位家长,使家长明确该看什么,怎么看,先看什么,后看什么。例如,有的幼儿园就交代得很清楚:本次开放活动重点有两个,一是让家长看看自己孩子的学习习惯是否有改进,具体项目包括学习用品的放置、听和说的习惯、独立操作的习惯、时间观念;二是口语表达能力的发展情况以及与小朋友的交往、合作能力,具体项目是观察自己孩子能否与小朋友平等相处、是否主动与老师和家长打招呼。家长只要按等级如实记录就可以了。

在活动结束后,托幼机构可以组织家长交流总结,帮助家长对孩子作一个客观全面的评价。对家长的指导可分类进行,也可个别进行。与家长一起分析原因,并找出解决问题的方案。最后还要让家长反馈自己的真实感受,用口头或是书面形式提出对幼儿园工作的意见、建议。通过家长开放日,使家长懂得怎样和教师主动配合的方法,只要两者取得了教育的一致性,往往就达到了预期的目的。

(八)亲子活动

亲子活动又称亲子同乐活动,是指由托幼机构组织的,请家长和学前儿童共同参与,通过亲子共同活动和指导,既促进亲子关系健康发展,又接受家庭教育指导的一种集体性指导活动。亲子活动可以在园所内组织,也可以在园所外进行。如元旦、"三八"妇女节、"六一"儿童节、端午节、中秋节等节日组织联欢活动;可以组织亲子远足活动,让学前儿童走出园所,与父母一起到大自然中去观察和尽情享受大自然的美,体验欢快的情绪,增进亲子间的感情;亲子运动会,让家长与孩子一起通过运动项目的竞赛,锻炼身体,增强体质,它同样可以增进亲子间的感情。根据教育内容而专门设计的教学亲子活动,可以在教师的指导下,家长与孩子一起参加。在这些亲子活动中,教师将教育内容和指导要求融合在各种各样的游戏活动中,向家长提供互相学习、交流、教育的机会,促使家长提高教养素质和能力,也为孩子和家长提供共同游戏、共同成长的环境和氛围,增进亲子间的感情。

托幼机构在邀请家长来园所参与亲子活动时要本着平等、尊重的态度,教师要以家长为合作伙伴,以孩子为共同的教育主体,以促进学前儿童的发展为共同目标。家长合作的态度取决于活动是否满足了他们在教育孩子方面的需要。当托幼机构满足了家长的合理需求时,家长合作的愿望和热情会更高,态度也会更积极。所以,托幼机构在开展亲子活动时,必须调动家长的积极性,让家长热情高涨起来,尽可能满足家长的教育需求。在组织亲子活动之前,可以由家长讨论协商成立亲子活动家长委员会,邀请家长代表参与活动方案的设计和计划。整个活动是以家长为主体,教师只是组织者、引导者、服务者和参与者。从活动方案的确定、计划、准备到实施,都应该有家长的参与。

根据家长的需求,开展多样化的亲子活动指导。亲子活动的方式是多种多样的,除了开展一般的亲子活动课程外,还可以根据家长的不同需求开展丰富多彩的亲子活动。如"亲子郊游""亲子俱乐部""亲子运动会""亲子游艺联欢会""才艺展示"等,增进托幼机构与家长的广泛联系,以丰富多彩的方式使家长在活动中得到科学育儿的指导。

在活动后,应及时组织家长交流讨论。比如在本次活动中自己是如何指导孩子的?在讨论中发现其中的好办法、好经验,引导大家一起学习,提高家长的教育水平,更大地发挥家长资源,形成教育合力。亲子活动后要引导家长注意幼儿园教育向日常活动中的延伸,可以通过各种形式展示活动成果,特别是让家长能看到自己孩子的活动成果在各个活动区展示。让家长感受到孩子在活动中确实受益了,而且活动有始有终,家长也会有一种成就感。

(九)家长园地

幼儿园所设置宣传栏、展览台、黑板报、陈列室,展示对家长有益的教育书刊和辅导材料,书写家庭教育的小常识,公布托幼园所的作息时间表、食谱、收费标准、集体活动要求及图片等,使家长能根据自己孩子的实际情况和具体要求,有选择地进行观看,重点学习和观赏。例如,家长看到黑板报上"如何培养孩子良好的学习习惯"的标题时,想到自己孩子的学习习惯较好,就可不去细看其具体内容;当家长看到旁边的"如何给孩子过生日"这一标题时,觉得很有兴趣,就可仔细阅读其具体内容。

在陈列室里,既有幼儿园的各项工作安排、种植的盆花、教师制作的玩教具、摄影图片,也有幼儿的绘画作品、自制的玩具、观察气象日记、歌舞活动照片等,父母如果想激发孩子制作玩具的兴趣,培养孩子的动手能力,就可以带孩子一起来参观教师制作的教具和幼儿同伴自制的玩具。例如,用麦片盒和吸管做出的电视机,用牛奶盒、瓶盖做成的机器人,用快餐盒、塑料绳制作的手提计算机等。

教师也可在自己班级门外的墙壁上开辟一块空间,作为家长园地,定期向家长介绍教育的目标、内容、形式、方法,可以是某个学科的教案,也可以是某个主题教育活动的设计。

(十)网络互动

随着社会网络化、信息化的发展,互联网已经走进了千家万户,它具有信息量大、获取知识便捷、效率高、速度快的特点,今天的学前儿童家长大多年轻,熟悉并喜欢网络,于是越来越多的托幼机构开始利用网络互动的形式促进家园沟通,实现家园共育。

许多幼儿园建立了网站、班级网页,教师通过电子信箱、即时通信软件等多种方式可以和家长进行即时的网络交流,从而畅通又迅捷地做好家园沟通工作。网络平台一方面要迅速反映教育动态,在班级网页上公布幼儿园工作目标、教育内容、本周教育重点等。如可以公布一周菜谱,让家长了解到孩子在园的饮食搭配,同时为家庭饮食搭配提供依据。另一方面还要通过网络与家长交换意见,共商育儿策略以及家长应配合做的事情。通过上传孩子参与的各类活动资料,让家长更准确、更清晰地了解班级保教活动情况。通过视频转播、班级成长日记、留言板等多种栏目,以及各种途径的家长意见反馈等,在与家长交流中教师可以了解孩子在家庭中的各方面表现、兴趣爱好,以及家长的教育理念,根据幼儿实际和家长的需要适时地给予个别化的针对性指导。

由于网络不受时空限制,能让家长和教师展开深入全面的交流,而且可以解决许多家长工作繁忙没时间与老师面对面交流的问题。如进入冬季后,有些孩子生病来园的时间不多,失去了很多学习的机会。在这时候家长就可以及时从班级博客的"教学内容"一栏中了解教学动态,在家中帮助幼儿进行学习。网络教育平台还可以搭建家长与家长之间的互动桥梁,家长间讨论各种育儿小窍门、小常识,互相取长补短,拉近了家长之间的距离,增进了家长之间的感情沟通,总结传播更多的育儿经验。

幼儿园要想有效运用网络平台和家长进行沟通,就要积极借鉴网络运作的基本规律,将开放、高效、多角度的网络交流的特点运用到新型家园关系的建设中,将家园网络平台的建设当成教师日常工作的重要组成部分。例如,以班级为单位负责整理家长反映的信息,及时给予反馈,班级内部无法解决的要上报园长办公室;以月为单位,总结有价值的帖子分类汇总,作为班级下一步工作的重要依据和班级间相互借鉴、交流的内容;班级活动园地要定期更新;园长信箱由园领导班子轮流值班,对于家长在园长信箱内的意见和建议及时反馈。

复习思考题

1.学前儿童家庭教育指导的含义是什么?

2.学前儿童家庭教育指导的性质是什么?

3.举例说明学前儿童家庭教育指导的重要性。

4.举例说明学前儿童家庭教育的指导方式。

5.学前儿童家庭教育的任务是什么?

6.0～3岁家庭教育指导的内容是什么?

7.学前儿童家庭教育指导的原则有哪些?

8.结合实际分析我国当前家庭教育指导存在的问题及原因。

9.案例分析。

(1)案例1:小明,男,三岁半,母亲26岁,初中文化,自由职业者。母亲离异后将他放在外婆处。他平时和外婆生活在一起,双休日和妈妈、新爸爸在一起。在幼儿园一日生活中,他会经常和其他孩子发生冲突,而据老师观察大都是他的言行举止粗鲁造成的。例如,在与同伴的游戏过程中,他会蛮横无理地争抢玩具。在排队时将同伴推推搡搡,或故意让别人摔跤。还有一次,他用小玩具戳进邻座小女孩的嘴巴里,使对方的牙龈破损,三天三夜都喊疼和怕吃咸味的东西。又有一次,他用一只手扯住邻座小女孩的耳朵,另一只手的手指旋转着使劲钻进对方耳洞。老师发现予以立即制止后,他又差点故伎重演,被反复教育后才停止该危险行为。

面对小明的情况,幼儿园应该如何做好家庭教育指导工作?

　　(2)案例2:某大酒店与前来就餐的顾客发生了冲突,其原因是由于酒店大厅摆放了供用餐客人观赏的一些美丽的小盆花,一名三四岁的小男孩非要搬走其中的一盆,酒店值班人员一再耐心劝说也无效,小男孩搬起花盆就走。值班人员只好无奈地找其父母制止,但其父母则采取了默认和纵容的态度,值班人员只好跟随小孩到饭店外进行制止。但此举惹恼了小孩父母,他们为满足孩子的愿望,希望给点钱了事,不过,值班人员不敢擅自做主,拉住想抱走盆花的小男孩。这下激怒了小孩的父母,其母在大庭广众之下口出秽言谩骂值班人员,并宣称"真想狠狠"打一顿值班人员,并且还大讲其教子的"道理",小孩的父亲则更甚,几次卷袖欲狂殴值班人员,幸被围观人员阻止。最后,在酒店负责人出面道歉、值班人员一再赔罪的结局中收场。临了,小孩母亲还极力鼓励小孩的做法,而那小男孩面对镜头,还面无表情、几乎是理直气壮地、高傲地说:"我最棒!"他的父母马上就当场附和他:"你就是最棒的!"

　　结合案例分析该小孩的父母在教育孩子时存在什么问题? 托幼机构应该如何有针对性地做好家长的指导工作?

第九章
现代社会背景下的学前儿童家庭教育

📖 **要点提示**

　　本章旨在探讨学前儿童家庭教育在当前日益变革的信息时代下所面临的新形势、新问题，并提出相应的解决对策。学习本章需要在了解家庭教育的制约因素，包括家长自身素质、家长的教养方式、家庭的生活环境及社会历史背景等方面的基础上探讨新时期的家庭教育问题。

　　第一节主要探讨了当前我国学前儿童家庭教育所面临的形势。从 20 世纪 90 年代以来我国所颁发的家庭教育政策文件、家庭结构的变化以及亲子关系等方面进行了阐述。

　　第二节分析了当前我国学前儿童家庭教育的现状，在此基础上提出了相应的解决对策。主要从教育理念、教育方式、家园合作、特殊儿童帮扶等方面出发进行了探讨。

🔲 **学习目标**

知识目标：

1. 了解 20 世纪 90 年代以来我国家庭教育方面的相关政策文件。
2. 重点把握我国当前学前儿童家庭教育的基本情况。
3. 掌握新时期家庭教育面临的问题及应对策略。

能力目标：

1. 从历史发展的时间脉络出发，了解我国现阶段有关家庭教育的文件与政策。
2. 用比较法辩证地分析家长的教育观、亲子观，以及祖辈父辈观念冲突的原因及表现。
3. 用发展的眼光去思考我国家庭教育的未来走向，树立积极应对家庭教育问题的信心。

　　当前我国社会进入了一个新的发展时期，社会政治经济正在发生急剧变革，这种变革必然深刻地影响着我国家庭生活领域，带来家庭结构、家庭关系、家庭教养方式的巨大变化。这给学前儿童的家庭教育带来了前所未有的新情况、新问题。大到国家，小到家庭都越来越重视家庭教育，这给我们开展家庭教育工作带来了更多的机遇和空间，因此我们需要加强对这些新情况、新问题的关注和研究，转变教育观念，积极寻求应对策略，以推动家庭教育向着更加科学、规范的方向发展。

第一节　　当前我国学前儿童家庭教育面临的新形势

📚 **案例导入**

二孩相处引思考:3 岁哥哥点燃床头稻草致 1 岁弟弟重伤

　　家有大娃、二娃，原本是件其乐融融的事，但看着躺在病床上痛苦不堪的老二童童，29 岁的罗妈妈一脸愧疚。她没想到让 3 岁的大儿子强强与熟睡中的 1 岁半的二儿子童童短暂独处,会引发如此大的灾难。

这天,罗妈妈离家时嘱咐哥哥强强不要调皮吵醒弟弟童童。谁知 30 分钟后老大去厨房找到打火机,悄悄推开弟弟的房门,走近露出床头的稻草,点燃打火机,大火瞬间点燃整个屋子,强强一路狂奔逃出,而屋内,童童正在熟睡……罗妈妈说,回家时,看到房子燃起来了,她冲进房间将童童抱出来。"身上、脸上,全是烧伤,我快认不出他了!"强强被吓得也不轻,大哭,说:"我把弟弟烧了……"童童的烧伤面积有 23%,并住进重症监护室。童童目前已经历了 3 次植皮手术,花费将近 14 万元。妈妈说,最担心的,还是弟弟长大后,知道自己受伤的原因,会恨哥哥。

随着二孩政策开放,幸福升级的同时,危险指数也在升级。在先后进入两个大型家长 QQ 群,就"家有二孩,两个孩子相处时,你是否遭遇过危险?"进行随机调查时发现,60 个二孩家庭中,42 个家庭表示遭遇过。其中,老大年龄多在 3~7 岁,老二多在 0~4 岁。相安无事的家庭,多是男女混搭。

一、20 世纪 90 年代以来我国日益重视家庭教育

20 世纪 90 年代以来,随着我国法制的不断完善和教育改革的不断深入,相关法律、文件中多处涉及家庭教育的地位和作用,并对家庭教育指导提出了具体要求,这说明从国家政策层面越来越关注儿童的家庭教育。

(一)20 世纪 90 年代以来的政策文件日益关注家庭教育

《九十年代中国儿童发展规划纲要》《幼儿园工作规程》(1996 年)、《中共中央国务院关于深化教育改革 全面推进素质教育的决定》,这些文件都要求重视和改进家庭教育,开设家长学校,学校、家庭、社会共同参与做好孩子的德育工作。

(二)21 世纪以来的政策文件空前重视家庭教育

2001 年教育部颁布的《幼儿园教育指导纲要(试行)》,指出幼儿园应与家庭、社区密切合作,与小学相互衔接,综合利用各种教育资源,共同为幼儿的发展创造良好的条件。并提出:家庭是幼儿园重要的合作伙伴。应本着尊重、平等、合作的原则,争取家长的理解、支持和主动参与,并积极支持、帮助家长提高教育能力。

2006 年修订的《中华人民共和国未成年人保护法》第十二条规定:"父母或者其他监护人应当学习家庭教育知识,正确履行监护职责,抚养教育未成年人。有关国家机关和社会组织应当为未成年人的父母或者其他监护人提供家庭教育指导。"

2007 年,全国妇联等八部委共同制定的《全国家庭教育工作"十一五"规划》,对家庭教育工作的目标、内容、检测评估、保障机制等均作了具体规划。

2010 年国务院颁发的《国家中长期教育改革和发展规划纲要(2010—2020 年)》指出:要充分发挥家庭教育在青少年成长过程中的重要作用。家长要树立正确的教育观念,掌握科学的教育方法,尊重子女的健康情趣,加强与学校的合作,共同减轻学生课业负担。关心社会教育,帮助子女养成良好习惯,促进学生健康成长。

2010 年全国妇联发布的《全国家庭教育指导大纲》提出,家庭教育应该坚持"儿童为本、家长主体、多向互动"原则,并详细给出了从新婚期到儿童 18 岁的家庭教育指导意见,并对特殊儿童、特殊家庭、灾害家庭的家庭教育工作进行了指导。

2012 年《关于建立中小学幼儿园家长委员会的指导意见》指出：要充分认识建立家长委员会的重要意义、明确家长委员会的基本职责、积极推进家长委员会组建、发挥好家长委员会支持学校工作的积极作用、为家长委员会的建设提供有力保障，从各方面推进现代学校制度建设，完善中小学幼儿园管理制度。

2015 年教育部发布《教育部关于家庭教育工作的指导意见》，其中提出家庭教育的几个重要指导意见：充分认识加强家庭工作的重要意义、进一步明确家长在家庭教育中的主体责任、充分发挥学校在家庭教育中的作用、加快形成家庭教育社会支持网络、完善家庭教育保障措施。

2016 年教育部颁布的《幼儿园工作规程》中也提到：幼儿园应当主动与幼儿家庭沟通合作，为家长提供科学育儿宣传指导，帮助家长创设良好的家庭教育环境，共同担负教育幼儿的任务；幼儿园应当建立幼儿园与家长联系的制度。幼儿园可采取多种形式，指导家长正确了解幼儿园保育和教育的内容、方法，定期召开家长会议，并接待家长的来访和咨询；幼儿园应当成立家长委员会。

以上政策文件说明，从 20 世纪 90 年代开始国家对于家庭教育的重视程度与日俱增，21 世纪以后更是从各个方面关注家庭教育，特别是幼儿教育领域内对家庭教育的重视程度也达到了空前的高度。

二、当前我国家庭人口结构及夫妻关系发生变化

(一)由"一孩"向"二孩"逐步过渡

改革开放以来，我国确立了控制人口增长、提高人口素质的计划生育政策，使得生育率迅速下降，家庭中子女人数日益减少，独生子女日益增加。"十二五"以来，我国总人口继续增长，出生人口也保持增长态势。与此同时，我国劳动年龄人口下降，老年人口不断上升。

为了缓解老龄化加速、劳动力短缺、男女性别比例失衡等诸多社会问题，2015 年 10 月 29 日，中共十八届五中全会指出，"全面实施一对夫妇可生育两个孩子政策"(简称"全面二孩"政策)。这标志着我国自 1980 年实施至今的"独生子女"政策落下历史帷幕，"全面两孩"将成为人口的"新常态"。全面实施一对夫妇可生育两个孩子政策，是中国生育政策的一次历史性调整，实行了 36 年的独生子女政策全面终止。这是中央科学把握人口发展规律，站在中华民族长远发展的战略高度、促进人口均衡发展的重大举措。实施"全面二孩"政策，有利于优化人口结构，增加劳动力供给，减缓人口老龄化压力，有利于更好地落实计划生育基本国策，促进家庭幸福与社会和谐。专家估算，新政策实施后预计未来每年平均新增的孩子规模预计将在 250 万左右。按照每个孩子每年带来 3 万元消费来计算，那么每年新增的消费就是 750 亿元。这将会给住房、教育、医疗、基础设施等领域内的民间和政府投资带来巨大压力。正是在这种"单独"向"二孩"以及社会化进程继续加快的时代背景下，我国的家庭经济、家庭结构、家庭规模等发生着变化，学前儿童家庭教育面临着新的形势和挑战。

(二)家庭经济状况得到改善，家庭结构由复杂到简单

近 20 年来，我国国民生产总值(GDP)保持着平均每年 8% 的快速增长，国家统计局的资料显示，我国城乡居民的收入水平明显提高。随着家庭收入的增加，我国居民的消费水平也呈现逐年上升的趋势，主要表现为在提高生活水平的同时追求生活的高质量，注重绿色、安全、健康、舒适的消费观；在注重质量消费的同时注重教育、文化、娱乐的消费；消费由物质消费逐步

向精神、服务消费转变①。调查显示,我国目前的消费趋势,除了住房消费位居第一外,位居第二的是子女及其家庭成员的教育费用,这部分费用约占消费总比例的22%左右。特别是近年来教育收费并轨,中小学择校高收费对居民家庭消费的影响程度较大,致使子女及家庭其他成员的智力投资成为居民的重要消费②。另有调查显示,在中低收入者的消费中,婴儿用品占很大比例。这些都说明对孩子消费,尤其是教育消费在家庭消费总支出中占有较大比例。这和目前家庭独生子女较多,家庭教育呈现“精英化”教育,家长在孩子智力开发、特长培养、旅游参观、物质提供等方面投入较多有密切关系。但是值得注意的是,当前我国家庭消费也面临着超前消费、奢侈消费、攀比消费、人情消费等畸形消费现象,这些现象值得我们沉思。

随着计划生育政策的实施,家庭的结构类型也日益从联合家庭、主干家庭向核心家庭转化。中国家庭出现人类历史上仅有的“4-2-1”结构,即四个老人(祖父母、外祖父母)加两个中年人(父母)和一个青年(独生子女)。家庭呈小型化的趋势,家庭人口规模呈现减少趋势,核心家庭和主干(直系)家庭是占据主导地位的家庭结构③。这种单一化的家庭结构使家庭中的人际关系也趋向简单化。美国家庭问题专家沙波特指出,家庭中人际关系的复杂程度取决于家庭成员的数目。家庭成员的相对减少,使家庭人际关系由复杂走向单纯,传统大家庭中那种复杂的人际关系(如连襟、妯娌)逐渐消失。独生子女家庭成员间人际关系的简单化使家庭成员在家庭生活中领会不到联合家庭与主干家庭中复杂的网络化人际关系,也体验不到较为全面的家庭生活的社会经验。

此外,家庭类型也呈现出多样化的趋势,出现了核心家庭、祖辈家庭、单亲家庭、重组家庭、丁克家庭等。由于妇女就业率增加,核心家庭日益普遍,人们对家庭民主化与家庭幸福的追求不断增长,离婚率在近年持续上升,离婚率较30年前增长了10倍④,这将导致家庭的不稳定因素上升,对于离异家庭的儿童教育也带来了挑战。

(三)婚姻自主性增强,夫妻关系更为平等

婚姻自主是家庭从传统向现代转型的一个重要特征。调查显示,经济越发达、现代化程度越高的城市,父母在子女择偶上权力也越小,年轻人择偶的自主性不断增强。虽然,婚姻可以自主,但还不能完全自立,由于婚姻成本的上升,真正成家时,年轻人往往需要父母提供一定的资源,包括住房和婚后家庭劳务等。

此外,目前家庭夫妻关系由以往的“夫主妻从”到“夫妻平权”,夫妻关系更加平等。虽然家务劳动还是以妻子为主,但家庭中夫妻共掌实权比例明显上升。家庭中的亲子关系也发生了变化,随着家庭的小型化和核心化,家庭内部关系更为平等。

三、家长心理压力较大,亲子感情趋向疏离

(一)家长的心理及行为负担增大

受高校扩招、毕业生与就业岗位的供需矛盾等因素影响,过去孩子就业容易,家长心态比

① 原和平.我国城市居民家庭收入结构影响下的消费行为探讨[J].商业经济研究,2016(5).
② 李晏墅.析我国居民家庭消费与投资行为[J].理论界,1999(1).
③ 马春华.中国城市家庭变迁的趋势和最新发现[J].社会学研究,2011(2).
④ 赵忠心.我国家庭教育的发展趋势与对策[J].中国妇运,2011(1).

较平和,而现在家长心态比较浮躁。社会上不时发生的许多家庭暴力与惨剧都跟家长的心态有着密切关系。现在的学龄儿童和中小学生家长身上都有两个令人瞩目的标签:一个是"80后",一个是"独一代"。他们出生在特殊年代,具有特殊的身份,是一个很特殊的社会群体,身上带有鲜明的时代印记。他们出生在盛世,从小就享受着改革开放的成果;他们是家里"绝无仅有"的一棵"独苗",是全家人关注的中心,是被呵护着长大的,没有经历过风雨,社会责任意识差。一转眼的工夫,角色转变,做了父母,承担起了养育子女的责任,这对他们是一个严峻的考验。面临前所未有的社会环境和社会责任,这代父母,普遍的心态就是急功近利、浮躁。具体表现为:一是"着急",操之过急,急于求成。许多家长倾向于对孩子进行超前教育,进行"掠夺式"智力开发,过早给孩子定向,过早让孩子掌握专业的技能技巧,千方百计提前进入小学,捷足先登,以抢占先机。二是"攀比"心理较重,家长虚荣心太强,喜好攀比,专门跟比自己孩子强的孩子比,可攀比的结果往往是自卑和失望,"填鸭"的结果是导致孩子厌学。三是"盲从"。许多家长往往不动脑筋思考,缺乏主见,从众心理严重,好随大流,赶时髦;盲目追求简单、易行、高效的所谓"教育绝招",容易被"专家"或"伪劣假冒的儿童产品忽悠",不仅浪费金钱,还容易影响学前儿童的身心健康发展。四是"片面"。部分家庭教育内容片面,重书本知识轻生活常识、重特长培养轻全面发展、重灌输教育轻孩子自主学习、重背诵记忆轻分析能力培养。对于这些问题,家长应该保持平和心态,坚持以儿童为本,尊重孩子的年龄特征和个性特征,从孩子的实际出发,而非从家长的主观愿望出发。

(二)亲子感情趋向疏离

父母之间的关系越来越疏远、生分,父母的感染作用越来越小,家庭教育的功能出现了削弱趋势。具体表现为:一是有些父母对孩子的情感投入日渐减少。子女跟家长之间的情感与家长情感投入成正比例,家长情感投入不足,满足不了孩子的情感需要,势必造成情感疏离、对立甚至记恨。二是许多父母将教育责任转嫁他人。家庭教育是私人化的行为,许多本该由父母亲力亲为的事,却交给了别人,子女的养育转嫁到社会的成分越来越多,如聘请家教、送寄宿制幼儿园等。三是因生活原因导致的亲子分离较多。许多父母外出打工、就业、出国留学,导致与孩子的两地分居越来越多,孩子患有严重的亲情饥渴症。四是夫妻关系紧张阻碍了亲子之间依恋关系的形成。父母关系紧张、分居、离异的增多,只顾维护自己的权益,忽略孩子的权益,孩子觉得"人与人之间没有真情",情感疏离。

四、社会化继续影响着父母的教养方式

(一)家庭育儿观念发生变化

目前,许多家庭生育子女的目的已由传统满足家长的经济需求和"养儿防老"转变为满足家长的情感与精神需求。中华文化特别是儒家文化重视子女的教育、孝道的体现以及家族香火的延续。在传统家庭观念里,众多子女是天然的养老保障,"养儿防老"的观念促使了多子多福的生育行为。然而,随着生活水平和保健水平的提高以及社会化养老机构的增加,人们对于"养儿防老"的需求有所降低,从而也降低了人们对于孩子生育数量的需求。此外,女性受教育程度以及家庭外就业率的提高、西方文化的撞击等都促使新一代人更看重自身的发展和享乐的满足,从而对生育有了不同于传统的认识。

父母养育子女的数量和质量观也发生了变化。传统文化的精英意识和成功意识使得每个家庭更注重子女的质量而非数量,在养育成本和社会竞争激烈的背景下,父母更愿意将优先的

家庭教育资源投放在子女身上。家庭教育受到空前的重视,父母舍得在时间、精力和金钱等方面对孩子教育进行投资,教育模式也由"粗放式"逐步转变为"集约式"。正是基于这种背景,家长对孩子的教育非常重视,许多孩子在家庭中的地位非常高,被视为家庭中的"特等公民",营造的是超现实的、过于理想化的生活环境,像大熊猫那样"被保护""被照顾",从而造成了孩子不服管教,独立自主和社会适应能力差,给孩子适应社会增加了压力。

(二)家庭教育的社会化成分越来越多

当前,家庭教育正在实现由传统家庭教育逐步向现代家庭教育的过渡。传统教育对子女教育的制约和影响正在减弱,代之以现代的家庭教育理念。孩子的兴趣爱好、发展方向、职业选择更多地尊重孩子自己的选择,孩子的个性也获得了一定程度的解放。家庭教育方式由专制、野蛮向民主、文明发展,由封闭走向开放,亲子关系也由父母对子女的单向管束向亲子之间的双向互动发展;父母由单纯说教向带领子女通过社会实践锻炼进行教育;家庭教育由以往的与社会隔绝发展到以社会为课堂,充分运用社会环境进行教育。

五、家庭教育呈现信息化、网络化的趋势

随着电脑的普及和教育信息化的不断发展,教育信息化不再仅仅是学校获取新教育信息的主要途径,教育信息化已经走进家庭,成为现代家庭教育的重要组成部分,成为家庭中学习生活的重要平台。各种家庭网络的建立、家校联系的微博,是教育信息化与家庭教育相联系的很好例证。家庭教育呈现信息化、网络化的趋势,从孩子出生到孩子日常生活的教育,父母都会运用网络来查阅和分享育儿信息;孩子接触互联网的年龄也越来越小,有些孩子一出生就接触到电脑,他们接触互联网的年龄比任何时代的儿童都要早;家长的期望较高,总是将孩子的业余时间排得满满的,孩子们的休闲娱乐往往也局限于电脑游戏和动画片,这种游戏使得孩子们和同伴交往互动减少,身体得不到真正的放松。

信息化时代的孩子往往生活在"超人"和幻想的世界中,经不起挫折和压力,孩子们的娱乐活动不再是传统的捉迷藏、跳皮筋,而是坐在电脑旁边玩自己喜欢的游戏,游戏里具有魔法功能的"超人"是他们喜欢的,也是他们所向往的力量,因为游戏过关了,就认为自己是所谓的"超人",可以打败天下无敌手。在现实生活中,他们又是多个家庭中的宝贝,是在家长和几位老人的手心里捧出来的,他们是没有经历过风雨的温室花朵。对于家长来说,当大量信息涌现,可供家长学习的信息资源丰富多样,积极与消极的信息兼收并蓄,如果没有正确的分辨能力,家长和孩子势必会受到不良思想和生活方式的影响。因此,家长要学会科学地筛选和处理信息,并恰当地运用到家庭教育实践中去。

第二节　我国学前儿童家庭教育的现状与对策

案例导入

手机惹的祸……

案例一:

台州女孩盈盈今年10岁,是家里的小公主,家人非常宠爱。那天在家,盈盈和往常一样低

着头玩手机。也不知道玩了多久，妈妈削好水果，想叫盈盈来吃，结果一叫，就出事了。"当时我喊盈盈，她抬起头，猛地把头转过来，大概是想问我什么事。结果，就听到很响的'咔哒'一声，盈盈就开始喊疼，哭了起来。"妈妈顿时慌了，她发现女儿的脖子僵在那边，一动也不能动，感觉就好像脖子"折"了一般。

案例二：

世界上最远的距离是我在你身边，你却在玩手机。曾有人套用泰戈尔的诗调侃时下年轻人。当这句话发生在亲子之间时，是否会觉得有一些悲哀？"爸爸你再看手机，眼睛就瞎了！"铠铠妈说，前两天3岁的儿子如此"喷"老爸，"孩子爸爸经常教育说看电视、玩手机对眼睛不好，但他自己总是在玩，儿子显然对他的双重标准很不满。"

案例三：

9岁女孩立家规：爸爸每晚只能玩一小时手机。这是因为爸爸有个坏习惯，吃完晚饭就躺在床上看电视、玩手机。家里人和他说话半天才回答，时间长了，其他家庭成员都有意见了。更要命的是，有时候玩国际象棋手机游戏，6岁的儿子也凑过去围观，结果两人不到晚上11—12点钟不结束。为了彻彻底底"治治"爸爸，女儿制定了六条规矩。条条属实，让爸爸无言以对，只能"言听计从"。

一、当前我国学前儿童家庭教育的现状

当前在我国，年轻家长对早期儿童家庭教育抱有极大的热情，孩子还未出生就开始计划对孩子进行早期教育投资，这种热潮在城市达到了前所未有的程度，并有日益升温的趋势。总的来说，家庭教育呈现如下态势：家庭普遍重视早期教育，主张教养并重，全面发展；家长普遍能为孩子创设良好的家庭教育环境；大部分家长重视对学前儿童进行专业技能训练；教育方式以说理为主；家庭教育责任观念增强，品德教育升温；家庭教育内容增多，投入加大；家庭教育方法比较理性；家庭教育策略趋于科学化。然而，我国学前儿童家庭教育仍存在诸多问题。

（一）家长教育观与亲子观发生偏离

当前家庭教育普遍问题是家长面临前所未有的困惑。主要有如下表现：家长的教育意识普遍增强，但生活压力大；家长望子成龙心切，期望值很高，但教子成材无方；面对眼花缭乱的教育信息，缺乏分辨、筛选和取舍的能力；有能力并舍得进行教育投资，但很迷茫；影响子女成长的不良社会因素日益增多且复杂化，家长难以预测和控制；优质教育资源严重不足，升学竞争日益激烈，孩子压力有增无减；社会急剧变革中家庭的"代沟"日益加深；市场经济的发展冲垮了传统道德观念的堤坝，但新的观念体系还没有建立起来，家长感到很迷茫；学前教育高成本，家长高期望；学校减负、家长增负，不问兴趣，盲目报班。

1. 家长的育儿观念发生偏离

许多家长认为孩子升学就是一切，唯分数第一；不让孩子输在起跑线上；无视孩子的兴趣和权利，往往按照家长的主观意愿行事。一是在教育目标上，许多家长好高骛远，脱离实际，功利化的成才目标使得家长期望值过高，对孩子生活期望过高，导致孩子心理压力和精神压力过大。二是在教育内容上，以偏概全，重正规教育而轻非正规教育。重智轻德、忽视学前儿童社交能力、抗挫能力、合作能力的培养，使孩子缺乏艰苦奋斗、吃苦耐劳的精神，依赖性太强。三是在教育评价方面，许多家长评价标准过于单一，往往比较注重效果，导致对学前儿童的培养发生偏离。

2. 家庭教育亲子观发生错位

亲子观是父母对子女和自己相互关系的基本看法。许多家长的亲子观显然是错误的。一是有些家长视子女为父母的私有财产。认为孩子是父母的隶属品,子女与父母是依附关系,一切应服从父母的安排,因此在对孩子的教育中,受自己主观愿望和心情的影响较大,随意对儿童施以溺爱或体罚。二是认为子女的一切由父母决定。有些父母认为,孩子终究是孩子,他们在生活阅历和事物判断力方面总是不及成人,为了让他们少走弯路,最好是由父母替他们决定一切,包括生活、学习乃至以后的发展道路。三是许多家长让孩子代替父母去实现长辈的理想。父母将美好的希望寄托在下一代身上,这本无可厚非,问题在于有为数不少的父母希望自己的孩子去实现自己未完成的人生目标,然而孩子也有自己的梦想,当二者发生冲突的时候,家长有可能采取不合时宜的教育方式。

3. 祖辈与父辈价值观发生冲突

现代家庭虽以核心家庭为主,但是在孩子年龄较小时,父母在照看孩子的同时还要兼顾工作,因此很多家庭将照顾幼小孩子的部分责任交给了祖辈。祖辈和父辈因为观念的不同,容易在教育孩子方面产生冲突。主要表现在以下几个方面[①]:一是一元家庭教育价值观念与多元家庭教育价值观念的冲突。祖辈们出生在 20 世纪五六十年代,"吃饱、穿暖"是他们追求的目标,对家庭教育的衡量标准是家长是否让孩子上学,孩子身体是否健康。父辈们大多出生在 20 世纪八九十年代,随着多元文化的流入,他们对儿童成长有着更多元的认识,认为儿童不仅需要有健康的身体,也要求有均衡的膳食、良好的生活习惯等。这种不同的价值追求使得双方在孩子的饮食、生活习惯、学习等方面容易发生观念冲突。二是价值主体的需求冲突。祖辈因为身体原因,比较喜欢安静、平和的生活环境,对生活比较满足,喜欢顺其自然,同时也会考虑对自己便利的生活方式。而父辈家长比较年轻,精神饱满,对生活方式的要求比较多样,容易引发在照顾儿童时的观念冲突。三是祖辈的经验主义与父辈的教条主义的冲突。祖辈们最不缺乏的就是生活经验,他们的经验来自于多年的积累,有正确的,也有需要修正的;而父辈们虽然缺乏教育经验,但因为年轻,他们可以从各种渠道获得科学的育儿经验,因此父辈们往往会用从书籍、网络上学习的相关育儿方法进行教育,这两种渠道所产生的教育行为必然在孩子的看护、照顾、教育方面发生矛盾。四是传统家庭教育价值与现代家庭教育价值的冲突。祖辈家长受传统家庭价值的引导,他们认为儿童身体长得好,学习成绩好,有礼貌就行。父辈们则不仅要求有健康的身体,学习成绩好,还希望孩子拥有快乐的童年,有创造力、有个性,能够全面发展。这些需求的不均衡也将导致矛盾的产生。

4. 农村家长重视家庭教育,但认识比较模糊

农村家长较为重视家庭教育,一是重视教育对改变儿童未来生活的价值。认为孩子接受教育能够对未来生活有帮助,在幼儿园中学会与人沟通和相处,能够明辨是非,还能获得一份好的工作。二是看重对家庭经济和地位的回报。受教育能够使孩子从什么都不会到学会说话、学会做事、学会做人,以后还能找到一份比干农活更好的工作,如果考上大学了,则能够给家人增光。三是注重对孩子品德的培养。家长期望孩子受教育之后,能成为一个遵纪守法的人,懂得明辨是非,判断对错,不做对家庭、对社会有害的事情。

---

① 杜红.学前儿童家庭教育中祖辈与父辈的价值冲突研究[D].成都:四川师范大学,2015.

农村家长不仅对教育有着强烈的需求,期望孩子以后能找到一份好工作,对于家庭教育也极为重视,他们已经充分认识到了夫妻关系、家庭氛围、家长的行为举止对儿童的性格、兴趣、爱好、心理成长的重大影响。但是农村家长对学前教育的认识较为模糊。一是对学前教育的重要性认识较为片面,他们重视学前教育,但学前教育的重要性体现在哪些方面,该如何对孩子进行教育,农村家长还不甚清楚。二是对学前教育的"内涵"理解容易出现偏差。认为幼儿园老师的职责就是帮忙看孩子,只要有爱心、耐心即可;对儿童游戏也缺乏应有的认识,认识不到游戏在儿童发展中的重要意义,简单地认为幼儿园就是教孩子识字、数数。对幼儿园教育追求务实,希望幼儿园能更多地教给孩子一些实用的知识。

(二)家长的教育方式不够科学

1.家长往往软硬兼施

在家庭教育中,父母教育方式不当的现象较为普遍,主要有溺爱型、专制型、放任型等几种。一是溺爱型。父母对子女过分溺爱,对孩子生活表现出过度照顾和过度满足。父母的这种教育理念会直接助长孩子形成"自我中心"的思想观念,以自我为中心的孩子不会考虑周围人的感受,缺乏独立的生活自理能力,并逐渐形成自私自利之心。家长的无条件满足,容易使孩子养成不劳而获的不良习惯,又由于家长的万般呵护,使孩子的抗挫折能力下降退化。二是专制型。这类家长比较信奉"棍棒底下出孝子",对孩子生活过分管制,将望子成龙变成"逼子成龙"。典型的就是"虎妈""狼爸"。三是放任型。这类父母对待子女较为冷漠,对儿童教育问题比较忽视,使孩子长期缺乏家长必要的关注和照顾,这样的孩子很容易出现心理上的不良状况,造成孩子性格与行为活动的异化。

2.教育方式存在不一致的现象

一是表现为父母的态度不一致。父母双方不同的价值观、文化背景、家庭背景,使他们往往从自身的角度出发教育孩子,造成夫妻之间的意见不统一。二是家长的态度和要求不一致。很多父母都是嘴上要求孩子要努力学习、遵守规则、按时作息。可是在实际教育中,家长却不能给孩子树立良好的榜样,部分家长生活随意,业余时间以麻将、电脑游戏等活动来消遣,而要求孩子能够自觉学习,早睡早起。还有些家长在孩子品德教育中不能以身作则,如教育孩子不能说谎,自己却总是在生活中充满谎言。这些言行不一致的行为对儿童的学习生活都造成了非常不良的影响。

(三)家庭教育指导体制还有待完善

1.家庭教育指导体制不完善

随着家庭教育日益受到重视,家长们也开始寻求越来越高质量的家庭教育指导,家庭教育指导方式也趋向多元化,很多家庭教育指导机构也随之兴起。目前家庭教育指导方面还存在如下问题:一是在管理体制与机制上,政府的角色还有待加强,协调能力还有待提高;二在机构设置上,以家长学校为主体,其他类型参与,机构设置还不够完善;三是在人员队伍方面,以机构内兼职为主,有较好的学历背景,但"专业""专职"人员不足,新手居多;四是在人才培养方面,许多家长能够通过多种渠道接受培训,但体系尚不完善;五是在学科建设方面,学术团体和研究机构发挥着引领作用,但研究队伍和理论体系尚未形成;六是在经费方面,家庭教育指导经费逐步得到落实,多数省份妇联已将家庭教育工作经费纳入财政预算,但总体经费不足,基层经费以自筹为主;七是在政策方面,虽在不断进行完善,但专项政策少,保障性政策不足;八是在指导服务方面,个性化指导成为趋势,家长对互动、参与需求增强,但现实指导服务状况与家长期盼还有一定差距。

2.托幼机构对家庭教育的指导缺乏针对性

托幼机构对学前儿童家庭教育指导发挥着重要作用,但也存在一些问题。一是对男孩女孩的家长指导方面,在内容上无差别,缺乏对男孩女孩不同性别特征所引发的行为模式的指导;二是在指导形式上较为单一,主要是通过家长开放日等活动,而家长期望能有更加灵活多样的形式;三是幼儿园指导家庭教育的时间较为集中,缺乏灵活性;四是幼儿园教师是主要的指导者,少部分由有经验的家长提供指导服务,极少数是幼儿教育专家,家长期望能有更多的指导主体参与进来。

(四)对特殊儿童家庭教育缺少指导

随着人们对早期教育、家庭教育的日益重视,特殊儿童的家庭教育也越来越受到人们的广泛关注。特殊儿童不仅包括身体障碍、心理障碍儿童,还包括由社会化、城镇化发展所产生的留守儿童、流动儿童,以及因父母关系破裂而产生的单亲儿童等。

1.特殊儿童缺少接受正规学前教育的机会

就北京市特殊儿童来说,虽然能够接受学前特殊儿童的机构已经达到了 28 所,而实际上能容纳的学前特殊儿童数量不足 330 人。况且,目前的医院和康复机构的治疗费用都比较昂贵,一般家庭难以长期负担,因此,绝大部分特殊儿童的学前教育主要是在家中进行。此外,留守儿童由于远离父母在农村生活,而农村学前教育资源的短缺难以保证每名儿童都能“有园上”。流动学前儿童跟随父母到城市生活,往往也只能进入收费高、质量差的城乡结合处的民办幼儿园就读,特殊儿童接受教育的数量和质量受到很大限制。

2.社会缺乏对特殊儿童家庭教育的支持

学前特殊儿童家庭教育的问题受社会的关注很少,政府部门和残疾人福利机构参与程度不够,缺乏相应的社会支持。对于留守儿童来说,全国大概有 6000 多万的留守儿童,如此庞大的数量,在不解决城乡壁垒和农村就业问题的情况下,留守儿童的教育问题很难在短期内得到解决。

对于特殊儿童家庭教育来说,专家和专门的训练人员的数量和力量是有限的,而能够投入到学前特殊教育领域的专业人员更是有限,资源也相对比较匮乏,使得很多家长难于得到系统的咨询和指导,严重的“供不应求”现象成为了制约特殊儿童学前教育事业发展的瓶颈。另外,对于一些父母离异儿童来说,突然发生的家庭变故让儿童的身心饱受打击,很多儿童因此会产生攻击、破坏、退缩、尿床、饮食等问题,如果不加以很好的引导,长期下去会对学前儿童的心理健康造成严重影响,现实中对于这类儿童的专业指导往往也比较缺乏。

3.特殊儿童的教养方式不科学

目前,许多家长对特殊儿童的教养方式不科学。一是部分特殊儿童家长教育意识淡薄,教育目标单一。对于“想让孩子将来成为什么样的人”这样的问题,有些家长简单地认为“靠他自己造化,能成什么样就成什么样”。二是特殊儿童家庭教育内容不全面,很多家长只关注特殊儿童的身体健康和学习成绩,对孩子的人际交往、良好性格养成方面比较忽视。三是亲子互动质量欠佳。特殊儿童在亲子互动方面存在一定障碍,有些甚至亲子关系不佳。留守儿童长期与父母分离,亲子之间无法面对面交流,主要通过网络、电话进行短暂的交流。流动儿童虽然在父母身边,但是由于父母打工较忙,子女在一起的时间较少。他们之间的互动次数不多,互动方式贫乏,互动内容也较为狭窄。

二、当前我国学前儿童家庭教育的对策

(一)树立科学的教育观念

1.家长要树立科学的人才观和育子观

家长要努力学习,树立正确的人才观和育子观,在教育目标方面应该重在教会儿童"学会做人、学会做事"。具体应该树立以下科学观念:一是"大教育"观念。重视家庭教育,而不是只去配合学校教育,应该知道缺少家庭教育的教育不是完整的教育。二是厘清"小太阳"与"大太阳"的关系。家长应创设平等、民主、和谐的家庭氛围,而不能将儿童置于家庭的中心位置,一切围着儿童转,但也不能不尊重学前儿童的人格尊严。三是树立终身学习的理念,构建学习型家庭才能使家庭教育更好地适应社会的发展,否则在信息社会的今天,家长可能会因为跟不上时代而限制孩子的发展。四是弄清家长教育子女和子女自我教育的关系,家长要相信教育最终需要由外在教育转变为自我教育,家长不可包办孩子的成长。五是思考对子女的今天负责和对一生负责的关系。急功近利的教育观是浅薄的,近视的,缺乏远见的,家长要转变"不要输在起跑线"上的观念,从长远去选择对孩子一生发展有益的教育内容。六是家长要变目标单一型教育为综合素质教育,注重孩子的综合发展。变知识型为能力型教育,注重孩子学习能力、思维能力、交往能力的发展。

2.转变托幼机构的家庭教育指导理念

幼儿园作为家庭教育的重要指导机构,承担着教育幼儿和指导家长的责任。一是要处理好家庭教育与幼儿园教育的关系。幼儿园应该发挥家长的独特性,从亲子交往的角度出发去创设适合的教育内容,如可以介绍家长一些在日常生活中与儿童进行的小游戏,在家庭中进行随机教育,而不是单纯给家长布置任务。二是在指导观念上,幼儿园应该树立家园之间"双向互动"与"共同成长"的观念,家长和指导者之间是双向互动的过程。一方面幼儿园可以充分利用家长职业等资源进行教育,在教育方面也可以分享学习少数有经验家长的做法,另一方面家长也可以积极和教师探讨育儿经验,将幼儿园提倡的先进教育理念用于家中,保持家园教育理念的一致性。三是幼儿园要树立服务家长的观念。幼儿园教师,不应该是"教育家长",也不纯粹是"指导家长",而应该是"服务家长"。只有这样才能真正从家长的需求出发提高家庭教育质量。

(二)家长要努力提升自身素质,选择适宜的教育方式

1.家长要提升自我教育素养

家长需要从以下两方面出发进行自我提升:一是要提高自身的文化素质与心理素质。家长要多渠道、多形式大力汲取家庭教育方面的科学知识。可以说,在学前儿童发展过程中,家长会遇到各种各样的困惑和问题,这时家长可以寻求周围有经验家长的帮助,还可以利用书籍、网络寻找答案。此外,家长需要提升自己的心理素养,对教育孩子时要心态平和,不急躁,不强迫,不包办,不放任。二是家长要不断更新自身的教育观念。家长应该努力树立以下正确观念:孩子是独立的个体;威恩并重保平衡;全面发展是正道,身心并重;适度学习,不揠苗助长;适当的磨炼是好事,注意吃苦耐劳、勤俭节约品质培养;不错过塑造黄金期;重视孩子的兴趣;平等对待孩子,尊重孩子的权利;态度和要求一致,并长期坚持;膳食科学,营养合理;加强

对幼儿非智力因素的培养;控制学前教育成本投入,走出高成本误区,家长摆正心态,保持适当期望。

2.家长要选择适宜的教养方式

对于溺爱型、专制型、放任型家长,应认识到自己在育儿方面的不当之处,努力向民主型教养方式转变。家长应该注意以下方面:一是注重榜样的示范作用。家长应该以身作则,在生活习惯养成、道德品行培养、积极向上的生活和学习态度方面给学前儿童树立榜样,利用儿童善于模仿的天性进行适时的教育。同时,家长还要注意发挥亲属、同伴等亲密他人的榜样作用,发展孩子的兴趣,增强孩子的社交能力。对于儿童周围人群的不良行为,家长要早发现,早预防。二是重视儿童正常依恋关系的建立。依恋理论认为早期安全型依恋的形成对儿童一生的身心发展都有益处,相反,如果在童年早期儿童获得回避型依恋和反抗型依恋,会大大增加儿童的不安全感,儿童在生理心理方面会发生很多如攻击性、破坏性、退缩行为,身体方面会发生缄默、抽动、遗尿、饮食、睡眠等障碍。因此,家长应该注意增加对学前儿童时间和感情上的投资,给予儿童积极的情感体验,学会和孩子定时沟通,坦诚交心,让孩子发泄情感。三是要营造良好的家庭环境。家庭气氛要和谐,亲子关系民主,父母的生活态度积极向上。四是家庭中的角色分工要明确,祖辈与父辈之间要相互包容,多进行相互交流沟通、协作和学习,从而形成一致的家庭教育价值观。

(三)加强家园合作,共同提升家庭教育质量

1.幼儿园要加强对家庭教育的指导工作

幼儿园要根据《幼儿园工作规程》的要求,加强与家庭之间的联系,提高家庭教育的指导质量。一是要强化幼儿园家庭教育的指导工作。各地区要加强对行政区域内中小学、幼儿园家庭教育工作的指导,推动形成政府主导、部门协作、家长参与、学校组织、社会支持的家庭教育工作格局。幼儿园要建立健全家庭教育的工作机制,统筹家长委员会、家长学校、家长会、家访、家长开放日、家长接待日等各种家校沟通渠道,逐步建成以园长、主班教师为主体,专家学者和优秀家长共同参与,专兼职相结合的家庭教育骨干力量。二是要丰富幼儿园家园合作的内涵。幼儿园要以立德树人为根本任务,将社会主义核心价值观融入家庭教育工作实践,将中华民族优秀传统家庭美德发扬光大。要通过举办家长培训讲座和咨询服务,进行先进教育理念和科学育人知识指导;通过举办经验交流会,让优秀家长现身说法、案例教学等发挥优秀家庭示范带动作用;以重大纪念日、民族传统节日为契机,通过丰富多彩、生动活泼的文艺、体育等活动增进亲子沟通和交流。及时了解、沟通和反馈孩子的思想状况和行为表现,营造良好的家园合作关系和共同育人氛围。三是发挥好家长委员会的作用。各地教育行政部门要采取有效措施加快推进幼儿园普遍建立家长委员会,尤其是要推动建立班级家长委员会。幼儿园要将家长委员会纳入日常管理,制定家长委员会章程,将家庭教育指导服务作为重要任务。家长委员会要邀请有关专家和教师以及优秀家长组成家庭教育讲师团,面向广大家长定期宣传党的教育方针、相关法律法规和政策,传播科学的家庭教育理念、知识和方法,开展形式多样的家庭教育指导服务和实践活动。四是共同办好家长学校。幼儿园要把家长学校纳入幼儿园工作的总体部署,帮助和支持家长学校组织专家团队,聘请专业人士和志愿者,设计较为具体的家庭教育纲目和课程,开发家庭教育教材和活动指导手册。幼儿园家长学校每学期至少要组织1次家庭教育指导和2次亲子实践活动。

2.加快构建社会支持家庭教育的网络

社会要加强与家庭、幼儿园的联系沟通,加快形成家庭教育支持网络。一是构建家庭教育社区支持体系。各地教育部门和幼儿园要与相关部门密切配合,推动建立街道、社区(村)家庭教育指导机构,利用节假日和业余时间开展工作,每年至少组织 2 次家庭教育指导和 2 次家庭教育实践活动,将街道、社区(村)家庭教育指导服务纳入社区教育体系。有条件的幼儿园可以派教师到街道、社区(村)挂职,为家长提供公益性家庭教育指导服务。二是要统筹协调各类社会资源单位。各地教育部门和幼儿园要积极引导多元社会主体参与家庭教育指导服务,利用各类社会资源单位开展家庭教育指导和实践活动,扩大活动覆盖面,推动有条件的地方由政府购买公益岗位。依托青少年宫、乡村少年宫、儿童活动中心等公共服务阵地,为城乡不同年龄段孩子及其家庭提供家庭教育指导服务。鼓励和支持有条件的机关、社会团体、企事业单位为家长提供及时便利的公益性家庭教育指导服务。三是政府要加强监管,防止市场的盲目性。政府应加大宏观调控的力度,对市场加强管理,出台相关的政策法规,最好以法律的形式对学前教育市场进行制约和整改,为学前教育创造一个良性有序的发展环境。四是社会媒体应给予正确的舆论引导。媒体承担着社会舆论导向、宣传科学知识、树立良好社会风气的责任,对儿童的健康成长也有义不容辞的责任。因此媒体应把握正确的舆论导向,负责任地宣传报道,不为追求利益而做虚假或偏激的宣传报道,正确引导家长的教育理念和教育行为,引导家长合理配置稀缺家庭资源,把有限的家庭教育资源投入到最能促进学前儿童发展的方向上去。

(四)加大对特殊儿童家庭教育的支持力度

1.家长要提高认识,树立信心

家庭教育越来越受到重视,很多特殊儿童如流动儿童、留守儿童、残疾儿童、贫困儿童也理应受到重视和关注。对于这些儿童,家长应从这些方面加以注意:一是家长应该把"三早"即"早发现、早诊断、早干预"统一起来。现实中一部分家长对孩子的问题不能做到"早发现",那么"早诊断"和"早干预"也就无从谈起。即使有些家长能够做到"早发现",但是由于回避现实,或是抱着先观察一段时间再说的态度,结果"早诊断"又被延误,也无法进行"早干预"。虽然一部分家长能够很好地做到前面的"两早",但是到了该实施"早干预"的时候,由于经济、精力、专业人员指导等一系列因素的影响,有的家庭被迫放弃,有的家庭延误了干预,有的家庭却不知所措。总之,大多数家庭没能做到对特殊儿童问题的"三早"处理。因此,每一个家长都应摆正心态,细心观察孩子的日常生活行为,一旦发现孩子的行为出现异常,应及时到特殊儿童专业机构寻求帮助,尽可能把"三早"落到实处。二是家长应树立信心。每个家长都应认识到,在大多数情况下,孩子的异常其实是许多偶然因素造成的,怨天尤人没有任何益处,家长应该学会正视现实,敢于面对生活,要看到任何孩子都有成长和发展的潜能,积极给予孩子恰当的教育。当我们的教育换来孩子哪怕是一点点进步时,都会让我们深刻感受到孩子的成长带给我们的成就感和愉悦感。

2.家长要积极寻求指导,科学训练

特殊儿童的家长应该有较为长远的眼光。一方面自己应尽最大努力去寻求相关人员的帮助,制订科学的训练计划,定期接受专家的指导;另一方面,家长也应该努力提高自己的特殊专业素养和知识水平,最大限度地促进孩子的健康成长和发展。对在外地工作而把孩子交付给老人照看的家长,一定要安排好孩子的教育事宜。作为父母,应尽可能参与到孩子的教育与训练过程中,这是一份应尽的责任和义务。对于流动学前儿童,家长要提高自身素质,尽快融入到所处城市的环境中,接受现代家庭教育理念,主动学习有关家庭教育知识,确立有利于孩子全面发展的家庭教育目标,重视学前期孩子的家庭教育,为孩子创设相对稳定的成长环境。

3.幼儿园和社区应加强对特殊儿童的支持力度

幼儿园应根据自身的实际情况,尽最大可能对特殊儿童的家庭教育提供力所能及的帮助。如对于身心障碍的儿童提供专业治疗咨询服务,对留守儿童给予更多的关爱和帮助,对流动儿童给予更多的支持使其融入当地生活。如在解决流动儿童问题时,幼儿园可以为其提供一个相互交流的平台,让家长相互探索在孩子发展中可能遇到的很多共性问题,这样既能提高家长的归属感,也能调动家长教育孩子的积极性。幼儿园也可以委派园中一些有经验的教师,与流动家庭结成"帮助对子",服务流动家庭,给这些家庭提供及时的家庭教育帮助。

社区也应该为这些家长开办家长学校,通过各种活动提高家长的教育能力,如可以设置咨询机构让家长免费咨询,举办讲座邀请家长参加,举行一些亲子互动活动为家长提供及时的帮助,加深家长对现代家庭教育理念的认识,帮助家长提高家庭教育的效果。

4.构建特殊儿童的社会支持体系

政府应该给予特殊儿童更多的关爱和帮扶,各地教育部门和幼儿园要指导、支持、监督家庭切实履行起家庭教育职责,特别是要关心流动儿童、留守儿童、残疾儿童和贫困儿童,鼓励和支持各类社会组织发挥自身的优势,广泛开展适合特殊儿童特点和需求的家庭教育指导服务和关爱帮扶。同时,要倡导企业履行社会责任,支持志愿者开展志愿服务,引导社会各界共同参与,逐步培育形成家庭教育的社会支持体系。如对流动家庭来说,政府可以鼓励农民返乡创业,提供一些资金借贷或税率优惠,使他们不必离开故土也能过上目前这样的生活;政府也可以通过相关规定提高进城流动人口的最低工资标准,提供一些税费减免政策,增加他们的收入,同时通过增加建设廉租房等手段改善他们的居住环境,为流动学前儿童成长提供良好的社会关爱环境。

复习思考题

1.当前我国学前儿童家庭教育面临哪些新形势?

2.学前儿童家庭教育的误区有哪些?产生这些误区的原因是什么?

3.如何辩证地看待父母的教育观?

4.试分析父辈与祖辈价值观产生冲突的原因是什么?

5.在互联网时代,家长应如何提高学前儿童的教养水平?

参考文献

[1]赵忠心.家庭教育学——教育子女的科学与艺术[M].北京:人民教育出版社,2001.

[2]丁连信.学前儿童家庭教育[M].北京:科学出版社,2011.

[3]周雪艳.学前儿童家庭与社区教育[M].上海:复旦大学出版社,2012.

[4]王乃正.学前儿童家庭教育[M].北京:北京师范大学出版社,2013.

[5]常瑞芳.幼儿家庭教育与指导[M].北京:高等教育出版社,2012.

[6]李生兰.学前儿童家庭教育与活动指导[M].上海:华东师范大学出版社,2014.

[7]陈太忠.学前儿童家庭教育[M].南京:南京大学出版社,2014.

[8]李天燕.家庭教育学[M].上海:复旦大学出版社,2014.

[9]吴奇程.家庭教育学[M].广州:广东高等教育出版社,2011.

[10]李本友.家庭教育学[M].北京:中国轻工业出版社,2015.

[11]刘艳珍.家庭教育学[M].北京:科学出版社,2011.

[12]张家琼.0～3岁婴幼儿家庭教育与指导[M].北京:科学出版社,2015.

[13]邓佐君.家庭教育学[M].福州:福建教育出版社,2013.

[14]姚光红.学前儿童家庭教育指导[M].成都:西南交通大学出版社,2015.

[15]孙立双.学前儿童家庭与社区教育[M].北京:北京出版社,2014.

[16]全国妇联儿童工作部.全国家庭教育调查报告[M].北京:社会科学出版社,2011.

[17]陈鹤琴.家庭教育[M].上海:华东师范大学出版社,2006.

[18]蔡岳建.家庭教育理论与实践[M].重庆:西南师范大学出版社,2013.

[19]教育部基础教育司.《幼儿园教育纲要(试行)》解读[M].南京:江苏教育出版社,2000.

[20]朱海琳.学前儿童语言教育[M].重庆:西南师范大学出版社,2009.

[21]周世华,耿志涛.学前儿童社会教育[M].北京:高等教育出版社,2013.

[22]尹建莉.好妈妈胜过好老师[M].北京:作家出版社,2009.

[23]康杰.古今中外名人教子启示录[M].北京:中国致公出版社,2010.

[24]黄全愈.家庭教育在美国[M].广州:广东教育出版社,2001.

[25]孙瑞敏.捕捉孩子的敏感期[M].哈尔滨:黑龙江科学技术出版社,2001.

[26]冷颖.影响家长的100个经典家教案例[M].北京:北方妇女儿童出版社,2007.

[27]成墨初.不打不骂教孩子60招[M].北京:中国轻工业出版社,2013.

[28]张伟,刘晓明.心灵培育——家庭教育的理念与方法[M].长春:吉林人民出版社,2007.

[29]李跃儿.谁误解了孩子的行为[M].南宁:广西科学技术出版社,2008.

[30]吉诺特.孩子把你的手给我[M].北京:京华出版社,2004.

[31]王孟楠.学前儿童家庭与社区教育[M].长春:东北师范大学出版社,2014.

[32]李洪曾.学前儿童家庭教育[M].大连:辽宁师范大学出版社,2002.

[33]成洁萍,张爱玲.学前儿童家庭教育[M].沈阳:辽宁大学出版社,2013.

［34］李莉.儿童家庭教育［M］.北京:中央广播电视大学出版社,2011.

［35］埃里克·J.马什,戴维·A.沃尔夫.异常儿童心理［M］.徐浙宁,等,译.上海:上海人民出版社,2009.

［36］李季湄,冯晓霞.《3～6岁儿童学习与发展指南》解读［M］.北京:人民教育出版社,2013.

［37］Jerry J.Bigner.亲子关系——家庭教育导论［M］.郑福明,冯夏婷,译.北京:高等教育出版社,2012.

［38］William A.Corsaro.童年社会学［M］.程福财,等,译.上海:上海社会科学院出版社,2014.

［39］关颖.家庭教育社会学［M］.北京:教育科学出版社,2014.

［40］潘清.学校指导家庭教育实践的研究——对上海市浦东新区初级中学D校的个案研究［D］.上海:华东师范大学,2005.

［41］夏敏.东营市小学生家庭教育指导的现状调查、问题分析及建议［D］.济南:山东师范大学,2008.

［42］周旭.上海市小学家庭教育指导的现状调查及问题分析［D］.上海:华东师范大学,2007.

［43］李萌.独生子女家庭教育的问题及其原因和对策［D］.武汉:华中师范大学,2004.

［44］张红艳.论家庭的本质及其历史演进［J］.南华大学学报(社会科学版),2015(10).

［45］希淑惠.马克思主义关于家庭起源问题的理论浅述［J］.社科纵横,1993(5).

［46］凌飞.我国家庭功能由内而外走向社会［J］.社会科学报,2000(10).

［47］胡莹.论家庭教育的功能、特点和基本要求［J］.西南农业大学学报(社会科学版),2007(2).

［48］文晶.简论家庭教育的地位及作用［J］.现代教育科学,2003(6).

［49］刘柏清.浅谈家庭教育的重要性［J］.才智,2016(2).

［50］于丹.学前儿童家庭教育的重要性［J］.赤子,2014(6).

［51］赵忠心.家庭教育要由"封闭型"转变为"开放型"［J］.家庭教育,1995(6).

［52］董奇.农村留守学生不能被"污名化"［J］.中国教育学刊,2016(4).

［53］孙珉.恩格斯《家庭、私有制和国家起源》(节选)［J］.求是,2011(15).

［54］虞永平.论儿童观［J］.学前教育研究,1995(3).

［55］郭翔.我国对儿童权利的法律保护——兼析联合国《儿童权利公约》与我国《未成年人保护法》等法律的相关性［J］.政法论坛(中国政法大学学报),1997(6).

［56］马春华.中国城市家庭变迁的趋势和最新发现［J］.社会学研究,2011(2).

［57］刘浩强,张庆林.家庭经济状况对儿童成长的影响［J］.淮北煤炭师范学院学报(哲学社会科学版),2004(8).

［58］张明.孕前优生健康检查对优生优育的重要性及健康指导［J］.内蒙古中医药,2015(10).

［59］韩棣华.1～6个月婴儿的教育和训练［J］.父母必读,1999(12).

［60］夏弘禹.0～3岁语言能力的发展［J］.时尚育儿,2009(6).

［61］于雅杰.0～3岁婴幼儿家庭教育的策略［J］.现代教育科学(小学教师),2013(7).

［62］贺芳.浅谈0～3岁婴幼儿语言的培养［J］.教育教学论坛,2010(6).

［63］程鹏.适时培养宝宝的生活自理能力［J］.启蒙,2005(8).

［64］周京峰.对0岁～3岁婴儿早期教育的思考［J］.早期教育(教科研版),2011(8).

[65]王玲艳.如何帮助孩子做好入园准备[J].教育导刊(幼儿教育),2008(4).

[66]黄锭钧.优化家庭环境,促进幼儿发展[J].才智,2009(4).

[67]李丽.让游戏成为幼儿家庭教育的主要形式[J].教育导刊(下半月),2010(8).

[68]孙彦.家庭教育中幼儿规则养成的思考[J].教育与教学研究,2011(2).

[69]姜新生.幼儿问题意识培养的理性思考[J].学前教育研究,2008(3).

[70]陈亚囡.对培养幼儿良好个性品质的探究[J].文教资料,2009(3).

[71]王晓华.怎样培养孩子良好的个性品质[J].养生月刊,2012(12).

[72]颜海琼.对家长进行"幼小衔接"指导的实践与探索[J].林区教学,2008(10).

[73]蒋平.农村留守儿童家庭教育基本缺失的问题及对策[J].理论观察,2005(4).

[74]笪长军.单亲家庭子女自卑心理成因及其教育对策[J].延边大学学报,2009(10).

[75]王诗堂,王海燕.对单亲家庭子女教育问题的探讨[J].江西教育科研,2005(5).

[76]员丽萍.论单亲家庭子女人格培养[J].长安大学学报(社会科学版),2003(12).

[77]高玉洁.重组家庭幼儿的心理问题分析及教育对策[J].教育导刊,2006(1).

[78]赵佳.对重组家庭儿童家庭教育问题的探讨[J].中小学心理健康教育,2015(1).

[79]毛乐.基于"全面二孩"情况下的家庭教育误区及对策[J].教育导刊(下半月),2016(6).

[80]潘点点.浅析二孩家庭幼儿的心理健康教育[J].考试周刊,2016(4).

[81]张晗."单独二孩"后家庭教育如何升级[J].考试,2015(4).

[82]保全."二孩"政策后家庭教育如何升级[J].妇女生活(现代家长),2014(3).

[83]赵忠心.我国家庭教育的发展趋势与对策[J].中国妇运,2011(1).

[84]王强.独生子女的家庭教育问题研究[J].雅安职业技术学院学报,2006(9).

[85]徐运华.独生子女家庭教育研究初探[J].牡丹江教育学院学报,2010(3).

[86]周琢虹.家庭教育缺失对农村留守儿童的影响对策[J].江西社会科学,2013(11).

[87]艾春梅.农村留守学前儿童的教育问题与对策[J].现代教育科学,2004(4).

[88]王慧.农村学前留守儿童的家庭教育研究[J].教育导刊(下半月),2014(12).

[89]曹述蓉.农村留守儿童学校适应的实证研究——以湖北省6县304名留守儿童为例[J].青年探索,2006(3).

[90]段成荣.城市化背景下农村留守儿童家庭教育与学校教育[J].北京大学教育评论,2014(7).

[91]陈荣仙.对重组家庭儿童教育成长问题的探索[J].科学咨询(教育科研),2016(5).

[92]王玲.单亲家庭学前儿童心理问题分析及对策研究[J].大众文艺,2010(10).

[93]王苏弘.儿童青少年情绪和行为障碍的心理行为特征及干预[J].中国儿童保健杂志,2011(12).

[94]静进.我国儿童青少年面临的主要心理卫生问题及对策[J].中国心理卫生杂志,2010(24).

[95]闫淑娟.北京市5岁以下流动儿童保健状况与需求分析[J].中国儿童保健杂志,2008(16).

[96]钟启泉.差生问题与差生研究[J].外国教育资料,1982(2).

[97]张建明.儿童情绪障碍[J].临床儿科杂志,2008,26(11).

[98]徐芬.国内外差生研究综述[J].山东教育,1988(1).

[99]张青瑞.我国学前儿童家庭教育指导体系构建路径探索[J].山东英才学院学报,2014(2).

[100]李洪曾.家庭教育指导工作的对象、内容与形式[J].上海教育科研,2000(6).

[101]原和平.我国城市居民家庭收入结构影响下的消费行为探讨[J].商业经济研究,2016(5).

[102]李晏墅.析我国居民家庭消费与投资行为[J].理论界,1999(1).

[103]张晗."单独二孩"后家庭教育如何实施[N].中国妇女报,2013－12－15(4).

附　录

附录一：全国家庭教育指导大纲（妇字〔2010〕6 号）

为了深入贯彻落实《中共中央国务院关于进一步加强和改进未成年人思想道德建设的若干意见》，提高全国家庭教育总体水平，促进儿童全面健康发展，依据《中华人民共和国未成年人保护法》《中华人民共和国义务教育法》《中华人民共和国母婴保健法》《中华人民共和国预防未成年人犯罪法》等法律法规，特制定《全国家庭教育指导大纲》（以下简称《大纲》）。

一、适用范围

《大纲》适用于各级各类家庭教育指导机构和相关职能部门、社会团体、宣传媒体等组织对新婚夫妇、孕妇、18 岁以下儿童的家长或监护人开展的家庭教育指导行为。

二、指导原则

家庭教育指导应注重科学性、针对性和适用性。一是坚持"儿童为本"原则。家庭教育指导应尊重儿童身心发展规律，尊重儿童合理需要与个性，创设适合儿童成长的必要条件和生活情景，保护儿童的合法权益，特别关注女孩的合法权益，促进儿童自然发展、全面发展、充分发展。二是坚持"家长主体"原则。指导者应确立为家长服务的观念，了解不同类型家庭之家长需求，尊重家长愿望，调动家长参与的积极性，重视发挥父母双方在指导过程中的主体作用和影响，指导家长确立责任意识，不断学习、掌握有关家庭教育的知识，提高自身修养，为子女树立榜样，为其健康成长提供必要条件。三是坚持"多向互动"原则。家庭教育指导应建立指导者与家长、儿童，家长与家长，家庭之间，家校之间的互动，努力形成相互学习、相互尊重、相互促进的环境与条件。

三、家庭教育指导内容及要求

(一)新婚期及孕期的家庭教育指导

1. 家庭教育指导重点

新婚期及孕期的家庭教育指导主要是引导夫妇共同做好优生优育优教的知识准备，并为新生命的诞生做好心理准备和物质准备。

2. 家庭教育指导内容要点

(1)重视婚检、孕前检查和优生指导，提高出生人口素质。鼓励新婚夫妇主动参与婚前医学健康检查，选择适宜的受孕年龄和季节，并注意形成良好的生活习惯，鼓励计划怀孕夫妇在怀孕前参加健康教育、健康检查、风险评估、咨询指导等专项服务。对于大龄孕妇、有致畸因素接触史的孕妇、怀孕后有疾病的孕妇以及具有其他不利优生因素的孕妇,督促其做好产前医学健康咨询及诊断。对于不孕不育者,引导其科学诊断、对症治疗,并给予心理辅导。

(2)关注孕期保健,孕育健康胎儿。指导孕妇掌握优生优育知识,配合医院进行孕期筛查和产前诊断,做到早发现、早干预;避免烟酒、农药、化肥、辐射等化学物理致畸因素,预防病毒、寄生虫等致畸因素的影响;科学地增加营养、合理作息、适度运动,进行心理调适,促进胎儿健康发育。

(3)做好相应准备,迎接新生命降临。指导准家长做好新生儿出生的相应准备,学习育儿的方法和技巧,购置儿童生活必备用品和保障母婴健康的基本卫生用品,营造安全温馨的家庭环境。

(4)提倡自然分娩,保障母婴健康。加大宣传力度,指导孕妇认识自然分娩的益处,认真做好孕妇产前医学检查,并协助舒缓临盆孕妇的焦虑心理。

(二)0～3 岁年龄段的家庭教育指导

1.0～3 岁儿童的身心发展特点

婴幼儿期即从出生到大约 3 岁,是个体神经系统结构发展的重要时期,儿童身高和体重均有显著增长;遵循由头至脚、由中心至外围、由大动作至小动作的发展原则,逐渐掌握人类行为的基本动作;语言迅速发展;表现出一定的交往倾向,乐于探索周围世界;逐步建立亲子依恋关系。

2.家庭教育指导内容要点

(1)提倡母乳喂养,增强婴儿免疫力。指导乳母加强乳房保健,在产后尽早用正确的方法哺乳;在睡眠、情绪和健康等方面保持良好状态,科学饮食,增加营养;在母乳不充分的阶段采取科学的混合喂养方法,适时添加辅食。

(2)鼓励主动学习,掌握儿童日常养育和照料的科学方法。指导家长按时为儿童预防接种,培养儿童健康的卫生习惯,注意科学的饮食调配;及早对孩子进行发展干预,让孩子多看、多听、多运动、多抚触,带领儿童开展适当的运动、游戏,增强儿童体质;了解儿童成长阶段的特点和表现,学会倾听、分辨儿童的"语言",安抚儿童的情绪;学会了解儿童的发病征兆及应对方法,掌握病后护理常识。

(3)设定生活规则,养成儿童良好的生活行为习惯。指导家长了解婴幼儿成长的规律及特点,为儿童设定日常生活规则,并按照规则指导儿童的日常生活行为;重视发挥父亲的角色作用,利用生活场景进行随机教育;指导家长采用鼓励、表扬等正面强化教育措施,塑造儿童的健康生活方式。

(4)加强感知训练,提高儿童感官能力,预防儿童伤害。指导家长创设儿童自如爬行、充分活动的独立空间与条件,随时、充分地利用日常生活中的真实物品和现象,挖掘其内含的教育价值,让儿童在爬行、观察、听闻、触摸等训练过程中获得各种感官活动的经验,促进儿童的感官发展。同时要加强家庭保护,防止意外伤害发生。

(5)关注儿童需求,激发儿童想象力和好奇心。指导家长为儿童提供抓握、把玩、涂鸦、拆卸等活动的设施、工具和材料;用亲子游戏的形式发展儿童双手协调、手眼协调等精细动作;用心欣赏儿童的行为和作品并给予鼓励,分享儿童的快乐,促进儿童直觉动作思维发展,满足儿童好奇、好玩的认知需要。

(6)提供言语示范,促进儿童语言能力发展。指导家长为儿童创设宽松愉快的语言环境;提高自身口语素养,为儿童提供良好的言语示范;为儿童的语言学习和模仿提供丰富的物质材料,运用多种方法鼓励儿童多开口;积极回应儿童的言语需求,鼓励儿童之间的模仿和交流。

(7)加强亲子沟通,养成儿童良好情绪。指导家长关注、尊重、理解儿童的情绪,多给予儿童鼓励和支持;学习亲子沟通的技巧,以民主、平等、开放的姿态与儿童沟通;客观了解和合理对待儿童过度的情绪化行为,有针对性地实施适合儿童个性的教养策略。培养良好的亲子依恋关系。

(8)帮助儿童适应幼儿园生活。入园前,指导家长有意识地养成儿童自理能力、听从指令并遵循简单规则的能力等。入园后,指导家长积极了解儿童对幼儿园的适应情况,在儿童出现不良情绪时通过耐心沟通与疏导来稳定儿童的情绪,分析入园不适应的原因,正确面对分离焦虑。

(三)4~6岁年龄段的家庭教育指导

1.4~6岁儿童的身心发展特点

4~6岁是儿童身心快速发展时期,具体表现在:儿童的身高、体重、大脑、神经、动作技能等方面获得长足的进步;大肌肉的发展已能保证儿童从事各种简单活动;儿童直觉行动思维相当熟练,并逐渐掌握具体形象思维;儿童词汇量迅速增长,基本掌握各种语法结构;儿童开始表现出一定兴趣、爱好、脾气等个性倾向以及与同伴一起玩耍的倾向。

2.家庭教育指导内容要点

(1)加强儿童营养保健和体育锻炼。指导家长带领儿童积极开展体育锻炼;根据儿童的个人特点,寻找科学合理而又能为儿童接受的膳食方式;科学搭配儿童饮食,做到营养均衡、种类多样、比例适当、饮食定量、调配得当;不断学习关于儿童营养的新理念、新知识。

(2)培养儿童良好的生活和卫生习惯。指导家长与儿童一起制定儿童的家庭生活作息制度;积极运用奖励与忽视并行的方式纠正并消除儿童不良的行为方式与癖好;定期带领儿童进行健康检查。

(3)抓好安全教育,减少儿童意外伤害。指导家长提高安全意识,尽可能消除居室和周边环境中的伤害性因素;以良好的榜样影响、教育、启迪儿童;结合儿童的生活和学习,在共同参与的过程中对儿童实施安全教育,提高儿童的生命意识;重视儿童的体能素质,通过活动提高其自我保护能力。

(4)培养儿童良好的人际交往能力。指导家长关注儿童日常交往行为,对儿童的交往态度、行为和技巧及时提供帮助和辅导;注意培养儿童多方面的兴趣、爱好和特长,增强儿童交往的自信心;开展角色扮演游戏,帮助儿童在家中练习社交技巧,并积极为儿童创造与同伴交往的机会,培养儿童乐于与人交往的习惯和品质。

(5)增强儿童社会适应性,培养儿童抗挫折能力。指导家长鼓励儿童以开放的心态充分展示自己,同时树立面对挫折的良好榜样;充分利用传播媒介,引导儿童学习面对挫折的方法;适时、适宜地在儿童成长过程中创设面对变化与应对挫折的生活情境与锻炼机会;在儿童遇到困难时以鼓励、疏导的方式给孩子以必要的帮助与支持。

(6)丰富儿童感性知识,激发儿童早期智能。指导家长带领儿童关心周围事物及现象,多开展户外活动,以开阔儿童的眼界,丰富儿童的感性知识;灵活采用个别化教育手段,有针对性地鼓励儿童积极活动、主动参与、积累经验、发展潜能;改变传统的灌输、说教方式,以开放互动的方式让儿童在玩中学、在操作中探索、在游戏中成长。

(四)7～12 岁年龄段的家庭教育指导

1.7～12 岁儿童的身心发展特点

7～12 岁是整个儿童期十分重要的发展阶段。该阶段的儿童身心发展特点主要体现在：儿童身高和体重处于比较迅速的发展阶段；外部器官有了较快发展，但感知能力还不够完善；儿童处于从以具体的形象思维为主向抽象的逻辑思维过渡阶段；情绪情感方面表现得比较外显。

2.家庭教育指导内容要点

(1)做好儿童健康监测，预防常见疾病发生。指导家长科学安排儿童的饮食，引导儿童养成健康的饮食习惯；培养儿童良好的卫生习惯和作息习惯；为儿童提供良好的学习环境，注意用眼卫生并定期检查视力；督促儿童坚持开展体育锻炼，积极配合卫生部门定期做好儿童健康监测。

(2)将生命教育纳入生活实践之中。指导家长带领儿童认识自然界的生命现象，帮助儿童建立热爱生命、珍惜生命、呵护生命的意识；抓住日常生活事件增长儿童居家出行的自我保护知识及基本的生命自救技能。

(3)培养儿童基本生活自理能力。指导家长重视养成教育，防止因为溺爱造成孩子的依赖性，注重儿童生活自理意识的培养；创设家庭环境，坚持从细微处入手，以激励教育为主，提高儿童的生活自理能力，养成生活自理的习惯。

(4)培养儿童的劳动观念和适度花费习惯。指导家长教授儿童一定的劳动技巧，给儿童创造劳动的机会，培养儿童劳动的热情；鼓励儿童参与家庭财务预算，合理支配零用钱，防止欲望膨胀，形成量入为出的观念，培养儿童理财的意识。

(5)引导儿童学会感恩父母、诚实为人、诚信做事。指导家长为儿童树立积极的人格榜样，创造健康和谐的家庭环境；从大处着眼、从小事入手，及时抓住日常生活事件教育儿童尊敬老师、孝敬长辈，学会关心、感激和回报他人。

(6)帮助儿童养成良好的学习习惯和学习兴趣。指导家长以身作则、言传身教，创设安静的环境，引导儿童专心学习，养成良好的学习习惯；注意培养儿童的学习兴趣；正确对待儿童的学习成绩。

(五)13～15 岁年龄段的家庭教育指导

1.13～15 岁儿童身心发展特点

13～15 岁的儿童正处于告别幼稚、走向成熟的过渡时期，即青春期。青春期的儿童面临着生理和心理上的"巨变"：各项身体指标接近于成人；性激素分泌大大增加，引起了性的萌发与成熟；感知觉能力不断提高，能有意识地调节和控制自己的注意力；逐步采用有意记忆的方法，其抽象逻辑思维日益占据主要地位；自我控制能力有了明显的发展，情感不再完全外露，但情绪还不稳定、易冲动。

2.家庭教育指导内容要点

(1)对儿童开展适时、适当、适度的性别教育。指导家长进行青春期生理卫生知识指导，帮助儿童认识并适应自己的生理变化；开展科学的性心理辅导，进行青春期异性交往的指导；加强对儿童的性道德观念教育，并注意控制家庭的不良性刺激；引导儿童以合理的方式宣泄情绪。

(2)利用日常生活细节,开展伦理道德教育。指导家长加强自身道德修养,发挥道德榜样作用;把"修德做人"放在首位,强化儿童的伦理道德意识;肯定儿童的自我价值意识,立足道德的积极面引导儿童;创设健康向上的家庭氛围;与学校、社会形成合力,净化家庭和社会文化环境。

(3)开展信息素养教育,引导儿童正确使用各种媒介。指导家长掌握必要的信息知识与技能;树立民主意识,做儿童的朋友,了解儿童使用各种媒介的情况;培养儿童对信息的是非辨别能力和信息加工能力;鼓励儿童在使用网络等媒介的过程中学会自我尊重、自我发展;多关心鼓励对网络等媒介使用上瘾的儿童,并根据实际情况适时寻求专业咨询和心理援助。

(4)重视儿童学习过程,促进儿童快乐学习。指导家长和儿童树立正确的学业态度和应试心理;重视儿童学习方法和学习习惯的养成;教育儿童克服考试焦虑的方法与技巧;与儿童共同制定学习目标,并对取得阶段性成绩的儿童予以及时鼓励;在儿童考试受挫时鼓励儿童。

(5)尊重和信任儿童,促进良好的亲子沟通。指导家长摆正心态,以平等的姿态与儿童相处;学习与儿童沟通的技巧,学会运用委婉、民主、宽容的语言和态度对待儿童;学会倾听儿童的意见和感受,学会尊重、欣赏、认同和分享儿童的想法;学会采取正面方式激励儿童。

(6)树立正确的学业观,尊重儿童的自主选择。指导家长帮助儿童树立信心,勇于面对现实;协助儿童综合分析学业水平、兴趣爱好、未来规划等,选择适合其发展的高中、职校或其他发展方式;宽容地对待儿童的自我选择。

(六)16～18岁年龄段的家庭教育指导

1.16～18岁儿童的身心发展特点

16～18岁的儿童经过青春期的迅速发育后进入相对稳定时期。其身体生长主要表现在形态发育、体内器官的成熟与机能的发育、性生理成熟等方面;在认知方面,儿童认知结构的完整体系基本形成,抽象逻辑思维占据优势地位;观察力、联想能力等迅速发展;情绪情感方面以内隐、自制为主,自尊心与自卑感并存;性意识呈现身心发展不平衡的特点。

2.家庭教育指导内容要点

(1)引导儿童树立积极心态,尽快适应学校新生活。指导家长引导儿童树立健康的人生态度;经常与儿童沟通交流,掌握儿童的学习情况、思想动态;经常与学校联系,了解儿童可能遇到的适应问题并及时提供家庭支持。

(2)引导儿童与异性正确交往。指导家长根据该年龄阶段儿童个性特点,引导儿童积极开展社交活动和正常的异性交往;利用日常生活的相关事件,适时适当适度开展性生理、性心理辅导;对有"早恋"行为的儿童,指导家长学会提供经验参考,帮助儿童提高应对问题的现实处理能力。

(3)引导儿童"学会合作、学会分享"。指导家长通过召开家庭会议等形式,与儿童一起平等、开放地讨论家庭事务,并共同分担家庭事务;鼓励儿童在集体生活中锻炼自己,让儿童品尝与人合作的快乐;鼓励儿童积极参与社会实践活动,在活动中学会乐于与人相处、勇于承担责任。

(4)培养儿童做一个知法、守法的好公民。指导家长加强法律知识学习,掌握家庭法制教育的内容和方法,努力提高自身法制意识;注意以身作则,自觉遵守法律,为儿童树立榜样;与儿童建立民主平等的关系,切实维护儿童权益。

（5）指导儿童树立理想信念、合理规划未来。指导家长引导儿童从小树立社会责任感，树立国家意识；与儿童共同协商规划未来，并尊重和鼓励儿童进行自主选择；从儿童实际出发，不断调整自身期望；引导儿童学会将理想与现实的奋斗相结合。

（6）引导儿童树立自信心，以平常心对待升学。指导家长在迎考期间保持正常、有序的家庭生活，科学、合理安排生活作息，保证儿童劳逸结合，身心愉快；保持适度期待，鼓励儿童树立自信心，以平常心面对考试；为儿童选择志愿提供参考意见，并尊重儿童对自身的未来规划与发展意愿。

（七）特殊儿童、特殊家庭及灾害背景下的家庭教育指导

1.特殊儿童的家庭教育指导

（1）智力障碍儿童的家庭教育指导。指导家长树立"医教结合"的观念，引导儿童听从医生指导，拟定个别化医疗和教育训练计划；通过积极的早期干预措施改善障碍状况，并培养儿童社会适应的能力；引导家长坚定信心、以身作则，重视儿童的日常生活规范训练，并循序渐进、持之以恒。

（2）听力障碍儿童的家庭教育指导。指导家长积极寻求早期干预，积极主动参与儿童语训，在专业人士协助下制定培养方案，充分利用游戏的价值，重视同伴交往的作用，发展儿童听力技能和语言交往技能，使其能进行一定的社会交往，逐步提高儿童的社会适应能力；加强对儿童的认知训练、理解力训练、运动训练和情绪训练。

（3）视觉障碍儿童的家庭教育指导。指导家长及早干预，根据不同残障程度发展儿童的听觉和触觉，以耳代目、以手代目，提升缺陷补偿。对于低视力儿童，指导家长鼓励儿童运用余视力学习和活动，提高有效视觉功能。对于全盲儿童，指导家长训练其定向行走能力，增加与外界接触机会，增强其交往能力。

（4）肢体残障儿童的家庭教育指导。指导家长早期积极借助医学技术加强干预和矫正，使其降低残障程度，提高活动机能；营造良好家庭氛围，用乐观向上的心态感染儿童；鼓励儿童正视现实、积极面对困难；教育儿童通过自己努力，积极寻求解决问题的方法，以获取信心。

（5）情绪行为障碍儿童的家庭教育指导。引导家长营造良好家庭氛围，给予儿童足够的关爱；加强与儿童的沟通与交流，避免儿童遭受不良生活的刺激；多采取启发鼓励、说服教育的方式；支持、尊重和鼓励儿童，多向儿童表达积极情感；多给儿童创造与伙伴交往的机会，培养儿童集体意识，减少其心理不良因素。

（6）智优儿童的家庭教育指导。引导家长深入地了解儿童的潜力与才能，正确全面地评估儿童；从儿童的性格、气质、兴趣和能力等实际出发，因材施教，循序渐进地开发儿童智力、发展儿童特长；坚持德智体全面发展，提高儿童的综合素质，保持头脑清醒，正确对待儿童的荣誉。

2.特殊家庭的家庭教育指导

（1）离异和重组家庭的家庭教育指导。指导家长学会调节和控制情绪，不要在儿童面前流露对离异配偶的不满，不能简单粗暴或者无原则地迁就、溺爱儿童；多与儿童交流沟通，给儿童当家作主的机会，鼓励儿童参与社会活动；定期让非监护方与儿童见面，不断强化儿童心目中父（母）亲的形象和情感；调动亲戚、朋友中的性别资源给儿童适当的影响，帮助其性别角色充分发展。指导重组家庭的夫妇多关心、帮助和亲近儿童，帮助减轻儿童的心理压力，帮助儿童正视现实；互敬、互爱、互信，为儿童树立积极的榜样；对双方子女一视同仁；加强家庭成员间的沟通，创设平和、融洽的家庭氛围。

（2）服刑人员家庭的家庭教育指导。指导监护人多关爱儿童；善于发现儿童的优点，用教育力量和爱心培养儿童的自尊心；信任儿童，并引导儿童克服自卑心理；定期带儿童探望父（母），满足儿童思念之情；与学校积极联系，共同为儿童成长创造好的环境。

（3）流动人口家庭的家庭教育指导。鼓励家长勇敢面对陌生环境和生活困难，为儿童创造良好的生活环境；处理好家庭成员之间的关系，为儿童创设宽松的心理环境；多与儿童交流，多了解儿童的思想动态；加强自身学习，树立全面发展的教育观念；与学校加强联系，共同为儿童创造良好的学习环境。

（4）农村留守儿童的家庭教育指导。指导留守儿童家长增强监护人责任意识，认真履行家长的义务，承担起对留守儿童监护的应尽责任；家长中尽量有一方在家照顾儿童，有条件的家长尤其是婴幼儿母亲要把儿童带在身边，尽可能保证婴幼儿早期身心呵护、母乳喂养的正常进行；指导农村留守儿童家长或被委托监护人重视儿童教育，多与儿童交流沟通，对儿童的道德发展和精神需求给予充分关注。

3.灾害背景下的家庭教育指导

根据不同的需求，引导家长接受心理辅导，消化自己的情绪，以疏解其自身的灾难综合症；指导家长注意控制自己的情绪，鼓励儿童积极主动地获取、利用社会资源；引导儿童学会分享他人的建议和想法，不要轻易拒绝他人的帮助，同时也要尽量帮助他人；与外界加强合作，主动配合外界的心理援助等活动；对于孤儿，要充分挖掘社会资源，采用收养等多种方式，促进孤儿回归家庭，为儿童及其监护人家庭提供支持。

四、保障措施

（一）加强组织领导

各地相关部门要高度重视，加强对《大纲》贯彻落实工作的领导，制定切实可行的实施计划，加强实施管理，组织开展宣传、培训、督导、评估等工作，引导和帮助家庭教育指导机构和指导者根据《大纲》要求开展家庭教育指导。

（二）明确职责分工

各地相关部门要根据《大纲》要求，充分发挥职能优势，切实做好指导和推进家庭教育工作。各级妇联组织、教育行政部门牵头负责指导和推进家庭教育；文明办协调各部门力量共同构建学校、家庭、社会"三结合"教育网络；教育部门加强幼儿园、中小学校家长学校的指导与管理；卫生、人口计生部门大力发展新婚夫妇学校、孕妇学校、人口学校等公共服务阵地，对家长进行科学养育的指导和服务；人口计生部门负责0～3岁儿童早期发展的推进工作，逐步纳入公共服务范畴；妇联、民政、教育、人口计生、关工委等部门共同承担做好城乡社区家庭教育指导、服务与管理工作，推进家庭教育知识的宣传和普及，促进家庭教育事业全面发展。

（三）注重资源整合

各地相关部门要加大家庭教育指导工作经费投入，纳入经费预算，确保落实到位。要统筹各方面的优势力量，完善共建机制，形成工作合力，推进家庭教育发展。要广泛动员社会力量，多渠道筹措经费，为家庭教育指导工作提供保障。

（四）抓好队伍建设

各地相关部门要加强家庭教育指导工作者队伍的培育，重视对指导人员数量、质量和指导实效性的管理,从实际出发建设具有较强专业知识基础的专家队伍、讲师团队伍、社区志愿者队伍等,并大力发展专业社会工作者队伍,形成专兼结合、具备指导能力的家庭教育指导工作队伍。

(五)扩大社会宣传

各地相关部门要以"做一个有道德的人"为主题,开展丰富多彩的实践活动,大力培育在家孝敬父母、在学校尊敬师长、在社会奉献爱心的良好道德风尚。加强家庭教育指导宣传阵地建设,注重与各媒体管理部门的联系和合作,深入、广泛、持久地宣传家庭教育的正确观念和科学方法。省区市级报纸、县级以上电台、电视台要开办与家庭教育相关的栏目,发展家庭教育网校咨询热线,不断提高家庭教育社会宣传的覆盖面和影响力。

附录二：教育部关于加强家庭教育工作的指导意见
（教基一〔2015〕10 号）

为深入贯彻党的十八大和十八届三中、四中全会精神以及习近平总书记系列重要讲话精神，落实教育规划纲要，积极发挥家庭教育在少年儿童成长过程中的重要作用，促进学生健康成长和全面发展，现就加强家庭教育工作提出如下指导意见。

一、充分认识加强家庭教育工作的重要意义

家庭是社会的基本细胞。注重家庭、注重家教、注重家风，对于国家发展、民族进步、社会和谐具有十分重要的意义。家庭是孩子的第一个课堂，父母是孩子的第一任老师。家庭教育工作开展的如何，关系到孩子的终身发展，关系到千家万户的切身利益，关系到国家和民族的未来。近年来，经过各地不断努力探索，家庭教育工作取得了积极进展，但还存在认识不到位、教育水平不高、相关资源缺乏等问题，导致一些家庭出现了重智轻德、重知轻能、过分宠爱、过高要求等现象，影响了孩子的健康成长和全面发展。当前，我国正处在全面建成小康社会的关键阶段，提升家长素质，提高育人水平，家庭教育工作承担着重要的责任和使命。各地教育部门和中小学幼儿园要从落实中央"四个全面"战略布局的高度，不断加强家庭教育工作，进一步明确家长在家庭教育中的主体责任，充分发挥学校在家庭教育中的重要作用，加快形成家庭教育社会支持网络，推动家庭、学校、社会密切配合，共同培养德智体美劳全面发展的社会主义建设者和接班人。

二、进一步明确家长在家庭教育中的主体责任

1. 依法履行家庭教育职责。教育孩子是父母或者其他监护人的法定职责。广大家长要及时了解掌握孩子不同年龄段的表现和成长特点，真正做到因材施教，不断提高家庭教育的针对性；要始终坚持儿童为本，尊重孩子的合理需要和个性，创设适合孩子成长的必要条件和生活情境，努力把握家庭教育的规律性；要提升自身素质和能力，积极发挥榜样作用，与学校、社会共同形成教育合力，避免缺教少护、教而不当，切实增强家庭教育的有效性。

2. 严格遵循孩子成长规律。学龄前儿童家长要为孩子提供健康、丰富的生活和活动环境，培养孩子健康体魄、良好生活习惯和品德行为，让他们在快乐的童年生活中获得有益于身心发展的经验。小学生家长要督促孩子坚持体育锻炼，增长自我保护知识和基本自救技能，鼓励参与劳动，养成良好生活自理习惯和学习习惯，引导孩子学会感恩父母、诚实为人、诚实做事。中学生家长要对孩子开展性别教育、媒介素养教育，培养孩子积极学业态度，与学校配合减轻孩子过重学业负担，指导孩子学会自主选择。切实消除学校减负、家长增负，不问兴趣、盲目报班，不做"虎妈""狼爸"。

3. 不断提升家庭教育水平。广大家长要全面学习家庭教育知识，系统掌握家庭教育科学理念和方法，增强家庭教育本领，用正确思想、正确方法、正确行动教育引导孩子；不断更新家庭教育观念，坚持立德树人导向，以端正的育儿观、成才观、成人观引导孩子逐渐形成正确的世

界观、人生观、价值观;不断提高自身素质,重视以身作则和言传身教,要时时处处给孩子做榜样,以自身健康的思想、良好的品行影响和帮助孩子养成好思想、好品格、好习惯;努力拓展家庭教育空间,不断创造家庭教育机会,积极主动与学校沟通孩子情况,支持孩子参加适合的社会实践,推动家庭教育和学校教育、社会教育有机融合。

三、充分发挥学校在家庭教育中的重要作用

1. 强化学校家庭教育工作指导。各地教育部门要切实加强对行政区域内中小学幼儿园家庭教育工作的指导,推动形成政府主导、部门协作、家长参与、学校组织、社会支持的家庭教育工作格局。中小学幼儿园要建立健全家庭教育工作机制,统筹家长委员会、家长学校、家长会、家访、家长开放日、家长接待日等各种家校沟通渠道,逐步建成以分管德育工作的校长、幼儿园园长、中小学德育主任、年级长、班主任、德育课老师为主体,专家学者和优秀家长共同参与,专兼职相结合的家庭教育骨干力量。将家庭教育工作纳入教育行政干部和中小学校长培训内容,将学校安排的家庭教育指导服务计入工作量。

2. 丰富学校指导服务内容。各地教育部门和中小学幼儿园要坚持立德树人根本任务,将社会主义核心价值观融入家庭教育工作实践,将中华民族优秀传统家庭美德发扬光大。要举办家长培训讲座和咨询服务,开展先进教育理念和科学育人知识指导;举办经验交流会,通过优秀家长现身说法、案例教学发挥优秀家庭示范带动作用。组织社会实践活动,定期开展家长和学生共同参与的参观体验、专题调查、研学旅行、红色旅游、志愿服务和社会公益活动。以重大纪念日、民族传统节日为契机,通过丰富多彩、生动活泼的文艺、体育等活动增进亲子沟通和交流。及时了解、沟通和反馈学生思想状况和行为表现,营造良好家校关系和共同育人氛围。

3. 发挥好家长委员会作用。各地教育部门要采取有效措施加快推进中小学幼儿园普遍建立家长委员会,推动建立年级、班级家长委员会。中小学幼儿园要将家长委员会纳入学校日常管理,制订家长委员会章程,将家庭教育指导服务作为重要任务。家长委员会要邀请有关专家、学校校长和相关教师、优秀父母组成家庭教育讲师团,面向广大家长定期宣传党的教育方针、相关法律法规和政策,传播科学的家庭教育理念、知识和方法,组织开展形式多样的家庭教育指导服务和实践活动。

4. 共同办好家长学校。各地教育部门和中小学幼儿园要配合妇联、关工委等相关组织,在队伍、场所、教学计划、活动开展等方面给予协助,共同办好家长学校。中小学幼儿园要把家长学校纳入学校工作的总体部署,帮助和支持家长学校组织专家团队,聘请专业人士和志愿者,设计较为具体的家庭教育纲目和课程,开发家庭教育教材和活动指导手册。中小学家长学校每学期至少组织 1 次家庭教育指导和 1 次家庭教育实践活动。幼儿园家长学校每学期至少组织 1 次家庭教育指导和 2 次亲子实践活动。

四、加快形成家庭教育社会支持网络

1. 构建家庭教育社区支持体系。各地教育部门和中小学幼儿园要与相关部门密切配合,推动建立街道、社区(村)家庭教育指导机构,利用节假日和业余时间开展工作,每年至少组织 2 次家庭教育指导和 2 次家庭教育实践活动,将街道、社区(村)家庭教育指导服务纳入社区教育体系。有条件的中小学幼儿园可以派教师到街道、社区(村)挂职,为家长提供公益性家庭教

育指导服务。

2.统筹协调各类社会资源单位。各地教育部门和中小学幼儿园要积极引导多元社会主体参与家庭教育指导服务,利用各类社会资源单位开展家庭教育指导和实践活动,扩大活动覆盖面,推动有条件的地方由政府购买公益岗位。依托青少年宫、乡村少年宫、儿童活动中心等公共服务阵地,为城乡不同年龄段孩子及其家庭提供家庭教育指导服务。鼓励和支持有条件的机关、社会团体、企事业单位为家长提供及时便利的公益性家庭教育指导服务。

3.给予困境儿童更多关爱帮扶。各地教育部门和中小学幼儿园要指导、支持、监督家庭切实履行家庭教育职责。要特别关心流动儿童、留守儿童、残疾儿童和贫困儿童,鼓励和支持各类社会组织发挥自身优势,以城乡儿童活动场所为载体,广泛开展适合困境儿童特点和需求的家庭教育指导服务和关爱帮扶。倡导企业履行社会责任,支持志愿者开展志愿服务,引导社会各界共同参与,逐步培育形成家庭教育社会支持体系。

五、完善家庭教育工作保障措施

1.加强组织领导。各地教育部门要在当地党委、政府的统一领导下,把家庭教育工作列入重要议事日程,建立家庭教育工作协调领导机制,制订实施办法。积极争取政府统筹安排相关经费,中小学幼儿园要为家庭教育工作提供必要的经费保障。把家庭教育工作作为中小学幼儿园综合督导评估的重要内容,开展督导工作。中小学幼儿园要结合实际制定推进家庭教育工作的具体方案,做到责任到人,措施到生。

2.加强科学研究。各地教育部门要坚持问题导向,通过设立一批家庭教育研究课题,形成一批高质量家庭教育研究成果。依托有相关基础的高等学校或其他机构推动成立家庭教育研究基地,发挥各级教育学会家庭教育专业委员会和家庭教育学会(研究会)等社会组织、学术团体的作用,重视家庭教育理论研究和家庭教育学科建设,探索建立具有中国特色的家庭教育理论体系。

3.加强宣传引导。各地教育部门要开展家庭教育工作实验区和示范校创建工作,充分培育、挖掘和提炼先进典型经验,以点带面,整体推进。教育部将遴选确定部分地区为全国家庭教育实验区,部分学校为全国家庭教育示范校。各地教育部门和中小学幼儿园要树立先进家庭典型,宣传优秀家庭教育案例,引导全社会重视和支持家庭教育工作,为家庭教育工作营造良好的社会环境和舆论氛围。

附录三：家长教育行为规范

一、树立为国教子、以德育人的思想，自觉履行抚养和教育子女的法律责任和道德义务。

二、培养子女增强爱国情感，从小树立民族自尊心、自信心和自豪感。

三、教育子女树立正确的理想信念，为担负起建设祖国、振兴中华的光荣使命做好准备。

四、培养子女良好的道德品质和文明行为，学会处理人与人、人与社会、人与自然等基本关系。

五、培育子女的劳动意识、科学精神和法制观念，帮助子女增强自学、自理、自护、自强、自律能力。

六、确保子女接受义务教育，鼓励子女参加健康有益的文化体育活动，促进子女身心健康全面发展。

七、树立正确的家庭教育观念，掌握科学的教育知识与方法，针对子女年龄、个性特征实施教育，与子女互动互学，共同提高。

八、举止文明，情趣健康，敬业进取，言行一致，以良好的品行修养为子女作表率。

九、建立民主、平等、和睦的家庭关系，形成有助于子女健康成长的良好家庭环境。

十、主动配合学校教育、社会教育，支持子女参加学校活动和社会实践，保持教育的一致性。

图书在版编目(CIP)数据

学前儿童家庭教育/郑益乐主编.—西安:西安
交通大学出版社,2016.10(2021.1重印)
ISBN 978-7-5605-9075-2

Ⅰ.①学… Ⅱ.①郑… Ⅲ.①学前儿童-家庭教育
Ⅳ.①G781

中国版本图书馆 CIP 数据核字(2016)第 246206 号

书　　名	学前儿童家庭教育	
主　　编	郑益乐	
责任编辑	史菲菲	
出版发行	西安交通大学出版社	
	(西安市兴庆南路 1 号　邮政编码 710048)	
网　　址	http://www.xjtupress.com	
电　　话	(029)82668357　82667874(发行中心)	
	(029)82668315(总编办)	
传　　真	(029)82668280	
印　　刷	陕西金德佳印务有限公司	

开　　本　787mm×1092mm　1/16　印张 16.75　字数 404 千字
版次印次　2016 年 11 月第 1 版　2021 年 1 月第 3 次印刷
书　　号　ISBN 978-7-5605-9075-2
定　　价　34.80 元

读者购书、书店添货,如发现印装质量问题,请与本社发行中心联系、调换。
订购热线:(029)82665248　(029)82665249
投稿热线:(029)82668133
读者信箱:xj_rwjg@126.com